高等学校工程管理专业应用型系列教材

工程会计学
ENGINEERING ACCOUNTING

李启明　总主编
叶晓甦　主　编
刘绍敏　王贵春　副主编

中国建筑工业出版社

图书在版编目（CIP）数据

工程会计学 = ENGINEERING ACCOUNTING / 叶晓甦主编；刘绍敏，王贵春副主编 . —北京：中国建筑工业出版社，2021.10
高等学校工程管理专业应用型系列教材
ISBN 978-7-112-26650-0

Ⅰ. ①工⋯ Ⅱ. ①叶⋯ ②刘⋯ ③王⋯ Ⅲ. ①建筑工程—工业会计—高等学校—教材 Ⅳ. ① F407.967.2

中国版本图书馆 CIP 数据核字（2021）第 193446 号

本书是工程管理类本科专业"新工科"培养跨界型、复合型和综合型人才的专门用书。教材以工程项目为建设活动对象，以会计学原理为基础，将会计学和工程学有机结合，揭示工程建设项目会计信息形成的基本规律，解释工程项目会计信息的原理、方法，反映经济效益，系统、全面、连续地提升工程管理能力。

本书共计 12 章，主要有第 1 章概论；第 2 章货币资金；第 3 章金融资产：应收及预付款项；第 4 章存货；第 5 章金融资产：投资；第 6 章固定资产；第 7 章无形资产与其他资产；第 8 章负债；第 9 章所有者权益；第 10 章工程成本；第 11 章收入与利润；第 12 章财务报告。本书可作为高等学校工程管理类本科专业用书，也可供广大从事工程会计的实际工作者学习参考。

为更好地支持全国高等学校工程管理类专业工程会计学课程教学与学生学习，我们完成了《工程会计学》MOOC 课程，支持线上线下混合式教与学的需求，如有需要可申请智慧树在线教学网站。我们还向采用本书作为教材的教师提供教学课件，有需要者可与出版社联系，邮箱：jckj@cabp.com.cn，电话：（010）58337285，建工书院 http://edu.cabplink.com。

责任编辑：张　晶
文字编辑：冯之倩
责任校对：党　蕾

高等学校工程管理专业应用型系列教材
工程会计学
ENGINEERING ACCOUNTING
李启明　总主编
叶晓甦　主　编
刘绍敏　王贵春　副主编

*
中国建筑工业出版社出版、发行（北京海淀三里河路 9 号）
各地新华书店、建筑书店经销
北京雅盈中佳图文设计公司制版
天津画中画印刷有限公司印刷
*
开本：787 毫米 ×1092 毫米　1/16　印张：$25\frac{1}{2}$　字数：632 千字
2021 年 11 月第一版　2021 年 11 月第一次印刷
定价：59.00 元（赠教师课件）
ISBN 978-7-112-26650-0
（37996）

版权所有　翻印必究
如有印装质量问题，可寄本社图书出版中心退换
（邮政编码 100037）

教材编审委员会名单

主　任：李启明

副主任：高延伟　杨　宇

委　员：（按姓氏笔画排序）

　　　　王延树　叶晓甦　冯东梅　刘广忠　祁神军　孙　剑　严　玲
　　　　杜亚丽　李　静　李公产　李玲燕　何　梅　何培玲　汪振双
　　　　张　炜　张　晶　张　聪　张大文　张静晓　陆　莹　陈　坚
　　　　欧晓星　周建亮　赵世平　姜　慧　徐广翔　彭开丽

序 言

近年来，我国建筑业迎来转型升级、快速发展，新模式、新业态、新技术、新产品不断涌现；全行业加快向质量效益、集成创新、绿色低碳转型升级。新时期蓬勃发展的建筑行业也对高等院校专业建设、应用型人才培养提出了更高的要求。与此同时，国家大力推动的"双一流"建设与"金课"建设也为广大高等院校发展指明了方向、提供了新的契机。高等院校工程管理类专业也应紧跟国家、行业发展形势，大力推进专业建设、深化教学改革，培养复合型、应用型工程管理专业人才。

为进一步促进高校工程管理专业教育教学发展，推进工程管理专业应用型教材建设，中国建筑出版传媒有限公司（中国建筑工业出版社）在深入调研、广泛听取全国各地高等院校工程管理专业实际需求的基础上，组织相关院校知名教师成立教材编审委员会，启动了高等学校工程管理专业应用型系列教材编写、出版工作。2018年、2019年，教材编审委员会召开两次编写工作会议，研究、确定了工程管理专业应用型系列教材的课程名单，并在全国高校相关专业教师中遴选教材的主编和参编人员。会议对各位主编提交的教材编写大纲进行了充分讨论，力求使教材内容既相互独立，又相互协调，兼具科学性、规范性、普适性、实用性和适度超前性。教材内容与行业结合，为行业服务；教材形式上把握时代发展动态，注重知识呈现方式多样化，包括慕课教材、数字化教材、二维码增值服务等。本系列教材共有16册，其中有12册入选住房和城乡建设部"十四五"规划教材，教材的出版受到住房和城乡建设领域相关部门、专家的高度重视。对此，出版单位将与院校共同努力，致力于将本系列教材打造成为高质量、高水准的教材，为广大院校师生提供最新、最好的专业知识。

本系列教材的编写出版，是高等学校工程管理类专业教学内容变革、创新与教材建设领域的一次全新尝试和有益拓展，是推进专业教学改革、助力专业教学的重要成果，将为工程管理一流课程和一流专业建设作出新的贡献。我们期待与广大兄弟院校一道，团结协作、携手共进，通过教材建设为高等学校工程管理专业的不断发展作出贡献！

高等学校工程管理专业应用型系列教材编审委员会
中国建筑出版传媒有限公司
2021年9月

前　言

现代工程项目全生命周期建设活动基于价值规律运动，充分表现为工程资金运动。《工程会计学》以反映和监督工程项目资金运动为目的，通过系统的、全面的、连续的对工程资金运动进行记录、计量、计算和报告，实现企业对工程项目的有效决策和解除受托责任，从而对工程经营活动开展有效的经济管理，其是工程管理的重要组成部分。

本书以会计学原理为编制基础，紧密结合我国工程经济活动的实践，全面、系统地阐释工程会计基本理论及其应用；以工程企业生产经营活动为基本脉络，以会计要素为红线，系统地展示工程会计学的基本理论、基本方法和基本内容。工程会计学的核心是以货币为计量单位，将工程建设活动的全过程反映为会计信息，因而工程会计学是现代经济管理的信息系统和管理工具。

本书的编制以最新的《中华人民共和国会计法》和《企业会计准则》（包括《企业会计准则——基本准则》《企业会计准则——具体准则》和《企业会计准则——应用指南》三部分，下文统称为《企业会计准则》）为依据，全书共分为12章，按会计要素原理的基本结构，充分反映了工程活动的资产、负责、所有者权益、收入、费用和利润的确认、计量和报告，并以实现编制财务会计报告为目的。

本书编写的特征：第一，基础性。基于会计学原理，按工程活动特点，以会计要素为逻辑，掌握工程会计信息形成的全过程。第二，知识性。本书着力体现会计+工程系统的结合知识点结构，注重学习者掌握工程会计信息原理。第三，实践性。会计学是强调充分反映工程实践活动价值信息形成与应用的科学。第四，对象性。本书主要面向工程管理类本科专业的学生，同时可作为行业经济管理类从业人员的培训教材。

本书第1章~第4章由叶晓甦编写；第5章~第8章由王贵春编写；第9章~第12章由刘绍敏编写。在编写过程中参阅了国内外专家学者的经典教材，谨此向他们表示最真挚的谢意！由于编者者水平有限，书中难免有不足之处，恳请读者批评指正。

目 录

第 1 章　概论 ·· **001**
【学习目标】··· 001
【重要术语】··· 001
1.1　工程会计学概述 ·· 001
1.2　会计学基础理论 ·· 005
1.3　会计要素 ·· 009
1.4　会计科目与账户 ·· 017
1.5　工程会计程序 ··· 026
本章知识点 ··· 035
思考题 ··· 037

第 2 章　货币资金 ·· **038**
【学习目标】··· 038
【重要术语】··· 038
2.1　现金 ·· 038
2.2　银行存款 ·· 042
2.3　其他货币资金 ··· 047
本章知识点 ··· 049
思考题 ··· 049
实务题 ··· 050

第 3 章　金融资产：应收及预付款项 ·· **053**
【学习目标】··· 053
【重要术语】··· 053
3.1　应收账款 ·· 053
3.2　应收票据 ·· 057
3.3　预付账款及其他应收款 ··· 061

3.4　坏账准备 ··· 063
本章知识点 ·· 066
思考题 ·· 067
实务题 ·· 068

第 4 章　存货 ·· 070
【学习目标】··· 070
【重要术语】··· 070
4.1　存货概述 ··· 070
4.2　存货的确认与计量 ··· 072
4.3　原材料 ·· 078
4.4　周转材料 ··· 086
4.5　加工物资 ··· 090
4.6　存货期末计量 ··· 096
本章知识点 ·· 099
思考题 ·· 101
实务题 ·· 101

第 5 章　金融资产：投资 ·· 105
【学习目标】··· 105
【重要术语】··· 105
5.1　投资概述 ··· 105
5.2　金融资产 ··· 106
5.3　投资性房地产 ··· 130
本章知识点 ·· 138
思考题 ·· 140
实务题 ·· 140

第 6 章　固定资产 ·· 142
【学习目标】··· 142
【重要术语】··· 142
6.1　固定资产概述 ··· 142
6.2　固定资产核算 ··· 144
6.3　固定资产折旧 ··· 153

6.4　固定资产后续支出 ··· 159
　　6.5　固定资产减值和租赁 ··· 163
　　6.6　固定资产处置及清查 ··· 168
　　本章知识点 ··· 173
　　思考题 ··· 175
　　实务题 ··· 175

第7章　无形资产与其他资产 ·· 177
【学习目标】··· 177
【重要术语】··· 177
　　7.1　无形资产概述 ··· 177
　　7.2　无形资产核算 ··· 180
　　7.3　其他资产 ··· 187
　　本章知识点 ··· 193
　　思考题 ··· 195
　　实务题 ··· 195

第8章　负债 ··· 197
【学习目标】··· 197
【重要术语】··· 197
　　8.1　负债概述 ··· 197
　　8.2　流动负债 ··· 198
　　8.3　非流动负债 ··· 232
　　本章知识点 ··· 240
　　思考题 ··· 242
　　实务题 ··· 243

第9章　所有者权益 ·· 246
【学习目标】··· 246
【重要术语】··· 246
　　9.1　所有者权益概述 ··· 246
　　9.2　投入资本 ··· 249
　　9.3　留存收益 ··· 258
　　本章知识点 ··· 262

思考题 ·· 263
　　实务题 ·· 263

第 10 章　工程成本 ·· 264
　　【学习目标】··· 264
　　【重要术语】··· 264
　　10.1　成本费用的含义和分类 ·· 264
　　10.2　工程成本核算 ·· 269
　　10.3　辅助生产费用 ·· 275
　　10.4　施工生产费用的归集与分配 ·· 287
　　10.5　工程成本结算、计算和结转 ·· 304
　　10.6　期间费用 ·· 312
　　本章知识点··· 317
　　思考题 ·· 319
　　实务题 ·· 319

第 11 章　收入与利润 ·· 321
　　【学习目标】··· 321
　　【重要术语】··· 321
　　11.1　收入概述 ·· 321
　　11.2　建造合同收入 ·· 323
　　11.3　其他业务收入 ·· 334
　　11.4　利润 ·· 338
　　11.5　利润分配 ·· 348
　　本章知识点··· 353
　　思考题 ·· 354
　　实务题 ·· 354

第 12 章　财务报告 ·· 356
　　【学习目标】··· 356
　　【重要术语】··· 356
　　12.1　财务报告概述 ·· 356
　　12.2　资产负债表 ··· 360
　　12.3　利润表 ··· 364

12.4 现金流量表 …………………………………………………………………… 370
12.5 所有者权益（或股东权益）变动表 …………………………………………… 383
12.6 附注与财务情况说明书 ………………………………………………………… 383
本章知识点 ………………………………………………………………………… 385
思考题 ……………………………………………………………………………… 387

附件 …………………………………………………………………………………… 388
参考文献 ……………………………………………………………………………… 395

第1章 概论

【学习目标】

了解工程建设活动与会计学的关系,理解工程会计学的基本概念及特征;理解会计学基本理论,包括四个会计假设和八项会计原则;理解五项会计计量方法;理解工程会计目标和会计对象;掌握工程资源活动的会计要素,理解六个会计要素及其内在关系;理解会计科目和账户的基本概念,以及科目与账户的内在联系和区别;掌握工程会计学核算方法,即借贷记账方法,其能反映工程活动的资金运动、记录工程资源的货币价值和管理会计信息。

【重要术语】

工程会计学　会计对象　会计目的　会计要素　资产　负债　所有者权益　收入　费用　利润　可靠性　相关性　重要性　会计主体　会计分期　持续经营　借贷记账方法　会计科目　会计账户

1.1 工程会计学概述

1.1.1 工程的内涵与特征

1. 工程的内涵

建设工程项目,简称为工程项目,是指由建筑业向社会提供的具备特定功能、用途,供特定对象使用的,经过勘察设计、建设施工、设备安装及构配件制作等主要生产活动而形成的最终产品。在我国,一般将建设工程项目分为土木工程、建筑工程、线路管道和设备安装工程及装修工程。

土木工程项目包括:房屋建筑物、道路、桥梁、水利、防洪等基础设施工程项目。

建筑工程项目包括:各类房屋建筑及其附属设施的建造和与其配套的线路、管道、设备的安装活动所形成的工程实体,建筑工程一般指狭义的土木工程项目。

广义的工程项目既包括土木工程类、基础设施类项目,也包括房地产开发工程项目。

2. 工程的特征

（1）产品特征

1）唯一性

唯一性亦称为单件性，是工程项目由于功能、用途和使用目的的特定性，具备工程独立的建筑形式和建筑结构，必须独立进行投资、融资和建造活动直至验收合格投入使用。因此，工程会计对特定工程项目的核算以产品及其生产过程为基础，如实反映会计信息，如图1-1和图1-2所示。

2）固定性

固定性，是指建筑工程项目建造在特定区域、城市和地点的土地之上，不可移动。建筑工程项目以所建造的土地为基础完成整体工程活动。因此，工程会计应如实反映特定地块上的工程项目生产经营的会计信息。

3）体积庞大

体积庞大，是指建筑工程项目不仅表现为外形体积形态的巨大，更重要的是投融资金额大、建造周期长和生产建造技术复杂，例如国家体育场"鸟巢"工程，从2003年末开工建设到正式完工，建设期长达4年多；"长江三峡水利枢纽工程"计划投资达到500多亿元等。工程会计可根据工程特定的建造工期、投入资金和施工技术等，准确核算工程的资金信息、存货信息、成本信息和盈余信息，如图1-3和图1-4所示。

图1-1　广州市电视塔

图1-2　中国中央电视台大楼

图1-3　国家体育场"鸟巢"建设工地

图1-4　"三峡工程"发电站建设工地

（2）生产特征

1）多样性

多样性，是指既从建筑工程项目的物理特性即外观、结构、功能和用途等方面发挥着不同的社会需求，又从工程项目建设管理的内在过程包括可行性研究及项目决策、勘测、设计、施工、竣工验收和交付使用等生产方式和组织经营活动方面具有多种组织形式。因此，工程会计必须针对其生产方式、组织活动，组织会计行为、反映会计信息目标。

2）订单式

订单式，是指工程项目建设过程是依据工程契约或合同实现订单式建造。由此，应根据契约或合同约定的工程完工条件、工程结算与决算要求，实施工程会计信息的结算和编制会计报表。

3）流动性

工程项目的固定性，决定了工程项目建造活动具有流动性。具体表现为：工地地点的流动性；承包商组织工程资源的流动性；工程生产活动部位的流动性。因此，工程会计核算在会计组织、信息计量和会计制度等方面，需要建立"互联网+"会计形式，完成智能化的会计记账、报账和算账功能。

4）复杂性

复杂性，是指现代工程在技术创新、服务创新和信息创新的时代，工程建设既有传统生产方式，也有现代工业化装配式生产方式，还有混合生产方式等。因此，工程会计应针对生产方式的改进，提升会计信息的系统性、全面性、准确性和连续性，实现投资人和承包商对会计信息的需求。

1.1.2 工程会计的含义

工程会计是依据《中华人民共和国会计法》和《企业会计准则》，以货币为主要计量单位，采用专门方法和程序，对工程建设经济活动会计要素的变动情况进行完整的、连续的、系统的核算和监督，以提供会计信息、反映工程受托责任履行和资金决策情况为主要目的的经济管理活动。

【知识要点】

①工程会计对象，以工程建设项目全生命周期建设活动为基础，以货币为计量单位，如实反映工程项目发生的经济活动的一种管理方式。

②工程会计职能，职能是会计的本质和固有功能。会计的基本职能为核算职能和监督职能。一是核算职能，即对工程项目建造活动涉及的所有资源，通过记录、计量报告发生的全部会计信息；二是监督职能，即指会计人员在进行会计核算时，对工程主体经济业务会计信息的真实性、合法性和合理性进行审查的职能。

③工程会计目的，使企业管理者作出科学决策和解除受托责任。

④工程会计作用，实现企业的经济利益核算和经济管理的功能。

1.1.3 工程会计的职能

会计职能,是指会计在会计管理过程中所具有的功能。作为"过程的控制和观念总结"的会计,除了具有会计核算和会计监督两项基本职能以外,还具有预测经济前景、参与经济决策、评价经营业绩等拓展职能。

1. 基本职能

(1) 核算职能

会计的核算职能,是指会计以货币为主要计量单位,对特定主体的经济活动进行确认、计量和报告。其贯穿于会计工作的全过程,是会计的首要职能。

(2) 监督职能

会计的监督职能,是指对特定主体经济活动和相关会计核算的真实性、合法性和合理性进行审查。真实性审查,是指检查各项会计反映的内容是否以实际发生的经济业务为依据。合法性审查,是指检查各项会计业务是否符合国家有关法律法规、遵守财经纪律,杜绝违法乱纪行为。合理性审查,是指检查各项财务收支是否符合客观经济规律及经营管理方面的要求,保证各项财务收支符合特定的财务收支计划,实现会计目标。

会计核算与会计监督是相辅相成、辩证统一的。会计核算是会计监督的基础,没有会计信息,监督就失去了依据;会计监督是会计核算质量的保障,只有核算没有监督,就难以保证核算提供信息的质量。

2. 扩展职能

(1) 预测职能

会计的预测职能是指,根据财务会计报告等提供的信息,定量或者定性地判断和推测经济活动的发展变化规律,以指导和调节经济活动,提高经济效益。

(2) 评价职能

会计的评价职能是指,利用财务报告等提供的信息,对工程特定阶段的资产运营、经济效益等经营成果,作出真实、客观、公正的财务评判。

(3) 决策职能

会计的决策职能是指,根据财务报告等提供的信息,运用定量分析和定性分析方法,参与企业经营管理,提供决策相关的信息。

1.1.4 工程会计的内容

根据工程项目生产经营活动的客观规律,工程会计核算的内容主要包括:

(1) 款项和有价证券的收付;

(2) 财物的收发、增减和使用;

(3) 债权、债务的发生和结算;

(4) 资本、基金的增减;

（5）收入、支出、费用、成本的计算；

（6）财务成果的计算和处理；

（7）需要办理会计手续、进行会计核算的其他事项；

（8）编制工程会计报表及财务报告说明书。

因此，会计信息应当如实反映企业所拥有或者控制的经济资源、对经济资源的要求权，以及经济资源及其要求权的变化情况；如实反映企业的各项收入、费用和利润的金额及其变动情况；如实反映企业各项经营活动、投资活动和筹资活动等所形成的现金流入和现金流出情况等，从而有助于现在的或者潜在的投资者正确、合理地评价企业的资产质量、偿债能力、盈利能力和营运效率等，有助于投资者根据相关会计信息作出理性的投资决策，有助于投资者评估与投资有关的未来现金流量的金额、时间和风险等。

1.1.5 工程会计的目标

会计目标，是指要求会计工作完成的任务或达到的标准，即向财务报告使用者提供与企业财务状况、经营成果和现金流量等有关的会计信息，反映企业管理层的受托责任履行情况，从而有助于财务报告使用者作出经济决策。

工程会计的性质是对外向财务会计报告的使用者提供真实、准确和正确的会计信息。

外部会计信息使用者主要包括投资者、债权人、政府及其有关部门和社会公众等。满足投资者的信息需要是企业财务报告编制的首要出发点，企业编制的工程财务报告、提供的会计信息必须与投资者的决策密切相关。除投资者以外，会计报告的外部使用者还有债权人、政府及其有关部门、社会公众等。由于投资者是企业资源的主要提供者，如果财务报告能够满足这一群体的会计信息需求，通常情况下也可以满足其他使用者的大部分信息需求。

1.2 会计学基础理论

1.2.1 会计基本假设

会计基本假设，是指对会计核算所处时间、空间环境等所作的合理假定，是企业会计确认、计量和报告的理论前提。会计基本假设包括会计主体、持续经营、会计分期和货币计量。

1. 会计主体

会计主体，是指会计工作服务的特定对象，是企业会计确认、计量和报告的空间范围。

企业法人是会计主体，独立核算的工程项目部也是会计主体。因此，会计主体是会计核算和监督的首要前提。在会计主体假设下，企业会计人员应当对其企业发生的交易或事项进行会计确认、计量和报告，反映企业本身所从事的各项生产经营活动和其他相关活动。

2. 持续经营

持续经营，是指在可以预见的将来，企业将会按当前正常生产经营活动的规模和状态继续经营下去，不会停业，也不会大规模削减业务。

因此，持续经营假设是会计确认、计量和报告方法存在的基本前提。

3. 会计分期

会计分期，是指将一个企业持续经营的生产经营活动，人为的划分为一个个连续的、长短相同的期间或时间。

会计分期的目的，在于通过会计期间的划分，将持续经营的生产经营活动划分成连续、相等的期间，据以结算盈亏、按期编报财务报告，从而及时向财务报告使用者提供有关企业财务状况、经营成果和现金流量的信息。不同的国家其会计分期存在差异，《中华人民共和国会计法》规定会计年度是从每年的1月1日至12月31日，美国的会计年度是从当年的7月1日至次年的6月30日。会计分期一般分为会计中期和会计年度，会计中期包括月、季和半年度，亦称为会计月度、季度和年度。

4. 货币计量

货币计量，是指会计主体在会计确认、计量和报告时以货币计量、反映会计主体的生产经营活动。

货币是商品的一般等价物，是衡量一般商品价值的共同尺度，具有价值尺度、流通手段、贮藏手段和支付手段等特点。根据《中华人民共和国会计法》规定，我国的会计货币计量基本单位为人民币"元"，以共同尺度进行计量，全面、综合地反映企业生产经营活动的会计信息。

1.2.2　会计信息原则

会计信息质量要求是指对企业财务报告所提供的会计信息质量的基本要求，是使财务报告所提供的会计信息对投资者等信息使用者决策有用应具备的基本特征，主要包括可靠性、相关性、可理解性、可比性、实质重于形式、重要性、谨慎性、及时性等八项基本原则。

1. 可靠性

可靠性要求企业应当以实际发生的交易或者事项为依据进行确认、计量和报告，如实反映符合确认和计量要求的会计要素及其他相关信息，保证会计信息真实可靠、内容完整。

可靠性是高质量会计信息的重要基础和关键所在。可靠性信息的特点：一是信息源于实际发生的经济事项；二是信息处理遵循会计准则和会计原则；三是信息行为合法合理。如果企业以虚假的交易或者事项进行确认、计量和报告，属于违法行为，不仅会严重损害会计信息质量，而且会误导投资者、干扰资本市场，导致会计秩序、财经秩序混乱。

2. 相关性

相关性要求企业提供的会计信息应当与投资者等财务报告使用者的经济决策需要相

关，从而有助于投资者等财务报告使用者对企业过去、现在或未来的情况作出评价或者预测。

相关的会计信息应当能够有助于使用者评价企业过去的决策，证实或者修正过去的有关预测，因而具有反馈价值。相关的会计信息还应当具有预测价值，以有助于使用者根据财务报告提供的会计信息预测企业未来的财务状况、经营成果和现金流量。

3. 可理解性

可理解性要求企业提供的会计信息应当清晰明了，便于投资者等财务报告使用者理解和使用。

企业编制财务报告、提供会计信息的目的在于使用，要想让使用者有效使用会计信息，就应当让其了解会计信息的内涵，理解会计信息的内容，这就要求财务报告提供的会计信息应当清晰明了、易于理解。

4. 可比性

可比性要求企业提供的会计信息应当相互可比，主要有两层含义：

（1）同一企业不同时期可比（纵向可比）。即同一企业不同时期发生的相同或者相似的交易或者事项，应当采用一致的会计政策，不得随意变更。但是，如果按照规定或者在会计政策变更后能够提供更可靠、更相关的会计信息，企业则可以变更会计政策。有关会计政策变更的情况，应当在附注中予以说明。

（2）不同企业相同会计期间可比（横向可比）。即不同企业同一会计期间发生的相同或者相似的交易或者事项，应当采用规定的会计政策，确保会计信息口径一致、相互可比，以使不同企业按照一致的确认、计量和报告要求提供有关会计信息。

5. 实质重于形式

实质重于形式要求企业应当按照交易或者事项的经济实质进行会计确认、计量和报告，不仅仅以交易或者事项的法律形式为依据。

实质是指企业经济活动的内容本质，形式是指企业经营活动符合相关法律形式。在实际经济活动中，存在经济实质和法律形式一致的情况。但在有些情况下，会出现不一致。例如，以融资租赁方式租入的资产。虽然从法律形式上来讲，企业并不拥有其所有权，但是由于租赁合同规定：因租赁期相当长，往往接近于该资产的使用寿命，租赁期结束时承租企业有优先购买该资产的选择权，在租赁期内承租企业有权支配资产并从中受益等。所以从经济实质上来看，企业能够控制融资租入资产所创造的未来经济利益，在会计确认、计量和报告时应当将以融资租赁方式租入的资产视为企业自身的资产，并在企业的资产负债表中进行反映。

6. 重要性

重要性要求企业提供的会计信息应当反映与企业财务状况、经营成果和现金流量有关的所有重要交易或者事项。

在实务中，如果某会计信息的省略或者错报会影响投资者等财务报告使用者据此作出的决策,该信息就具有重要性。重要性的应用需要依赖职业判断,企业应当根据其所处环境和实际情况,从项目的性质和金额大小两方面加以判断。例如,企业发生的某些支出金额较小,从支出的受益期来看,可能需要在若干会计期间进行分摊,但根据重要性要求,可以一次性计入当期损益。

7. 谨慎性

谨慎性要求企业对交易或者事项进行会计确认、计量和报告时应当保持应有的谨慎,不应高估资产或者收益、低估负债或者费用。

会计信息质量谨慎性原则的作用,需要企业在面临不确定性因素的情况下作出职业判断时,应当对资产和收入确认保持应有的谨慎,充分估计到各种风险和损失,既不高估资产或者收益,也不低估负债或者费用。例如,企业对售出商品可能发生的保修义务确认预计负债、对可能承担的环保责任确认预计负债等,就体现了会计信息质量的谨慎性要求。

8. 及时性

及时性要求企业对于已经发生的交易或者事项,应当及时进行确认、计量和报告,不得提前或延后。

在会计确认、计量和报告过程中应贯彻及时性要求,一是要求及时收集会计信息,即在交易或者事项发生后,及时收集整理各种原始单据或者凭证;二是要求及时处理会计信息,即按照会计准则的规定,及时对交易或者事项进行确认或者计量,并编制财务报告;三是要求及时传递会计信息,即按照国家规定的有关时限,及时将编制的财务报告传递给财务报告使用者,便于其及时使用和决策。

以上八项原则,可靠性是基础,相关性是核心,可比性、可理解性、谨慎性和实质重于形式等原则是确认与计量的前提;重要性、及时性是会计信息的保证。

1.2.3 会计核算基础

会计核算基础,是指会计确认、计量和报告时的测量制度,具体包括权责发生制和收付实现制。

1. 权责发生制

权责发生制,是指收入、费用的确认应当以收入和费用的实际发生而非实际收支作为确认的标准。

在实务中,企业交易或者事项的发生时间与相关货币的收支时间有时并不完全一致。例如,款项已经收到,但销售并未实现而不能确认为本期的收入;或者款项已经支付,但与本期的生产经营活动无关而不能确认为本期的费用。为了真实、公允地反映特定时点的财务状况和特定期间的经营成果,企业应当以权责发生制为基础进行会计确认、计量和报告。

根据权责发生制,凡是当期已经实现的收入和已经发生或者应当负担的费用,无论款项是否收付,都应当作为当期的收入和费用,计入利润表;凡是不属于当期的收入和费用,即使款项已在当期收付,也不应当作为当期的收入和费用。

其作用是会计确认、计量和记录的基本前提。

2. 收付实现制

收付实现制,是指以实际收到或者支付的现金作为确认收入和费用的标准。

在我国,企业的会计核算制度规定使用权责发生制,编制现金流量表时应用收付实现制。政府会计由预算会计和财务会计构成。其中,预算会计采用收付实现制,国务院另有规定的,依照其规定;财务会计采用权责发生制,其作用是确保会计《现金流量表》的编制。

1.3 会计要素

1.3.1 会计要素概念

会计要素是根据工程活动的交易或者事项的经济特征所确定的财务会计对象,是对会计对象进行的基本分类,是会计核算对象的具体化分类。我国《企业会计准则》规定会计要素包括:资产、负债、所有者权益(股东权益)、收入、费用和利润。会计要素按照其性质分为资产、负债、所有者权益、收入、费用和利润六个会计要素。其中,资产、负债和所有者权益要素在特定时点侧重于反映企业的财务状况;收入、费用和利润要素在特定时段侧重于反映企业的经营成果,如图1-5所示。

1.3.2 会计要素内容

1. 资产

(1)定义

资产,是指企业过去的交易或者事项形成的,由企业拥有或者控制的,预期会给企业带来经济利益的资源。根据资产的定义,资产具有以下三方面特征:

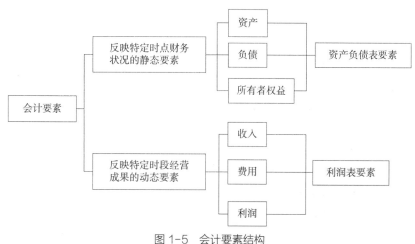

图1-5 会计要素结构

1）资产应为企业拥有或者控制的资源。资产作为一项资源，应当由企业拥有或者控制，具体是指企业享有某项资源的所有权，或者虽然不享有某项资源的所有权，但该资源能被企业所控制。

2）资产预期会给企业带来经济利益。资产预期会给企业带来经济利益，是指资产直接或者间接导致现金和现金等价物流入企业的潜力。这种潜力可以来自企业日常的生产经营活动，也可以是非日常活动；带来的经济利益可以是现金或者现金等价物，或者是可以转化为现金或者现金等价物的形式，或者是可以减少现金或者现金等价物流出的形式。

3）资产是由企业过去的交易或者事项形成的。资产应当由企业过去的交易或者事项形成，过去的交易或者事项包括购买、生产、建造行为等。只有过去的交易或者事项才能产生资产，企业预期在未来发生的交易或者事项不形成资产。例如，企业有购买某项商品的意愿或者计划，但是购买行为尚未发生，就不符合资产的定义，不能因此而确认存货资产。

（2）确认条件

将一项资源确认为资产，需要符合资产的定义，还应同时满足以下两个条件：

1）与该资源有关的经济利益很可能流入企业。从资产的定义可以看出，能为企业带来经济利益是资产的一个本质特征，但在现实生活中，由于经济环境瞬息万变，与资源有关的经济利益能否流入企业或者能够流入多少实际上都带有不确定性。因此，资产的确认还应与经济利益流入企业的不确定性程度的判断结合起来。

2）该资源的成本或者价值能够可靠地计量。只有当有关资源的成本或者价值能够可靠地计量时，资产才能予以确认。在实务中，企业取得的许多资产都需要付出成本。例如，企业购买或者生产的商品、企业购置的厂房或者设备等，对于这些资产，只有实际发生的成本或者生产成本能够可靠计量，才能符合资产确认的可计量性条件。

2. 负债

（1）定义

负债，是指企业过去的交易或者事项形成的，预期会导致经济利益流出企业的现时义务。根据负债的定义，负债具有以下三方面特征：

1）负债是企业承担的现时义务。负债必须是企业承担的现时义务，这里的现时义务是指企业在现行条件下已承担的义务。未来发生的交易或者事项形成的义务，不属于现时义务，不应当确认为负债。

2）负债预期会导致经济利益流出企业。预期会导致经济利益流出企业是负债的一个本质特征，只有在履行义务时会导致经济利益流出企业的，才符合负债的定义。在履行现时义务清偿负债时，导致经济利益流出企业的形式多种多样，例如，用现金偿还或者以实物资产形式偿还；以提供劳务形式偿还；部分转移资产、部分提供劳务形式偿还；将负债转为资本等。

3）负债是由企业过去的交易或者事项形成的。负债应当由企业过去的交易或者事项所形成。换句话说，只有过去的交易或者事项才能形成负债，企业将在未来发生的承诺、签订的合同等交易或者事项不能形成负债。

（2）确认条件

将一项现时义务确认为负债，需要符合负债的定义，还需要同时满足以下两个条件：

1）与该义务有关的经济利益很可能流出企业。从负债的定义可以看出，预期会导致经济利益流出企业是负债的一个本质特征。在实务中，企业履行义务所需流出的经济利益带有不确定性，尤其是与推定义务相关的经济利益通常需要依赖大量的估计。因此，负债的确认应当与经济利益流出企业的不确定性程度的判断结合起来。

2）未来流出的经济利益的金额能够可靠地计量。负债的确认在考虑经济利益流出企业的同时，对于未来流出的经济利益的金额应当能够可靠计量。

3. 所有者权益

（1）定义

所有者权益，是指企业资产扣除负债后，由所有者享有的剩余权益。股份有限公司的所有者权益又称为股东权益，小企业的所有者权益称为资本。所有者权益是所有者对企业资产的剩余索取权，它是企业的资产扣除债权人权益后应由所有者享有的部分，既可反映所有者投入资本的保值增值情况，又体现了保护债权人权益的理念。

所有者权益的来源包括所有者投入的资本、其他综合收益、留存收益等，通常由股本（或实收资本）、资本公积（含股本溢价或资本溢价、其他资本公积）、其他综合收益、盈余公积和未分配利润等构成。

所有者投入的资本，是指所有者投入企业的资本部分，它既包括构成企业注册资本或者股本的金额，也包括投入资本超过注册资本或股本部分的金额，即资本溢价或股本溢价，这部分投入资本作为资本公积（资本溢价）反映。

其他综合收益，是指企业根据会计准则规定未在当期损益中确认的各项利得和损失。

留存收益，是指企业从历年实现的利润中提取或者形成的留存于企业的内部积累，包括盈余公积和未分配利润。

（2）确认条件

所有者权益体现的是所有者在企业中的剩余权益，因此，所有者权益的确认和计量主要依赖于资产和负债的确认和计量。例如，企业接受投资者投入的资产，在该资产符合资产确认条件时，就相应地符合所有者权益的确认条件；当该资产的价值能够可靠计量时，所有者权益的金额也就可以确定。

4. 收入

（1）定义

收入，是指企业在日常活动中形成的、会导致所有者权益增加的、与所有者投入资本无关的经济利益的总流入。根据收入的定义，收入具有三方面特征：

1）收入是企业在日常活动中形成的。日常活动，是指企业为完成其经营目标所从事的经常性活动，以及与之相关的活动。例如，工业企业制造并销售产品，就属于企业的日常活动。

2）收入是与所有者投入资本无关的经济利益的总流入。收入应当会导致经济利益的流入，从而导致资产的增加。例如，企业销售商品，应当收到现金或者有权在未来收到现金，才表明该交易符合收入的定义。但是在实务中，经济利益的流入有时是所有者投入资本的增加导致的，所有者投入资本的增加不应当确认为收入，应当将其直接确认为所有者权益。

3）收入会导致所有者权益的增加。与收入相关的经济利益的流入应当会导致所有者权益的增加，不会导致所有者权益增加的经济利益的流入不符合收入的定义，不应确认为收入。例如，企业向银行借入款项，虽然也导致经济利益流入企业，但该流入并不导致所有者权益的增加，反而使企业承担了一项现时义务。因此，企业对于因借入款项所导致的经济利益的增加，不应将其确认为收入，应当确认为一项负债。

（2）确认条件

企业收入的来源渠道多种多样，不同收入来源的特征虽然有所不同，但其收入确认条件却是相同的。当企业与客户之间的合同同时满足下列条件时，企业应当在客户取得相关商品控制权时确认收入：

1）合同各方已批准该合同并承诺将履行各自义务；

2）该合同明确了合同各方与所转让商品或提供劳务相关的权利和义务；

3）该合同有明确的与所转让商品或提供劳务相关的支付条款；

4）该合同具有商业实质，即履行该合同将改变企业未来现金流量的风险、时间分布或金额；

5）企业因向客户转让商品或提供劳务而有权取得的对价很可能收回。

5. 费用

（1）定义

费用，是指企业在日常活动中发生的、会导致所有者权益减少的、与向所有者分配利润无关的经济利益的总流出。根据费用的定义，费用具有三方面特征：

1）费用是企业在日常活动中形成的。费用必须是企业在日常活动中形成的，这些日常活动的界定与收入定义中涉及的日常活动的界定相一致。日常活动产生的费用通常包括营业成本（主营业务成本和其他业务成本）、税金及附加、销售费用、管理费用、财务费用等。将费用界定为日常活动形成的，目的是为了将其与损失相区分，企业非日常活动形成的经济利益的流出不能确认为费用，而应当计入损失。

2）费用是与向所有者分配利润无关的经济利益的总流出。费用的发生应当会导致经济利益的流出，从而导致资产的减少或者负债的增加，其表现形式包括现金或者现金等价物的流出，存货、固定资产和无形资产等的流出或者消耗等。企业向所有者分配利润也会导致经济利益的流出，而该经济利益的流出属于所有者权益的抵减项目，不应确认为费用，应当将其排除在费用的定义之外。

3）费用会导致所有者权益的减少。与费用相关的经济利益的流出应当会导致所有者权益的减少，不会导致所有者权益减少的经济利益的流出不符合费用的定义，不应确认为费用。

（2）确认条件

费用的确认除了应当符合定义外，还至少应当符合以下条件：

1）与费用相关的经济利益应当很可能流出企业；

2）经济利益流出企业的结果会导致资产的减少或者负债的增加；

3）经济利益的流出额能够可靠计量。

6. 利润

（1）定义

利润，是指企业在一定会计期间的经营成果。通常情况下，如果企业实现了利润，表明企业的所有者权益将增加；反之，如果企业发生亏损（即利润为负数），表明企业的所有者权益将减少。

利润主要包括营业利润、利润总额和净利润。营业利润是企业生产经营活动收入与经营活动费用之差；利润总额是企业全部收入与全部费用之差；净利润是在利润总额的基础上扣除企业所得税的结果。

利润包括收入减去费用后的净额、直接计入当期利润的利得和损失等。其中，收入减去费用后的净额反映的是企业日常活动的业绩。直接计入当期利润的利得和损失，是指应当计入当期损益、会导致所有者权益发生增减变动的、与所有者投入资本或者向所有者分配利润无关的利得或损失。其中，利得，是指由企业非日常活动所形成的、会导致所有者权益增加的、与所有者投入资本无关的经济利益的流入；损失，是指由企业非日常活动所发生的、会导致所有者权益减少的、与向所有者分配利润无关的经济利益的流出。

（2）确认条件

利润反映的是收入减去费用、利得减去损失后净额的概念。因此，利润的确认主要依赖于收入和费用、利得和损失的确认，其金额的确定也主要取决于收入、费用、利得和损失金额的计量。

1.3.3 会计要素平衡公式

会计平衡公式，是表明会计要素之间基本关系的等式，又称会计恒等式、会计方程式。

1. 表现形式

（1）静态平衡公式

企业要进行经济活动，必须拥有一定数量和质量的能给企业带来经济利益的经济资源,即资产。企业的资产最初来源于两个方面:一是由企业所有者投入;二是由企业向债权人借入。所有者和债权人将其拥有的资产提供给企业使用,就相应地对企业的资产享有一种要求权。前者称为所有者权益,后者称为债权人权益,即负债。

资产表明企业拥有什么经济资源和拥有多少经济资源,负债和所有者权益表明经济资源的来源渠道,即谁提供了这些经济资源。因此,资产和负债、所有者权益三者之间在数量上存在下列恒等关系,用公式表示为:

$$资产 = 负债 + 所有者权益 \tag{1-1}$$

这一等式反映了企业在某一特定时点资产、负债和所有者权益三者之间的平衡关系,关键点是确定的会计时点,如每个月的月末、每年的年末。因此,该等式被称为财务状况等式、基本会计等式或静态会计等式,它是复式记账法的理论基础,也是编制资产负债表的依据。

(2) 动态平衡公式

企业进行生产经营活动的目的是为了获取收入、实现盈利。企业在取得收入的同时,必然要发生相应的费用。通过收入与费用的比较,才能确定一定期间的盈利水平,确定实现的利润总额。在不考虑利得和损失的情况下,它们之间的关系用公式表示为:

$$收入 - 费用 = 利润 \tag{1-2}$$

这一等式反映了企业利润的实现过程,称为经营成果等式或动态会计等式。收入、费用和利润之间的上述关系,是编制利润表的依据。

(3) 综合平衡公式

在企业的日常经济活动中,其资产、负债、所有者权益、收入、费用和利润会计要素是经常发生变动的,因此,会计衡等式中的六个会计要素也是运动的,可以用以下公式来加以表示:

$$资产 = 负债 + 所有者权益 + 收入 - 费用 \tag{1-3}$$

或

$$资产 + 费用 = 负债 + 所有者权益 + 收入 \tag{1-4}$$

或

$$资产 = 负债 + 所有者权益 + 利润 \tag{1-5}$$

2. 应用

企业发生的交易或事项按其对财务状况等式的影响不同,可以分为以下九种基本类型:

(1) 一项资产增加,另一项资产等额减少的经济业务;

(2) 一项资产增加,一项负债等额增加的经济业务;

(3) 一项资产增加,一项所有者权益等额增加的经济业务;

(4) 一项资产减少,一项负债等额减少的经济业务;

(5) 一项资产减少,一项所有者权益等额减少的经济业务;

（6）一项负债增加，另一项负债等额减少的经济业务；

（7）一项负债增加，一项所有者权益等额减少的经济业务；

（8）一项所有者权益增加，一项负债等额减少的经济业务；

（9）一项所有者权益增加，另一项所有者权益等额减少的经济业务。

以财务状况等式为例，上述九类基本经济业务的发生均不影响会计等式的平衡关系，具体分为三种情形：基本经济业务（1）、（6）、（7）、（8）、（9）使会计等式左右两边的金额保持不变；基本经济业务（2）、（3）使会计等式左右两边的金额等额增加；基本经济业务（4）、（5）使会计等式左右两边的金额等额减少。经济业务对会计等式的影响，如【例1-1】所示。

【例1-1】2019年1月，甲公司发生的经济业务资料如下：

①从银行提取现金2万元。

该项经济业务发生后，甲公司的一项资产（库存现金）增加2万元，另一项资产（银行存款）同时减少2万元，即会计等式左边资产要素内部的金额有增有减，增减金额相等，其平衡关系保持不变。属于上述第（1）种经济业务类型。

②从银行借入期限为3个月的短期借款8 000万元。

该项经济业务发生后，甲公司的一项资产（银行存款）增加8 000万元，一项负债（短期借款）同时增加8 000万元，即会计等式左右两边金额等额增加，其平衡关系保持不变。属于上述第（2）种经济业务类型。

③收到投资者投入的机器一台，价值5 000万元。

该项经济业务发生后，甲公司的一项资产（固定资产）增加5 000万元，一项所有者权益（实收资本）同时增加5 000万元，即会计等式左右两边金额等额增加，其平衡关系保持不变。属于上述第（3）种经济业务类型。

④以银行存款2 000万元偿还前欠货款。

该项经济业务发生后，甲公司的一项资产（银行存款）减少2 000万元，一项负债（应付账款）同时减少2 000万元，即会计等式左右两边金额等额减少，其平衡关系保持不变。属于上述第（4）种经济业务类型。

⑤股东大会决定减少注册资本3 000万元，以银行存款向投资者退回其投入的资本。

该项经济业务发生后，甲公司的一项资产（银行存款）减少3 000万元，一项所有者权益（实收资本）同时减少3 000万元，即会计等式左右两边金额等额减少，其平衡关系保持不变。属于上述第（5）种经济业务类型。

⑥已到期的应付票据2 500万元因无力支付转为应付账款。

该项经济业务发生后，甲公司的一项负债（应付账款）增加2 500万元，另一项负债（应付票据）同时减少2 500万元，即会计等式右边负债要素内部的金额有增有减，增减金额相等，其平衡关系保持不变。属于上述第（6）种经济业务类型。

⑦宣布向投资者分配利润1 000万元。

该项经济业务发生后,甲公司的一项负债(应付利润)增加1 000万元,一项所有者权益(未分配利润)同时减少1 000万元,即会计等式右边一项负债增加而一项所有者权益等额减少,其平衡关系保持不变。属于上述第(7)种经济业务类型。

⑧经批准将已发行的公司债券5 000万元转为实收资本。

该项经济业务发生后,甲公司的一项负债(应付债券)减少5 000万元,一项所有者权益(实收资本)同时增加5 000万元,即会计等式右边一项所有者权益增加而一项负债等额减少,其平衡关系保持不变。属于上述第(8)种经济业务类型。

⑨经批准将资本公积3 000万元转为实收资本。

该项经济业务发生后,甲公司的一项所有者权益(实收资本)增加3 000万元,另一项所有者权益(资本公积)同时减少3 000万元,即会计等式右边所有者权益要素内部的金额有增有减,增减金额相等,其平衡关系保持不变。属于上述第(9)种经济业务类型。

由此可见,每项经济业务的发生,都必然会引起会计等式的一边或两边有关会计要素项目相互联系地发生等量变化,即当涉及会计平衡公式的一边时,有关项目的金额发生相反方向的等额变动;当涉及会计平衡公式的两边时,有关项目的金额发生相同方向的等额变动,但始终不会影响会计平衡公式的平衡关系。

1.3.4 会计要素计量

会计计量是为了将符合确认条件的会计要素登记入账并列报于财务报表而确定其金额的过程。会计计量的属性是符合采用的计量方法规则,主要包括历史成本、重置成本、可变现净值、现值和公允价值等。

1. 历史成本

历史成本又称实际成本,是指取得或制造某项财产物资时所实际支付的现金或者现金等价物。采用历史成本计量时,资产按照其购置时支付的现金或现金等价物的金额,或者按照购置时所付出对价的公允价值计量。负债按照其因承担现时义务而实际收到的款项或者资产的金额,或者承担现时义务的合同金额,或者按照日常活动中为偿还负债预期需要支付的现金或者现金等价物的金额计量。

2. 重置成本

重置成本又称现行成本,是指按照当前市场条件,重新取得同样一项资产所需支付的现金或现金等价物金额。采用重置成本计量时,资产按照现在购买相同或者相似资产所需支付的现金或者现金等价物的金额计量。负债按照现在偿付该项债务所需支付的现金或者现金等价物的金额计量。

3. 可变现净值

可变现净值,是指在生产经营过程中,以预计售价减去进一步加工成本和销售所必需的预计税金、费用后的净值。采用可变现净值计量时,资产按照其正常对外销售所能收到现金或者现金等价物的金额,扣减该资产至完工时估计将要发生的成本、估计的销售费用以及相关税费后的金额计量。

4. 现值

现值，是指对未来现金流量以恰当的折现率进行折现后的价值，是考虑货币时间价值因素等的一种计量属性。采用现值计量时，资产按照预计从其持续使用和最终处置中所产生的未来净现金流入量的折现金额计量。负债按照预计期限内需要偿还的未来净现金流出量的折现金额计量。

5. 公允价值

公允价值，是指市场参与者在计量日发生的有序交易中，出售一项资产所能收到或者转移一项负债所需支付的价格。

1.4 会计科目与账户

1.4.1 会计科目

1. 定义

会计科目，简称科目，是对会计要素具体内容进行分类核算的项目命名，是进行会计信息记录和提供会计信息的基础。

2. 分类

会计科目可以按其反映的经济内容（即所属会计要素）、所提供信息的详细程度及其统驭关系分类。

（1）按反映的经济内容分类

会计科目按其反映的经济内容不同，可分为资产类科目、负债类科目、共同类科目、所有者权益类科目、成本类科目和损益类科目，见附件建筑施工与房地产企业会计科目表。每一类会计科目可按一定标准再分为若干具体科目。

1）资产类科目，是对资产要素的具体内容进行分类核算的项目，按资产的流动性分为反映流动资产的科目和反映非流动资产的科目。反映流动资产的科目主要有"库存现金""银行存款""应收账款""原材料""库存商品"等科目；反映非流动资产的科目主要有"长期股权投资""长期应收款""固定资产""在建工程""无形资产"等科目。

2）负债类科目，是对负债要素的具体内容进行分类核算的项目，按负债的偿还期限长短分为反映流动负债的科目和反映非流动负债的科目。反映流动负债的科目主要有"短期借款""应付账款""应付职工薪酬""应交税费"等科目；反映非流动负债的科目主要有"长期借款""应付债券""长期应付款"等科目。

3）共同类科目，是既有资产性质又有负债性质的科目，主要有"清算资金往来""货币兑换""套期工具""被套期项目"等科目。

4）所有者权益类科目，是对所有者权益要素的具体内容进行分类核算的项目，主要有"实收资本"（或"股本"）"资本公积""其他综合收益""盈余公积""本年利润""利润分配""库存股"等科目。

5）成本类科目，是对可归属于产品生产成本、劳务成本等的具体内容进行分类核算的项目，主要有"生产成本""制造费用""劳务成本""研发支出"等科目。

6）损益类科目，是对收入、费用等要素的具体内容进行分类核算的项目。其中，反映收入的科目主要有"主营业务收入""其他业务收入"等科目；反映费用的科目主要有"主营业务成本""其他业务成本""销售费用""管理费用""财务费用"等科目。

（2）按提供信息的详细程度及其统驭关系分类

会计科目按其提供信息的详细程度及其统驭关系，可分为总分类科目和明细分类科目。总分类科目，又称总账科目或一级科目，是对会计要素的具体内容进行总括分类、提供总括信息的会计科目。

明细分类科目，又称明细科目，是对总分类科目作进一步分类，提供更为详细和具体会计信息的科目。如果某一总分类科目所辖的明细分类科目较多，可在总分类科目下设置二级明细科目，在二级明细科目下设置三级明细科目，三级科目以下设置细目，即资产的名称、类别等。二级明细科目是对总分类科目进一步分类的科目，三级明细科目是对二级明细科目进一步分类的科目，以此类推。

1.4.2 会计账户

1. 定义

账户是根据会计科目设置的，具有一定格式和结构，用于分类反映会计要素增减变动情况及其结果的载体。

会计科目仅仅是对会计要素的具体内容进行分类核算的项目，它不能反映交易或事项的发生所引起的会计要素各项目的增减变动情况和结果，各项核算指标的具体数据资料只有通过账户记录才能取得。因此，在设置会计科目后，还必须根据规定的会计科目开设相应的账户，以便对交易或事项进行系统、连续的记录，向有关各方提供有用的会计信息。

2. 分类

同会计科目分类相对应，账户可以根据其核算的经济内容、提供信息的详细程度及其统驭关系进行分类。根据核算的经济内容，账户分为资产类账户、负债类账户、共同类账户、所有者权益类账户、成本类账户和损益类账户；根据提供信息的详细程度及其统驭关系，账户分为总分类账户和明细分类账户。

账户是用来连续、系统、完整地记录企业经济活动的，因此必须具有一定的结构。由于经济业务发生所引起的各项会计要素的变动，从数量上看不外乎为增加和减少两种情况。因此，账户的结构相应地分为两个基本部分，以分别用来记录会计要素的增加和减少。这样，账户的基本结构就要分为左右两方，一方登记增加，另一方登记减少。至于账户左右两方的名称，用哪一方登记增加、哪一方登记减少，要取决于所采用的记账方法和该账户所记录的经济内容。

账户的期初余额、期末余额、本期增加发生额、本期减少发生额统称为账户的四个金额要素。四个金额要素之间的关系如以下公式所示：

$$期末余额 = 期初余额 + 本期增加发生额 - 本期减少发生额 \quad (1-6)$$

3. 会计账户与会计科目的关系

（1）联系

1）名称相同。账户是根据会计科目设置的，会计科目是账户的名称。

2）目的一致。二者开设的目的都是为了对经济业务进行分类、整理，以提供管理所需要的会计信息。

3）内容相同。科目和账户反映的经济内容相同。

（2）区别

1）功能不同。会计科目的功能是命名和分类；账户的功能是记录、计算和汇总。

2）作用不同。会计科目的具体作用主要表现为将会计要素具体分类；账户则是在会计科目名称的基础上，增加记录信息的结构、明晰记账方向、反映会计要素的增减变动。

3）依据不同。会计科目的依据是会计要素取名；账户的依据是编制的会计报表。

4）结构不同。一般，科目无记录结构，账户则人为设置了结构的三要素：记录方向、记录空间和计算结果。一般内容有：期初余额、本期发生额、期末余额。所以，一般在记录会计信息时，企业会计人员都用账户。

（3）账户的表达

账户表达式一般是账户记录的形式或方式，一般存在 T 型理论形式、分录形式和实际记录账本形式。依据会计平衡公式理论，可以分为：

1）资产类和成本类账户结构

在借贷记账法下，资产类、成本类账户的借方登记增加额；贷方登记减少额；期末余额一般在借方，有些账户可能无余额。其余额计算公式为：

$$期末借方余额 = 期初借方余额 + 本期借方发生额 - 本期贷方发生额 \quad (1-7)$$

资产类和成本类账户结构用 T 型账户表示，如表 1-1 所示。

2）负债类和所有者权益类账户结构

在借贷记账法下，负债类、所有者权益类账户的借方登记减少额；贷方登记增加额；

资产类和成本类账户 T 型表　　　　　　　　　　　表 1-1

借方	资产类和成本类账户		贷方
期初余额 本期增加额	××× ××× ××× …	本期减少额	××× ××× …
本期借方发生额合计	×××	本期贷方发生额合计	×××
期末余额	×××		

期末余额一般在贷方,有些账户可能无余额。其余额计算公式为:

期末贷方余额 = 期初贷方余额 + 本期贷方发生额 – 本期借方发生额　　（1-8）

负债类和所有者权益类账户结构用 T 型账户表示,如表 1-2 所示。

3）损益类账户结构

在借贷记账法下,收入类账户的借方登记减少额;贷方登记增加额。本期收入净额在期末转入"本年利润"账户,用以计算当期损益,结转后无余额。收入类账户结构用 T 型账户表示,如表 1-3 所示。

在借贷记账法下,费用类账户的借方登记增加额;贷方登记减少额。本期费用净额在期末转入"本年利润"账户,用以计算当期损益,结转后无余额。费用类账户结构用 T 型账户表示,如表 1-4 所示。

4）利润类账户结构

在借贷记账法下,利润类账户的借方登记减少额;贷方登记增加额。本期利润净额在期末转入"利润分配"账户,用以计算当期利润金额,结转后无余额。利润类账户结构用 T 型账户表示,如表 1-5 所示。

负债类和所有者权益类账户 T 型表　　表 1-2

借方		负债类和所有者权益类账户		贷方
本期减少额	××× ××× …		期初余额 本期增加额	××× ××× ××× …
本期借方发生额合计	×××		本期贷方发生额合计	×××
			期末余额	×××

收入类账户 T 型表　　表 1-3

借方		收入类账户		贷方
本期减少额 本期增加额	××× ××× …		本期增加额	××× ××× …
本期借方发生额合计	×××		本期贷方发生额合计	×××

费用类账户 T 型表　　表 1-4

借方		费用类账户		贷方
本期增加额	××× ××× …		本期减少额 本期转出额	××× ××× …
本期借方发生额合计	×××		本期贷方发生额合计	×××

利润类账户 T 型表　　　　　　　　　　　　　表 1-5

借方	利润类账户		贷方
本期增加额	×××	本期减少额	×××
	×××	本期转出额	×××
	…		…
本期借方发生额合计	×××	本期贷方发生额合计	×××

1.4.3　借贷记账法

1. 定义

借贷记账法，是以"借"和"贷"作为记账符号的一种复式记账法。复式记账法，是指对于每一笔经济业务，都必须用相等的金额在两个或两个以上相互联系的账户中进行登记，全面、系统地反映会计要素增减变化的一种记账方法。复式记账法分为借贷记账法、增减记账法、收付记账法等。我国会计准则规定，企业、行政单位和事业单位的会计核算均采用借贷记账法记账。

2. 规则

记账规则，是指采用某种记账方法登记具体经济业务时应当遵循的规律。如运用"借""贷"符号表示【例 1-1】中九种基本类型经济业务所涉及的增减变动情况，借贷记账法的记账规则是"有借必有贷，借贷必相等"，即：任何经济业务的发生，一方（或几方）记入借方，另一方（或几方）必须记入贷方，记入借方的金额等于记入贷方的金额。如果涉及多个账户，记入借方账户金额的合计数等于记入贷方账户金额的合计数。

上述九种基本经济业务的资金运动与记账规则的对应关系，如图 1-6 所示。

借贷记账法记账规则的具体运用，如【例 1-2】至【例 1-5】所示。

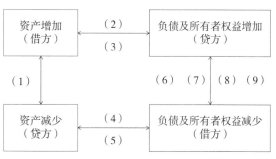

图 1-6　资金运动与记账规则的对应关系

【例 1-2】甲公司购入原材料一批，价款 1000 元，用银行存款支付，假定不考虑增值税因素。

该项经济业务发生后，甲公司原材料增加 1 000 元，银行存款同时减少 1 000 元，它涉及"原材料"和"银行存款"这两个资产类账户。资产的增加用"借"表示，减少用"贷"表示，因此应在"原材料"账户借方记入 1 000 元，在"银行存款"账户贷方记入 1 000 元。该项经济业务在 T 型账户中的登记，如图 1-7 所示。

【例 1-3】甲公司已到期的应付票据 20 000 元因无力支付转为应付账款。

该项经济业务发生后，甲公司应付账款增加 20 000 元，应付票据同时减少 20 000 元，它涉及"应付账款"和"应付票据"这两个负债类账户。负债的增加用"贷"表示，减少用"借"表示，因此应在"应付票据"账户借方记入 20 000 元，在"应付账款"账户贷方记入 20 000 元。该项经济业务在 T 型账户中的登记，如图 1-8 所示。

【例 1-4】甲公司收到投资者投入资本金 50 000 元，款项存入银行。

该项经济业务发生后，甲公司银行存款增加 50 000 元，所有者对甲公司的投资同时增加 50 000 元，它涉及"银行存款"这个资产类账户和"实收资本"这个所有者权益类账户。资产的增加用"借"表示，所有者权益的增加用"贷"表示，因此应在"银行存款"账户借方记入 50 000 元，在"实收资本"账户贷方记入 50 000 元。该项经济业务在 T 型账户中的登记，如图 1-9 所示。

【例 1-5】甲公司以银行存款 30 000 元，偿还到期的长期借款。

该项经济业务发生后，甲公司的银行存款减少 30 000 元，长期借款同时减少 30 000 元，它涉及"银行存款"这个资产类账户和"长期借款"这个负债类账户。资产的减少用"贷"表示，负债的减少用"借"表示，因此应在"长期借款"账户的借方记入 30 000 元，在"银行存款"账户的贷方记入 30 000 元。该项经济业务在 T 型账户中的登记，如图 1-10 所示。

3. 账户对应关系与会计分录

账户对应关系，是指采用借贷记账法对每笔交易或事项进行记录时，相关账户之间形成的应借、应贷的相互关系。存在对应关系的账户称为对应账户。

会计分录，简称分录，是对每项经济业务列示出应借、应贷的账户名称（科目）及其金额的一种记录。会计分录由应借应贷方向、相互对应的科目及其金额三个要素构成。在我国，会计分录记载于记账凭证中。【例 1-2】至【例 1-5】所列示的四项经济业务的会计分录分别如下：

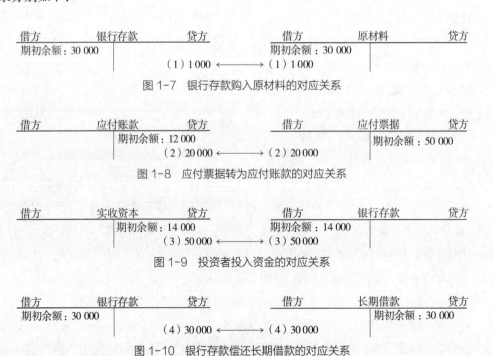

图 1-7　银行存款购入原材料的对应关系

图 1-8　应付票据转为应付账款的对应关系

图 1-9　投资者投入资金的对应关系

图 1-10　银行存款偿还长期借款的对应关系

（1）借：原材料　　　　　　　　　　　　　　1 000
　　　　贷：银行存款　　　　　　　　　　　　　　　1 000
（2）借：应付票据　　　　　　　　　　　　　20 000
　　　　贷：应付账款　　　　　　　　　　　　　　　20 000
（3）借：银行存款　　　　　　　　　　　　　50 000
　　　　贷：实收资本　　　　　　　　　　　　　　　50 000
（4）借：长期借款　　　　　　　　　　　　　30 000
　　　　贷：银行存款　　　　　　　　　　　　　　　30 000

按照所涉及账户的多少，会计分录分为简单会计分录和复合会计分录。简单会计分录，是指只涉及一个账户借方和另一个账户贷方的会计分录，即一借一贷的会计分录，如【例1-2】至【例1-5】中的会计分录。复合会计分录，是指由两个以上（不含两个）对应账户组成的会计分录，即一借多贷、多借一贷或多借多贷的会计分录，如【例1-6】中的会计分录。

【例1-6】甲公司购入原材料一批，价款60 000元，其中40 000元用银行存款支付，20 000元尚未支付，假定不考虑增值税因素。会计分录如下：

借：原材料　　　　　　　　　　　　　　　　60 000
　　贷：银行存款　　　　　　　　　　　　　　　　40 000
　　贷：应付账款　　　　　　　　　　　　　　　　20 000

复合会计分录实际上是由若干简单会计分录复合而成的，但为了保持账户对应关系清晰，一般不应把不同经济业务合并在一起，编制多借多贷的会计分录。一笔复合会计分录可以分解为若干简单的会计分录，而若干笔相关简单的会计分录又可复合为一笔复合会计分录，复合或分解的目的是便于会计工作和更好地反映经济业务的实质。

4. 试算平衡

试算平衡，是指根据借贷记账法的记账规则和资产与权益（负债和所有者权益）的恒等关系，通过对所有账户的发生额和余额的汇总进行计算和比较，来检查账户记录是否正确的一种方法。

（1）试算平衡的分类

1）发生额试算平衡

发生额试算平衡，是指全部账户本期借方发生额合计与全部账户本期贷方发生额合计保持平衡，即：

$$\text{全部账户本期借方发生额合计} = \text{全部账户本期贷方发生额合计} \qquad (1-9)$$

发生额试算平衡的直接依据是借贷记账法的记账规则，即"有借必有贷，借贷必相等"。

2）余额试算平衡

余额试算平衡，是指全部账户借方期末（初）余额合计与全部账户贷方期末（初）余额合计保持平衡，即：

全部账户借方期末（初）余额合计 = 全部账户贷方
期末（初）余额合计　　　　　　　　　　　　　　（1-10）

余额试算平衡的直接依据是财务状况等式，即：资产 = 负债 + 所有者权益。

（2）试算平衡表的编制

试算平衡是通过编制试算平衡表进行的。试算平衡表通常是在期末结出各账户的本期发生额合计和期末余额后编制的，试算平衡表中一般应设置"期初余额""本期发生额""期末余额"三大栏目，其下分设"借方"和"贷方"两个小栏。各大栏中的借方合计与贷方合计应该相等，否则，便存在记账错误。为了简化表格，试算平衡表也可只根据各个账户的本期发生额编制，不填列各账户的期初余额和期末余额。试算平衡表的格式，如表1-7所示。

试算平衡只是通过借贷金额是否平衡来检查账户记录是否正确的一种方法。如果借贷双方发生额或余额相等，表明账户记录基本正确，但有些错误并不影响借贷双方的平衡，因此，试算不平衡表示记账一定有错误，但试算平衡不能表明记账一定正确。

不影响借贷双方平衡关系的错误通常有：

1）漏记某项经济业务，使本期借贷双方的发生额等额减少，借贷仍然平衡；

2）重记某项经济业务，使本期借贷双方的发生额等额虚增，借贷仍然平衡；

3）某项经济业务记录的应借、应贷科目正确，但借贷双方金额同时多记或少记，且金额一致，借贷仍然平衡；

4）某项经济业务记错有关账户，借贷仍然平衡；

5）某项经济业务在账户记录中，颠倒了记账方向，借贷仍然平衡；

6）某借方或贷方发生额中，偶然发生多记和少记并相互抵销，借贷仍然平衡。

由于账户记录可能存在这些不能由试算平衡表发现的错误，所以需要对一切会计记录进行日常或定期的复核，以保证账户记录的正确性。借贷记账法下试算平衡的运用，如【例1-7】所示。

【例1-7】2019年1月初，丙公司各账户的余额，如表1-6所示。

2019年1月，丙公司发生的部分经济业务如下：

期初余额表　　（单位：元）　　　　表1-6

2019年1月1日

会计账户	期初借方余额	会计账户	期初贷方余额
库存现金	10 000	短期借款	130 000
银行存款	160 000	应付票据	120 000
原材料	200 000	应付账款	100 000
固定资产	11 000 000	实收资本	11 020 000
合　计	11 370 000	合　计	11 370 000

①收到投资者按投资合同交来的资本金 420 000 元，已存入银行。
②向银行借入期限为三个月的借款 600 000 元存入银行。
③从银行提取现金 8 000 元作为备用。
④购买原材料 60 000 元（假定不考虑增值税因素）已验收入库，款未付。
⑤签发三个月到期的商业汇票 50 000 元抵付上月所欠货款。
⑥用银行存款 100 000 元偿还前欠的短期借款。
⑦用银行存款 300 000 元购买不需安装的机器设备一台（假定不考虑增值税因素），设备已交付使用。
⑧购买原材料 40 000 元（假定不考虑增值税因素），其中用银行存款支付 30 000 元，其余货款尚欠，材料已验收入库。
⑨以银行存款偿还短期借款 100 000 元，偿还应付账款 60 000 元。

根据以上业务，编制的会计分录如下：

①借：银行存款　　　　　　　　　　420 000
　　贷：实收资本　　　　　　　　　420 000
②借：银行存款　　　　　　　　　　600 000
　　贷：短期借款　　　　　　　　　600 000
③借：库存现金　　　　　　　　　　 8 000
　　贷：银行存款　　　　　　　　　 8 000
④借：原材料　　　　　　　　　　　 60 000
　　贷：应付账款　　　　　　　　　 60 000
⑤借：应付账款　　　　　　　　　　 50 000
　　贷：应付票据　　　　　　　　　 50 000
⑥借：短期借款　　　　　　　　　　100 000
　　贷：银行存款　　　　　　　　　100 000
⑦借：固定资产　　　　　　　　　　300 000
　　贷：银行存款　　　　　　　　　300 000
⑧借：原材料　　　　　　　　　　　 40 000
　　贷：银行存款　　　　　　　　　 30 000
　　　　应付账款　　　　　　　　　 10 000
⑨借：短期借款　　　　　　　　　　100 000
　　　　应付账款　　　　　　　　　 60 000
　　贷：银行存款　　　　　　　　　160 000

根据各账户的期初余额、本期发生额和期末余额，编制总分类账户试算平衡表进行试算平衡，如表 1-7 所示。

根据表 1-7 可知，借贷双方的本期发生额和期末余额相等，表明账户记录基本正确。

总分类账户试算平衡表　（单位：元）　　　表 1-7

2019 年 1 月 31 日

账户名称	期初余额		本期发生额		期末余额	
	借方	贷方	借方	贷方	借方	贷方
库存现金	10 000		8 000		18 000	
银行存款	160 000		1 020 000	598 000	582 000	
原材料	200 000		100 000		300 000	
固定资产	11 000 000		300 000		11 300 000	
短期借款		130 000	200 000	600 000		530 000
应付票据		120 000		50 000		170 000
应付账款		100 000	110 000	70 000		60 000
实收资本		11 020 000		420 000		11 440 000
合　计	11 370 000	11 370 000	1 738 000	1 738 000	12 200 000	12 200 000

1.5　工程会计程序

1.5.1　会计凭证

1. 会计凭证概述

会计凭证，是指记录经济业务发生或者完成情况的书面证明，是登记账簿的依据。每个企业都必须按一定的程序填制和审核会计凭证，根据审核无误的会计凭证进行账簿登记，如实反映企业的经济业务。会计凭证按照填制程序和用途可分为原始凭证和记账凭证。

（1）原始凭证，又称单据，是指在经济业务发生或完成时取得或填制的，用以记录或证明经济业务的发生或完成情况的原始凭据。原始凭证的作用主要是记载经济业务的发生过程和具体内容。常用的原始凭证有现金收据、发货票、增值税专用（或普通）发票、差旅费报销单、产品入库单、领料单等。

（2）记账凭证，又称记账凭单，是指会计人员根据审核无误的原始凭证，按照经济业务的内容加以归类，并据以确定会计分录后填制的会计凭证，作为登记账簿的直接依据。记账凭证的作用主要是确定会计分录、进行账簿登记、反映经济业务的发生或完成情况、监督企业经济活动和明确相关人员的责任。

2. 原始凭证

（1）原始凭证的种类

原始凭证可以按照取得来源、格式、填制的手续和内容进行分类。

1）按取得来源分类

原始凭证按照取得来源，可分为自制原始凭证和外来原始凭证。

①自制原始凭证，是指由本单位有关部门和人员，在执行或完成某项经济业务时填制的，仅供本单位内部使用的原始凭证，如领料单、产品入库单、借款单等。单位内部

使用的领料单格式，如表 1-8 所示。

②外来原始凭证，是指在经济业务发生或完成时，从其他单位或个人直接取得的原始凭证，如购买原材料取得的增值税专用发票、职工出差报销的飞机票、火车票和餐饮费发票等。增值税专用发票的格式，如图 1-11 所示。

领料单　　　　　　　　　　　　　表 1-8

领料部门：						发料仓库：	
用途：			年　月　日			编号：	
编号	材料名称	规格	单位	请领数量	实发数量	备注	

制单：　　　　　审核：　　　　　领料人：　　　　　发料人：

2）按格式分类

原始凭证按照格式，可分为通用凭证和专用凭证。

①通用凭证，是指由有关部门统一印制、在一定范围内使用的具有统一格式和使用方法的原始凭证。通用凭证的使用范围因制作部门的不同而有所差异，可以分地区、分行业使用，也可以全国通用，如某省（市）印制的在该省（市）

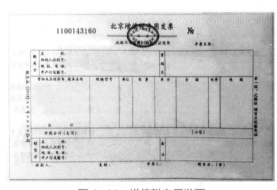

图 1-11　增值税专用发票

通用的发票、收据等；由中国人民银行制作的在全国通用的银行转账结算凭证、由国家税务总局统一印制的全国通用的增值税专用发票等。

②专用凭证，是指由单位自行印制、仅在本单位内部使用的原始凭证，如领料单、差旅费报销单、折旧计算表、工资费用分配表等。

3）按填制的手续和内容分类

原始凭证按照填制的手续和内容，可分为一次凭证、累计凭证和汇总凭证。

①一次凭证，是指一次填制完成，只记录一笔经济业务且仅一次有效的原始凭证，如收据、收料单、发货票、银行结算凭证等。发货票的一般格式，如表 1-9 所示。

②累计凭证，是指在一定时期内多次记录发生的同类型经济业务且多次有效的原始凭证，如限额领料单。累计凭证的特点是在一张凭证上可以连续登记相同性质的经济业务，随时结出累计数和结余数，并按照费用限额进行费用控制，期末按实际发生额记账。限额领料单的一般格式，如表 1-10 所示。

③汇总凭证，是指对一定时期内反映经济业务内容相同的若干张原始凭证，按照一定标准综合填制的原始凭证。汇总原始凭证合并了同类型经济业务，简化了记账工作。

发料凭证汇总表是一种常用的汇总凭证，格式如表1-11所示。

（2）原始凭证的基本内容

原始凭证的格式和内容因经济业务和经营管理的不同而有所差异，但原始凭证应当具备以下基本内容（也称为原始凭证要素）：①凭证的名称；②填制凭证的日期；③填制凭证的单位名称和填制人姓名；④经办人员的签名或者盖章；⑤接受凭证的单位名称；⑥经济业务内容；⑦数量、单价和金额。

3. 记账凭证

（1）记账凭证的种类

记账凭证按照其反映的经济业务的内容来划分，通常可分为收款凭证、付款凭证和

发货票 表1-9

购买单位：
结算方式：　　　　　　　　　　年　月　日　　　　　　　　　编号：

品名规格	单位	数量	单价	金额

会计：　　　　　　　　　　　复核：　　　　　　　　　　制单：

限额领料单 表1-10

领料部：　　　　　　　　　　　　　　　　　　　　　　发料仓库：
用途：　　　　　　　　　　年　月　日　　　　　　　　编号：

材料编号	材料名称	规格	计量单位	计划单价	领用限额	全月实额	
						数量	金额

领用日期	请领数量	实发数量	领料人签章	发料人签章	限额结余数量

供应部门负责人：　　　　　　领料部门负责人：　　　　　　仓库负责人：

发料凭证汇总表 表1-11
年　月

材料＼借方科目	生产成本	制造费用	管理费用	销售费用	合计
合　计					

转账凭证。

1）收款凭证

收款凭证，是指用于记录库存现金和银行存款收款业务的记账凭证。收款凭证根据有关库存现金和银行存款收入业务的原始凭证填制，是登记库存现金日记账、银行存款日记账以及有关明细分类账和总分类账等账簿的依据，也是出纳人员收讫款项的依据。

2）付款凭证

付款凭证，是指用于记录库存现金和银行存款付款业务的记账凭证。付款凭证根据有关库存现金和银行存款支付业务的原始凭证填制，是登记库存现金日记账、银行存款日记账以及有关明细分类账和总分类账等账簿的依据，也是出纳人员支付款项的依据。

3）转账凭证

转账凭证，是指用于记录不涉及库存现金和银行存款业务的记账凭证。转账凭证根据有关转账业务的原始凭证填制，是登记有关明细分类账和总分类账等账簿的依据。

（2）记账凭证的基本内容

记账凭证是登记账簿的依据，为了保证账簿记录的正确性，记账凭证必须具备以下基本内容：①填制凭证的日期；②凭证编号；③经济业务摘要；④会计科目；⑤金额；⑥所附原始凭证张数；⑦填制凭证人员、稽核人员、记账人员、会计机构负责人、会计主管人员签名或者盖章。收款和付款记账凭证还应当由出纳人员签名或者盖章。

1.5.2 会计账簿

1. 会计账簿概述

会计账簿，简称账簿，是指由一定格式的账页组成的，以经过审核的会计凭证为依据，全面、系统、连续地记录各项经济业务的簿籍。

会计账簿和会计凭证都是记录经济业务的会计资料，但二者记录的方式不同。会计凭证对经济业务的记录是零散的，不能全面、连续、系统地反映和监督经济业务内容；会计账簿对经济业务的记录是分类、序时、全面、连续的，能够把分散在会计凭证中的大量核算资料加以集中，为经营管理提供系统、完整的核算资料。

2. 会计账簿的基本内容

在实际工作中，由于各种会计账簿所记录的经济业务不同，账簿的格式也多种多样，但各种账簿都应具备以下基本内容：

（1）封面，主要用来标明账簿的名称，如总分类账、各种明细分类账、库存现金日记账、银行存款日记账等。

（2）扉页，主要用来列明会计账簿的使用信息，如科目索引、账簿启用和经管人员一览表等。账簿启用登记和经管人员一览表格式，如表1-12所示。

（3）账页，是账簿用来记录经济业务的主要载体，包括账户的名称、日期栏、凭证种类和编号栏、摘要栏、金额栏，以及总页次和分户页次等基本内容。

3. 会计账簿的种类

会计账簿可以按照用途、账页格式、外形特征等进行分类。

（1）按用途分类

会计账簿按照用途，可以分为序时账簿、分类账簿和备查账簿。

1）序时账簿，又称日记账，是按照经济业务发生时间的先后顺序逐日、逐笔登记的账簿。在我国企业、行政事业单位中，库存现金日记账和银行存款日记账是应用比较广泛的日记账。其格式如表1-13和表1-14所示。

2）分类账簿，是指按照分类账户设置登记的账簿。分类账簿是会计账簿的主体，也是编制财务报表的主要依据。账簿按其反映经济业务的详略程度，可分为总分类账簿和明细分类账簿。其中，总分类账簿，简称总账，是根据总分类账户开设的，总括地反映某类经济活动。总分类账簿主要为编制财务报表提供直接数据资料，通常采用三栏式，其格式如表1-15所示。明细分类账簿，简称明细账，是根据明细分类账户开设的，用来提供明细的核算资料。明细分类账簿可采用的格式主要有三栏式明细账（格式与三栏式总分类账相同）、数量金额式明细账（如表1-17所示）等。

3）备查账簿，又称辅助登记簿或补充登记簿，是对某些在序时账簿和分类账簿中未

账簿启用登记和经管人员一览表　　　　　　　　　　　表1-12

账簿名称：_____　　　　　　　　　　　　　　　　　单位名称：_____
账簿编号：_____　　　　　　　　　　　　　　　　　账簿册数：_____
账簿页数：_____　　　　　　　　　　　　　　　　　启用日期：_____
会计主管：_____　　　　　　　　　　　　　　　　　记账人员：_____

移交日期			移交人		接管日期			接管人		会计主管	
年	月	日	签名	签章	年	月	日	签名	签章	签名	签章

库存现金日记账　　　（单位：元）　　　表1-13

第　页

2017年		记账凭证		对方科目	摘要	收入	支出	结余
月	日	字	号					
4	1				月初余额			1 500
4	2	银付	（略）	银行存款	从银行提现	500		2 000
4	2	现付	（略）	其他应收款	预支差旅费		300	1 700
4	2	现付	（略）	管理费用	购买办公用品		50	1 650
4	2	现收	（略）	其他应收款	交回差旅费余额	18		1 668
4	2	现收	（略）	其他业务收入	出售废旧物资	20		1 688
4	2				本日合计	538	350	1 688

银行存款日记账　　　（单位：元）　　表1-14

第　页

2017年		记账凭证		对方科目	摘要	收入	支出	结余
月	日	字	号					
6	1				期初余额			38 000
6	2	现付	（略）	库存现金	存入销货款	2 500		40 500
6	2	银付	（略）	材料采购	材料采购款		23 000	17 500
6	2	银付	（略）	应交税费	付进项税额		3 910	13 590
					本日合计	2 500	26 910	13 590
6	3	银收	（略）	应收账款	收回应收款	10 000		23 590
6	4	银付	（略）	应付账款	偿还欠款		5 000	18 590

总分类账　　　（单位：元）　　表1-15

第　页

年		凭证		摘要	借方	贷方	借或贷	余额
月	日	种类	编号					

能记载或记载不全的经济业务进行补充登记的账簿。例如，反映企业租入固定资产的"租入固定资产登记簿"、反映为其他企业代管商品的"代管商品物资登记簿"等。备查账簿只是对其他账簿记录的一种补充，与其他账簿之间不存在严密的依存和勾稽关系。备查账簿根据企业的实际需要设置，没有固定的格式要求。

（2）按账页格式分类

会计账簿按照账页格式，可以分为三栏式账簿、多栏式账簿、数量金额式账簿。

1）三栏式账簿，是设有借方、贷方和余额三个金额栏目的账簿。各种日记账、总账以及资本、债权、债务明细账都可采用三栏式账簿。三栏式账簿又分为设对方科目和不设对方科目两种。区别是在摘要栏和借方科目栏之间是否有一栏"对方科目"。设有"对方科目"栏的，称为设对方科目的三栏式账簿；不设"对方科目"栏的，称为不设对方科目的三栏式账簿。其格式与总账的格式基本相同。

2）多栏式账簿，是在账簿的两个金额栏目（借方和贷方）按需要分设若干专栏的账簿。这种账簿可以按"借方"和"贷方"分设专栏，也可以只设"借方"或"贷方"专栏，设多少栏则根据需要确定。收入、成本、费用明细账一般采用多栏式账簿，如表1-16所示。

3）数量金额式账簿，是在账簿的借方、贷方和余额三个栏目内，每个栏目再分设数量、单价和金额三小栏，借以反映财产物资的实物数量和价值量的账簿。原材料、库存商品等明细账一般采用数量金额式账簿，如表1-17所示。

制造费用明细分类账（多栏式账簿） （单元：元） 表 1-16

第 1 页

202X 年		凭证号码	摘要	借方				贷方	余额
月	日			职工薪酬	折旧费	物料消耗	办公费		
4	5	（略）	分配工资	3 500					3 500
4	8	（略）	领用材料			500			4 000
4	15	（略）	支付办公费				350		4 350
4	30	（略）	计提折旧		2 000				6 350
4	30	（略）	转入生产成本					6 350	

原材料明细分类账（数量金额式账簿） 表 1-17

第 1 页

类别：钢材　　　品名及规格：普通圆钢　　　计量单位：kg　　　存放地点：2 号库

202X 年		凭证号码	摘要	收入			发出			结存		
月	日			数量	单价	金额	数量	单价	金额	数量	单价	金额
4	1		月初结存							1 000	100	100 000
4	2	（略）	购入	2 000	100	200 000				3 000	100	300 000
4	3	（略）	领用				500	100	50 000	2 500	100	250 000

（3）按外形特征分类

会计账簿按照外形特征，可以分为订本式账簿、活页式账簿、卡片式账簿。

1）订本式账簿，简称订本账，是在启用前将编有顺序页码的一定数量账页装订成册的账簿。订本账的优点是能避免账页散失和防止抽换账页；缺点是不能准确为各账户预留账页。订本式账簿一般适用于重要的和具有统驭性的总分类账、库存现金日记账和银行存款日记账。

2）活页式账簿，简称活页账，是将一定数量的账页置于活页夹内，可根据记账内容的变化随时增加或减少部分账页的账簿。活页式账簿的优点是记账时可以根据实际需要，随时将空白账页装入账簿，或抽去不需要的账页，便于分工记账；缺点是如果管理不善，可能会造成账页散失或故意抽换账页。活页式账簿一般适用于明细分类账。

3）卡片式账簿，简称卡片账，是将一定数量的卡片式账页存放于专设的卡片箱中，可以根据需要随时增添账页的账簿。在我国，企业一般只对固定资产的核算采用卡片账形式，也有少数企业在材料核算中使用材料卡片。

1.5.3　会计程序

企业常用的账务处理程序，主要有记账凭证账务处理程序、汇总记账凭证账务处理程序和科目汇总表账务处理程序，它们之间的主要区别是登记总分类账的依据和方法不同。

1. 记账凭证账务处理程序

记账凭证账务处理程序，是指对发生的经济业务，先根据原始凭证或汇总原始凭证填制记账凭证，再直接根据记账凭证登记总分类账的一种账务处理程序。记账凭证账务处理程序适用于规模较小、经济业务量较少的单位。

记账凭证账务处理程序的一般步骤包括：

（1）根据原始凭证，填制汇总原始凭证；

（2）根据原始凭证或汇总原始凭证，填制收款凭证、付款凭证和转账凭证，也可以填制通用记账凭证；

（3）根据收款凭证和付款凭证逐笔登记库存现金日记账和银行存款日记账；

（4）根据原始凭证、汇总原始凭证和记账凭证，登记各种明细分类账；

（5）根据记账凭证逐笔登记总分类账；

（6）期末，将库存现金日记账、银行存款日记账和明细分类账的余额与有关总分类账的余额核对相符；

（7）期末，根据总分类账和明细分类账的记录，编制财务报表。

记账凭证账务处理程序，如图1-12所示。

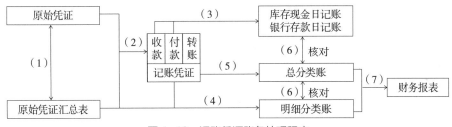

图1-12 记账凭证账务处理程序

采用记账凭证账务处理程序，可以直接根据记账凭证对总分类账进行逐笔登记。其优点是简单明了、易于理解，总分类账可以较详细地反映经济业务的发生情况；缺点是登记总分类账的工作量较大。

2. 汇总记账凭证账务处理程序

汇总记账凭证账务处理程序，是指先根据原始凭证或汇总原始凭证填制记账凭证，定期根据记账凭证分类编制汇总收款凭证、汇总付款凭证和汇总转账凭证，再根据汇总记账凭证登记总分类账的一种账务处理程序。汇总记账凭证账务处理程序适用于规模较大、经济业务较多的单位。汇总记账凭证，是指对一段时间内同类记账凭证进行定期汇总而编制的记账凭证。

汇总记账凭证账务处理程序的一般步骤包括：

（1）根据原始凭证，填制汇总原始凭证；

（2）根据原始凭证或汇总原始凭证，填制收款凭证、付款凭证和转账凭证，也可以填制通用记账凭证；

（3）根据收款凭证、付款凭证逐笔登记库存现金日记账和银行存款日记账；

（4）根据原始凭证、汇总原始凭证和记账凭证，登记各种明细分类账；

（5）根据各种记账凭证编制有关汇总记账凭证；

（6）根据各种汇总记账凭证登记总分类账；

（7）期末，将库存现金日记账、银行存款日记账和明细分类账的余额与有关总分类账的余额核对相符；

（8）期末，根据总分类账和明细分类账的记录，编制财务报表。

汇总记账凭证账务处理程序，如图 1-13 所示。

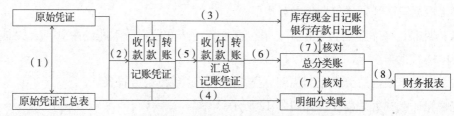

图 1-13　汇总记账凭证账务处理程序

采用汇总记账凭证账务处理程序，可以先根据记账凭证编制汇总记账凭证，再根据汇总记账凭证登记总分类账。其优点是减轻了登记总分类账的工作量；缺点是当转账凭证较多时，编制汇总转账凭证的工作量较大，并且按每一贷方账户编制汇总转账凭证，不利于会计核算的日常分工。

3. 科目汇总表账务处理程序

科目汇总表账务处理程序，又称记账凭证汇总表账务处理程序，是指根据记账凭证定期编制科目汇总表，再根据科目汇总表登记总分类账的一种账务处理程序。科目汇总表账务处理程序适用于经济业务较多的单位。科目汇总表，又称记账凭证汇总表，是企业定期对全部记账凭证进行汇总后，按照不同的会计科目分别列示各账户借方发生额和贷方发生额的一种汇总凭证。

科目汇总表账务处理程序的一般步骤包括：

（1）根据原始凭证，填制汇总原始凭证；

（2）根据原始凭证或汇总原始凭证，填制记账凭证；

（3）根据收款凭证、付款凭证逐笔登记库存现金日记账和银行存款日记账；

（4）根据原始凭证、汇总原始凭证和记账凭证，登记各种明细分类账；

（5）根据各种记账凭证编制科目汇总表；

（6）根据科目汇总表登记总分类账；

（7）期末，将库存现金日记账、银行存款日记账和明细分类账的余额与有关总分类账的余额核对相符；

（8）期末，根据总分类账和明细分类账的记录，编制财务报表。

科目汇总表账务处理程序，如图1-14所示。

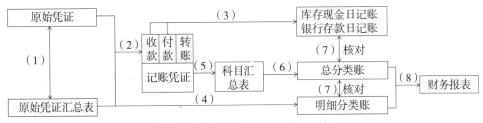

图1-14　科目汇总表账务处理程序

采用科目汇总表账务处理程序，是先将所有记账凭证汇总编制成科目汇总表，然后以科目汇总表为依据登记总分类账。其优点是减轻了登记总分类账的工作量，易于理解、方便学习，并可做到试算平衡；缺点是科目汇总表不能反映各个账户之间的对应关系，不利于对账目进行检查。

本章知识点

1. 工程会计的概念及特点

工程会计是以工程项目生产经营活动为对象，以货币为主要计量单位，采用专门方法和程序，对工程建设经济活动会计要素的变动情况进行完整的、连续的、系统的核算和监督，以提供会计信息、反映工程受托责任履行和资金决策情况为主要目的的经济管理活动。

其特点是具有工程性，即反映了工程项目建造活动发生的资产、负债、所有者权益、费用、收入和利润。工程会计的基本职能是核算和监督；工程会计的目的是反映工程项目经理的受托责任和满足会计信息需求者对于财务决策的会计信息需求；工程会计的属性是工程项目活动的管理工具。

2. 会计要素

工程会计反映的会计要素有资产、负债、所有者权益、收入、费用和利润。如图1-15所示。

3. 工程会计基础知识结构

第一层次，会计目标、会计对象和会计假设；第二层次，会计要素、会计信息质量和会计信息原则；第三层次，会计要素确认、会计要素计量、会计要素记录和财务报告。如图1-16所示。

4. 会计科目和会计账户

会计科目，简称科目，是对会计要素具体内容进行分类核算的项目命名，是进行会计信息记录和提供会计信息的基础。

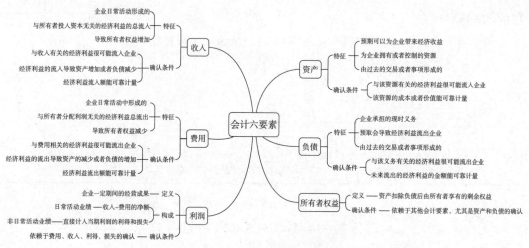

图 1-15 会计要素思维导图

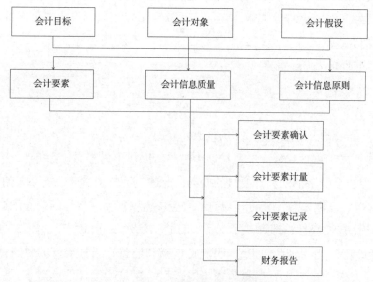

图 1-16 会计基础知识结构

账户是根据会计科目设置的，具有一定格式和结构，用于分类反映会计要素增减变动情况及其结果的载体。

5. 会计科目与会计账户的关系

（1）联系

1）名称相同。账户是根据会计科目设置的，会计科目是账户的名称。

2）目的一致。二者都是为了对经济业务进行分类、整理，提供需要的会计信息。

3）内容相同。科目和账户反映的经济内容相同。

（2）区别

1）功能不同。会计科目的功能是命名和分类，账户的功能是记录、计算和汇总。

2）作用不同。会计科目主要表现为将会计要素具体分类，账户则是在会计科目名称的基础上，增加记录信息的结构、明晰记账方向、反映会计要素变动。

3）依据不同。会计科目的依据是会计要素取名，账户的依据是会计报表。

4）结构不同。一般，科目无记录结构，账户则人为设置了结构的三要素：记录方向、记录空间和计算结果。

6. 借贷记账法

借贷记账法，是以"借"和"贷"作为记账符号的一种复式记账法。复式记账法，是指对于每一笔经济业务，都必须用相等的金额在两个或两个以上相互联系的账户中进行登记，全面、系统地反映会计要素增减变化的一种记账方法。复式记账法分为借贷记账法、增减记账法、收付记账法等。我国会计准则规定，企业、行政单位和事业单位的会计核算均采用借贷记账法记账。

借贷记账法的记账规则是"有借必有贷，借贷必相等"，即：任何经济业务的发生，一方（或几方）记入借方，另一方（或几方）必须记入贷方，记入借方的金额等于记入贷方的金额。

掌握借贷记账法，对于理解工程项目经营活动的资金变动规律、资金运动的来龙去脉，具有重要意义。

思考题

1. 工程会计的内涵及特点是什么？
2. 会计目标是什么？
3. 工程会计与一般企业会计有何相同点与不同点？
4. 什么是会计活动？会计活动的表现是什么？
5. 请解释会计要素的本质，会计要素如何分类以及各会计要素的特点。
6. 请解释会计科目与会计账户的联系与区别。
7. 会计账户结构包括哪些要点？
8. 什么是记账方法？我国《企业会计准则》要求的会计记账方法是什么？
9. 什么是借贷记账法？如何理解它的基本规则？
10. 什么是会计假设？会计假设对会计学起什么作用？
11. 请解释会计信息质量原则，如何理解实质重于形式原则？
12. 什么是会计凭证？其主要内容包括哪些？有何作用？
13. 什么是会计账簿？主要分为几类？

第 2 章　货币资金

【学习目标】

　　了解工程建设货币资金活动,理解库存现金特点及管理要求;理解银行存款管理特点、银行结算内容、银行存款会计核算;了解备用金管理及会计核算;掌握其他货币资金组成内容及会计核算流程。

【重要术语】

库存现金　银行存款　其他货币资金　备用金　现金结算　银行结算　银行对账单

2.1　现金

　　货币资金,是指工程企业在经营过程中停留在货币状态的那部分资金,是工程企业流动资产的重要组成部分。掌握工程项目货币资金的收入、支出和结余情况,对于预测资金需求量,保障工程项目的持续建设具有重要作用。货币资金按其存放地点和用途不同,可分为库存现金、银行存款和其他货币资金。

2.1.1　现金的概念及特征

　　现金是通用的交换媒介,也是对企业其他会计要素的计量尺度。会计学的现金有狭义和广义之分。狭义上所称的现金是指企业的库存现金,即存放在企业金库中的现钞,包括人们交易中常用的纸币和硬币等。广义的现金包括库存现金、银行存款和其他货币资金。在西方,现金还包括短期证券投资,如股票、债券等。我国《企业会计准则》中所指的现金是狭义现金概念。

　　现金的基本特征是:

　　(1)货币性。其是指现金具有的货币属性,它是交易的媒介、价值衡量的尺度、会计计量的基本工具。

　　(2)通用性。其是指现金可以被任何企业直接用于支付其各项费用或偿还其各项负债。

（3）流动性。其是指现金的使用一般不受任何约定的制约，作为一般等价物，具有极强的流动性。

2.1.2 现金管理规定

1. 现金使用范围

国务院颁发的《现金管理暂行条例》规定，工程项目企业可以在以下范围内使用现金：

（1）发放职工工资、各种工资性津贴；

（2）支付个人劳务报酬，包括稿费和讲课费及其他专门工作报酬；

（3）支付给个人的各种奖金，包括根据国家规定颁发给个人的各种科学技术、文化艺术、体育等各种奖金；

（4）各种劳保、福利费用以及国家规定的对个人的其他现金支出；

（5）收购单位向个人收购农副产品和其他物资支付的价款；

（6）出差人员必须随身携带的差旅费；

（7）结算起点以下的零星支出；

（8）确实需要现金支付的其他支出。

工程建设生产经营活动过程中的各项经济往来，除在上述范围内可以使用现金以外，其他款项的现金支付均应通过银行办理转账结算。

2. 库存现金的限额

工程日常零星开支需要的现金，由开户银行根据工程企业实际需要，核定最高现金使用限额，一般为3~5天日常零星开支所需的库存现金数量。在边远地区和交通不发达地区的工程企业，其库存现金限额可以多5天，但最多不得超过15天的日常零星开支数量。工程企业在多个银行开户的，只能在一家银行开设现金结算账户支取现金，并由该家银行负责核定现金库存限额和进行现金管理检查。工程企业每天的现金结存数量不得超过核定现金限额，超过部分应及时送存银行，以保证现金管理的安全。

3. 现金内部控制制度

根据《现金管理暂行条例》（国务院2011年修订）的规定，工程企业应当按照下列规定实施现金的内部控制制度。

（1）工程企业应当建立货币资金业务岗位责任制，明确相关部门和岗位的职责权限，确保办理货币资金业务的不相容岗位相互分离、制约和监督。企业的现金岗位不得由一人办理货币资金业务的全过程，应根据实际情况进行岗位轮换。

（2）工程企业应当对货币资金业务建立严格的授权批准制度，明确审批人对货币资金业务的授权批准方式、权限、程序、责任和相关控制措施，规定经办人办理货币资金业务的职责范围和工作要求。

（3）单位应当按照规定的程序办理货币资金支付业务。对现金收付的交易必须根据原始凭证编制记账凭证，并在原始凭证与记账凭证上加盖"现金收讫"与"现金付讫"印章。

（4）工程企业取得的货币资金收入必须及时入账，不得私设"小金库"，不得账外设账，严禁收款不入账。

（5）工程企业应当定期和不定期地进行现金盘点，确保现金账面余额与实际库存相符。发现不符，及时查明原因，作出处理。

（6）工程企业应当建立监督检查制度，明确监督检查机构人员的职责权限，定期和不定期地进行检查。

2.1.3　库存现金核算

1. 科目设置

为了总括的核算和监督库存现金的收入、支出和结存情况，工程企业应当设置"库存现金"科目，反映库存现金的变动情况。收到现金时，借记"库存现金"科目，贷记其他相关科目；支付现金时，借记其他相关科目，贷记"库存现金"科目；本科目借方余额即为现金应该结存的金额。

2. 库存现金日记账

为随时掌握现金的收付和库存余额，企业必须设置"库存现金"总分类账和"现金日记账"，对现金分别进行总分类核算和明细分类核算，明细科目按货币币种或开户银行设置。现金日记账一般采用"三栏式"格式，按照现金收付时间或出纳人员受理时间，序时、逐笔登记，现金日记账的借方登记现金的增加额，贷方登记现金的减少额，余额在借方。现金日记账应当做到日清月结、账款相符；每次记账后，都应当将账面余额与库存现金的实有数额进行核对。

有外币现金的企业，应当分别对人民币和各种外币设置"现金日记账"进行明细核算。

现举例说明现金收支业务核算的会计处理。

【例2-1】某工程企业在开户银行的营业部提取现金3 000元。

根据这项经济活动，作如下会计分录记录：

借：库存现金　　　　　　　　　　　　　　　　　3 000
　　贷：银行存款　　　　　　　　　　　　　　　　3 000

【例2-2】某工程企业的行政部门用现金购买办公用品450元（暂不考虑增值税）。

根据这项经济活动，作如下会计分录记录：

借：管理费用　　　　　　　　　　　　　　　　　450
　　贷：库存现金　　　　　　　　　　　　　　　　450

【例2-3】某工程企业将现金超过库存现金限额的现金5000元存入银行。

根据这项经济活动，作如下会计分录记录：

借：银行存款　　　　　　　　　　　　　　　　　5 000
　　贷：库存现金　　　　　　　　　　　　　　　　5 000

3. 备用金

备用金是指企业财务会计部门按照内部会计制度规定，拨付给非独立核算的，供其所属单位、部门或个人周转使用的，备作差旅费、零星采购、零星开支等用的款项现金。按照《企业会计准则》的规定，备用金应当通过"其他应收款"科目核算；对于备用金金额大、内部部门多的工程项目，可以设置"备用金"总账科目，并按现金使用管理部门或个人设置明细账。定额备用金管理是指按用款部门的实际需要，核定备用金定额，并按定额拨付现金的管理制度。非定额备用金管理是指用款部门根据实际需要向财会部门领款的管理制度。在凭有关支出凭证向财会部门报销时，作减少备用金处理，直到用完为止。如需补充备用金，再另行办理拨款和领款手续。

【例 2-4】某工程企业为一般纳税人，核定供应部零星采购资金共计 3 万元，2019 年采购水泥支付现金 2 500 元，增值税税额为 325 元，支付后取得增值税额发票向财务部门报销。

根据这项经济活动，作如下会计分录记录：

① 按定额管理核算：

借：其他应收款——备用金——供应部门	30 000
贷：库存现金	30 000

② 按非定额管理核算：

借：其他应收款——备用金——供应部门	30 000
贷：库存现金	30 000

③ 采购水泥时：

按定额管理核算：

借：材料采购——水泥	2 500
应交税费——应交增值税（进项增值税）	325
贷：库存现金	2 825

按非定额管理核算：

借：材料采购——水泥	2 500
应交税费——应交增值税（进项增值税）	325
贷：其他应收款——备用金——供应部门	2 825

④ 备用金的余额交回财会部门：

按定额管理核算：

借：库存现金	30 000
贷：其他应收款——备用金——供应部门	30 000

按非定额管理核算：

交回金额 =30 000-2825=27 175 元

借：库存现金	27 175
贷：其他应收款——备用金——供应部门	27 175

4. 库存现金的清查

每日终了，应当对现金库存情况进行清查。发现有待查明原因的现金短缺或溢余时，应当及时进行会计处理。

（1）发现现金短缺时，应当借记"待处理财产损溢——待处理流动资产损溢"科目，贷记"库存现金"科目；属于应由责任人或者保险企业赔偿的部分，借记"其他应收款"科目，贷记"待处理财产损溢——待处理流动资产损溢"科目；属于无法查明的其他原因，经批准后借记"管理费用"科目，贷记"待处理财产损溢——待处理流动资产损溢"科目。

（2）发现现金溢余时，应当借记"库存现金"科目，贷记"待处理财产损溢——待处理流动资产损溢"科目；属于应支付给个人或单位的，应借记"待处理财产损溢——待处理流动资产损溢"科目，贷记"其他应付款"科目；属于无法查明原因的现金溢余，经批准后借记"待处理财产损溢——待处理流动资产损溢"科目，贷记"营业外收入"科目。

2.2 银行存款

银行存款，是指工程企业存放在银行金融机构的货币资金。根据国家现金管理和结算制度规定，工程企业除了在规定限额内留存少量现金外，其余货币资金必须存入银行；企业的一切货币收支除了在规定范围内使用现金以外，其余都必须通过银行办理结算。掌握工程项目银行存在的收入、支付和结余，对于工程项目的持续建设具有重要的保障作用。

2.2.1 银行存款管理

1. 银行账户管理

企业、个人和银行应当按照《银行账户管理办法》（1994年版）的规定开立、使用账户。银行依法为企业、个人在银行开立四种账户，即：基本存款账户、一般存款账户、临时存款账户和专用存款账户。

2. 遵守银行结算纪律

工程企业应当严格遵守银行结算纪律，不准签发没有资金保证的票据或远期支票，套取银行信用；不准签发、取得和转让没有真实交易和债权债务的票据，套取银行和他人资金；不准无理拒绝付款，任意占用他人资金；不准违反规定开立和使用银行账户。

3. 定期核对银行账户

企业应当指定专人定期核对银行账户，每月至少核对一次，编制银行存款余额调节表，使银行存款账面余额与银行对账单调节相符。如调节不符，应查明原因、及时处理。

4. 加强银行印章管理

企业应当加强银行预留印章的管理。财务专用章应由专人保管，个人名章必须由本人或其授权人员保管。严禁由一人保管支付款项所需的全部印章。

2.2.2 银行开设账户

企业可以根据需要在银行开立四种账户,包括基本存款账户、一般存款账户、临时存款账户和专用存款账户。

(1)基本存款账户,是指企业办理日常结算和现金收付业务的账户,企业职工薪酬等现金的支取只能通过本账户办理。

(2)一般存款账户,是指企业在基本账户以外的银行借款转存以及与基本存款账户的企业不在同一地点的附属非独立核算的单位的账户,企业可以通过本账户办理转账结算和现金缴存,但不能支取现金。

(3)临时存款账户,是指企业因临时经营活动需要而开立的账户,企业可以通过本账户办理转账结算和根据国家现金管理的规定办理现金收付。

(4)专用存款账户,是指企业因特殊用途需要而开立的账户。

一个企业只能在一家银行开立一个基本账户;不得在同一家银行的几个分支机构开立一般存款账户。企业办理存款账户以后,在使用账户时应严格执行银行结算纪律的规定。其中包括:不准签发没有资金保证的票据或远期支票,套取银行信用;不准签发、取得和转让没有真实交易和债权债务的票据,套取银行和他人的资金;不准无理拒绝付款,任意占用他人资金;不准违反规定开立和使用账户。

2.2.3 银行存款核算

银行存款的会计核算是指针对银行存款的收入、支出和结余业务,通过记录其变动情况,开展的确认、记录、计量和报告。核算的方法是设置与登记"银行存款日记账"。

工程企业应该设置"银行存款"科目,核算银行存款发生的业务,并根据币种设置二级科目,在二级科目下按开户银行设置三级明细科目。

"银行存款"科目的借方核算存入银行和其他金融机构的款项;贷方核算从银行和其他金融机构支出的款项;期末余额在借方,反映了企业存在银行或其他金融机构的各种款项,表示了企业在银行的存款金额。

企业将款项存入银行,借记"银行存款"科目,贷记"应收账款""主营业务收入"等科目;从银行提取现金,借记"库存现金"科目,贷记"银行存款"科目;按规定通过银行支付的各种款项,借记"管理费用""周转材料""原材料""应付账款"等科目,贷记"银行存款"科目。举例如下:

【例2-5】某工程企业项目部收到甲企业的预付工程款285 000元,款项已经存入银行账户。

作如下会计分录记录:

借:银行存款 285 000
  贷:预收账款——预收工程款 285 000

【例 2-6】 工程企业从银行存款提取现金 65 000 元,备发当月工资。

借:库存现金　　　　　　　　　　　　　　　　　65 000
　　贷:银行存款　　　　　　　　　　　　　　　　65 000

【例 2-7】 工程企业向银行借入 6 个月流动资金款项 90 000 元,已经存入企业银行账户。

借:银行存款　　　　　　　　　　　　　　　　　90 000
　　贷:银行借款　　　　　　　　　　　　　　　　90 000

【例 2-8】 工程企业作为一般纳税人,销售工程剩余钢材,收到销售款 58 500 元,其中增值税 5 265 元,款项已经存入银行。

借:银行存款　　　　　　　　　　　　　　　　　63 765
　　贷:其他业务收入　　　　　　　　　　　　　　58 500
　　　　应交税费——应交增值税(销项税额)　　　5 265

工程企业应当按照开户银行和其他金融机构、存款种类等,分别设置"银行存款日记账",由出纳人员根据收付款凭证,按照业务的发生顺序逐笔登记;同时企业设置"银行存款"总账,定期或不定期地与会计人员核对。每日终了,应结出"银行存款日记账"余额。"银行存款日记账"应定期与"银行对账单"核对,至少每月核对一次。

由于银行收付款结算凭证在企业与银行之间的传递存在时间上的差异,若在月末发生未达账项,会致使双方存款余额不一致。企业与银行的存款余额不一致,受以下四种未达账项的影响:

(1)银行已收款记账而企业尚未收款记账的款项;
(2)银行已付款记账而企业尚未付款记账的款项;
(3)企业已收款记账而银行尚未收款记账的款项;
(4)企业已付款记账而银行尚未付款记账的款项。

为了保证各银行账户未达账项正确、银行存款余额真实,每月终了,都应按每个存款账户逐笔核对银行对账单,通过编制银行存款余额调节表,调节企业与银行双方面存款余额的不一致。银行存款余额调节表如表 2-1 所示。

【例 2-9】 某工程企业 2019 年 12 月 31 日银行存款日记账的余额为 1 940 000 元,银

银行存款余额调节表　　（单位:元）　　表 2-1

项目	金额	项目	金额
企业账面存款余额	1 940 000	银行对账单余额	1 891 000
加:银行已收,企业未收	6 000	加:企业已收,银行未收	28 000
减:银行已付,企业未付	32 000	减:企业已付,银行未付	5 000
调节后余额	1 914 000	调节后余额	1 914 000

会计机构负责人:　　　　　　　审核人:　　　　　　　填表人:

行对账单的余额为 1 891 000 元,经过对银行存款日记账和银行对账单的核对,发现的未达账项及错误记账情况如下:

① 12 月 20 日,委托银行收款,金额 28 000 元,银行已收妥入账,但企业尚未收到收款通知。

② 12 月份企业开出的转账支票共有 2 张,持票人尚未到银行办理转账手续,金额合计 32 000 元。

③ 12 月 29 日,存入银行支票一张,金额 6 000 元,银行已经承办,企业已经凭回单记账,银行尚未记账。

④ 12 月 31 日,银行分期付款电费 5 000 元,企业尚未收到付款通知。

根据上述资料编制的银行存款余额调节表,见表 2-1。

调节后存款余额相等,则说明双方账目都没有错误;如果调节后存款余额不相等,应查明原因、进行更正。银行存款余额调节表调节相符后,应由编表人和财务部负责人签字;如发现重大错误或无法调节相符时,应向财务部负责人或上一级领导报告。

有外币存款的企业,应当分别对人民币和各种外币设置"银行存款日记账",并进行明细核算。

企业应当加强对银行存款的管理,定期对银行存款进行检查。对于存在银行其他金融机构的款项已经部分不能收回或者全部不能收回的,应当查明原因、进行处理;有确凿证据表明无法收回的,应当根据企业管理权限报经批准后,借记"营业外支出"科目,贷记本科目。

2.2.4 银行转账结算

转账结算,是指企业与企业之间的款项划转到收款单位存款账户的货币清算行为。其特征是企业不动用现金收付,通过银行账户之间进行清算。根据《中国人民银行支付结算办法》(1997 年版)的规定,工程企业的绝大部分交易往来款项业务均采用中国人民银行规定使用的各种银行转账结算方式。日常经营活动中常用的货币资金收付业务可以采用以下几种转账结算方式,主要包括票据结算方式、信用卡及其他结算方式。票据结算方式包括银行汇票、商业汇票、银行本票和支票等。其他结算方式包括汇兑、托收承付和委托收款等。工程企业可根据具体情况采用具体的结算方式进行会计核算。

1. 票据结算方式

(1)银行汇票

银行汇票,是指出票银行签发的,由其在见票时按照实际结算金额无条件支付给收款人或者持票人的票据。

其特点是:①企业和个人的各种款项结算,均可使用银行汇票结算。②银行汇票的付款期限自出票日起 1 个月内有效。③银行汇票的出票和付款,主要适用于不同城市之间的交易,并且银行汇票可以背书转让。④银行汇票可以用于转账,填明"现金"字样的银行汇票也可以用于支取现金，申请人或者收款人为企业的，不得在"银行汇票"上填明"现金"字样。⑤企业收付银行汇票使用的会计核算科目为"其他货币资金"科目。

（2）银行本票

银行本票，是指银行签发的，承诺自己在见票时无条件支付确定的金额给收款人或者持票人的票据。

其特点是：①银行本票适用于企业和个人在同一票据交换区域需要支付的各种款项，银行本票可以用于转账，注明"现金"字样的银行本票可以用于支取现金。②银行本票付款期限自出票日起最长不得超过2个月。③银行本票有定额银行本票，规定定额面额为1千元、5千元、1万元和5万元；银行本票还有无定额票据。④申请人或收款人为单位的，不得申请签发现金银行本票。⑤企业收付银行本票使用的会计核算科目为"其他货币资金"科目。

（3）银行支票

银行支票，是指出票人签发的，委托办理支票存款业务的银行在见票时无条件支付确定的金额给收款人或者持票人的票据。

其特点是：①支票主要适用于同城各单位之间的商品交易、劳务供应及其他款项的结算。②支票付款期限自出票日起10日内有效。③支票分为现金支票和转账支票，现金支票只能提取现金；转账支票只能用于转账；普通支票既可以用来支付现金，也可以用来转账。④企业收付银行支票使用的会计核算科目为"银行存款"科目。

（4）商业汇票

商业汇票，是指出票人签发的，委托付款人在指定日期无条件支付确定的金额给收款人或者持票人的票据。在银行开立存款账户的企业法人以及其他组织之间必须具有真实的交易关系或债权债务关系，才能使用商业汇票。

其特点是：①同城、异地都可以使用，而且没有结算起点的限制。②纸质商业汇票的最长期限为6个月，电子商业汇票的最长期限为1年。③按承兑人划分，可以分为商业承兑汇票和银行承兑汇票，商业承兑汇票由银行以外的付款人作为出票人，其具有良好的商业信用，与付款人具有真实的委托付款关系，具有支付汇票金额的可靠资金来源；银行承兑汇票由银行承兑、属于银行信用，由在承兑银行开立存款账户的存款人签发。如果到期不能支付，对出票人按汇票每天5‰计收利息。④企业收到商业承兑汇票的会计核算科目为"应收账款"科目，企业付出商业承兑汇票时，记入"应收票据"科目，并根据商业承兑汇票分类设置明细科目，按开出承兑银行设置细目。

2. 信用卡

信用卡，是指商业银行向个人和企业发行的，凭以向特约单位购物、消费和向银行存取现金，且具有消费信用的特制载体卡片。

其特点是：①信用卡按使用对象分为单位卡和个人卡；按信誉等级分为金卡和普通卡。信用卡透支额，金卡最高不得超过1万元，普通卡最高不得超过5千元。信用卡透支期限最长为60天。②企业信用卡账户的资金一律从其基本存款账户转账存入,不得交存现金,不得将销货收入的款项存入其账户。③企业卡不得用于10万元以上的商品交易和劳务供应款项的结算。④企业或个人,同城或异地均可以使用,企业信用卡不得支取现金。⑤企业信用卡收付使用的会计核算科目为"其他货币资金"科目。

3. 其他结算方式

其他结算方式包括汇兑、托收承付和委托收款等。

(1) 汇兑

汇兑,是指汇款人委托银行将其款项支付给收款人的结算方式。企业和个人的各种款项的结算均可使用汇兑结算方式。

其特点是:汇兑分为信汇和电汇,主要用于企业间在异地的经济业务交易。其会计核算科目为"其他货币资金"科目。

(2) 托收承付

托收承付,是指根据购销合同,由收款人发货后委托银行向异地付款人收取款项,由付款人向银行承诺付款的结算方式。

其特点是:①适用于合法的商品交易,以及因商品交易而产生的劳务供应款项。②使用托收承付结算方式的收款单位和付款单位必须是国有企业、供销合作社,以及经营管理较好,并经开户银行审查同意的城乡集体所有制工业企业。③办理托收承付结算的款项必须是商品交易,以及因商品交易而产生的劳务供应款项。代销、寄销、赊销商品的款项不得办理托收承付结算。④收付双方使用托收承付结算必须签有符合《合同法》的购销合同,并在合同中说明使用托收承付结算方式。⑤承付货款分为验单付款和验货付款两种,由收付双方商量选用,并在合同中明确规定。⑥企业用托收承付结算收付使用的会计核算科目为"银行存款"科目。

(3) 委托收款

委托收款,是指收款人委托银行向付款人收取款项的结算方式,企业和个人凭已承兑商业汇票、债券、存单等付款人债务证明办理款项结算的,均可以使用委托收款结算方式。

其特点是:①委托收款在同城、异地均可以使用。②委托收款结算款项的方式分邮寄和电报划回两种,由收款人选用。③委托,收款人办理委托收款应向银行提交委托收款凭证和有关的债务证明;付款,银行接到寄来的委托收款凭证及债务证明,审查无误后办理付款。④以银行为付款人的,银行应在当日将款项主动支付给收款人。⑤企业用委托收款结算收付使用的会计核算科目为"银行存款"科目。

2.3 其他货币资金

2.3.1 其他货币资金的内容

其他货币资金,是指企业除库存现金、银行存款以外的各种货币资金,如外埠存款、银行汇票存款、银行本票存款、信用卡存款、信用证存款、存出投资款等,这些资金在会计核算上统称为"其他货币资金"。

(1) 外埠存款,是指企业到外地进行临时或零星采购时,汇往采购地银行开立采购专户的款项。

(2) 银行汇票存款,是指企业为取得银行汇票,按规定存入银行的款项。银行汇票是由银行签发的异地结算凭证,付款期为1个月,除填明"现金"字样的银行汇票外,其余可以背书转让。

(3) 银行本票存款,是指企业为取得银行本票,按规定存入银行的款项。银行本票是由银行签发的同城结算凭证,付款期为2个月,除填明"现金"字样的银行本票外,其余可以背书转让。银行本票分为定额本票和非定额本票。

(4) 信用卡存款,是指企业为取得信用卡,按规定存入银行的款项。信用卡是商业银行向单位和个人发行的同城、异地结算卡,信用卡分为单位卡和个人卡,单位卡一律不得支取现金。

(5) 信用证存款,是指企业为取得银行信用证,按规定存入银行的款项。信用证结算是国际贸易的一种主要结算方式,向银行申请开立信用证应提交开证申请书、信用证申请人承诺书和购销合同。

(6) 存出投资款,是指企业已存入证券公司,但尚未进行投资的款项。

2.3.2 其他货币资金的核算

为了总括地反映工程企业其他货币资金的收入、支付和结余情况,应设置"其他货币资金"科目,对其他货币资金进行总分类核算。本科目应当按照其他货币资金分类,如外埠存款的开户银行、银行汇票或银行本票、信用证的收款单位等,分别对"外埠存款""银行汇票""银行本票""信用卡""信用证""存出投资款"等科目进行明细核算。

"其他货币资金"科目的借方核算企业委托当地银行将款汇往外地所开立的采购专户,为取得银行汇票、银行本票、信用卡和开立信用证而存入银行的款项,以及为进行投资而存入证券企业的款项等;贷方核算因支用或收回等而减少的其他货币资金金额;期末余额在借方,其反映了企业实际持有的其他货币资金。

其他货币资金的核算程序是,其他货币资金增加时,借记"其他货币资金"科目,贷记"银行存款"科目。其他货币资金减少时,借记"原材料"等科目,贷记"其他货币资金"科目。

【例2-10】某工程企业委托银行将200 000元汇往上海钢材采购地某工商银行分理部,开立专门的采购账户。

借:其他货币资金——外埠存款——工商银行　　200 000
　　贷:银行存款　　　　　　　　　　　　　　　　　　200 000

【例2-11】企业收到采购员寄回的采购材料的采购发票等凭证货物价款46 800元,

其中应交增值税 5 200 元。

  借：材料采购   41 600
    应交税费——应交增值税（进项税额） 5 200
   贷：其他货币资金——外埠存款   46 800

【例 2-12】外地钢材采购结束，采购员将剩余的采购资金 154 800 元转回本地银行，会计部门根据银行转来的收款通知填制记账凭证。

  借：银行存款   154 800
   贷：其他货币资金——外埠存款   154 800

本章知识点

1. 现金特征

会计学的现金有狭义和广义之分。狭义上所称的现金是指企业的库存现金，即存放在企业金库中的现钞，包括人们交易中常用的纸币和硬币等。广义的现金包括库存现金、银行存款和其他货币资金。在西方，现金还包括短期证券投资，如股票、债券等。

2. 银行存款结算方式

工程企业经济交易中大量使用的是银行转账方式。因此，熟悉银行转账结算方式，有利于运用结算工具保证工程资金的收入、付出和余额结存，可以为货币资金预测与决策提供准确的信息。七种货币资金结算方式的比较如表 2-2 所示。

3. 其他货币资金

其他货币资金是结算方式的特殊形式，因此，学习时必须熟悉经营活动交易的特殊结算方式，如表 2-3 所示。

4. 备用金

备用金的性质是现金。其特点是针对企业内部非独立核算单位现金使用的特点，采取灵活、方便的财务管理制度。其科目根据实际情况设置，备用金用量大的内部单位，一般可以独立设置"备用金"总科目，在总科目下设置单位或个人明细科目，进行明细核算；备用金用量一般的内部单位，可以在"其他应收款"总分类科目下设"备用金"二级科目，再按现金使用单位或个人设置明细科目，进行会计核算。

思考题

  1. 如何理解现金的概念及特征？
  2. 现金控制的基本内容包括哪些？
  3. 企业在银行可以开立哪些账户？每个账户的用途是什么？
  4. 银行存款未达账项包括哪几种？如何编制银行存款余额调节表？
  5. 银行结算方式主要通过票据方式结算的有几种？各自有何特点？

七种货币资金结算方式比较表　　　　　　　　　表 2-2

结算方式	支票	银行汇票	商业汇票	银行本票	汇兑	托收承付	委托收款
	现金支票、转账支票		商业承兑汇票、银行承兑汇票	定额本票、不定额本票	信汇、电汇	邮寄、电报	邮寄、电报
概念	由出票人签发，委托办理支票存款业务的银行在见票时无条件支付确定的金额给收款人或者持票人的票据	出票银行签发，由其见票时按实际结算金额无条件支付给收款人或者持票人的票据	出票人签发，承诺自己在见票时无条件支付确定的金额给收款人或者持票人的票据	银行签发，承诺自己在见票时无条件支付确定的金额给收款人或者持票人的票据	汇款人委托银行将其款项支付给收款人的结算方式	根据购销合同，由收款人发货后委托银行向异地付款人收取款项，由付款人向银行承认付款的结算方式	收款人委托银行向付款人收取款项的结算方式
适用范围	商品交易、劳务供应、清偿债务等	单位和个人先收款后发货或钱货两清的商品交易	在银行开户的法人之间具有真实交易关系或债权债务关系的结算	商品交易、劳务供应及其他款项结算	单位和个人的各种款项结算	企业商品交易及因商品交易而产生的劳务供应、清偿债务等款项	单位和个人凭已承兑商业汇票、债券、存单等付款人债务证明办理款项的结算，收取电费、电话费等公共事业费
使用区域	同城	同城或异地	同城或异地	同城	异地	异地	同城或异地
结算金额起点				定额 1 千元、3 千元、1 万元、5 万元		单位 1 万元 新华书店 1 千元	
付款期限	10 天	1 个月	最长不超过 6 个月	2 个月		验单 3 天 验货 10 天	
结算特点	方便、灵活	使用灵活、票随人到、兑现性强	有利于商业信用票据化，可贴现	见票即付，信誉高	划拨款项简便灵活	银行严格监督收付双方的商品交易和资金清算	不受金额起点限制，简便灵活

实务题

1.龙星房地产开发企业 2018 年 8 月份发生的部分经济业务如下：

（1）8 月 1 日，出纳小张开出一张现金支票，金额 3 000 元，以补充库存现金。

（2）8 月 2 日，购买办公用品复印纸，支付现金 340 元。

（3）8 月 6 日，采购员严滔出差预借差旅费 4 200 元，以现金支付。

（4）8 月 7 日，开出现金支票，提取现金 58 000 元，备发工资。

（5）8 月 8 日，为职工发放困难补助 600 元。

（6）8 月 10 日，公司行政管理部拨付一次性集聚定额备用金 5 000 元。

（7）8 月 13 日，发放职工工资 45 300 元。

（8）8 月 16 日，收到银行的收款通知，应收永泰公司的购买材料货款 300 000 元，已经存入本公司银行账户。

（9）8 月 17 日，采购员严滔出差回来，按规定报销差旅费 3 280 元。

七种货币资金结算方式的会计处理归纳表

表2-3

	支票	银行汇票	商业汇票	银行本票	汇兑	异地托收承付	委托收款
付款方	签发支票交收款人，据支票存根及有关原始凭证： 借：材料采购 贷：银行存款	（1）收到银行签发的银行汇票，据银行汇票申请书（存根）联： 借：其他货币资金 贷：银行存款 （2）持银行汇票购货，收到银行发票账单，据有关发票账单： 借：材料采购 贷：其他货币资金 （3）收回剩余票款（多余款），据银行汇票收账通知： 借：银行存款 贷：其他货币资金	开出并承兑商业汇票： 借：材料采购 贷：应付票据	（1）收到银行签发的本票，据银行本票申请书（存根）联： 借：其他货币资金 贷：银行存款 （2）持银行本票购货，收到有关发票账单，据有关发票账单： 借：材料采购 贷：其他货币资金	据汇票凭证回单联： 借：有关科目 贷：银行存款	据承付款通知和有关发票账单： 借：材料采购 贷：银行存款	据委托收款凭证的付款通知和有关原始凭证： 借：应付账款 贷：银行存款 如拒绝付款的不作账务处理
收款方	收到支票，填写进账单送存银行，据进账单回单联及有关原始凭证： 借：银行存款 贷：主营业务收入	收到银行汇票，填写进账单送存银行，据进账单回单联及有关原始凭证： 借：银行存款 贷：主营业务收入	收到商业汇票： 借：应收票据 贷：主营业务收入	收到银行本票，填写进账单送存银行，据进账单回单联及有关发票等： 借：银行存款 贷：主营业务收入	据银行收款通知： 借：银行存款 贷：有关科目	（1）办理托收手续，据托收承付结算凭证回单： 借：应收账款 贷：主营业务收入 （2）收到银行收款通知： 借：银行存款 贷：应收账款	收到银行收款通知： 借：银行存款 贷：应收账款

（10）8月28日，销售商品房一套，价款为120万元，应交增值税108 000元，货款收到存入本银行账户。

（11）8月31日，企业行政管理部门报销差旅费2 300元。

要求：根据以上经济业务编制会计分录。

2. 诚信工程公司2018年3月发生的部分经济业务如下：

（1）3月2日，将款项交存银行，开出银行汇票一张，金额为40 000元，由供应部李红前往上海办理材料采购事宜。

（2）3月4日，因临时材料采购的需要，将款项500 000元汇入上海工商银行，开立采购专户，采购员王林同时前往。

（3）3月15日采购员李红寄卖采购任务，将有关材料采购发票交到财务部，发票上标明材料价款31 000元，应交增值税4 030元。

（4）3月18日，会计人员收到银行汇票余款划回通知单，银行汇票余款已经到账。

（5）3月20日，公司行政管理部小叶用信用卡购买办公用品，支付款项1 300元。

要求：根据上述经济活动业务，编制企业会计分录。

3. 星河公司2018年7月31日银行日记账的余额为41 100元，同时转来的银行对账单的余额为46 500元，为了确定公司银行存款的实际数额，需要编制银行存款余额调节表。经过对银行日记账和银行存款对账单的核对，发现部分未达账项以及一些记账方面的差错，情况如下：

（1）7月18日，公司委托银行收取金额为3 000元的款项，银行已经收妥入账，但公司尚未记账。

（2）7月22日，公司存入银行3 300元的款项，出纳误记为3 000元。

（3）7月25日，银行将本公司存入的一笔款项串户记账，金额为1 600元。

（4）7月29日，公司开出一张转账支票，持票人尚未到银行办理转账手续，金额为7 200元。

（5）7月30日，存入银行支票一张，金额为1 500元，银行已承办，企业已凭账单记账，对账单并没有记录。

（6）7月31日，银行收取借款利息2 000元，企业尚未收到支息通知。

要求：根据上述资料编制银行存款余额调节表。见表2-4。

银行存款余额调节表　　　（单位：元）　　　表2-4

2018年7月31日

项目	金额	项目	金额
银行对账单余额		企业银行存款日记账余额	
调整后的余额		调整后的余额	

第3章 金融资产：应收及预付款项

【学习目标】

了解一般销售活动中产生的应收账款和应收票据，采购活动中产生的预付账款规律；管理活动中产生的其他应收款规律。掌握工程应收账款、应收票据、预付账款和其他应收款的会计核算；掌握应收账款、应收票据核算的入账价值。理解商业折扣和现金折扣对入账价值的影响；理解应收票据贴现计算；理解预付账款核算的特点，其他应收款核算的内容；理解应收款项的资金运动，及工程项目资金效率和资金收入的原理。

【重要术语】

应收账款　应收票据　预付账款　其他应收款　坏账准备　坏账损失　信用减值损失
现金折扣　商业折扣

3.1 应收账款

3.1.1 应收及预付款项的概念

工程项目建造的目的是为了从承包活动中结算工程价款收入。应收及预付款项是企业在日常生产经营中产生的各项货币性债权，包括在工程结算中产生的债权、采购活动中回收的债权和管理活动中收回的货币债权等，其是企业流动资产的重要组成部分。由于它的货币属性，我国的《企业会计准则》将其列入金融资产分类。

工程项目应收款项包括应收票据、应收账款、预付账款、其他应收款和长期应收款等。应收账款、应收票据一般是企业对外销售活动产生的债权，是工程项目生产经营活动在结算工程价款时产生的债权，它属于工程企业的流动资产。预付账款是在企业采购活动中，因根据采购合同约定，事先付给销售单位的货币资金，也属于工程企业的流动资产。其他应收款是工程企业向内部非独立核算单位或个人的暂借款、收取的罚款等，同样属于工程企业的流动资产。一般应收款项的收取对象是货币资金，而预付款项的收取对象是有关货物。

3.1.2 应收账款核算

应收账款对于工程承包商而言，是指承包工程项目向发包单位收取的工程价款，以及销售产品、材料，提供劳务、作业等业务，应向购货单位或接受劳务、作业单位收取的货款及劳务补偿款项、房地产企业开发项目向购买者收取的销售商品房款项，以及销售多余产品、材料等的款项。

为便于对工程企业的应收款项业务进行核算，应当设置"应收账款""坏账准备"等科目。

"应收账款"科目的借方核算企业因承包工程、提供劳务、销售商品和出租资产而应收的全部款项，以及因其他原因而取得的应收账款等；贷方核算已收回的应收账款，以及与债务人进行债务重组而减少的应收账款等；期末余额在借方，反映了企业尚未收回的应收账款。应收账款科目按主营业务活动应设置"应收工程款"明细科目；按其他业务销售活动，设置"应收销货款"明细科目，并按应收对方单位的名称设置细目。应收账款在正常情况下，应在1年或超过1年的一个营业周期内收回，因此，属于企业的流动资产。

房地产企业的应收账款主要是因销售商品房而发生的，因此应收账款主要是核算主营业务收入，其可按房地产商品房类别设置明细账、按购买商品房单位设置细目。

工程项目的"应收账款"科目对应的科目一般是"工程结算""其他业务收入"等；房地产企业的"应收账款"科目对应的一般是"主营业务收入""其他业务收入""银行存款"等科目。

3.1.3 应收账款计价

一般情况下，应收账款的入账金额按买卖双方在成效时的实际发生金额记账，但是在含有折扣条件时，应收账款的计价必须考虑折扣因素。

在一般销售方式中，销售折扣有两种类型，即商业折扣和现金折扣。

1. 商业折扣

商业折扣是企业根据市场供需情况或针对不同的顾客，在商品标价上给予的扣除，它是企业常用的一种促销手段。商业折扣一般用50%、20%表达。

由于商业折扣在交易发生时已经确定，不需要在购销双方的账簿上反映，因此，在存在商业折扣的情况下，企业应收账款的入账价值应按实际打折后的成交价格予以确认。

2. 现金折扣

现金折扣是指企业在以赊销方式销售商品或提供劳务的交易中，为了鼓励客户在规定的期限内付款，而向客户提供的债务扣除。现金折扣一般用符号"折扣/付款期限"表示。例如：在15天内付款可按售价给予3%的折扣，用符号"3/15"表示；在30天内付款，则不给折扣，用符号"$n/30$"表示。

我国《企业会计准则》规定，会计核算始终采用总价法。总价法是将原售价金额作为实际售价,据以确认应收款入账价值的方法。这种方法把给客户的现金折扣视为融资的理财费用,会计上作为"财务费用"处理,也可以冲抵"主营业务收入"或"其他业务收入"。

【例 3-1】2018 年 5 月 30 日,A 施工企业的所属结构厂为一般纳税人,向 B 施工企业出售预制结构件,价款为 680 000 元,增值税为 61 200 元,尚未付款,A 企业的商业折扣为 10%。

如果,销售金额和增值税同开一张专用发票,按商业折扣比例打折后的实际金额为 =680 000×(1–10%)=673 200 元;增值税折扣后的实际金额为 =61 200×(1–10%)=60 588 元。

借:应收账款——应收销货款——B 企业　　　　673 200
　　贷:其他业务收入　　　　　　　　　　　　612 612
　　　　应交税费——应交增值税(销项税额)　　60 588

【例 3-2】某房地产企业销售商品 7 000 件,每件售价 50 元(不含增值税),增值税税率为 13%,企业为购货方提供的商业折扣为 15%,提供的现金折扣条件为 2/10、1/20、n/30(计算现金折扣时不考虑增值税)。该企业在这项交易中应确认的收入金额为多少元?

解:企业应该按照扣除商业折扣的金额确认收入,并且收入中应该包括现金折扣,因此,依据总价法,该企业在这项交易中应确认的收入 = 7 000×50×(1–15%)= 297 500 元。

如果购货方在 10 天内付款,则房地产企业的销售收入为 =297 500×(1–2%)= 291 550 元。其中现金折扣为 297 500×2%=5 950 元,记入"财务费用"借方或冲抵"其他业务收入"借方,贷记"应收账款"。

3.1.4　应收账款核算

1. 应收账款的发生与收回

工程项目发生应收账款时,按应收金额借记"应收账款"科目,按实现的营业收入贷记"工程结算""其他业务收入"科目;按专用发票上注明的增值税额,贷记"应交税费——应交增值税(销项税额)"等科目;收回应收账款时,借记"银行存款"科目,贷记"应收账款"科目。

企业代购货单位垫付的包装费、运杂费,借记"应收账款"科目,贷记"银行存款"等科目;收回代垫费用时,借记"银行存款"科目,贷记"应收账款"科目。

【例 3-3】A 施工企业所属结构厂向 B 施工企业出售预制结构件,价税合计 4 680 000 元,尚未付款。

借:应收账款——应收销货款(B 企业)　　　4 680 000
　　贷:其他业务收入　　　　　　　　　　　　4 000 000
　　　　应交税费——应交增值税(销项税额)　　680 000

【例 3-4】某房地产开发企业为一般纳税人，销售商品住房取得价值 150 万元，增值税额为 13 500 元，货款尚未收到。

借：应收账款——商品房销售收入　　　　　1 513 500
　贷：主营业务收入　　　　　　　　　　　　　　　1 500 000
　　　应交税费——应交增值税（销项税额）　　　　　13 500

如果房地产企业采用简易计税方法，则税率按 3% 计算：

借：应收账款——商品房销售收入　　　　　1 545 000
　贷：主营业务收入　　　　　　　　　　　　　　　1 500 000
　　　应交税费——简易计税　　　　　　　　　　　　45 000

【例 3-5】A 施工企业因承包建设单位甲公司的工程，按合同规定开出"工程价款单"，应结算工程进度款 1 800 000 元。1 个月后收到该项价款。

借：应收账款——应收工程款（甲公司）　　1 800 000
　贷：工程结算　　　　　　　　　　　　　　　　　1 800 000

1 个月后，收到价款存入银行。

借：银行存款　　　　　　　　　　　　　　1 800 000
　贷：应收账款——应收工程款　　　　　　　　　　1 800 000

【例 3-6】若【例 3-5】中甲公司将工程进度款改为商业承兑汇票结算，则：

借：应收票据——商业承兑汇票　　　　　　1 800 000
　贷：应收账款——应收工程款　　　　　　　　　　1 800 000

2. 应收账款发生坏账

如果购买方企业发生款项不能支付或支付金额小于该项应收账款账面价值的情况时，应按实际收到的款项金额，借记"银行存款"等科目；按损失部分计提的坏账准备，借记"坏账准备"科目；按重组债权的账面余额，贷记本科目；按其差额，借记"营业外支出"科目。

收到债务人清偿债务的现金金额大于该项应收账款账面价值的，应按实际收到的现金金额，借记"银行存款"等科目；按重组债权已计提的坏账准备，借记"坏账准备"科目；按重组债权的账面余额，贷记本科目；按其差额，贷记"资产减值损失"科目。

【例 3-7】承【例 3-3】至 2019 年 12 月 31 日，B 施工企业因发生财务困难而无法按合同规定偿还债务。经双方协商，A 企业同意减免 B 企业债务 300 000 元，余额用银行存款偿清。企业已对该债权计提坏账准备 234 000 元。

借：银行存款　　　　　　　　　　　　　　4 380 000
　　坏账准备　　　　　　　　　　　　　　　234 000
　　营业外支出——债务重组损失　　　　　　66 000
　贷：应收账款——B 企业　　　　　　　　　　　　4 680 000

3. 应收账款债务抵偿

企业接受的债务人用于清偿债务的非现金资产，应按该项非现金资产的公允价值，借记"原材料""库存商品""固定资产""无形资产"等科目;按可抵扣的增值税额,借记"应交税费——应交增值税(进项税额)"科目;按重组债权的账面余额,贷记本科目;按应支付的相关税费和其他费用,贷记"银行存款""应交税费"等科目;按其差额,借记"营业外支出"科目。

借:原材料/固定资产/库存商品等
　　应交税费——应交增值税(进项税额)
　贷:应收账款

4. 应收账款转为投资

企业应按应享有股份的公允价值,借记"长期股权投资"科目;按重组债权的账面余额,货记本科目;按应支付的相关税费,贷记"银行存款""应交税费"等科目;按其差额,借记"营业外支出"科目。企业以其他形式与债务人进行债务重组涉及的坏账准备,应当比照上述现金清偿企业债务的规定进行处理。

【例3-8】2018年,A施工企业承揽昌华房地产开发公司售楼处建造工程。至结算办理日3月1日,A施工企业应收昌华房地产开发公司工程尾款4 680 000元。同年10月6日,昌华房地产开发公司因房地产市场低迷,资金紧张而无法按合同规定偿还债务。经双方协商,A企业同意将应收昌华房地产开发公司的债权转为对昌华房地产开发公司的投资。

根据当日昌华房地产开发公司的净资产情况,双方协商,A企业享有昌华房地产开发公司股份的公允价值为4 200 000元,A企业已对该债权计提坏账准备200 000元。

借:长期股权投资——其他股权投资(投资成本)　　4 200 000
　　坏账准备——应收账款　　　　　　　　　　　　　200 000
　　营业外支出——债务重组损失　　　　　　　　　　280 000
　贷:应收账款——昌华房地产开发公司　　　　　　　4 680 000

3.2 应收票据

3.2.1 应收票据的概念及分类

应收票据,是指工程项目因结算工程价款,对外销售产品、材料等业务时,收到未到期的票据形成的债权。在我国会计实际工作中,应收票据是指商业汇票,其在工程结算、企业销售中发挥着重要的作用。

应收票据按照不同的标准进行分类:

(1)按承兑人不同,商业汇票分为商业承兑汇票和银行承兑汇票。

(2)按是否计息,分为带息票据和不带息票据。

计息票据到期时除需支付票据面额外,尚需按票面规定的利率支付利息;无息票据到期时只需支付票据面额。

会计上，作为应收票据处理的是指在采用商业汇票结算方式下，因销售商品、产品等而收到的商业汇票，包括商业承兑汇票和银行承兑汇票。它是交易双方以商品购销业务为基础而使用的一种信用凭证。付款期一般在1个月以上，6个月以内。

3.2.2 商业汇票到期

1. 到期日的确定

应收票据的到期日应按不同的约定方式来确定，一般有两种，按月和按日。如约定按日计算，则应以实际的足日为准，在其计算时约定按"算尾不算头"或"算头不算尾"的方式确定。例如，4月20日开出的60天商业汇票的到期日为6月19日。如约定按月计算，则以平均每月30天为标准，在计算时按到期月份的对日确定。若到期月份无此对日，应按到期月份的最后日确定。例如，8月31日开出的6个月商业汇票，到期日应为次年2月28日（若有29日为29日）。

2. 到期价值的确定

应收票据的到期价值，即商业汇票到期时的全部应支付款项，根据票据是否带息的不同来确定。若是不带息票据，到期价值就是票面价值，即本金；若是带息票据，到期价值为票据面值加上应计利息，计算公式为：

$$票据到期价值 = 票据面值 \times (1 + 票面利率 \times 票据期限) \quad (3-1)$$

上式中，利率一般以年利率表示；票据期限则用月或日表示，在实际业务中，为了计算方便，一般1年定为360天。例如，一张面值为1 000元，期限为90天，票面利率为10%的商业汇票，到期价值为：

$$1\,000 \times (1 + 10\% \times 90/360) = 1\,025 \text{ 元}$$

3.2.3 应收票据贴现

贴现是持票人以未到期的应收票据，通过背书手续，按银行贴现率从票据价值中扣取从贴现日起到票据到期日止的贴现息，以余额兑付给持票人。对于贴现银行来说就是收购没有到期的票据，是融通资金的一种信贷形式。背书的应收票据是此项借款的担保品。

票据贴现值的计算：

商业汇票的贴现期是从银行贴现日起至票据到期日止，见图3-1。

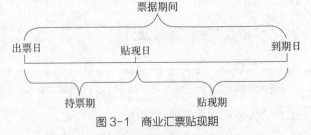

图3-1 商业汇票贴现期

$$贴现息 = 票面值（到期值）\times 贴现利率 \times 贴现期 \quad (3-2)$$

$$票据到期价值 = 票据面值 \times (1 + 年利率 \times 票据到期月数 \div 12) \quad (3-3)$$

对于无息票据来说，票据的到期值就是其面值。

贴现息＝票据到期值 × 贴现率 × 贴现天数 ÷360 　　　　（3-4）

贴现天数＝贴现日至票据到期日实际天数 -1 　　　　　　（3-5）

贴现后实际所得金额＝票据到期值 - 贴现息　　　　　　　（3-6）

【例 3-9】某房地产企业销售 3 月 2 日向 B 公司销售材料一批，货款 30 000 元，增值税 5 100 元，B 企业签发商业汇票一张，票面金额 35 100 元，利率为 5%，期限 3 个月。因企业临时资金需要，于 4 月 10 日将该票据向银行办理贴现，贴现率为 6%，贴现期为 53 天，即 4 月 10—6 月 2 日，要求计算此商业汇票的到期值、贴现值和贴现净值。

票据到期值：35 100 ×（1+5% × 3/12）=35 538.75 元

贴现息：35 538.75 × 6% × 53/360=313.93 元

贴现净值：35 538.75-313.93=35 224.82 元

3.2.4　应收票据核算

"应收票据"科目核算企业因工程结算、销售商品、产品、提供劳务等而收到的商业汇票，包括银行承兑汇票和商业承兑汇票。

为便于对应收票据款项业务进行核算，工程企业应当设置"应收票据"总分类科目。借方记本科目，贷方记"工程结算""主营业务收入""其他业务收入"等科目。企业可按照开出、承兑商业汇票的单位进行明细核算，核算流程为应收票据收到、到期、贴现和提取坏账。

1. 收到商业票据

工程企业因承包工程、提供劳务、销售商品等而收到开出、承兑的商业汇票，按商业汇票的票面金额，借记本科目；按实现的营业收入，贷记"工程结算""其他业务收入"等科目；按专用发票上注的增值税额，贷记"应交税费""应交增值税（销项税额）"科目。企业收到商业票据以抵偿应收账款时，按应收票据面值，借记"应收票据"科目，贷记"应收账款"科目。

【例 3-10】按【例 3-9】的会计核算是

借：应收票据——商业汇票　　　　　　　　　　　35 100

　　贷：其他业务收入　　　　　　　　　　　　　30 000

　　　　应交税费——应交增值税（销项税额）　　　5 100

2. 应收票据到期

应收票据到期应按实际收到的金额，借记"银行存款"科目，按商业票据的票面金额，贷记"应收票据"科目。

【例 3-11】按【例 3-9】假如该房地产公司 3 个月到期后，收到上述款项，则会计核算为：

借：银行存款　　　　　　　　　　　　　　　　　35 538.75

　　贷：应收票据——商业汇票　　　　　　　　　35 538.75

3. 应收票据贴现

（1）企业持未到期的应收票据向银行贴现，应按实际收到的金额（即减去贴现息后的净额），借记"银行存款"科目；按贴现息部分，借记"财务费用"等科目；按商业汇票的票面金额，贷记本科目（符合金融资产转移准则规定的金融资产终止确认条件的）或"短期借款"科目（不符合金融资产转移准则规定的金融资产终止确认条件的）。

【例3-12】按【例3-9】的会计核算是：

借：银行存款（贴现净值）　　　　　　　　　　35 224.82
　　财务费用（贴现息）　　　　　　　　　　　　313.93
　　贷：应收票据（票据到期值）　　　　　　　35 538.75

这是应收票据的票面价值35 100元与票据利息之和。

贴现的商业承兑汇票到期，因承兑人的银行存款账户不足支付，由贴现企业承担付款责任的，申请贴现的企业收到银行退回的商业承兑汇票时，应将贴现所得认为一项金融负债（短期借款），按商业汇票的票面金额支付贴现银行，借记"短期借款"科目，贷记"银行存款"科目；同时借记"应收账款"科目，贷记本科目。若申请贴现企业的银行存款账户余额亦不足，银行作逾期贷款处理，借记"应收账款"科目，贷记本科目。

【例3-13】按【例3-9】的会计核算是：

借：银行存款　　　　　　　　　　　　　　　　35 224.82
　　短期借款——利息调整　　　　　　　　　　　313.93
　　贷：短期借款——成本　　　　　　　　　　35 538.75

需要注意，企业应当设置"应收票据备查簿"，逐笔登记每一商业汇票的种类、号数、出票日、票面金额、交易合同号和付款人、承兑人、背书人的姓名或单位名称、到期日、背书转让日、贴现日、贴现率和贴现净额以及收款日和收回金额、退票情况等资料，商业汇票到期结清票款或退票后，应当在备查簿内逐笔注销。

4. 商业汇票到期无法收回

商业汇票到期，应按实际收到的金额，借记"银行存款"科目，按商业汇票的票面金额，贷记本科目。

因付款人无力支付票款，收到银行退回的商业承兑汇票、委托收款凭证、未付票款通知书或拒绝付款证明等的，按商业汇票的票面金额，借记"应收账款"科目，贷记本科目。同时，企业与付款方重新协商支付方式。

借：应收账款——X企业
　　贷：应收票据——商业承兑汇票

企业的应收票据如有确凿证据表明其不符合应收票据性质，或者因购货单位破产、撤销等原因已无望再收到销售收入的，应将原计入应收票据的金额直接提取坏账准备或转入应收账款，并计提相应的坏账准备。

3.3 预付账款及其他应收款

3.3.1 预付账款

预付账款,是指工程企业按照购货合同规定,预付给供应商的货款,以及工程项目在分包工程时,分包结算前预付给工程分包商的工程款。因此,其属于采购活动、工程分包活动产生的生产经营业务。由于预付给对方企业的款项属于本企业的资产,并且在短期时间支付,因而是流动资产。房地产开发企业的预付账款一般包括预付的货款和预付的购货定金。工程企业的预付账款主要包括预付工程款、预付备料款等。企业应单独设置"预付账款"科目核算此类经济业务,"预付账款"科目应按预付款项性质,如承包工程、在建工程等进行明细核算。

"预付账款"科目借方核算按合同规定预付或补付给供应商、分包商的款项,贷方核算购入材料物资、分包结算等应付的金额。期末余额在借方,反映企业预付款项的余额;期末如为贷方余额,反映企业尚未补付的款项。

预付账款的核算特点是,始终以预付账款的支付、结算和补付为核算内容。

【例3-14】A施工企业2018年1月取得某小区住宅建造合同(适用一般计税)预付给水电分包商的工程款5 000 000元,并约定分包工程进度款的50%从预付款中扣减。

预付工程款时:

借:预付账款——小区项目(水电分包商)　　　　　　　5 000 000
　　贷:银行存款　　　　　　　　　　　　　　　　　　　5 000 000

【例3-15】承【例3-14】A施工企业收到水电分包商开具的增值税专用发票,价税合计3 000 000元和验工计价单。

结算和补付时:

借:工程施工——合同成本——小区项目(水电分包)　　2 727 272.73
　　应交税费——应交增值税(进项税额)　　　　　　　　27 2727.27
　　贷:预付账款——小区项目(水电分包商)　　　　　　1 500 000
　　　　银行存款　　　　　　　　　　　　　　　　　　　1 500 000

企业因购货或工程分包而预付的款项,借记"预付账款"科目,贷记"银行存款"科目。收到所购物资或分包结算单时,根据发票账单等列明应计入购入物资、工程施工成本的金额,借记"在途物资""原材料""工程施工"等科目;按可抵扣的增值税额,借记"应交税费——应交增值税(进项税额)"科目;按应付金额,贷记"预付账款"科目。补付的款项,借记"预付账款"科目,贷记"银行存款"科目;收到退回多付的款项,借记"银行存款"科目,贷记"预付账款"科目。

企业对在建工程预付的工程价款,借记"预付账款"科目,贷记"银行存款"等科目。按工程进度结算的工程价款,借记"工程施工""在建工程"科目,贷记"预付账款""银行存款"等科目。

企业的预付账款如有确凿证据表明其不符合预付账款性质，或者因供货单位破产、撤销等原因已无望再收到所购货物的，应将原计入预付账款的金额直接提取坏账准备或转入其他应收款，并计提相应的坏账准备。

3.3.2 其他应收款

1. 其他应收款内容

其他应收款，是指企业除应收票据、应收账款、预付账款、应收股利、应收利息、长期应收款等经营活动以外的其他各种应收、暂付的款项。具体包括企业内部非独立核算单位或个人的暂借款、罚款、备用金、保险公司赔款或个人赔款、保证金及员工垫付款等内容，其均是由于内外部资金管理需要而发生的经济活动事项。

其他应收款主要包括：

（1）应收的各种赔款、罚款，如因企业财产等遭受意外损失而应向有关保险公司收取的赔款等；

（2）应收出租包装物租金；

（3）应向职工收取的各种垫付款项，如为职工垫付的水电费、应由职工负担的医药费、房租费等；

（4）存出保证金，如租入包装物支付的押金；

（5）其他各种应收、暂付款项；

（6）备用金（向企业各职能科室、车间、个人周转使用等拨出的备用金）；

（7）预付账款转入。

2. 其他应收款核算

"其他应收款"科目借方核算应收的各种赔款、罚款、投标保证金、应收取的出租包装物租金和存出保证金，以及为员工垫付的各种款项等；贷方核算已经收回或转销的各种应收款项；期末余额在借方，反映企业尚未收回的款项。投标保证金应在本科目设明细核算。企业拨出用于投资、购买物资的各种款项，不在本科目核算。

企业发生其他各种应收款项时，借记"其他应收款"科目，贷记有关科目；收回各种款项时，借记"银行存款"等科目，贷记"其他应收款"科目。

预支工程投标保证金时，借记"其他应收款"科目，贷记"银行存款"科目；招标投标结束后，收到退回的投标保证金时，借记"银行存款"科目，贷记"其他应收款"科目。

企业员工出差预借差旅费时，借记"其他应收款"科目，贷记"银行存款"科目；员工出差归来按规定报销的差旅费，借记"管理费用""工程施工""销售费用"等科目，贷记"其他应收款"科目；收回的现金，借记"库存现金"科目，贷记"其他应收款"科目。若实际报销的差旅费多于预借款项时，应按补付的现金，贷记"库存现金"科目。

【例3-16】某房地产企业对备用金采取定额预付制。4月份发生如下业务：

①4月5日，设立工程部门定额备用金，由王红负责管理。工程部的定额备用金核

定定额为 3 000 元，财务部开出现金支票。应作如下分录：

借：其他应收款——备用金（王红）　　　　　　3 000
　　贷：银行存款　　　　　　　　　　　　　　　　　3 000

② 4 月 16 日，王红交来普通发票 1 200 元，报销工程部购买办公用品的支出，财务部以现金补足该定额备用金。

借：管理费用　　　　　　　　　　　　　　　　1 200
　　贷：库存现金　　　　　　　　　　　　　　　　　1 200

③ 4 月 22 日，经批准增加工程管理部门定额备用金的核定定额为 1 000 元。

借：其他应收款——备用金（王红）　　　　　　1 000
　　贷：库存现金　　　　　　　　　　　　　　　　　1 000

④ 4 月 30 日，由于机构变动，经批准撤销工程部门定额备用金，王红交回购买办公用品支出的普通发票 300 元及现金 3 700 元，即报销和撤销备用金。

借：管理费用　　　　　　　　　　　　　　　　　300
　　库存现金　　　　　　　　　　　　　　　　　3 700
　　贷：其他应收款——备用金（王红）　　　　　　4 000

企业的其他应收款如有确凿证据表明其不符合资产性质，或者因下属单位或个人无法赔付等原因，已无望再收到相应款项的，应将原计入其他应收款的金额提取坏账准备，借记"信用减值损失"科目，贷记"坏账准备"科目。

3.4　坏账准备

3.4.1　坏账的概念及特点

坏账，是指工程及房地产企业无法收回的应收款项，包含应收账款、应收票据、预付账款和其他应收款。

在资产负债表日，企业应对应收款项的账面价值进行检查。由于市场的不确定性，应收款项有可能会发生不能收回或收回的可能性很小的情况，由此可能产生坏账或减值。坏账损失是指实际发生无法收回的应收款项时产生的损失。

坏账损失的确认条件：

（1）债务人死亡或依法被宣告死亡、失踪，其财产或遗产确实不足清偿的应收账款；

（2）债务人遭受重大自然灾害或意外事故，损失巨大，以其财产（包括保险赔款等）确实无法清偿的应收账款；

（3）债务人逾期未履行偿债义务，经法院裁决，确实无法清偿的应收账款；

（4）逾期 3 年以上仍未收回的应收账款；

（5）经国家税务总局批准核销的应收账款。

根据《企业会计准则第 8 号——资产减值》有关规定，企业发生坏账时，应按时提取坏账准备。

3.4.2 坏账准备的政策

企业应当根据以往的经验、债务单位的实际财务状况和现金流量等相关信息对应收款项收回的可能性做具体评估，并采用应收账款余额百分比法、个别认定法、账龄分析法等方法计提坏账准备。

（1）应收账款余额百分比法，是指假设企业有一定比率的应收款项无法收回时，根据一定坏账比例乘以应收账款期末余额的方法。用企业的应收款项总额乘以该比率就可以得出坏账估计金额。

（2）对于单项金额重大的应收款项，应当单独进行减值测试，并按照个别认定法计提坏账准备。如有客观证据表明其发生了减值的，应当根据其未来现金流量的现值低于其账面价值的差额，确认减值损失。

（3）对于单项金额非重大的应收款项，以及经过单独减值测试后未发生减值损失的应收账款，应于资产负债表日，按照账龄分析法根据一定比例提取一般坏账准备，所谓账龄是指应收款项收回的时间长短，如表3-1所示。

账龄分析表　　　　　　　　　　　　　　　　　　　　　　　表3-1

应收款项账龄	应收款项金额（元）	预计损失率	预计损失金额（元）
1（含）年以内		不计提	
1～2（含）年		1%	
2～3（含）年		5%	
3～4（含）年		10%	
4～5（含）年		25%	
5年以上		50%	
合计			

采用账龄分析法计提坏账准备时，收到债务单位当期偿还的部分债务后，剩余的应收款项不应改变其账龄，仍按原账加上本期应增加的账龄确定。在存在多笔应收账款且账龄不同的情况下，对收到的债务单位当期偿还的部分债务，应当逐笔认定；如果确定无法认定的，按照先发生先收回的原则确定，剩下应收款项的账龄按上述同一原则确定。

3.4.3 坏账准备核算

1. 坏账科目设置

根据《〈企业会计准则第22号——金融工具确认和计量〉（2017年）应用指南》，应收款项发生减值是因为企业的商业信用无法遵守而产生的，应采用备抵法进行核算，即采用一定的方法定期估计可能发生的坏账损失金额，以此金额作为预备。坏账准备是资产账户的抵减账户，其记账方向与资产类账户的记账方向相反，贷方登记期末对各项应收款项计提的坏账准备及以前已确认为损失当期又收回的坏账（即坏账准备的增加），借方登记当期发生的坏账和期末冲减多提的坏账准备（即坏账准备的减少），如表3-2所示。

坏账准备 表3-2

1. 本期冲回的坏账准备 2. 本期发生的坏账损失	期初余额 1. 本期补提的坏账准备 2. 本期收回的前期已转销的应收款项
	期末余额

企业提取坏账准备，应借记"信用减值损失——计提坏账准备"科目，贷记"坏账准备"科目。

（1）如本期应计提的坏账准备金额大于坏账准备账面余额，应当按其差额计提，借记"信用减值损失——计提坏账准备"科目，贷记"坏账准备"科目。

（2）如应提取的坏账准备金额小于坏账准备账面余额，应按其差额作相反会计分录，借记"坏账准备"科目；贷记"信用减值损失——计提坏账准备"科目。

（3）资产负债表日，企业根据金融工具确认和计量准确确定应收款项发生减值的，按应计提的坏账准备金额，借记"信用减值损失——计提坏账准备"科目，贷记本科目。本期应计提的坏账准备大于其账面余额的，应按其差额计提；应计提的金额小于其账面余额的，差额做相反的会计分录。

（4）对于确实无法收回的应收款项，如债务单位已撤销、破产、资不抵债、现金流量不足等，应按管理权限报经批准后作为坏账损失，转销应收款项，借记本科目，贷记"应收账款""预付账款""应收票据""应收利息""其他应收款""长期应收款"等科目。

（5）已确认并转销的应收款项以后又收回的，应按实际收回的金额，借记"应收款项"等科目，贷记本科目；同时，借记"银行存款"科目，贷记"应收账款""预付账款""应收利息""其他应收款""长期应收款"等科目。

（6）已确认并转销的应收款项以后又收回的，企业也可以按照实际收回的金额，借记"银行存款"科目，贷记本科目。

（7）"坏账准备"科目期末贷方余额，反映企业已提但尚未转销的坏账准备。

2. 坏账准备核算

【例3-17】2017年12月31日，A工程企业根据应收账款的余额计提坏账准备500 000元。坏账准备科目本月贷方余额200 000元，当期应计提的坏账准备300 000元。

借：信用减值损失——坏账损失	300 000
贷：坏账准备——应收账款	300 000

【例3-18】2018年5月27日，企业经批准应收丙企业的账款45 000元因逾期而无法收回确认为坏账损失。

借：坏账准备——应收账款（丙企业）	45 000
贷：应收账款——丙企业	45 000

【例 3-19】2018 年 9 月 20 日，企业收到丙企业转账支票一张，收回已转销坏账损失的应收账款 45 000 元。

借：应收账款——丙企业　　　　　　　　　　　　　45 000
　　贷：坏账准备——应收账款（丙企业）　　　　　　45 000

同时

借：银行存款　　　　　　　　　　　　　　　　　　45 000
　　贷：应收账款——丙企业　　　　　　　　　　　　45 000

【例 3-20】甲房地产企业采取应收账款余额百分比法提取坏账准备，坏账提取比例为应收账款的 10%，甲公司 2018 年初应收账款余额为 1 000 万元，已提坏账准备为 100 万元，当年发生的与应收账款有关的四笔业务如下：

①新增赊销额 200 万元；

②收回应收账款 300 万元；

③发生坏账 50 万元；

④收回以前的坏账 200 万元。

2018 年该企业应收账款坏账准备的计算步骤和会计处理如下：

①计算过程

2018 年末应收账款余额：1 000+200-300-50+200-200=850 万元；

2018 年末坏账准备调整前的账面余额：100-50+200=250 万元；

2018 年末应计提的坏账准备：850×10%=85 万元；

2018 年应计提坏账准备：85-250=-165 万元。

②会计处理

核销坏账（发生坏账）时：

借：坏账准备　　　　　　　　　　　　　　　　　　500 000
　　贷：应收账款　　　　　　　　　　　　　　　　　500 000

收回坏账时：

借：应收账款　　　　　　　　　　　　　　　　　2 000 000
　　贷：坏账准备　　　　　　　　　　　　　　　　2 000 000

借：银行存款　　　　　　　　　　　　　　　　　2 000 000
　　贷：应收账款　　　　　　　　　　　　　　　　2 000 000

反冲坏账准备时（计提时）：

借：坏账准备　　　　　　　　　　　　　　　　　1 650 000
　　贷：信用减值损失——计提坏账准备　　　　　　1 650 000

本章知识点

1. 应收账款和应收票据产生的收入活动，预付账款产生的采购活动，其他应收款管理活动。理解应收款项的资产性质，流动资产性质。

2. 应收账款入账价值的确定不受商业折扣的影响，但会受到现金折扣的影响；应收账款的商业信用导致应收账款确认的总价法和净价法不同。应收账款产生现金折扣时，冲减工程企业的其他业务收入、房地产企业的主营业务收入、其他业务收入；工程企业的特点是，"应收账款"科目对应"工程结算"科目，而不直接对应"主营业务收入"科目。

3. 应收票据是商业汇票，按承兑人不同分为商业承兑汇票和银行承兑汇票；按是否计息分为带息商业汇票和不带息商业汇票。商业汇票以面值入账，是企业收入活动产生的。工程企业的商业汇票对应工程结算收入、其他业务收入；房地产企业的商业汇票对应主营业务收入和其他业务收入。商业汇票最长为6个月到期付款，因此具有融资性质。商业汇票可以贴现，会产生付款方的连带付款责任。

4. 预付账款产生于采购活动，其核算特点是预付账款具有企业的流动资产性质；支付、结算和补付的核算都与预付账款相关。

5. 其他应收账款是企业内部管理活动产生的预付、暂付和应收的单位或个人款项。了解其他应收账款的核算内容是掌握核算活动的重点。

6. 由于以上款项均存在商业信用风险，因而都有无法收回的可能。如果有确凿证据表明回收可能性较小时，应该根据《企业会计准则》规定，对产生的坏账按备抵法提取坏账准备，借记"信用减值损失"科目，贷记"坏账准备"科目；产生坏账损失时，借记"坏账准备"科目，贷记"应收账款"科目；回收坏账时，借记"应收账款"科目，贷记"坏账准备"科目。

思考题

1. 影响应收账款入账价值的确定因素有哪些？
2. 简述应收票据账面价值的主要内容。
3. 应收票据贴现应如何计算？贴现净值由何决定？
4. 简述预付账款的核算程序。
5. 坏账与坏账损失的关系是什么？
6. 工程企业为什么在"应收账款"科目下设置"应收工程款"和"应收销货款"？
7. 坏账准备提取的科目是什么？为什么设置"信用减值损失"予以对应？
8. 简述"坏账准备"科目借方与贷方核算的内容。
9. 简述产生"其他应收款"科目核算活动的前提条件。
10. 商业汇票贴现后，付款企业具备连带责任，当应收商业承兑汇票无法支付时，应怎样核算处理？
11. 哪些应收款项需要提取坏账准备？

实务题

1. 南方工程公司与W建设单位办理工程价款结算，收到B公司于12月1日签发并承兑的带息商业承兑汇票一张，票面金额为90 000元，票面利率为6%，期限为120天。

（1）年末，公司按上述如票面价值和规定的利率计提利息。

（2）公司因急需资金，于第二年2月10日持该商业票据向开户银行贴现，银行规定贴现率为12%，已经按规定办妥手续。

要求：请计算应收票据的到期值、贴现息和贴现净值。作出核算会计分录。

2. 红星房地产开发企业，2018年发生的部分经济业务如下：

（1）向乙公司销售剩余钢材150 000元，增值税为13 500元。乙公司已经预付货款85 500元，2018年3月10日，收到乙公司签发的商业承兑汇票，支付所欠货款，该票据票面价值90 000元，期限90天。

（2）2018年4月18日，向丙公司购入水泥价款13 500元，增值税1 755元，应付运费1 050元。公司将未到期票据背书转让，差额通过银行存款结清。假设运费部分不含可抵扣的增值税进项税额。

（3）票据到期，乙公司无力付款，企业以银行存款支付给丙公司。

（4）年末，应收账款余额为360 000元，坏账准备借方金额为300元，红星房地产开发企业按应收账款余额的5%计提坏账准备。

要求：

（1）计算企业背书转让票据时，应通过银行存款结算的金额。

（2）计算年末企业应计提的坏账准备金额。

（3）编制企业的会计分录。

3. 某房地产开发企业按照应收账款余额的3‰提取坏账准备。该企业第1年末的应收账款余额为1 000 000元；第2年发生坏账8 000元，其中甲企业3 000元、乙企业5 000元，年末应收账款余额为1 100 000元；第3年，上年已冲销的甲企业的应收账款3 000元又收回，期末应收账款余额为900 000元。

要求：根据上述资料计算企业每年提取的坏账准备，并作出相关会计分录。

4. 资料：某建筑工程公司2019年发生如下经济业务：

（1）1月5日，出售商品给广安公司，收到现款4 500元及一张面值为7 000元，期限为60天，利率为8%，开票日为当天的银行承兑汇票。

（2）3月7日，收到广安公司商业汇票票据的本息。

（3）3月20日，从客户兴华公司处收到一张面值为8 000元，利率为7%，为期90天的商业承兑汇票。

（4）3月30日，将兴华公司的商业汇票票据向银行贴现，贴现率为8%。

（5）4月6日，收到客户红星公司交来的面值为16 000元，期限为60天，利率为8%，开票日期为 4 月 4 日的商业承兑汇票一张，用以延长已过期的账款。

（6）4 月 10 日，将红星公司的商业承兑汇票按 9% 的利率向银行贴现。

（7）7 月 6 日，收到红星公司票据拒付的通知，并付给银行这张票据的到期值。

（8）8 月 5 日，收到红星公司偿付其拒付票据的到期值及逾期 30 天，按 8% 的利率计算的利息。

要求：根据上述资料进行必要的计算并编制会计分录。

5. 2019 年南海建筑工程公司，根据工程合同规定，开出一张"工程价款结算单"，向甲房地产公司结算工程价款，金额为 550 000 元，按合同约定的一个月内收到款项。同时又赊销给 C 公司一批构件，售价为 80 000 元，增值税金额为 7 200 元，代垫运费 1 000 元，增值税金额 60 元。合同约定，C 公司 3 个月后付款。

要求：

（1）编制甲房地产公司工程项目的结算会计分录。

（2）假设为鼓励 C 公司早日还款，南海公司设置了 2/30、1/60、n/90 条件，作出 1 个月内还款的会计分录和无折扣的会计分录。

6. 星海房地产公司从乙公司赊购一批原材料，增值税专用发票上注明的原材料价款为 50 000 元，增值税金额为 8 500 元。根据购货合同约定，材料赊购期限为 30 天，现金折扣条件为 2/10、1/20、n/30，计算现金折扣时不考虑增值税。

要求：采用总价法编制星海房地产公司赊购原材料的下列会计分录。

（1）赊购原材料。

（2）支付货款：

1）假定 10 天内支付货款。

2）假定 20 天内支付货款。

3）假定超过 20 天支付货款。

第4章 存货

【学习目标】

了解工程存货的概念、特征、确认条件、分类及发出存货计价方法的应用。掌握原成本的构成及通过自制、委托加工、投资者投入存货的会计核算；掌握周转材料的领用、摊销方法存货盘盈与盘亏的会计处理；重点掌握外购存货和委托加工物资的会计核算，生产经营领用原材料、销售材料的会计核算，计划成本核算存货的会计处理，存货可变现净值原理及存货跌价准备的计提方法。

【重要术语】

存货　存货分类　存货计价　原材料　库存商品　周转材料　存货成本　采购成本　加工成本　在途物资　委托加工物资　材料采购　材料成本差异　材料成本差异率　可变现净值　存货跌价准备　存货盘盈　资产减值损失

4.1 存货概述

4.1.1 存货的概念与特征

存货，是指工程企业在日常经营活动过程中，处于生产过程的储备与耗用的各类建筑原材料、在产品和产成品，以及以备出售的产成品或商品。存货是工程项目生产经营的重要物质基础，通常在工程项目生产中占有较大比例，存货资产的流转速度是判断工程项目资源利用效果的重要指标。工程建设生产活动中的存货具有以下主要特征：

（1）存货属于流动资产。工程项目的各类建筑材料通常都将在1年或超过1年的一个营业周期内被消耗或使用、出售，因而属于一项流动资产，具有较强的变现能力和流动性，明显区别于固定资产、在建工程等具有物质实体的非流动资产。

（2）存货是一种具有物质实体的有形资产。存货包括原材料、在产品、产成品、周转材料等各类具有物质实体的材料物资，因而区别于金融资产、无形资产等无实物形态的资产。

（3）存货是工程项目在正常生产经营过程中被消耗或以销售为目的而取得的各类建筑材料和物料。工程项目建造必须购买、持有大量的各类建筑材料和物料，以保证工程项目的建成。一项资产是否属于存货取决于持有资产的目的，即在生产经营过程中的用途或起的作用，如为工程项目建造而购入的材料属于存货，而为自己建造固定资产而购买的材料就不属于存货；房地产开发企业购入建造商品房的材料属于存货，竣工后待销售的商品房属于存货，而商品房转为自己使用则属于投资性房地产，不属于存货。

（4）存货属于非货币性资产。存货通常能够在正常生产经营过程中被销售或耗用，并最终转换为货币资金。但是由于存货的价值容易受市场价格以及其他因素变动的影响，因此其能够转换的货币资金金额不固定，存在价值减损的可能性。

4.1.2 存货的分类

工程项目的存货，主要分为以下几大类。

1. 原材料

原材料，是指工程企业用于建筑安装工程或用于产品生产而存放在仓库的各种库存材料，包括主要材料、结构件、机械配件和其他材料。房地产开发项目存货则是用于开发土地、房屋、建筑物等开发产品的各种材料物资。

（1）主要材料：用于工程施工或房地产产品生产，并构成工程或产品实体的各种材料。如钢材、木材、水泥、砖、瓦、砂、石以及五金、电器、化工等材料。

（2）结构件：经过装配吊装、拼砌、安装而构成房屋建筑物实体的各种金属构件、钢筋混凝土构件和木质结构件。如梁柱钢构件、钢窗、木门、钢筋混凝土预制件等。

（3）机械配件：施工机械、生产设备、运输设备等各种机械设备替换、维修使用的各种零件和配件，以及为机械设备配备的备品备件。如曲轴、齿轮、阀等。

（4）其他材料：不构成工程或产品实体，但有助于工程或产品实体形成，或便于进行施工生产的各种材料，如燃料、油料等。

2. 周转材料

周转材料，是指工程企业在建筑安装过程中能够多次使用，并可基本保持原来的形态而逐渐转移其价值的材料或用具物品。主要包括钢模板、木模板、脚手架、跳板等，以及未达到固定资产标准的生产用具、管理用具、劳动保护用品等。

3. 未完施工和已完施工

未完施工，是指已进行施工，但月末尚未完成施工图设计规定的全部工序和工作内容的分部分项工程；已完施工，是指已完成施工图设计规定的全部工序和工作内容的分部分项工程。

4. 在产品

在产品，是指工程企业附属的加工企业和辅助生产部门正在加工但尚未全部完工的产品。房地产开发企业的在产品则包括尚未完工的各种土地、房屋等开发产品（即在建工程）。

5. 产成品

产成品，是指工程企业附属的加工企业已经全部完工，且可以对外销售的库存商品以及各种建安构件产品。工程企业的产成品主要是指已经完工的建筑产品；房地产开发企业的产成品则是指各种已完成开发建设全过程并已验收合格，可以按合同规定交付使用或对外销售的各种开发产品，包括已开发完成的土地、商品房屋、小区配套设施、代建工程及分期收款开发产品、出租开发产品和周转房等。

6. 委托加工物资

委托加工物资，是指工程企业或房地产企业委托外单位加工的各种材料和构件。

7. 构成建安产品的设备

构成建安产品的设备，是指工程企业在生产过程中经安装构成建安产品组件部分的各种设备，如照明、通风、取暖、供水、供电、卫生等设备。房地产企业购入的用于房地产开发经营的各种设备包括电梯设备、电气设备、卫生设备、通风设备等。

8. 商品

商品，是指工程企业或房地产企业外购或委托加工完成，验收入库用于销售的各种物资或材料商品。

9. 开发产品

开发产品，是指房地产开发项目已经完成全部开发过程并经验收合格，按销售合同对外出售 或移交的商品房。

10. 出租开发产品

出租开发产品，是指房地产开发项目完成全部开发过程并经验收合格，用于出租的房地产性质的房屋。

以上存货的分类主要是按其经济用途分类，目的是建立工程项目会计核算的会计明细科目，以便准确反映工程项目的财务成本组成，编制工程成本会计决算报表，准确提供工程项目财务成本信息。

此外，存货还可以按存放地点分类，主要包括：在途存货，即已经取得购进所有权但尚在运输途中或虽已运抵企业但尚未验收入库的各种材料及物资；在库存货，即已经购入或生产完工并验收入库的各种材料及物资；在制存货，即正处于企业各生产工序加工制造过程中的在产品，以及委托加工但尚未完成的材料物资。该分类的目的是方便工程项目各种材料的收入、发出和集成管理。

按存货的取得方式进行分类，主要可分为外购存货、自制存货、委托加工存货、投资者投入的存货、以非货币性资产交换取得的存货、通过债务重组取得的存货以及通过企业合并取得的存货等。其目的是为了准确计算工程存货的各类材料资产，为存货入账提供依据。

4.2 存货的确认与计量

4.2.1 存货的确认

确认存货，必须在符合存货定义的前提下，同时满足以下两个条件，才能对其予以确认。

1. 与该存货有关的经济利益很可能流入企业

资产最重要的特征是预期会给企业带来经济利益。存货作为资产的重要组成部分,如果不能给企业带来未来的经济利益,就不能确认为存货资产。拥有存货的法定所有权是与该存货有关的经济利益很可能流入企业的一个重要标志。判断存货所有权的归属,不取决于其存放地点。

2. 该存货的成本能够可靠地计量

存货作为资产的重要组成部分,其成本应能可靠地计量,否则就不能确认为存货资产。

4.2.2 存货的计量

存货的计量,是指企业在取得存货时对其入账价值的确定。存货的初次计量应当以取得存货的实际成本计量原则为基础,实际成本包括采购成本、加工成本和使存货达到目前场所和状态发生的其他成本。

存货取得的途径主要有外购、加工和其他取得方式,不同途径取得的存货,其成本的具体构成内容不同。

1. 外购存货的成本

企业外购存货应按采购实际成本进行初始计量。存货的采购成本,是指企业物资从采购到入库前所发生的全部支出,包括购买价款、相关税费、运输费、装卸费、保险费以及其他可归属于存货采购成本的费用。

(1) 购买价款,是指企业购入存货发票账单上标明的价款,但不包括增值税一般纳税人按规定可以抵扣的进项税额。

(2) 相关税费,是指企业购入存货发生的消费税、资源税、进口关税和不能抵扣的增值税进项税额等应计入存货采购成本的各种税费。

(3) 各项费用,是指材料在运输途中发生的运输费、装卸费、保险费及途中发生的合理损耗等。这些费用能够确认负担对象的,应直接计入存货采购成本;不能确认负担对象的,应选择合理的方法分配计入存货采购成本。常见的分配方法为按照所购存货的重量或采购价格的比例进行分配。

值得指出的是,以下事宜应区分情况予以正确处理。

(1) 按照具体会计准则的规定,工程企业发生的外购存货的仓储费(或保管费),应列作管理费用直接计入当期损益。

(2) 采购过程中发生的短缺和毁损,除了运输途中的合理损耗应计入存货采购成本外,其余部分不得计入存货采购成本。应向供方、运输部门或保险公司索赔的,用收到的赔款冲减采购成本。

(3) 因遭受意外灾害发生的损失和尚待查明原因的短缺,应暂记待处理财产损溢,待查明原因并报经批准后再作处理。

2. 加工存货的成本

企业通过进一步加工取得的存货，其成本由采购成本和加工成本构成，某些还包括使存货达到目前场所和状态所发生的其他成本。计量加工存货的成本，其重点是成本构成中加工成本的确定。存货加工成本由直接人工以及按照一定方法分配的制造费用构成，其实质是确定企业在进一步加工存货的过程中追加发生的生产成本。

（1）自制和自行建造的存货包括施工企业的未完工程、已完工程、附属车间生产的在产品、半成品及产成品等。其初始成本包括自制和自行建造过程中所耗用的直接材料、直接人工、机械使用费、其他直接费和间接费。

（2）委托加工存货，是指施工企业自行采购的委托给其他单位加工的结构件或设备。其初始成本包括实际耗用的原材料或者半成品、支付的加工费和为加工物资支付的往返运输费、装卸费、保险费等费用以及应计入成本的税金等。

3. 其他方式取得存货的成本

其他方式取得的存货，主要包括接受投资者投入、非货币性资产交换、债务重组、企业合并、存货盘盈等。

（1）投资者投入的存货，按照投资合同或协议约定的价值作初始成本入账，但合同或协议约定价值不公允的除外。在投资合同或协议约定价值不公允的情况下，应以该项存货的公允价值作为初始成本入账。

（2）通过非货币性资产交换、债务重组、企业合并等取得存货的成本，应当分别执行"非货币性资产交换""债务重组""企业合并"等具体准则的规定。货币性资产，是指持有的现金及以固定或可确定金额的货币收取的资产，包括货币资金、应收款项以及准备持有至到期的债券投资。非货币性资产，是指货币性资产以外的资产，包括存货、固定资产、无形资产、股权投资以及不准备持有至到期的债券投资等。非货币性资产交换是一种非经常性的特殊交易行为，是交易双方主要以非货币性资产进行的交换。非货币性资产交换涉及的少量货币性资产称之为补价。

（3）盘盈的存货，按照同类或类似存货的市价，作为重置成本入账。会计处理时，应先通过"待处理财产损溢"科目入账，然后再按照处理权限报经批准后冲减当期管理费用。

4.2.3 发出存货的计量

企业实务中，存货发出可以按实际成本核算，也可以按计划成本核算，如果采用计划成本核算，会计期末亦应调整为实际成本。

存货的流转包括实物流转和价值流转两个方面。在企业实务中，鉴于存货实物与价值的流动方式并不完全一致，因此，在确定发出存货成本时，应采用某种合理的假设并配合一定的方法将存货成本在期末存货与发出存货之间进行分配。

企业存货发出的计价方法有先进先出法、月末一次加权平均法、移动加权平均法、个别计价法等。

1. 先进先出法

先进先出法是以先购入的存货应先发出这样一种存货实物流转假设为前提，对发出存货和期末存货进行计价的方法。具体做法是：接收存货时，逐笔登记每一批存货的数量、单价和金额；发出存货时，按照先进先出的原则计价，逐笔登记存货的发出和结存金额。

【例4-1】甲建筑工程公司2019年6月的存货变动情况如表4-1所示。

原材料明细账　　　　　　　　　　　　　　　表4-1

名称：A材料

2019年		字号	摘要	购入			发出			结存		
月	日			数量（kg）	单价（元）	金额（元）	数量（kg）	单价（元）	金额（元）	数量（kg）	单价（元）	金额（元）
6	1	略	月初结存							2 000	8.1	16 200
	5		购入	4 000	8.2	32 800				2 000 4 000	8.1 8.2	16 200 32 800
	8		发出				2 000 2 000	8.1 8.2	16 200 16 400	2 000	8.2	16 400
	25		购入	3 000	8	24 000				2 000 3 000	8.2 8	16 400 24 000
	28		发出				2 000 2 000	8.2 8	16 400 16 000	0 1 000	 8	 8 000
	30		本月合计	7 000		56 800	8 000		65 000	1 000	8	8 000

采用这种方法，在存货发出时即可进行评价，并可及时登记发出存货的金额，把计价工作分散在月内进行，有利于均衡核算工作，但核算工作量较大。采用此种方法，其期末存货成本比较接近现行的市场价值。但当物价持续上涨时，用早期较低的成本与现在的收入相配比，会使发出成本偏低而高估企业当期利润，并虚增结存价值；反之，当物价持续下跌时，则会使发出成本偏高而低估当期利润，并虚减结存价值。

2. 月末一次加权平均法

月末一次加权平均法，是指以期初结存存货和本期购入存货的数量和实际成本，期末一次计算存货的本期加权平均单价，作为计算本期发出存货成本和期末结存存货成本的单价，据以求得本期发出存货成本和期末结存存货成本的方法。其计算公式如下：

存货平均单价 =（期初结存存货实际成本 + 本期购入存货实际成本）/（期初结存存货数量 + 本期购入存货数量） 　　　　　　　　　　　　　　　　　　　　（4-1）

其中，

　　　　本期发出存货成本 = 本期发出存货数量 × 存货平均单价　　　（4-2）
　　　　期末结存存货成本 = 期末结存存货数量 × 存货平均单价　　　（4-3）

在加权平均单价有尾差（即存在近似计算的四舍五入值）的情况下，通常先计算期末结存存货成本，并采用倒挤方法计算本期发出存货成本，以优先保证期末存货结存成本的正确性。其公式如下：

期末结存存货成本 = 期末结存存货数量 × 加权平均单价　　　　（4-4）

本期发出存货成本 = 期初结存存货成本 + 本期购入存货成本 - 期末结存存货成本（4-5）

【例 4-2】仍以【例 4-1】资料为例，如表 4-2 所示。

原材料明细账　　　　　　　　　　表 4-2

名称：A 材料

2019年		字号	摘要	购入			发出			结存		
月	日			数量（kg）	单价（元）	金额（元）	数量（kg）	单价（元）	金额（元）	数量（kg）	单价（元）	金额（元）
6	1	略	月初结存							2 000	8.1	16 200
	5		购入	4 000	8.2	32 800				2 000 4 000		
	8		发出				2 000 2 000	8.1 8.2	16 200 16 400	2 000		
	25		购入	3 000	8	24 000				2 000 3 000		
	28		发出				2 000 2 000	8.2 8	16 400 16 000	0 1 000		
	30		本月合计	7 000		56 800	8 000		65 000	1 000	8.11	8 110

加权平均单价：(16 200+56 800) ÷ (2 000+7 000)=8.11 元

月末结存材料成本：1 000 × 8.11=8 110 元

本月发出材料成本：16 200+56 800-8 110=64 890 元

采用此种方法，发出存货的单价只在月末算一次即可，简化了平时的核算工作，而且在市价上涨或下跌时按此种方法计算，对存货成本的分摊较为折中。但由于每期发出存货的加权平均单价在月末才能计算，因此，从平时的账面上不能及时反映存货的发出金额和结存金额，不利于存货的日常管理。

3. 移动加权平均法

移动加权平均法也称移动平均法，是指以每次（批）进货的成本加上原有库存存货的成本，除以每次进货的数量与原有库存存货的数量之和，以此来计算加权平均单位成本，作为在下次进货前计算各次发出存货成本的依据。计算原理与加权平均法基本相同。其计算公式如下：

移动平均单价 =（原有存货成本 + 本批购入存货实际成本）/

（原有存货数量 + 本批购入存货数量） (4-6)

发出存货成本 = 发出存货数量 × 移动平均单价 (4-7)

【例4-3】仍以【例4-1】资料为例，如表4-3所示。

6月5日移动平均单价：(16 200+32 800) ÷ (2 000+4 000)=8.167元

6月8日发出存货成本：4 000×8.167=32 668元

6月25日移动平均单价：(16 332+24 000) ÷ (2 000+3 000)=8.066元

6月28日发出货成本：4 000×8.066=32 264元

原材料明细账　　　　　　　　　　表4-3

名称：A材料

2019年		字号	摘要	购入			发出			结存		
月	日			数量(kg)	单价(元)	金额(元)	数量(kg)	单价(元)	金额(元)	数量(kg)	单价(元)	金额(元)
6	1	略	月初结存							2 000	8.1	16 200
	5		购入	4 000	8.2	32 800				6 000	8.167	49 000
	8		发出				4 000	8.167	32 668	2 000	8.167	16 332
	25		购入	3 000	8	24 000				5 000	8.066	40 332
	28		发出				4 000	8.066	32 264	1 000	8.066	8 066
	30		本月合计	7 000		56 800	8 000		64 932	1 000	8.066	8 066

采用移动平均法能及时并较客观地反映发出及结存存货的成本，但由于每次收货后都需计算移动平均单价，核算工作量大。

4. 个别计价法

个别计价法又称个别认定法、分批实际法，是指逐一辨认每次（批）发出存货的实际成本，并按其购入或完工时确认的单位成本分别计价的方法。这种方法是建立在假定存货的成本流转与实物流转相互一致的基础上的。

采用这种方法，需在仓库中将每次（批）收进的存货分别存放。标明单价，按品种和批次设立详细的存货记录，并在存货上附加标签或编号，以便准确分辨发出存货的个别实际成本。

个别计价法的成本计算符合实际情况，最为准确，但在存货收发频繁的情况下，其发出成本分辨的工作量较大。对于施工企业来说，这种计价方法较适用于为某一建造合同专门购置或建造，并单独存放的特殊材料设备，也适用于未完工程和已完工程的成本确认。

施工企业可以根据自己的具体情况选用以上各种存货发出的计价方法，但计价方法一经确定，不得随意变更。实务处理中还应注意无论采用何种方法，如遇到单位成本尾数除不尽的情况，应用倒挤法把尾差计入发出存货成本。

4.3 原材料

4.3.1 科目设置

工程企业和房地产开发企业存货的日常核算有两类核算制度：一类是按实际成本进行核算；另一类是按计划成本进行核算。

原材料核算设置的会计科目主要有"在途物资""原材料""材料采购"和"材料成本差异"。

1. 在途物资

"在途物资"科目，性质为资产类，其用途是核算企业已购入但尚未到达或尚未验收入库的原材料的实际成本。该科目借方登记已付款或已开出、承兑商业汇票材料的实际成本；贷方登记已验收入库材料的实际成本。期末余额在借方，反映企业在途物资的实际成本。该科目按供应单位设置明细分类科目，进行明细核算。

2. 原材料

"原材料"科目，性质为资产类，其用途是核算企业各种库存材料的收发与结存情况，既可以用于实际成本计量，也可以用于计划成本计量。该科目借方登记入库原材料的实际成本；贷方登记出库原材料的实际成本或计划成本。期末余额在借方，反映企业库存原材料的实际成本或计划成本。该科目按原材料的保管地点（仓库）、材料的名称或类别、品种和规格设置明细分类账，进行明细核算。

3. 材料采购

"材料采购"科目，性质为资产类，其用途是核算材料在采购、运输和入库时的采购成本变动情况。该科目借方登记外购材料物资的实际成本，入库时结转实际成本小于计划成本的节约差异，以及发包单位拨入抵作备料款的材料价款；贷方登记验收入库材料物资的计划成本，入库时结转实际成本大于计划成本的超支差异。期末余额在借方，反映已收到发票账单付款或已开出、承兑商业汇票，但尚未到达或尚未验收入库的在途材料物资的实际成本。

4. 材料成本差异

"材料成本差异"科目，性质为资产类，其用途是核算企业各种材料实际成本与计划成本的差异金额，属于调整科目。该科目借方登记入库材料实际成本大于计划成本的差异金额（超支额）；贷方登记入库材料实际成本小于计划成本的差异金额（节约额），分配、发出各类材料应负担的材料成本差异金额（超支额用蓝字表示，节约额用红字表示）。期末余额若在借方，反映期末结存材料的超支差异金额；若在贷方，反映期末结存材料的节约差异金额。

4.3.2 材料按实际成本核算

1. 实际成本法

材料按实际成本法核算是指每种材料的采购、发出、结存会计记录和计量均按实际采购材料数量和实际单价进行计量。其特点是从存货收发凭证、明细分类账到总分类账均按实际成本计价。

2. 主要科目

实际成本法下,主要涉及科目有"在途物资""原材料""周转材料""委托加工物资""库存设备""库存商品""开发产品"等。

3. 会计核算

工程项目和房地产项目在核算采购、发出和结存材料的实际业务时,应特别注意业务采购方式和合同支付承诺的选择。

(1) 货款已付(或已开出、承兑商业汇票),材料验收入库。根据有关凭证按实际成本借记"原材料""应交税费——应交增值税(进项税额)"科目,贷记"银行存款"或"应付票据"等科目。

【例4-4】甲建筑工程公司从A公司购入原材料,取得的货物销售增值税专用发票,销售额100 000元,增值税13 000元;代垫运杂费增值税专用发票,销售额2 000元,增值税180元。上述款项已付,材料已验收入库。根据有关发票及账单,应编制会计分录如下:

借:原材料　　　　　　　　　　　　　　　　　　102 000
　　应交税费——应交增值税(进项税额)　　　　 13 180
　　贷:银行存款　　　　　　　　　　　　　　　 115 180

(2) 货款已付(或已开出、承兑商业汇票),材料尚未入库。根据发票及账单等结算凭证借记"在途物资""应交税费——应交增值税(进项税额)"科目,贷记"银行存款"或"应付票据"等科目;待材料入库后,再根据收料单,借记"原材料"科目,贷记"在途物资"科目。

【例4-5】乙房地产公司采购原材料一批,取得的货物销售增值税专用发票,销售额100 000元,增值税13 000元。发票及账单已到,货款已付,但材料尚未运达。应编制会计分录如下:

借:在途物资　　　　　　　　　　　　　　　　　100 000
　　应交税费——应交增值税(进项税额)　　　　　13 000
　　贷:银行存款　　　　　　　　　　　　　　　 113 000

该项材料运达,供方转来代垫运杂费增值税专用发票,销售额2 000元,增值税180元,以银行存款付讫。该项材料验收入库,应编制会计分录如下:

借:原材料　　　　　　　　　　　　　　　　　　102 000
　　应交税费——应交增值税(进项税额)　　　　　　 180

  贷：在途物资   100 000
    银行存款   2 180

（3）材料已入库，但发票账单未到，货款未付。

  由于难以确认材料的入账价值，因此，在月份内收到材料时只登记明细分类账，暂不进行总分类账核算。如果直到月末发票账单仍未收到，为使账实相符，按材料的市价、合同价暂估入账，借记"原材料"科目，贷记"应付账款"科目。下月初用红字作同样的会计分录，予以冲回，以便待有关发票及账单到达并支付货款后，再按正常程序进行账务处理。

  【例 4-6】 甲建筑工程公司从外地采购原材料一批。材料已运达并验收入库，但发票账单仍未收到，货款未付。

  ①本月按暂估价 200 000 元入账。应编制会计分录如下：

  借：原材料   200 000
    贷：应付账款   200 000

  ②下月初用红字予以冲回。

  借：原材料   200 000
    贷：应付账款   200 000

  ③如果下月收到有关增值税专用发票，并载明价款 200 000 元，增值税 18 000 元；运杂费 10 000 元，增值税 900 元，款项以银行存款付讫。应编制会计分录如下：

  借：原材料   210 000
    应交税费——应交增值税（进项税额）   18 900
    贷：银行存款   228 900

（4）材料验收入库时，发生短缺或损耗。

  对于运输途中发生的短缺或损耗，应区分不同情况作相应处理：

  1）运输途中的合理损耗，计入材料的采购成本。

  2）由于供应单位责任造成的短缺或损失，如果尚未支付货款，结算时，企业应按短缺的数量和发票单价计算拒付金额，承付部分按实际支付金额入账。

  3）由运输部门、责任单位或过失人造成的短缺，如果货款已付，应将索赔金额记入"其他应收款"科目。

  4）属于自然灾害等非正常原因造成的损失，将扣除残价值和过失人、保险公司赔款后的净损失，记入"营业外支出"的非常损失明细科目。需要注意的是，因管理不善等非正常原因造成被盗、丢失、霉烂变质等而形成的非正常损失，与其相关的进项税额不得抵扣。

  以上的短缺或损耗（除尚未支付货款的情况之外），在未查明原因时，先记入"待处理财产损溢"的流动资产损溢科目，查明原因并经批准后再按不同情况进行处理。

  【例 4-7】 乙房地产开发公司 4 月 8 日购入原材料一批，买价 80 000 元，增值税

12 800 元，运杂费 2 000 元，增值税 200 元，共计 95 000 元，以银行存款支付。4 月 20 日材料验收入库时，发现途中短缺材料价款共计 5 000 元。其中 500 元属定额内合理损耗，其余 4 500 元短缺原因待查。

① 4 月 8 日付款时，应编制会计分录如下：

借：在途物资　　　　　　　　　　　　　　　　82 000
　　应交税费——应交增值税（进项税额）　　　13 000
　　贷：银行存款　　　　　　　　　　　　　　95 000

② 4 月 20 日材料验收入库时，应编制会计分录如下：

借：原材料　　　　　　　　　　　　　　　　　77 500
　　待处理财产损溢——待处理流动资产损溢　　 4 500
　　贷：在途物资　　　　　　　　　　　　　　82 000

③ 上述短缺，经查明核准：属于供应单位的责任 3 000 元，应由运输部门赔偿 500 元，途中意外事故损失 1 000 元。应编制会计分录如下：

借：其他应收款——供应单位　　　　　　　　　3 000
　　　　　　　——运输部门　　　　　　　　　　500
　　营业外支出——非常损失　　　　　　　　　1 000
　　贷：待处理财产损溢——待处理流动资产损溢　4 500

（5）库存材料发出，建造某工程项目。

施工企业的存货按实际成本法核算，由于材料的日常领发业务频繁，为了简化日常核算工作，平时材料发出可以填制"领料单"（一次性领料凭证）、"限额领料单"（累计领料凭证）、"大宗材料耗用单"等，一般只登记材料明细分类账，反映各种材料的收发和结存金额，月末据施工任务完成单、实际发料记录、大宗材料耗用计算单，依照材料类别和受益对象按实际成本计价，并汇总编制"发料凭证汇总表"，格式见表 4-4。

【例 4-8】甲建筑工程公司 6 月份各有关部门领料情况见表 4-4，应编制会计分录如下：

发料凭证汇总表　　（单位：元）　　表 4-4

时间：2019 年 6 月 30 日

材料类别 使用对象	主要材料	结构件	机械配件	其他材料	合计
工程施工	500 000	120 000			620 000
其中：A 工程	300 000	80 000			380 000
B 工程	200 000	40 000			240 000
机械作业			6 000	4 000	10 000
辅助生产	20 000		1 600		21 600
管理部门				1 000	1 000
合计	520 000	120 000	7 600	5 000	652 600

借：工程施工——合同成本——A 工程　　　　380 000
　　　　　　——合同成本——B 工程　　　　240 000
　　机械作业　　　　　　　　　　　　　　　10 000
　　生产成本——辅助生产成本　　　　　　　21 600
　　管理费用　　　　　　　　　　　　　　　 1 000
　　贷：原材料——主要材料　　　　　　　　520 000
　　　　　　——结构件　　　　　　　　　　120 000
　　　　　　——机械配件　　　　　　　　　 7 600
　　　　　　——其他材料　　　　　　　　　 5 000

4.3.3　材料按计划成本核算

1. 计划成本法

材料按计划成本法核算是指材料的购入、发出和结存均按计划成本进行总分类核算和明细分类核算，同时将实际成本与计划成本的差额通过设置的"材料成本差异"科目反映，期末计算发出存货、结存存货应分摊的成本差异，将发出材料及结存材料由计划成本调整为实际成本。

$$计划成本 = 实际采购材料数量 \times 计划单价 \tag{4-8}$$

计划成本法一般适用于存货品种繁多，收发频繁的大中型施工企业。该方法的基本步骤如下：

（1）企业应先行确定各种存货的计划单位成本，计划单位成本在年度内一般不调整。

（2）平时收到存货时，按计划单位成本计算出收入存货的总计划成本，并将实际成本与计划成本的差额，记入"材料成本差异"科目。

（3）平时领用、发出材料，均按计划成本计算。月末再对本月发出存货应负担的成本差异进行分摊，随同本月发出原材料的计划成本一并记入有关科目，并将发出存货的计划成本调整为实际成本。

发出材料应负担的成本差异，除委托加工物资可按月初材料成本差异率计算外，其余均应使用本月的材料成本差异率，并且必须按月分摊，不得在季末或年末一次计算。

该方法的计算公式如下：

$$本月成本差异率 = （月初结存材料的成本差异 + 本月收进材料的成本差异）/ （月初结存材料的计划成本 + 本月收进材料的计划成本） \times 100\% \tag{4-9}$$

$$上月存货成本差异率 = （月初结存材料的成本差异 / 月初结存材料的计划成本） \times 100\% \tag{4-10}$$

$$发出存货应负担的成本差异 = 发出存货的计划成本 \times 材料成本差异率 \tag{4-11}$$

$$发出存货的实际成本 = 发出存货的计划成本 + 发出存货应负担的成本差异 \tag{4-12}$$

$$结存存货的实际成本 = 结存存货的计划成本 + 结存存货应负担的成本差异 \tag{4-13}$$

计算应用时，材料的"超支"通常以正值差异率表示，相应的差异额亦为正值；材料的"节约"通常以负值差异率表示，相应的差异额亦为负值。

【例 4-9】 乙房地产开发公司采用计划成本法对材料进行日常核算。2019 年 8 月，月初结存材料的计划成本为 100 万元，"材料成本差异"科目贷方余额为 1.5 万元（月初结存存货的节约额）；本月入库材料的计划成本为 800 万元，"材料成本差异"科目借方发生额为 6 万元（月末调整前结存存货的超支额）；本月发出材料的计划成本为 850 万元。求该公司本月发出材料的实际成本。

本月材料成本差异率 = 差异额 ÷ 计划成本 × 100%

$$= (-1.5+6) \div (100+800) \times 100\%$$
$$= 4.5 \div 900 \times 100\% = 0.5\%$$

发出材料实际成本 = 发出材料计划成本 ± 应负担差异

$$= 850 + (850 \times 0.5\%)$$
$$= 850 + 4.25$$
$$= 854.25 \text{ 万元}$$

2. 计划成本法核算的主要科目设置

建筑工程企业或房地产开发公司采用计划成本法进行材料的日常核算时，需设置"材料采购"科目、"原材料"科目和"材料成本差异"科目。

3. 材料计划成本法的收发核算

工程企业外购材料时，如同采用实际成本法核算一样，也要根据结算方式和采购地点的不同作出相应的账务处理。在计划成本法下，取得的材料要先记入"材料采购"科目，材料的实际成本与计划成本的差异，通过"材料成本差异"科目核算。

（1）货款付讫，材料验收入库。

【例 4-10】 甲工程公司从 A 公司购入一般纳税人的钢材材料 20t，买价 2 000 元/t，增值税 5 200 元，运杂费 2 000 元，增值税 180 元，以银行存款支付；材料验收入库，计划单价成本 1 980 元。

①支付货款时，应编制会计分录如下：

借：材料采购　　　　　　　　　　　　　　　　42 000
　　应交税费——应交增值税（进项税额）　　　 5 380
　　贷：银行存款　　　　　　　　　　　　　　47 380

②材料入库时，按计划成本编制会计分录如下：

入库计划成本：20 × 1 980=39 600 元

借：原材料　　　　　　　　　　　　　　　　　39 600
　　贷：材料采购　　　　　　　　　　　　　　39 600

③结转入库材料成本差异时，应编制会计分录如下：

42 000−39 600=3 400 元，即实际采购成本＞入库计划成本，超支差异。

借：材料成本差异　　　　　　　　　　　　　　　　　　3 400
　　贷：材料采购　　　　　　　　　　　　　　　　　　　　3 400

（2）货款已付（或已开出、承兑商业汇票），材料尚未验收入库。

【例4-11】甲建筑工程公司从外地购入材料20t，买价1 800元，增值税4 680元，运杂费3 000元，增值税270元，企业开出并承兑一张面值为43 950元，期限为3个月的商业承兑汇票，材料尚未运达。

①应编制会计分录如下：

借：材料采购　　　　　　　　　　　　　　　　　　　　39 000
　　应交税费——应交增值税（进项税额）　　　　　　　　4 950
　　贷：应付票据——商业承兑汇票　　　　　　　　　　　43 950

②待材料验收入库，实收20t，每吨计划成本为2 000元，应编制会计分录如下：

借：原材料　　　　　　　　　　　　　　　　　　　　　40 000
　　贷：材料采购　　　　　　　　　　　　　　　　　　　40 000

③结转入库材料成本差异时，应编制会计分录如下：

39 000-40 000=-1 000元，实际成本＜计划成本，即节约差。

借：材料采购　　　　　　　　　　　　　　　　　　　　1 000
　　贷：材料成本差异　　　　　　　　　　　　　　　　　1 000

（3）材料入库，但发票账单未到，货款未付。

【例4-12】甲建筑工程公司购入水泥一批，并已验收入库，月末发票账单未到，贷款未付。月末按计划成本30 000元暂估入账。应编制会计分录如下：

借：原材料　　　　　　　　　　　　　　　　　　　　　30 000
　　贷：应付账款——暂估应付账款　　　　　　　　　　　30 000

下月初用红字冲时，应编制会计分录如下：

借：原材料　　　　　　　　　　　　　　　　　　　　　30 000
　　贷：应付账款——暂估应付账款　　　　　　　　　　　30 000

日后收到发票账单并支付款项时，按正常程序记账。

（4）材料验收入库时，发现短缺、毁损的账务处理（同实际成本法）。

【例4-13】甲建筑工程公司购入钢材一批，价款20 000元，增值税2 600元，运杂费2 000元，增值税180元，共计24 780元，以银行存款支付。验收入库时发现短缺，确定由运输单位赔偿1 000元，该批钢材的计划成本为19 600元。

①付款时，应编制会计分录如下：

借：材料采购　　　　　　　　　　　　　　　　　　　　22 000
　　应交税费——应交增值税（进项税额）　　　　　　　　2 780
　　贷：银行存款　　　　　　　　　　　　　　　　　　　24 780

②要求责任方赔偿时，应编制会计分录如下：

借：其他应收款——某运输单位　　　　　　　　1 000
　　贷：材料采购　　　　　　　　　　　　　　　　1 000

③材料入库时，应编制会计分录如下：

借：原材料　　　　　　　　　　　　　　　　19 600
　　贷：材料采购　　　　　　　　　　　　　　　　19 600

④结转入库材料成本差异时，应编制会计分录如下：

（22 000-1 000）-19 600=1 400元，即超支差异。

借：材料成本差异　　　　　　　　　　　　　1 400
　　贷：材料采购　　　　　　　　　　　　　　　　1 400

4. 库存材料发出

施工企业采用计划成本法进行材料日常核算时，所有材料的领料凭证均是按计划成本计价的。为了简化核算，月份终，财会部门会根据领用材料的计划成本和应分摊的材料成本差异合并编制"发料凭证汇总表"，据以进行相应的账务处理。"发料凭证汇总表"的格式见表4-5。

发料凭证汇总表　　（单位：元）　　表4-5

时间：2019年6月30日

材料类别使用对象	主要材料		结构件		机械配件		其他材料		合计	
	计划成本	差异率 1%	计划成本	差异率 2%	计划成本	差异率 1.5%	计划成本	差异率 1.2%	计划成本	差异额
工程施工	500 000	5 000	120 000	2 400					620 000	7 400
其中：A工程	300 000	3 000	80 000	1 600					380 000	4 600
B工程	200 000	2 000	40 000	800					240 000	2 800
机械作业					6 000	90	4 000	48	10 000	138
辅助生产	20 000	200			1 600	24			21 600	224
管理部门							1 000	12	1 000	12
合计	520 000	5 200	120 000	2 400	7 600	114	5 000	60	652 600	7 774

【例4-14】根据表4-5，编制会计分录如下。

①根据表中的计划成本，作会计分录如下：

借：工程施工——合同成本——A工程　　　　380 000
　　　　　　　——合同成本——B工程　　　　240 000
　　机械作业　　　　　　　　　　　　　　　10 000
　　生产成本——辅助生产成本　　　　　　　21 600
　　管理费用　　　　　　　　　　　　　　　1 000
　　贷：原材料——主要材料　　　　　　　　　　520 000
　　　　　　　——结构件　　　　　　　　　　　120 000

	——机械配件	7 600
	——其他材料	5 000

②结转发出材料应负担的材料成本差异,作会计分录如下:

借:工程施工——合同成本——A 工程		4 600
——合同成本——B 工程		2 800
机械作业		138
辅助生产		224
管理费用		12
贷:材料成本差异——主要材料		5 200
——结构件		2 400
——机械配件		114
——其他材料		60

4.4 周转材料

4.4.1 周转材料的概念

周转材料,是指企业在生产经营过程中能够多次使用,逐渐转移其价值,并保持原有实物形态的各种材料。《企业会计准则》规定的周转材料包括包装物、低值易耗品和建筑承包商的钢模板、木模板、脚手架、安全网等。

周转材料在生产经营中所起的作用,具有劳动资料的性质和特征。周转材料的特点是使用期限短、价值较低、领用频繁,需要经常添置更新,属于流动资产。

4.4.2 周转材料的分类

周转材料按其用途和特点的不同可分为以下类别。

1. 一般的周转材料

一般的周转材料主要包括包装物和低值易耗品。

包装物,是指为了包装本企业商品而储备的各种包装容器,如桶、箱、瓶、坛、袋等。包装物的主要功能是盛装商品、方便运输、防备毁损。

低值易耗品,是指使用年限较短,单位价值较低,不符合固定资产确认条件的各种用具物品,如工具、管理用具、玻璃器皿、劳动保护用品等。

建筑安装行业的特点,使得施工企业与一般工商企业的周转材料在内容项目上有很大区别。

2. 工程项目的周转材料

工程项目的周转材料主要包括以下项目内容:

(1)模板。浇灌混凝土使用的木模板、组合钢模板等,其中包括配合模板使用的支撑材料、滑模材料和构件等,但按固定资产管理的固定钢模板和现场使用的固定大型钢模板不包括在内。

(2)挡板。土方工程使用的挡土板等,其中包括支撑材料。

(3)架料。搭脚手架用的竹竿、木杆、跳板、钢管脚手架及其附件等。

(4)其他。除以上各类外,作为流动资产管理的其他周转材料,如安全网、护栏、塔吊使用的轻轨、枕木等,但不包括附属于塔吊的钢轨。

3. 摊销方法

施工企业周转材料的摊销方法有以下几种:

(1)一次转销法,是指在领用时将其全部价值一次计入成本费用的方法。一般应限于价值较低或易于损坏的周转材料,如安全网等。

(2)五五摊销法,是指在领用时将其价值的一半计入成本、费用,在其报废时再摊销其余一半的方法。一般适用于价值相对高、使用期限略长的工具、用具、挡土板等,也适用于每期领用和报废大致相当的各种物品。

(3)分期摊销法,是指根据周转材料的预计使用期限分期将其领用价值摊入成本、费用的方法。一般适用于脚手架、跳板、塔吊轻轨、枕木等周转次数较多的周转材料。其计算公式如下:

周转材料每月摊销额 = 周转材料原价(实际成本或计划成本)×

(1- 预计残值率)÷ 预计使用月数 (4-14)

(4)分次摊销法,是指根据周转材料的预计使用次数将其领用价值分次摊入成本、费用的方法。一般适用于钢模板、木模板、挡板等使用次数较少的周转材料。其计算公式如下:

周转材料每次摊销额 = 周转材料原价(实际成本或计划成本)×

(1- 预计残值率)÷ 预计使用次数 (4-15)

本期摊销额 = 每次摊销额 × 本期使用次数 (4-16)

(5)定额摊销法,是指根据实际完成的实物工作和预算定额规定的周转材料消耗定额,计算确认本期摊销额的方法。一般适用于模板等周转材料。其计算公式如下:

每次摊销额 = 本期完成的实物工作量 × 单位工程周转材料的消耗定额 (4-17)

以上各种周转材料的摊销方法由企业根据具体情况确定,一经确定不得随意变更;如果改变,需要在会计报表附注中加以说明。

4. 周转材料的核算

为了反映周转材料的增减变化,应设置"周转材料"科目,该科目借方登记企业库存及在用周转材料的计划成本或实际成本;贷方登记周转材料的摊销价值及盘亏、报废、毁损等减少的周转材料价值。期末借方余额,反映期末在库周转材料的计划成本或实际成本,以及在用周转材料的摊余价值。"周转材料"科目余额应列入资产负债表中的"存货"项目,并在会计报表附注中说明周转材料的摊销方法。

该科目应设置"在库周转材料""在用周转材料"和"周转材料摊销"三个明细科目,并按周转材料的种类设置明细分类账,进行明细核算。采用一次转销法的,可以不设置以上三个明细科目。

(1)购入、自制、委托外单位加工完成并已验收入库的周转材料,应比照"原材料"的相关规定进行账务处理。

(2)领用周转材料,如采用一次摊销法,应将其领用的全部账面成本一次摊销完毕,直接借记"工程施工"等科目,贷记"周转材料"科目。如采用其他摊销法,应将其领用的价值暂由在库转为在用;摊销时按摊销额,借记"工程施工"等科目,贷记"周转材料——周转材料摊销"科目;退库时,按其全部价值,由在用转为在库。

(3)报废周转材料,应将已摊销额借记"周转材料——周转材料摊销"科目,回收残值借记"原材料"科目,应补提的摊销额借记"工程施工"等科目,贷记"周转材料——在用周转材料"科目。

采用计划成本核算周转材料,应于月末结转当月领用周转材料应分摊的成本差异。

【例4-15】假定甲建筑工程公司的周转材料采用实际成本法核算,A工程领用全新模板一批,实际成本50 000元,采用一次摊销法。应编制会计分录如下:

借:工程施工——合同成本——A工程　　50 000
　　贷:周转材料——在库材料——模板　　50 000

【例4-16】同上【例4-15】,假定周转材料采用计划成本法核算,甲工程领用全新模板一批,计划成本55 000元,采用一次摊销法,材料成本差异率为-5%,应编制会计分录如下:

借:工程施工——合同成本——甲工程　　55 000
　　贷:周转材料　　　　　　　　　　　　52 250
　　　　材料成本差异　　　　　　　　　　2 750

【例4-17】甲建筑工程公司各部门领用工具的实际成本分别为管理部门10 000元,建造合同施工40 000元。报废时,回收残料估价500元。周转材料采用五五摊销法。

①用时,应编制会计分录如下:

借:周转材料——在用周转材料　　　　50 000
　　贷:周转材料——在库周转材料　　　50 000

同时,

借:管理费用　　　　　　　　　　　　5 000
　　工程施工——合同成本　　　　　　20 000
　　贷:周转材料——周转材料摊销　　　25 000

②报废时,应编制会计分录如下:

借:管理费用　　　　　　　　　　　　5 000
　　工程施工——合同成本　　　　　　20 000

贷：周转材料——周转材料摊销　　　　　　　　　　25 000

同时，

   借：原材料　　　　　　　　　　　　　　　　　　　500
     贷：管理费用　　　　　　　　　　　　　　　　　100
        工程施工——合同成本　　　　　　　　　　　400
   借：周转材料——周转材料摊销　　　　　　　　　50 000
     贷：周转材料——在用周转材料　　　　　　　　50 000

【例4-18】A工程将领用的模板退库，计划成本55 000元，退回时估计残值成本为60%，该类在用模板的计划成本为80 000元，账面已提摊销额为24 000元。采用分次摊销法。

短缺、报废、退库应提摊销额 = 短缺、报废退库周转材料计划成本 – 残值

已提摊销额 = 短缺、报废、退库周转材料计划成本 ×（该类在用周转材料账面已提摊销额 ÷ 该类在用周转材料计划成本）

应补提的摊销额 = 应提摊销额 – 已提摊销额

本例中应提摊销额：55 000 ×（1-60%）= 22 000元

已提摊销额：55 000 ×（24 000 ÷ 80 000）= 16 500元

应补提摊销额：22 000–16 500 = 5 500元

①补提摊销额时，应编制会计分录如下：

   借：工程施工——合同成本——A工程　　　　　　5 500
     贷：周转材料——周转材料摊销　　　　　　　　5 500

（分摊周转材料成本差异的情况从略）

②退库时，应编制会计分录如下：

   借：周转材料——在库周转材料　　　　　　　　　55 000
     贷：周转材料——在用周转材料　　　　　　　　55 000

【例4-19】B工程领用分期摊销的模板一批，计划成本10 000元。使用一段时间后领用的模板全部报废。回收残料价值1 000元，账面已摊销8 000元，材料成本差异率为–1%。

①领用时，应编制会计分录如下：

   借：周转材料——在用周转材料　　　　　　　　　10 000
     贷：周转材料——在库周转材料　　　　　　　　10 000

②分期摊销时，应编制会计分录（此处合并为一笔分录）如下：

   借：工程施工——合同成本——B工程　　　　　　8 000
     贷：周转材料——周转材料摊销　　　　　　　　8 000

③报废时，应编制会计分录如下：

应提摊销额：10 000–1 000 = 9 000元

已提摊销额：8 000元

应补提摊销额：9 000-8 000=1 000 元

补提摊销额时，应编制会计分录如下：

借：工程施工——合同成本——B 工程　　　　　　1 000
　　贷：周转材料——周转材料摊销　　　　　　　　　　1 000

④残值入库，并转销报废模板计划成本，应编制会计分录如下：

借：原材料　　　　　　　　　　　　　　　　　　1 000
　　周转材料——周转材料摊销　　　　　　　　　　9 000
　　贷：周转材料——在用周转材料　　　　　　　　　　10 000

⑤月末分配领用周转材料应负担的成本差异，应编制会计分录如下：

借：工程施工——合同成本——B 工程　　　　　　　90
　　贷：材料成本差异　　　　　　　　　　　　　　　　　90

4.5 加工物资

加工物资包括自制加工物资和委托加工物资。前者是企业利用内部生产能力组织加工制造，后者是企业将存货发出委托外包加工。

4.5.1 自制加工物资的核算

工程企业的存货物资可以通过采购储备，也可以自制自备。

工程企业的原材料可以来源于外购，也可以利用自身的生产条件自行加工、改制，如将原木锯成板材、将钢材制成结构件等，即为自制材料。

自制材料通常是由工程企业及其内部独立核算单位所属非独立核算的辅助生产车间，如木工车间、混凝土车间等加工完成的。为了核算自制材料的成本，应设置"生产成本——辅助生产成本"科目。

【例 4-20】甲建筑工程公司所属的辅助生产车间领用水泥一批，实际成本 200 000 元，用于加工制作预制板，发生人员工资 30 400 元，计入预制板成本的固定资产折旧费 9 600 元。预制板加工完毕验收入库。

①领用水泥时，应编制会计分录如下：

借：生产成本——辅助生产成本　　　　　　　　　200 000
　　贷：原材料——主要材料——水泥　　　　　　　　　200 000

②发生加工费时，应编制会计分录如下：

借：生产成本——辅助生产成本　　　　　　　　　40 000
　　贷：应付职工薪酬　　　　　　　　　　　　　　　　30 400
　　　　累计折旧　　　　　　　　　　　　　　　　　　9 600

③加工完毕，物资储备时，应编制会计分录如下：

借：原材料——主要材料——预制板　　　　　　　　240 000
　　贷：生产成本——辅助生产成本　　　　　　　　　240 000

4.5.2　委托加工物资的核算

工程企业有时需要将某种库存材料物资委托外部的其他单位加工，以满足施工生产的需要。例如，将木料加工为方成材，空心钢加工为门窗等。材料物资经过委托加工，其品种、规格均与加工前不同，而且材料物资的价值也将发生变化。因此，委托加工物资应单独设置科目进行核算。

"委托加工物资"科目，用来核算企业委托外单位加工的各种物资的实际成本。该科目属于资产类，借方登记发生加工物资的实际成本、支付的加工费、应负担的往返运杂费及应计入委托加工物资成本的税金；贷方登记加工完成收回物资和退回剩余物资的实际成本。期末若有余额在借方，反映在外加工中尚未完成物资的实际成本。该科目应按加工合同和受托加工单位设置明细分类科目，进行明细核算。委托加工物资的核算分为三个步骤。

1. 向受托方发出加工物资

企业发给受托方加工的物资，按实际成本或计划成本核算。

借：委托加工物资
　　贷：原材料

按计划成本核算，同时结转成本差异。实际成本大于计划成本的差异：

借：委托加工物资
　　贷：材料成本差异

实际成本小于计划成本的差异，作相反的会计分录。

2. 支付加工费、运输费及相关税金

借：委托加工物资
　　　应交税费——应交增值税（进项税额）
　　贷：银行存款

需要缴纳消费税的委托加工物资，由受托方代收代缴的消费税，按以下两种情况处理。

（1）收回后直接用于销售的，应将受托方代收代缴的消费税计入委托加工物资成本，借记"委托加工物资"科目，贷记"应付账款""银行存款"等科目。

（2）收回后用于连续生产，按规定准予抵扣的，按受托方代收代缴的消费税，借记"应交税费——应交消费税"科目，贷记"应付账款""银行存款"等科目。

3. 加工完成，委托方验收入库

加工完成验收入库的物资和剩余的物资，按加工收回物资的实际成本和剩余物资的实际成本核算。

借：原材料/库存商品
　　贷：委托加工物资

【例 4-21】乙房地产公司发出 A 材料一批，委托乙公司加工成 B 材料。假定乙公司的存货采用实际成本计价。A 材料的实际成本为 120 000 元，支付加工费 20 000 元，增值税 3 200 元，往返运杂费 4 000 元，增值税 400 元，款项以银行存款结算。B 材料加工完毕验收入库。委托加工全过程，甲公司应作如下账务处理。

①发出委托加工材料时，应编制会计分录如下：

借：委托加工物资——乙公司　　　　　　　　120 000
　　贷：原材料——主要材料——A 材料　　　　　120 000

②支付加工费、运杂费和税金时，应编制会计分录如下：

借：委托加工物资——乙公司　　　　　　　　24 000
　　应交税费——应交增值税（进项税额）　　　3 600
　　贷：银行存款　　　　　　　　　　　　　　27 600

③B 材料加工完毕验收入库时，应编制会计分录如下：

借：原材料——主要材料——B 材料　　　　　144 000
　　贷：委托加工物资——乙公司　　　　　　　144 000

【例 4-22】同【例 4-21】假定甲建筑工程公司存货采用计划成本计价。A 材料的计划成本差异率为 −1%。加工完毕验收入库的 B 材料的计划成本差异率为 −2%。委托加工全过程，甲公司应作如下账务处理。

①发出委托加工材料时，应编制会计分录如下：

借：委托加工物资——乙公司　　　　　　　　121 200（计划成本）
　　贷：原材料——A 材料　　　　　　　　　　120 000（实际成本）
　　　　材料成本差异　　　　　　　　　　　　1 200（差异额）

②支付加工费、运杂费和税金时，应编制会计分录如下：

借：委托加工物资——乙公司　　　　　　　　24 000
　　应交税费——应交增值税（进项税额）　　　3 600
　　贷：银行存款　　　　　　　　　　　　　　27 600

③B 材料加工完毕验收入库时，应编制会计分录如下：

借：原材料——主要材料——B 材料　　　　　146 880
　　贷：委托加工物资　　　　　　　　　　　　144 000
　　　　材料成本差异　　　　　　　　　　　　2 880

4.5.3　未完工程和已完工程

基于工程项目的特点和《企业会计准则》，施工企业应将未完工程和已完工程列归存货项目，视同为受托加工的存货。对于施工企业附属实行独立核算的结构件厂和辅助生产部门而言，也应将这些单位的在产品、产成品（库存商品）等具有存货性质的自制品纳入类似的核算。

1. 工程项目的分类

施工企业承包的基本建设工程,一般可以划分为建设项目、单项工程、单位工程、分部工程和分项工程五级。

(1) 建设项目

建设项目通常有两层含义:一层含义是指新设立的企业、事业和行政单位,另一层含义是指建设投资所兴建的工程项目的集合或总和。

生产性建筑工程,一般以一家新建生产型工业企业为一个建设项目;非生产性建筑工程,一般以一个住宅小区、一条商业街、一栋写字楼、一所学校、一座医院为一个建设项目。

建设项目需要事先进行可行性研究,实行投资责任约束制,拥有独立的设计任务书或总体设计、独立的行政组织形式,独立进行经济核算。

(2) 单项工程

单项工程,是指具有独立的设计文件,建成后可以独立发挥生产能力或效益的配套齐全的工程项目。单项工程又称工程项目,是建设项目的组成部分。一个建设项目,可以划分为功能各异、工艺或产品不同的若干个生产车间或工段等单项工程;一个建设项目的一个住宅小区,可以划分为若干个住宅楼单项工程。

单项工程一般单独组织施工和验收,独立进行会计核算。

(3) 单位工程

单位工程,是指具有独立的设计文件,可以独立组织施工和单项核算,但不能独立发挥其生产能力和使用效益的工程项目。例如,民用建筑的土建、给水排水、采暖、通风、照明等各为一个单位工程。

单位工程具有独立设计的施工图和相应的概(预)算书、独立的施工生产条件(可单独发包),能够单独施工、独立进行会计核算。

(4) 分部工程

分部工程,是指建筑物按单位工程的部位、结构形式等不同划分的工程项目。一般工业或民用建筑工程划分为地基与基础工程、主体工程、地面与楼面工程、装修工程、屋面工程等分部工程。如果分部分项工程较大的可以独立核算,一般按单位工程进行会计核算。

(5) 分项工程

分项工程,是指根据工种、构件类别、使用材料不同划分的工程项目。分项工程是分部工程的组成部分,一个分部工程由多个分项工程构成。分项工程作为建筑施工生产活动的基础,构成了工程计量、用工用料和机械台班消耗的基本单元。分项工程是工程质量形成的直接过程,是工程计价最基本的要素。

2. 未完工程

未完工程,是指施工企业尚未完成预算定额规定内容的分部分项工程。施工企业将那些虽已投入人工、材料,但尚未完成预算定额中规定的工作内容,不易确定工程数量和工程质量的分部分项工序纳入未完工程（或未完施工，相当于制造业的在产品）管理。未完工程不能据以收取价款，也不得确认合同收入。

例如，基础工程的工作内容包括模板制作、安装、拆卸、码垛、钢筋制作、绑扎、混凝土搅拌、浇捣、养护、抛毛石等。某基础工程如果在期末只完成了其中一部分工序，就应记作未完工程；如果在期末已完成上述全部工序，则应列作已完工程。

3. 已完工程

工程项目的已完工程，理论上应指竣工工程，即建筑安装完成，不再需要追加施工活动的工程。但是，由于建安工程结构复杂、造价高、施工周期长，如果等到工程最后竣工再一并结算，就会影响施工企业资金的良性循环，妨碍成本计算，不能发挥管理作用。因此，为了有利于企业加速资金周转，正确考核经济效益，现行制度规定：凡是已经完成预算定额所规定的全部工序，在本企业不需要再进行任何加工的分部分项工程，即确认为已完工程。所以，已完工程应是施工企业（乙方）向业主（甲方或建设单位）办理工程结算的已完分部分项工程，包括企业已完成全部施工活动，已经可以确定工程数量和工程质量的工程。

根据《建设工程价款结算暂行办法》的规定：建设工程价款采用"按合同预付，按月或分段结算与竣工结算"相结合的工程价款结算方式；工程竣工结算分为单位工程竣工结算、单项工程竣工结算和建设项目竣工总结算，提交"已完工程量计量报告"。根据《企业会计准则第14号——收入》（财会〔2006〕3号）的规定，企业应按照履约进度确认建造合同收入，采用完工百分比法，借记"工程施工""主营业务成本"科目，贷记"主营业务收入"科目；同时，借记"工程结算"科目，贷记"工程施工"科目。该科目贷方余额反映尚未完工的建造合同和毛利，借方余额反映尚未完工的建造合同已办理结算的累计金额。

核算已完工程的实际成本，必须先计算未完工程的实际成本。其计算公式为：

本期已完工程实际成本 = 期初未完工程实际成本 + 本期施工费用发生额 − 期末未完工程实际成本　　　　　　　　　　　　（4-18）

在会计实务中，对于难以分清已完工程成本和未完工程成本，在资产负债表上列示的"存货"项目，以"工程施工"科目的借方余额减去"工程结算"科目的贷方余额填列。

4.5.4　建设单位供料

建设单位供料，是指根据施工合同收到发包单位拨来的材料。在建设单位供料的情况下，施工企业和建设单位之间应进行材料价款的结算。

建设单位供应的材料，无论其实际采购成本是多少，均按现行工程结算办法规定，按材料的预算价格计算。如果材料需要进一步加工，发生的加工费应由建设单位负担。如果该材料在施工现场以外的地点交货，由施工企业运往工地的，发生的运杂费也应由建设单位支付。由于材料的预算价格中包含按规定的取费率计算的材料保管费，而材料运抵施工现场后由施工企业保管,因此,应将从材料的预算价格中扣除一定材料保管费后的余额,作为建设单位拨入材料的入账价值。

工程企业收到建设单位供料时,按材料的预算价格扣除保管费后的余额,借记"材料采购"科目,贷记"预收账款"科目;材料验收入库后,按其计划成本借记"原材料"科目,贷记"材料采购"科目。

【例 4-23】甲建筑工程公司收到某建设单位按工程合同规定供应的木材一批,预算价格为 400 000 元,应扣除的采购保管费为预算价格的 2.5%。甲公司应作如下账务处理。

①双方结算价款时:

借:材料采购	390 000
贷:预收账款	390 000

②验收入库时:

借:原材料	400 000
贷:材料采购	400 000

③结转材料成本差异时:

借:材料采购	10 000
贷:材料成本差异	10 000

4.5.5 工程企业内部调拨材料

材料物资在施工企业内部各单位或各仓库之间的转移,称为材料物资的内部调拨。其调拨方式一般有两种:一种是在供应部门内部各仓库、工地之间的相互调拨;另一种是企业内部独立核算单位之间的相互调拨。前一种方式,只引起材料物资存放地点的变动,无须进行账务处理,只需在各仓库、工地的材料物资保管明细账上作出相应的增减登记即可。后一种方式,应办理材料物资价款的结算,内部结算价格可以按市场价格、协商价格等进行,施工企业应通过"内部往来"科目,反映材料物资的内部调拨情况。

【例 4-24】甲建筑工程公司下属第一分公司调拨给第二分公司水泥一批,该批水泥的计划成本为 200 000 元,材料成本差异率为 1%,双方协商按 218 000 元的价格结算。

①第一分公司编制的会计分录如下:

确认水泥销售收入时:

借:内部往来——第二分公司	218 000
贷:其他业务收入	218 000

结转水泥销售成本时:

借:其他业务成本	202 000
贷:原材料	200 000
材料成本差异	2 000

②第二分公司编制的会计分录如下:

借：材料采购　　　　　　　　　　　　　　　218 000
　　　　贷：内部往来——第一分公司　　　　　　　　　218 000

4.6　存货期末计量

4.6.1　存货清查

　　工程与房地产企业的存货品种规格多、数量大、收发频繁。在存货的收发和保管过程中，由于计量误差、管理不善、核算差错、检验疏忽、自然损耗等原因，常会发生账实不符的现象。为保证存货的安全完整，对存货进行定期或不定期的清查是必要的。

　　工程与房地产企业的存货清查通常采用实际盘点和技术推算的方法。前者即通过盘点确定各种存货的实际库存数，并与账面结存数相核对；后者是对那些大量的成堆的存货，采用量方、计尺等技术方法，对存货的实存数进行推算。企业存货平时可以进行不定期清查，在年末编制年报前，进行定期、全面清查。

　　1. 存货盘存的方法

　　企业存货的实物数量需要通过盘存予以确定，常用的方法有实地盘存制和永续盘存制两种。

　　（1）实地盘存制

　　实地盘存制，是指会计期末通过对存货进行实地盘点，确定期末存货的结存数量，并据以倒挤本期发出存货的数量；然后，用存货的结存单价计算期末存货的金额；最后计算本期耗用或销售存货成本的一种盘存方法。实地盘存制又称定期盘存制。

　　采用实地盘存制，平时只登记存货的增加数、不登记减少数，期末根据清点所得的实存数，计算发出存货的成本。因此，平时的核算工作比较简便。但是，这种方法不能随时反映各种物资的收发情况、不能随时结转成本、缺乏连续性资料、不利于对存货进行全面控制，而且它将所有未列入期末结存数量的存货皆视同发出存货，势必会将损失、浪费、失盗、误差等短缺数隐含于发出数量之中，从而影响企业成本与收益计算的准确性。其计算公式为：

$$本期耗用或销货 = 期初存货 + 本期收货 - 期末存货 \qquad (4-19)$$

　　（2）永续盘存制

　　永续盘存制，是指根据有关凭证，在企业既设置数量又记金额的存货明细账上逐日逐笔登记存货的收发、领退情况，随时结出账面结存数量和金额的一种盘存方法。

　　采用永续盘存制可以及时掌握各种存货的动态，有利于存货的各项管理。实行永续盘存制要求对存货进行实物盘点，盘点可以定期或不定期进行。企业通常在生产经营活动的间隙盘点部分或全部存货；在会计年终进行全面的盘点清查，并编制盘点表，以保证账实相符，如有不符，应及时查明原因，予以处理。

　　永续盘存制对于大多数企业具有适用性。

2. 存货清查的核算

存货的盘盈、盘亏、毁损，通过"待处理财产损溢"科目核算。存货盘点结果如与账面记录不符，应于期末查明原因，并根据企业的管理权限，经股东大会或董事会，或经理办公会或类似机构批准后，在期末结账前处理完毕。盘盈的存货，应冲减当期的管理费用；盘亏、毁损的存货，在减去过失人或保险公司等的赔款和残料价值后，计入当期管理费用，属于非常损失的，计入营业外支出。

【例 4-25】甲建筑工程公司在存货清查中盘盈主材料木材一批，按市场价格计算其成本为 3 000 元。应编制会计分录如下。

① 盘盈，原因待查

借：原材料　　　　　　　　　　　　　　　　　　3 000
　　贷：待处理财产损溢——待处理流动资产损溢　　3 000

② 经批准后处理

借：待处理财产损溢——待处理流动资产损溢　　　3 000
　　贷：管理费用　　　　　　　　　　　　　　　　3 000

【例 4-26】乙房地产公司在存货清查中盘亏石材一批，其计划成本 5 000 元，材料成本差异率为 1%，经查属于定额内损耗 1 050 元，自然灾害造成的损失 3 000 元，应由保险公司赔偿的损失 1 000 元。应编制会计分录如下。

① 盘亏，原因待查

借：待处理财产损溢——待处理流动资产损溢　　　5 050
　　贷：原材料　　　　　　　　　　　　　　　　　5 000
　　　　材料成本差异　　　　　　　　　　　　　　　 50

② 经批准后处理

借：营业外支出——非常损失　　　　　　　　　　　3 000
　　管理费用　　　　　　　　　　　　　　　　　　1 050
　　其他应收款——某保险公司　　　　　　　　　　1 000
　　贷：待处理财产损溢——待处理流动资产损溢　　5050

4.6.2 存货期末计量

为了确保企业存货符合资产的定义，在资产负债表中更合理地反映存货的价值，存货应当按照成本与可变现净值孰低法计量。

1. 成本与可变现净值孰低法

成本与可变现净值孰低法，是指按照存货的成本与可变现净值两者之中的较低者对期末存货进行计量的一种方法。当期末存货的成本低于可变现净值时，存货按成本计量；当期末存货的成本高于可变现净值时，按可变现净值计量，同时按可变现净值成本的差额，计提存货跌价准备，计入当期损益。

所谓成本，是指期末存货的实际成本，即按先进先出法、加权平均法等存货计价方法，对发出存货（或期末存货）进行计量所确定的期末存货的账面成本。

所谓可变现净值，是指日常活动中，存货的估计售价减去至完工时估计将要发生的成本、估计的销售费用和相关税费，它们是现金流入量抵减现金流出量的净现金流量，而不是存货的售价或合同价。

2. 存货跌价准备

企业应当定期对存货进行全面检查，如果由于存货毁损、全部或部分陈旧、过时或销售价格低于成本等原因，使存货的可变现净值低于其成本，应按可变现净值低于成本的部分，计提存货跌价准备。

（1）成本低于可变现净值时

如果以前期间未计提跌价准备，则不需要作账务处理；如果以前期间计提了减值准备，则应将跌价准备科目余额冲回，资产负债表中的存货仍按期末账面价值列示。

（2）可变现净值低于成本时

其差额为存货跌价损失，应进行相应账务处理，期末存货调整为可变现净值。

企业通常采用备抵法核算存货跌价损失，应设置"存货跌价准备"科目，该科目属于存货的备抵科目，贷方登记计提的跌价准备数；借方登记冲减的跌价准备数；期末贷方余额，反映企业已提取的跌价准备。当可变现净值低于成本时，计算出应计提的跌价准备，与"存货跌价准备"科目的余额比较，多冲少补。提取时，借记"资产减值损失"科目，贷记"存货跌价准备"科目；冲减时则作相反的会计分录。其冲减的数额应以"存货跌价准备"科目的余额为限。

（3）计提存货跌价准备的方法

1）企业通常应当按照单个存货项目计提存货跌价准备。

2）对于数量繁多、单价较低的存货，可以按存货类别计提存货跌价准备。

【例 4-27】甲建筑工程公司的期末存货计量表见表 4-6，假设甲公司在 2016 年以前没有对存货计提跌价准备，假设不考虑相关税费和销售费用。

① 2016 年末，应计提的跌价准备为：

300 000−290 000=10 000 元

应编制会计分录如下：

借：资产减值损失——存货减值损失　　　　　10 000
　　贷：存货跌价准备　　　　　　　　　　　　　　10 000

存货资料表　　　　（单位：元）　　　表 4-6

日期	成本	可变现净值	日期	成本	可变现净值
2016年12月31日	300 000	290 000	2018年12月31日	250 000	248 000
2017年12月31日	200 000	180 000	2019年12月31日	270 000	272 000

该年末计提后，"存货跌价准备"科目贷方余额为 10 000 元。

② 2017 年末，应计提的跌价准备为：

$$（200\,000-180\,000）-10\,000=10\,000 \text{ 元}$$

应编制会计分录如下：

借：资产减值损失——存货减值损失　　　　　　10 000
　　贷：存货跌价准备　　　　　　　　　　　　　　　10 000

该年末计提后，"存货跌价准备"科目贷方余额为：

$$10\,000+10\,000=20\,000 \text{ 元}$$

③ 2018 年末，应冲减跌价准备为：

$$20\,000-（250\,000-248\,000）=18\,000 \text{ 元}$$

应编制会计分录如下：

借：存货跌价准备　　　　　　　　　　　　　　18 000
　　贷：资产减值损失——存货减值损失　　　　　　　18 000

该年末冲减后，"存货跌价准备"科目贷方余额为：

$$20\,000-18\,000=2\,000 \text{ 元}$$

④ 2019 年末，应冲减跌价准备 2 000 元。应编制会计分录如下：

借：存货跌价准备　　　　　　　　　　　　　　2 000
　　贷：资产减值损失——存货减值损失　　　　　　　2 000

该年末冲减后，"存货跌价准备"科目贷方余额为：

$$2\,000-2\,000=0 \text{ 元}$$

本章知识点

1. 存货是企业在日常生产经营活动中持有的，以备出售的产成品或商品、处于生产过程中的在产品、在生产或提供劳务过程中消耗用的材料和物料。

存货的特点：

（1）存货是一种具有实物实体的有形资产。

（2）存货属于流动资产。

（3）存货以企业耗用为目的。

（4）存货属于非货币性资产，存在价值减损的可能性。

2. 存货确认的条件：

（1）与该存货有关的经济利益能够流入企业。

（2）存货的成本能够可靠计量。

3. 工程项目存货分类

（1）按经济用途分为：库存材料（主要包括：主要材料、结构件、机械零件及配件、其他材料）、周转材料、委托加工物资、在建工程半成品、完工产品、商品房。

（2）按存货存放地点分为：在途存货、在库存货、在制存货、在售存货。

（3）按取得方式分为：外购存货、自制存货、委托加工存货、投资者揽入存货、捐赠存货。

4. 存货采购成本

存货采购成本主要包括购价款、相关税费、运输费用、装卸费用、保险费用以及整理检验其他费用。

5. 发出存货计价

在确定发出存货的实际成本时，可以采用先进先出法、月末一次加权平均法、移动加权平均法或个别计价法。

6. 计划成本

计划成本法，是指存货的日常收入、发出和结存均按照预先制定的计划成本计价，其计划成本一般为实际采购存货量乘以计划单价。存货按计划成本核算，设置"材料成本差异"科目，用以反映计划成本与实际成本产生的差异额，当实际成本大于计划成本时，在本科目借方反映；当实际成本小于计划成本时，在本科目贷方反映。发出存货时，计算摊销成本差异，通过本科目的贷方反映超支金额或节约金额（用红字）。

7. 存货期末计量

（1）资产负债表日，存货应当按照成本与可变现净值孰低法计量，当成本低于可变现净值时，存货应当按成本计量；当期末存货的可变现净值低于成本时，存货应当按照可变现净值计量，同时按照可变现净值低于成本的差额计提存货跌价准备，计入当期损益。计提的存货跌价准备，记入"资产减值损失——计提存货跌价损失"科目。

（2）将应提取的"存货跌价准备"科目金额与原科目的期初余额进行比较，按下列公式计算确定本期应计提（或回转）的存货跌价准备金额：

某期应计提的存货跌价准备 = 当期可变现净值低于成本的差额 −

存货跌价准备科目原有余额　　　　　　　　　　（4-20）

（3）已经计提了跌价准备的存货，用于生产经营的，一般可不结转相应的存货跌价准备，待期末计提存货跌价准备时一并调整；用于销售的，在转出存货账面余额的同时，应结转相应的存货跌价准备。

（4）可变现净值为零的存货，应当将其账面余额全部转销，同时转销相应的存货跌价准备。

8. 存货清查

企业的存货在年末要进行定期、全面清查，同时在工程项目完工后，也要进行存货清查。存货清查一般采用实地盘存法，做到账实相符。如果发现存货盘亏或盘盈，应于期末或工程项目竣工前查明原因，并根据企业的管理权限报经公司会议批准后，在期末结账处理完毕。

（1）存货盘盈的，应按其重置成本作为入账价值，待查明原因、经过批准后，冲减当期管理费用。

（2）存货盘亏的，应将其账面价值予以转销，待查明原因后，再作处理。具体情况如下：

1）属于定额内自然损耗造成的短缺，计入管理费用。

2）属于收发计量差错和管理不善等原因造成的短缺或毁损，将扣除可收回的保险公司和过失人赔款以及残料价值后的净损失，计入管理费用。

3）属于自然灾害等不可抗拒原因造成的毁损，将扣除可收回的保险公司和过失人赔款后的净损失，计入营业外支出。

思考题

1. 什么是存货？有何特征？如何分类？
2. 存货确立为本企业的确认条件是什么？
3. 外购材料的采购成本如何确定？
4. 发出材料的计价方法对工程项目成本有何影响？
5. 发出材料的计价方法有哪些？适用的会计原则是什么？
6. 存货按计划成本核算有何优点？
7. 什么是成本与可变现净值孰低法？符合什么会计原则？
8. 可变现净值是什么？考虑它有哪些因素？
9. 材料期末计价的原因是什么？符合什么会计原则？
10. 如何确定存货本期应计提的存货跌价准备？跌价准备金额如何计算？
11. 如何结转发出存货已经计提的跌价准备？
12. 什么是存货的盘盈和盘亏？采用什么方法开展此项工作？

实务题

1. 某年6月份，星海房地产公司购入一批原材料，增值税专用发票上注明的材料价款为10 000元，增值税税额为1 700元。

要求：按照下列不同情况，分别编制星海房地产公司购入原材料的会计分录：

（1）原材料已验收入库，款项也已支付。

（2）款项已经支付，但材料尚在运输途中。

1）6月15日，支付款项。

2）6月20日，材料运抵企业并验收入库。

（3）材料已验收入库，但发票账单尚未到达企业。

1）6月22日，材料运抵企业并验收入库，但发票账单尚未到达。

2）6月28日，发票账单到达企业，支付货款。

（4）材料已验收入库，但发票账单尚未到达企业。

1）6月25日，材料运抵企业并验收入库，但发票账单尚未到达。

2）6月30日，发票账单仍未到达，对该批材料估价10 500元入账。

3）7月1日，用红字冲回上月末的估价入账分录。

4）7月5日，发票账单到达企业，支付货款。

2. 南海工程公司购入原材料10 000件，单位价格为25元，增值税专用发票上注明的增值税税额为32 500元，款项已通过银行转账支付，但材料尚在运输途中。待所购材料运达企业后，验收时发现短缺200件，原因待查。

要求：编制南海工程公司购入原材料的下列会计分录：

（1）支付货款，材料尚在运输途中。

（2）材料运达企业，验收时发现短缺，原因待查，其余材料入库。

（3）短缺原因查明，分别按下列不同情况进行会计处理：

1）假定为运输途中的合理损耗。

2）假定为供货方发货时少付，经协商，由其补足少付的材料。

3）假定为运输单位责任，经协商，由运输单位全额赔偿（包括增值税税额）。

4）假定为已运抵企业但尚未验收入库前被盗造成，由保险公司负责赔偿4 600元。

3. 某年4月份，某公司甲材料的购进、发出和结存情况见表4–7。

原材料明细账　　　　　　　　　　　表4–7

原材料名称及规格：甲

xx年		凭证编号	摘要	收入			发出			结存		
月	日			数量（kg）	单价（元）	金额（元）	数量（kg）	单价（元）	金额（元）	数量（kg）	单价（元）	金额（元）
5	1		期初结存							1 000	50	50 000
	5		购进	1 200	55	66 000				2 200		
	8		发出				1 500			700		
	15		购进	1 600	54	86 400				2 300		
	18		发出				1 000			1 300		
	25		购进	800	56	44 800				2 100		
	28		发出				1 200			900		
5	30		本月合计	3 600		197 200	3 700			900		

要求：分别采用先进先出法、全月一次加权平均法和移动加权平均法计算某公司甲材料本月发出和期末结存的实际成本。

4. 星海房地产公司的存货采用计划成本法核算。某月15日，购进一批原材料，增值税专用发票上列明的材料价款为50 000元，增值税税额为8 500元。货款已通过银行转账支付，材料也已验收入库。

要求：编制星海房地产公司购进原材料的下列会计分录：

（1）支付货款。

（2）材料验收入库。

1）假定材料的计划成本为49 000元。

2）假定材料的计划成本为52 000元。

5. 南海工程项目公司3月初结存原材料的计划成本为50 000元，材料成本差异为节约3 000元。4月份，购进原材料的实际成本为240 700元，计划成本为230 000元；本月领用原材料的计划成本为250 000元，其中，生产领用235 000元，车间一般消耗12 000元，管理部门耗用3 000元。

要求：作出南海工程公司发出原材料的下列会计处理：

（1）按计划成本领用原材料。

（2）计算本月材料成本差异率。

（3）分摊材料成本差异。

（4）计算月末结存原材料的实际成本。

6. 某年1月，星海房地产公司管理部门领用一批低值易耗品，计划成本为45 000元，采用五五摊销法摊销，本月材料成本差异率为节约2%；当年12月，该批低值易耗品报废，将残料作价1 000元入库，当月材料成本差异率为超支1%。

要求：编制星海房地产公司领用低值易耗品的下列会计分录：

（1）领用低值易耗品并摊销其价值的50%。

（2）领用当月月末，分摊材料成本差异。

（3）低值易耗品报废，摊销剩余50%的价值，并转销已提摊销额。

7. 星海房地产公司某月领用一批包装物，实际成本1 300元。

要求：编制下列不同情况下星海房地产公司领用包装物的会计分录：

（1）假定该包装物为生产产品领用。

（2）假定该包装物随同产品一并销售但不单独计价。

（3）假定该包装物随同产品一并销售但单独计价。

8. 星海房地产公司委托甲公司加工一批包装物，发出A材料的实际成本50 000元，支付加工费10 000元，支付运杂费200元，支付增值税1 700元。

要求：编制星海房地产公司委托加工包装物的下列会计分录：

（1）发出A材料，委托甲公司加工包装物。

（2）支付加工费和运杂费。

（3）支付由甲公司代收代缴的增值税。

（4）包装物加工完成，验收入库。

9. 某工程公司委托甲公司加工一批C钢构件材料（为应税消费品），支付由甲公司代收代缴的消费税5 000元。

要求：编制下列情况下，工程公司支付消费税的会计分录：

（1）假定C钢构件材料收回后用于连续生产应税消费品。

（2）假定 C 钢构件材料收回后用于直接销售。

10. 某工程公司"山水云间"项目领用了一批周转材料，脚手架料的实际成本为 36 000 元；架料报废时，将残料出售，收取价款 300 元存入银行。

要求：编制下列不同情况下，工程公司领用低值易耗品的会计分录：

（1）脚手架料的成本采用一次转销法摊销。

1）领用脚手架。

2）脚手架料报废，将残料出售。

（2）脚手架料的成本采用五五摊销法摊销。

1）领用脚手架料并摊销其价值的 50%。

2）脚手架料报废，摊销剩余 50% 的价值，并转销已提摊销额。

3）将报废脚手架残料出售。

11. 星海房地产公司在 2019 年对以下存货按成本与可变现净值孰低法计量。

要求：编制该公司计提 A 材料跌价准备的会计分录。

（1）2015 年 12 月 31 日，A 材料的账面价值为 120 000 元，可变现净值为 100 000 元。

（2）2016 年 12 月 31 日，A 材料的账面价值为 150 000 元，可变现净值为 135 000 元，本年计提存货跌价准备前，"存货跌价准备"科目已有贷方余额 6 000 元。

（3）2017 年 12 月 31 日，A 材料的账面价值为 100 000 元，可变现净值为 95 000 元，本年计提存货跌价准备前，"存货跌价准备"科目已有贷方余额 8 000 元。

（4）2018 年 12 月 31 日，A 材料的账面价值为 110 000 元，可变现净值为 115 000 元，本年计提存货跌价准备前，"存货跌价准备"科目已有贷方余额 2 000 元。

（5）2019 年 12 月 31 日，A 材料的账面价值为 160 000 元，可变现净值为 155 000 元。

12. 某工程公司在存货清查中发现盘盈、盘亏一批 B 材料，市场价格为 2 000 元。

要求：编制该公司的下列会计分录：

（1）发现 A 材料盘盈和盘亏。

（2）查明原因，报经批准。

1）假定盘亏属于定额内自然损耗。

2）假定属于管理不善造成的损失，由过失人赔偿 1 000 元，款项尚未收取；残料作价 200 元入库。

3）假定属于自然灾害造成的毁损，由保险公司赔偿 2 500 元，款项已经存入银行；取得残料处置收入 200 元，款项已经存入银行。

4）盘盈 A 材料经过批准冲减管理费用。

第 5 章　金融资产：投资

【学习目标】

掌握投资的含义和特征，了解投资的分类；理解金融资产的概念，理解交易性金融资产的含义，掌握交易性金融资产取得、持有、出售转让的核算；掌握长期股权投资的含义及类型，熟悉股权投资核算的两种方法（成本法和权益法），了解长期股权投资持有期间的核算方法转换；了解投资性房地产的含义和范围、确认与计量、转换与处置。

【重要术语】

投资　金融资产　交易性金融资产　长期股权投资　长期债权投资　投资收益　应收股利　长期股权投资减值准备　成本法　权益法　投资性房地产　自用房地产　存货房地产　公允价值模式

5.1　投资概述

5.1.1　投资的含义与特征

投资，是国家或企业以及个人为了特定目的与对方签订协议，促进社会发展，实现互惠互利、输送资金的过程。投资也是特定经济主体为了在未来可预见的时期内获得收益或是资金增值，在一定时期内向一定领域投放足够数额的资金或实物的货币等价物的经济行为。其可分为实物投资、资本投资和证券投资等。前者是以货币投入企业，通过生产经营活动取得一定利润；后者是以货币购买企业发行的股票和公司债券，间接参与企业的利润分配。

投资是指投资者当期投入一定数额的资金而期望在未来获得回报，所得回报应该能补偿投资资金被占用的时间、预期的通货膨胀率和未来收益的不确定性。

投资具有以下几方面特征：

（1）投资是以让渡其他资产而换取的另一项资产。

（2）投资是企业在生产经营过程之外持有的资产。

（3）投资是一种以权利为表现形式的资产。

（4）投资是一种具有财务风险的资产。

（5）投资周期很漫长，一般为 5~10 年。

5.1.2 投资的分类

投资是一项很复杂的经济活动，为了加强管理和提高投资收益，有必要对投资进行科学的分类。

1. 按投资回收期限分类

按投资回收期限的长短，投资可分为短期投资和长期投资。短期投资是指回收期在 1 年以内的投资，主要包括现金、应收款项、存货、短期有价证券等投资；长期投资是指回收期在 1 年以上的投资，主要包括固定资产、无形资产、对外长期投资等。

2. 按投资行为的介入程度分类

按投资行为的介入程度，投资可分为直接投资和间接投资。直接投资包括企业内部直接投资和对外直接投资，前者形成企业内部直接用于生产经营的各项资产，后者形成企业持有的各种股权性资产，如持有子公司或联营公司股份等。间接投资是指通过购买被投资对象发行的金融工具而将资金间接转移交付给被投资对象使用的投资，如企业购买特定投资对象发行的股票、债券、基金等。

3. 按投资的方向不同分类

按投资的方向不同，投资可分为对内投资和对外投资。从企业的角度看，对内投资就是项目投资，是指企业将资金投放于为取得供本企业生产经营使用的固定资产、无形资产、其他资产和垫支流动资金而形成的一种投资。对外投资是指企业为购买国家及其他企业发行的有价证券或其他金融产品（包括期货与期权、信托、保险），或以货币资金、实物资产、无形资产向其他企业（如联营企业、子公司等）注入资金而发生的投资。

对于小企业而言，投资主要是为企业的余钱寻找增值的出路，买卖债券对小企业而言属于稳妥可靠的投资，而股票投资则可以分享其他企业的成长。这两种投资是小企业常见的两种投资方式。因此本书讨论的投资指的是间接投资中的有价证券投资。

5.2 金融资产

5.2.1 金融资产概述

金融资产（Financial Assets），是实物资产的对称，指单位或个人所拥有的以价值形态存在的资产，是一种索取实物资产的无形的权利，是一切可以在有组织的金融市场上进行交易、具有现实价格和未来估价的金融工具的总称。金融资产的最大特征是能够在市场交易中为其所有者提供即期或远期的货币收入流量。

金融资产包括一切可提供到金融市场上的金融工具。但不论是实物资产还是金融资产，只有当它们是持有者的投资对象时方能称作资产。如孤立地考察中央银行所发行的现金和企业所发行的股票、债券，就不能说它们是金融资产，因为对发行它们的中央银行和企业来说，现金和股票、债券是一种负债。因此，不能将现金、存款、凭证、股票、债券等简单地称为金融资产，而应称之为金融工具。

金融工具对其持有者来说才是金融资产。例如，持有商业票据者，就表示其有索取与该商品价值相等的货币的权利；持有股票者，表示其有索取与投入资本份额相应的红利的权利；持有债券者，表示其有一定额度的债款索取权。金融工具分为所有权凭证和债权凭证。股票是所有权凭证，票据、债券、存款凭证均属债权凭证。但习惯上，有时也将这些金融工具称为金融资产。

投资者在市场上决定购买哪一种金融工具时，总会全面考虑它们可能带来的权利和义务。投资者一般考虑以下四个因素：

（1）实际期限，是指债务人必须全部偿还债务之前所剩余的时间。

（2）流动性，是指金融工具迅速变为货币而不致蒙受损失的能力。流动性与偿还期成反比，即偿还期越长，流动性越低，反之亦然；流动性与债务人信誉成正比，即债务人信誉越高，流动性越大，反之亦然。

（3）安全性，是指是否遭受损失的风险。风险有两种：一是不履行约定、不按时支付利息或偿还本金的风险；二是市场风险，即由市场利率上升而造成的金融工具市场价格下降的风险。

（4）收益率，是指净收益与本金的比率。

金融资产与实物资产都是持有者的财富。随着经济的发展和人们收入的增加，经济主体金融资产持有的比例会逐步上升。同时，为了既获得较高的收益又尽量避免风险，人们对金融资产的选择和对各种金融资产间的组合也越来越重视。

本节只涉及以公允价值计量且其变动计入当期损益的金融资产中的交易性金融资产的内容和账务处理。

5.2.2 交易性金融资产

1. 交易性金融资产的内容

交易性金融资产主要是指企业为了近期内出售而持有的金融资产，如企业以赚取差价为目的从二级市场购入的股票、债券、基金等。

2. 交易性金融资产的账务处理

（1）交易性金融资产的科目设置

为了反映和监督交易性金融资产的取得、收取现金股利后的利息、出售等情况，企业应当设置"交易性金融资产""公允价值变动损益""投资收益"等科目进行核算。

1）"交易性金融资产"科目

"交易性金融资产"科目核算企业分类为以公允价值计量且其变动计入当期损益的金融资产，其中包括企业为交易目的所持有的债券投资、股票投资、基金投资等交易性金融资产。"交易性金融资产"科目的借方登记金融资产的取得成本、资产负债表日其公允价值高于账面余额的差额，以及出售金融资产时结转公允价值低于账面余额的变动金额；贷方登记资产负债表日其公允价值低于账面余额的差额，以及企业出售金融资产时结转的成本和公允价值高于账面余额的变动金额。企业应当按照交易性金融资产的类别和品种，分别设置"成本""公允价值变动"等明细科目进行核算。

2）"公允价值变动损益"科目

"公允价值变动损益"科目核算因企业交易性金融资产等的公允价值变动而形成的应计入当期损益的利得和损失。"公允价值变动损益"科目的借方登记资产负债表日企业持有的交易性金融资产等的公允价值低于账面余额的差额；贷方登记资产负债表日企业持有的交易性金融资产等的公允价值高于账面余额的差额。

3）"投资收益"科目

"投资收益"科目核算企业在持有交易性金融资产等的期间内取得的投资收益以及出售交易性金融资产等实现的投资收益或投资损失。"投资收益"科目的借方登记企业取得交易性金融资产等支付的交易费用、出售交易性金融资产等发生的投资损失；贷方登记企业在持有交易性金融资产等的期间内取得的投资收益以及出售交易性金融资产等实现的投资收益。

（2）取得交易性金融资产

企业取得交易性金融资产时，应当按照该金融资产取得时的公允价值作为其初始入账金额。公允价值，是指市场参与者在计量日发生的有序交易中，出售一项资产所能收到或者转移一项负债所需支付的价格；是在公平交易中，熟悉情况的交易双方自愿进行资产交换或者债务清偿的金额。金融资产的公允价值应当以市场交易价格为基础加以确定。

企业取得交易性金融资产所支付的价款中包含了已宣告但尚未发放的现金股利或已到付息期但尚未领取的债券利息，其应当单独确认为应收项目，记入"应收股利"科目。

企业取得交易性金融资产所发生的相关交易费用应当在发生时计入当期损益，冲减投资收益，发生交易费用取得增值税专用发票的，进项税额经认证后可从当月销项税额中扣除。交易费用是指可直接归属于购买、发行或处置金融工具的增量费用。增量费用是指企业没有发生购买、发行或处置相关金融工具的情形就不会发生的费用，包括支付给代理机构、咨询公司、券商、证券交易所、政府有关部门的手续费、佣金、相关税费以及其他必要支出，不包括债券溢价、折价、融资费用、内部管理成本和持有成本等与交易不直接相关的费用。

企业取得的交易性金融资产，应当按照该金融资产取得时的公允价值，借记"交易性金融资产——成本"科目；按照发生的交易费用，借记"投资收益"科目；发生交易费用取得增值税专用发票的，按其注明的增值税进项税额，借记"应交税费——应交增值税（进项税额）"科目；按照实际支付的金额，贷记"其他货币资金"等科目。

【例5-1】2020年6月1日甲公司从上海证券交易所购入A上市公司股票1 000 000股,该笔股票投资在购买日的公允价值为10 000 000元,另支付相关交易费用25 000元,取得的增值税专用发票上注明的增值税税额为1 500元。甲公司将其划分为交易性金融资产进行管理和核算。甲公司应编制如下会计分录:

① 2020年6月1日,甲公司购买A上市公司股票时:

借:交易性金融资产——A上市公司股票——成本　10 000 000
　　贷:其他货币资金——存出投资款　　　　　　　　　　10 000 000

② 2020年6月1日,支付相关交易费用时:

借:投资收益　　　　　　　　　　　　　　　　　25 000
　　应交税费——应交增值税(进项税额)　　　　　1 500
　　贷:其他货币资金——存出投资款　　　　　　　　　　26 500

在本例中,取得交易性金融资产所发生的相关交易费用25 000元,应当在发生时记入"投资收益"科目,而不记入"交易性金融资产——成本"科目。

【例5-2】2020年6月1日甲公司从上海证券交易所购入A上市公司股票1 000 000股,该笔股票投资在购买日的公允价值为10 000 000元(其中包含已宣告但尚未发放的现金股利500 000元),另支付相关交易费用25 000元,取得的增值税专用发票上注明的增值税税额为1500元。甲公司将其划分为交易性金融资产进行管理和核算。甲公司应编制如下会计分录:

① 2020年6月1日,甲公司购买A上市公司股票时:

借:交易性金融资产——A上市公司股票——成本　9 500 000
　　应收股利——A上市公司股票　　　　　　　　500 000
　　贷:其他货币资金——存出投资款　　　　　　　　　　10 000 000

② 2020年6月1日,支付相关交易费用时:

借:投资收益　　　　　　　　　　　　　　　　　25 000
　　应交税费——应交增值税(进项税额)　　　　　1 500
　　贷:其他货币资金——存出投资款　　　　　　　　　　26 500

在本例中,取得交易性金融资产所发生的相关交易费用25 000元,应当在发生时记入"投资收益"科目,而不记入"交易性金融资产——成本"科目。取得交易性金融资产支付的价款10 000 000元中所包含的已宣告但尚未发放的现金股利500 000元,应当记入"应收股利"科目。

(3)持有交易性金融资产

企业持有交易性金融资产期间对于被投资单位宣告发放的现金股利或已到付息期但尚未领取的债券利息,应当确认为应收项目,并计入投资收益,即借记"应收股利"或"应收利息"科目,贷记"投资收益"科目;实际收到时作为冲减应收项目处理,即借记"其他货币资金"等科目,贷记"应收股利"或"应收利息"科目。

需要强调的是，企业只有在同时满足三个条件时，才能确认交易性金融资产所取得的股利或利息收入并计入当期损益：一是企业收取股利或利息的权利已经确立（例如，已被投资单位宣告）；二是与股利或利息相关的经济利益很可能流入企业；三是股利或利息的金额能够可靠地计量。

【例5-3】承【例5-2】，假定2020年6月20日，甲公司收到A上市公司向其发放的现金股利500 000元，并存入银行。假定不考虑相关税费。甲公司应编制如下会计分录：

借：其他货币资金——存出投资款　　　　　　　500 000
　　贷：应收股利——A上市公司股票　　　　　　　500 000

【例5-4】承【例5-2】，假定2021年3月20日，A上市公司宣告发放2020年现金股利，甲公司按其持有该上市公司股份计算确定的应分得的现金股利为800 000元。假定不考虑相关税费。甲公司应编制如下会计分录：

借：应收股利——A上市公司股票　　　　　　　800 000
　　贷：投资收益——A上市公司股票　　　　　　　800 000

在本例中，甲公司取得A上市公司宣告发放的现金股利同时满足了确认股利收入并计入当期损益的三个条件：一是企业收取股利的权利已经确立；二是与股利相关的经济利益很可能流入企业；三是股利的金额能够可靠计量。因此，借记"应收股利"科目，贷记"投资收益"科目。

【例5-5】2020年5月1日甲公司购入B公司发行的公司债券，支付价款26 000 000元（其中包含已到付息期但尚未领取的债券利息500 000元），另支付相关交易费用300 000元，取得的增值税专用发票上注明的增值税税额为18 000元。该笔B公司债券面值为25 000 000元。甲公司将其划分为交易性金融资产进行管理和核算。2020年5月10日甲公司收到该笔债券利息500 000元。假定不考虑其他相关税费和因素，甲公司应编制如下会计分录：

① 2020年5月1日，甲公司购买B公司债券时：

借：交易性金融资产——B公司债券——成本　　　25 500 000
　　应收利息——B公司债券　　　　　　　　　　　　500 000
　　投资收益——B公司债券　　　　　　　　　　　　300 000
　　应交税费——应交增值税（进项税额）　　　　　　18 000
　　贷：其他货币资金——存出投资款　　　　　　　26 318 000

② 2020年5月10日，收到购买价款中包含的已到付息期但尚未领取的债券利息时：

借：其他货币资金——存出投资款　　　　　　　500 000
　　贷：应收利息——B公司债券　　　　　　　　　　500 000

在本例中，甲公司取得交易性金融资产所支付的交易费用300 000元，应当计入"投资收益"科目，而不记入"交易性金融资产——成本"科目；取得交易性金融资产所支付价款26 000 000元中包含的已到付息期但尚未领取的债券利息500 000元，应当记入"应收利息"科目。

资产负债表日,交易性金融资产应当按照公允价值计量,公允价值与账面余额之间的差额计入当期损益。

企业应当在资产负债表日按照交易性金融资产公允价值高于其账面余额的差额,借记"交易性金融资产——公允价值变动"科目,贷记"公允价值变动损益"科目;公允价值低于其账面余额的差额作相反的会计分录,借记"公允价值变动损益"科目,贷记"交易性金融资产——公允价值变动"科目。

【例 5-6】承【例 5-2】和【例 5-3】,假定 2020 年 6 月 30 日甲公司持有 A 上市公司股票 1 000 000 股的公允价值为 8 600 000 元;2020 年 12 月 31 日,甲公司持有 A 上市公司股票的公允价值为 12 400 000 元。不考虑相关税费和其他因素。甲公司应编制如下会计分录:

① 2020 年 6 月 30 日,确认 A 上市公司股票的公允价值变动损益时:
借:公允价值变动损益——A 上市公司股票   900 000
    贷:交易性金融资产——A 上市公司股票——公允价值变动   900 000

② 2020 年 12 月 31 日,确认 A 上市公司股票的公允价值变动损益时:
借:交易性金融资产——A 上市公司股票——公允价值变动   3 800 000
    贷:公允价值变动损益——A 上市公司股票   3 800 000

在本例中,2020 年 6 月 30 日作为资产负债表日,甲公司持有 A 上市公司股票在该日公允价值 8 600 000 元,账面余额 9 500 000 元(即 2020 年 6 月 1 日的公允价值 9 500 000 元),公允价值小于账面余额 900 000 元(8 600 000-9 500 000),应记入"公允价值变动损益"科目的借方;2020 年 12 月 31 日作为资产负债表日,甲公司持有 A 上市公司股票在该日公允价值 12 400 000 元,账面余额 8 600 000 元(即 2020 年 6 月 30 日的公允价值 8 600 000 元),公允价值大于账面余额 3 800 000 元(12 400 000-8 600 000),应记入"公允价值变动损益"科目的贷方。

【例 5-7】承【例 5-5】,假定 2020 年 6 月 30 日,甲公司购买的 B 公司债券的公允价值为 26 700 000 元;2020 年 12 月 31 日,甲公司购买的 B 公司债券的公允价值为 25 800 000 元。不考虑相关税费和其他因素。甲公司应编制如下会计分录:

① 2020 年 6 月 30 日,确认 B 公司债券的公允价值变动损益时:
借:交易性金融资产——B 公司债券——公允价值变动   1 200 000
    贷:公允价值变动损益——B 市公司债券   1 200 000

② 2020 年 12 月 31 日,确认 B 公司债券的公允价值变动损益时:
借:公允价值变动损益——B 公司债券   900 000
    贷:交易性金融资产——B 公司债券——公允价值变动   900 000

在本例中,2020 年 6 月 30 日,B 公司债券的公允价值为 26 700 000 元,账面余额为 25 500 000 元,公允价值大于账面余额 1 200 000 元(26 700 000-25 500 000),应记入"公允价值变动损益"科目的贷方；2020年12月31日作为资产负债表日，B公司债券的公允价值为25 800 000元，账面余额为26 700 000元（即2020年6月30日的公允价值），公允价值小于账面余额900 000元（25 800 000-26 700 000），应记入"公允价值变动损益"科目的借方。

（4）出售交易性金融资产

企业出售交易性金融资产时，应当将该金融资产出售时的公允价值与其账面余额之间的差额作为投资损益进行会计处理。

企业出售交易性金融资产，应当按照实际收到的金额，借记"其他货币资金"等科目；按照该金融资产账面余额的成本部分，贷记"交易性金融资产——成本"科目；按照该金融资产账面余额的公允价值变动部分，贷记或借记"交易性金融资产——公允价值变动"科目；按照其差额，贷记或借记"投资收益"科目。

【例5-8】承【例5-2】【例5-3】【例5-4】【例5-6】，假定2021年6月30日，甲公司出售了所持有的A公司股票，价款为12 100 000元。不考虑相关税费和其他因素。甲公司应编制如下会计分录：

借：其他货币资金——存出投资款　　　　　　　　　　12 100 000
　　投资收益——A上市公司股票　　　　　　　　　　　 300 000
　贷：交易性金融资产——A上市公司股票——成本　　　 9 500 000
　　　　　　　　　　　　　　　　　　——公允价值变动　2 900 000

在本例中，2021年6月30日，甲公司出售持有A上市公司股票的价款12 100 000元与账面余额12 400 000元（即2020年12月31日的公允价值12 400 000元）之间的差额300 000元应当作为投资损失，记入"投资收益"科目的借方。

【例5-9】承【例5-5】【例5-7】，假定2021年3月15日，甲公司出售了所持有的全部B公司债券，售价为35 500 000元。不考虑相关税费和其他因素。甲公司应编制如下会计分录：

借：其他货币资金——存出投资款　　　　　　　　　　35 500 000
　贷：交易性金融资产——B公司债券——成本　　　　　25 500 000
　　　　　　　　　　　　　　　　——公允价值变动　　　300 000
　　　投资收益——B公司债券　　　　　　　　　　　　 9 700 000

本例中，甲公司出售交易性金融资产的售价35 500 000元与其账面余额25 800 000元（即2020年12月31日B公司债券的公允价值）之间的差额9 700 000元应当作为投资收益，记入"投资收益"科目的贷方。

（5）转让交易性金融资产

金融商品转让按照卖出价扣除买入价（不需要扣除已宣告未发放的现金股利和已到付息期未领取的利息）后的余额作为销售额计算增值税，即转让金融商品按盈亏相抵后的余额作为销售额。若相抵后出现负差，可结转下一纳税期与下期转让金融商品销售额互抵，但年末时仍出现负差的，不得转入下一会计年度。

转让金融资产当月月末，如产生转让收益，则按应纳税额，借记"投资收益"等科目，贷记"应交税费——转让金融商品应交增值税"科目；如产生转让损失，则按可结转下月抵扣税额，借记"应交税费——转让金融商品应交增值税"科目，贷记"投资收益"等科目。

年末，如果"应交税费——转让金融商品应交增值税"科目有借方余额，说明本年度的金融商品转让损失无法弥补，且本年度的金融资产转让损失不可转入下年度继续抵减转让金融资产的收益，因此，应借记"投资收益"等科目，贷记"应交税费——转让金融商品应交增值税"科目，将"应交税费——转让金融商品应交增值税"科目的借方余额转出。

【例 5-10】承【例 5-9】，假定 2021 年 6 月 30 日，甲公出售了所持有的 A 公司股票，价款为 12 100 000 元。计算该项业务转让金融商品应交增值税。

转让金融商品应交增值税：（35 500 000-26 000 000）/（1+6%）×6%=537 735.85 元

甲公司应编制如下会计分录：

借：投资收益——B 公司债券　　　　　　　537 735.85
　　贷：应交税费——转让金融商品应交增值税　　537 735.85

5.2.3 长期股权投资核算

长期投资是指不满足短期投资条件的投资，即不准备在 1 年或多于 1 年的经营周期之内转变为现金的投资。长期投资按其性质分为长期股权投资、长期债权投资和其他长期投资。

长期股权投资，是指通过投资取得被投资单位股份的长期投资。长期股权投资是企业金融资产投资以外的权益性投资。长期股权投资属于产权投资，它通过持股方式向被投资企业投入长期资本，并使被投资企业作为一个独立的经济体为投资企业实现总体经营目标服务。企业通过长期股权投资可以达到控制被投资单位的目的，或对被投资单位施加重大影响，或与被投资单位建立密切关系，以分散经营风险。

长期债权投资，即债权性投资，是指为取得债权所进行的投资。如购买公司债券、购买国库券等，均属于债权性投资。企业进行债权投资不是为了获得其他企业的剩余资产，而是为了获取高于银行存款利率的利息，并保证按期收回本息。长期债权投资核算类似于股权性投资，不再单独列述。

1. 长期股权投资的初始计量

（1）长期股权投资的确认

1）长期股权投资的内容

根据长期股权投资具体准则，可以确认为长期股权投资的内容项目包括以下四种：

①企业持有的能够对被投资单位实施控制的权益性投资，即对子公司投资。

②企业持有的能够与其他合营方一同对被投资单位实施共同控制的权益性投资,即对合营企业投资。

③企业持有的能够对被投资单位施加重大影响的权益性投资,即对联营企业投资。

④企业持有的对被投资单位不具有共同控制或重大影响,并且在活跃市场中没有报价、公允价值,不能可靠计量的权益性投资。

2)长期投资的类型

与上述确认为长期投资的内容项目相对应,按照投资企业对被投资企业所产生的权益影响程度,长期股权投资可以分为以下三种类型:

①控制,是指有权决定被投资企业的财务与经营政策。此种类型对应于对子公司的权益性投资,控股比例一般大于50%,或者控股比例虽小于等于50%,但具有实质控制权。

②共同控制,是指按照合同约定对某项经济活动所共有的控制权,是指被投资单位的财务与经营政策由多个投资企业共同决定,决策权是在一致同意、共同分享的情况下存在的。此种类型对应于对合营企业的权益性投资,控股比例大致在20%~50%。

③重大影响,是指对被投资企业的财务与经营政策拥有参与决策的权力,但并不能决定这些政策的制定。此种类型对应于对联营企业的权益性投资,控股比例大致在20%~50%。

(2)长期股权投资的核算方法

长期股权投资的核算方法有两种:一是成本法,二是权益法。

1)成本法核算的长期股权投资的范围如下:

①企业能够对被投资单位实施控制的长期股权投资。

②企业对被投资单位不具有控制、共同控制或重大影响,且在活跃市场中没有报价、公允价值,不能可靠计量的长期股权投资。

2)权益法核算的长期股权投资的范围如下:

企业对子公司的长期股权投资应当采用成本法核算,编制合并财务报表时按照权益法进行调整。

①企业对被投资单位具有共同控制的长期股权投资。

②企业对被投资单位具有重大影响的长期股权投资。

(3)长期股权投资主要核算科目设置

企业为核算长期股权投资业务,应当设置以下主要科目进行核算。

1)"长期股权投资"科目

该科目用来反映企业购买股票或以其他方式进行长期股权投资而投出的资金、投资的变动和投资的处置。该科目借方主要登记取得股权投资的实际成本;贷方登记处置股权投资的成本。在长期股权投资持有期间,该科目的具体登记方法不仅取决于实际投资额的变动,还取决于长期股权投资成本法与权益法的具体应用。如该科目的借方,在成本法下,还用来登记已冲减的初始投资成本予以恢复的金额;在权益法下,还用来登记根据被投资单位实现的净利润及净损益以外的其他所有者权益变动，按持股比例调增长期股权投资账面价值的金额。该科目的贷方，在成本法下，还用来登记将获得的超过投资后被投资单位累计净利润的分配额冲减初始投资成本的金额；在权益法下，还用来登记被投资单位实现的净亏损及净损益以外的其他所有者权益变动，按持股比例调减长期股权投资账面价值的金额。该科目的期末余额在借方，反映企业持有长期股权投资的价值。该科目一般按被投资单位设户进行明细核算，采用权益法核算的，还应按"成本""损益调整""其他综合收益""其他权益变动"分别设置明细科目。

2）"投资收益"科目

该科目用来反映企业对外投资所发生的损益。该科目的贷方登记取得的投资收益；借方登记发生的投资损失。对于长期股权投资而言，投资损益的确认与具体核算方法的应用存在密切关系。

3）"长期股权投资减值准备"科目

该科目用来核算企业长期股权投资发生减值迹象时确定计提的减值准备。该科目的贷方登记资产负债表日，企业根据资产减值准则或金融工具确认和计量准则确定长期股权投资发生的减值准备。该科目的期末贷方余额，反映企业已计提但尚未转销的长期股权投资减值准备。"长期股权投资减值准备"科目一般按照被投资单位进行明细核算。

（4）长期股权投资初始成本的确定

长期股权投资有企业合并形成和以支付现金、非现金资产等其他方式取得两种情况。企业合并又分为同一控制下的企业合并和非同一控制下的企业合并两种方式。

同一控制下的企业合并，是指参与合并的企业各方在合并前后均受同一方或相同的多方最终控制且该控制并非暂时性的。非同一控制下的企业合并，是指参与合并的企业各方在合并前后不受同一方或相同的多方最终控制。同一方，是指对参与合并的企业在合并前后均实施最终控制的投资者。相同的多方，是指根据投资者之间的协议约定，在对被投资单位的生产经营决策行使表决权时发表一致意见的两个或两个以上的投资者。控制并非暂时性，是指参与合并的各方在合并前后较长的时间内受到同一方或相同的多方最终控制。较长的时间通常是指1年以上（含1年）。

1）同一控制下企业合并形成的长期股权投资

同一控制下的企业合并具有两个特点：一是不属于交易事项，而是资产和负债的重新组合；二是合并作价往往不公允，因此合并方应当在合并日按取得被合并方所有者权益账面价值的份额作为初始投资成本。合并日，是指合并方实际取得对被合并方控制权的日期。

2）非同一控制下企业合并形成的长期股权投资

非同一控制下企业合并具有两个特点：一是它们是非关联企业的合并；二是合并以市价为基础，交易作价相对公平合理。因此，购买方应当在购买日将企业合并成本作为初始投资成本。购买日，是指购买方实际取得对被购买方控制权的日期。

3）以支付现金取得且不形成控股合并的长期股权投资

以支付现金取得且不形成控股合并的长期股权投资应当按照实际支付购买价款作为初始投资成本。它包括与取得长期股权投资直接相关的费用、税金及其他必要支出。

4）以发行权益性证券取得且不形成控股合并的长期股权投资

以发行权益性证券取得且不形成控股合并的长期股权投资应当按照发行权益性证券的公允价值作为初始投资成本。

5）以债务重组、非货币性资产交换等方式取得且不形成控股合并的长期股权投资

以债务重组、非货币性资产交换等方式取得且不形成控股合并的长期股权投资，其初始投资成本应按照《企业会计准则第12号——债务重组》和《企业会计准则第7号——非货币性资产交换》的规定确定。

（5）长期股权投资初始成本的计量

1）企业合并形成的长期股权投资取得时的计量

企业合并，是指将两个或两个以上单独的企业合并形成一个报告主体的交易或事项。在我国，将企业合并分为同一控制下的企业合并和非同一控制下的企业合并。

①同一控制下的企业合并形成的长期股权投资取得时的计量

合并方应当按照下列规定确定其取得时的初始投资成本：

a.以支付现金、转让非现金资产或承担债务方式作为合并对价的，应当在合并日按照取得被合并方所有者权益账面价值的份额，借记"长期股权投资"科目；按享有被投资单位已宣告但尚未发放的现金股利或利润，借记"应收股利"科目；按支付的合并对价的账面价值，贷记有关资产或负债科目；将长期股权投资初始投资成本与支付的现金、转让的非现金资产以及所承担债务账面价值之间的差额记入资本公积：为贷方差额的，贷记"资本公积——资本溢价后股本溢价"科目，为借方差额的，借记"资本公积——资本溢价或股本溢价"科目，若资本公积中的资本溢价或股本溢价不足冲减的，则调整留存收益，借记"盈余公积""利润分配——未分配利润"科目。

【例5-11】甲、乙两家建筑工程公司同为A集团的子公司，甲公司通过转让一项账面价值为75万元的专利权（属于无形资产），取得乙公司60%的股份，实现了对乙公司的控制，合并日乙公司的所有者权益总额为100万元，甲公司的资本公积余额为10万元，留存收益充裕。则合并方甲公司应编制会计分录如下：

借：长期股权投资——乙公司　　　　　　600 000（100万元×60%）
　　资本公积　　　　　　　　　　　　　100 000
　　盈余公积　　　　　　　　　　　　　 50 000
　贷：无形资产　　　　　　　　　　　　750 000

【例5-12】甲、乙两家建筑工程公司同为A集团的子公司，甲公司以银行存款85万元，取得乙公司60%的股份，实现了对乙公司的控制，合并日乙公司的所有者权益总额为100万元，甲公司的资本公积余额为10万元，盈余公积余额为10万元，留存收益充裕。

则合并方甲公司应编制会计分录如下：

借：长期股权投资——乙公司　　　　　　　　600 000（100万元×60%）
　　　资本公积　　　　　　　　　　　　　　100 000
　　　盈余公积　　　　　　　　　　　　　　100 000
　　　利润分配——未分配利润　　　　　　　　50 000
　　贷：无形资产　　　　　　　　　　　　　　850 000

b.合并方以发行权益性凭证作为合并对价的，应当在合并日按照取得被合并方所有者权益账面价值的份额，借记"长期股权投资"科目，按照发行股份的面值总额贷记"股本"科目。长期股权投资初始投资成本与所发行股份面值总额之间的差额记入资本公积：为贷方差额的，贷记"资本公积——资本溢价或股本溢价"科目；为借方差额的，借记"资本公积——资本溢价或股本溢价"科目；若资本公积中的资本溢价或股本溢价不足冲减的，则调整留存收益，借记"盈余公积""利润分配——未分配利润"科目。

【例5-13】甲、乙两家建筑工程公司同为A集团的子公司，根据甲、乙两公司达成的协议，2020年4月1日，甲公司增发权益性证券取得乙公司70%的股权。甲公司增发的普通股为3 000万股，每股面值1元。甲公司于当日取得乙公司的控制权，乙公司的所有者权益总额为5 000万元。则合并方甲公司应编制会计分录如下：

借：长期股权投资——乙公司　　　　　　　　35 000 000（5000万元×70%）
　　贷：股本　　　　　　　　　　　　　　　　30 000 000
　　　　资本公积——股本溢价　　　　　　　　5 000 000

②非同一控制下企业合并形成的长期股权投资取得时的计量

非同一控制下企业合并形成的长期股权投资，购买方应当按照确定的企业合并成本作为长期股权投资的初始投资成本。企业合并成本包括购买方付出的资产、发生或承担的负债与发行的权益性证券的公允价值之和，购买方为企业合并发生的审计、法律服务、评估咨询等中介费用以及其他相关管理费用，应于发生时计入当期损益；购买方作为合并对价发行的权益性证券或债务性证券的交易费用，应当计入权益性证券或债务性证券的初始确认金额。

在具体进行会计处理时，对于形成非同一控制下企业合并的长期股权投资，应在购买日按企业合并成本作为长期股权投资的初始投资成本（不含应被投资单位收取的现金股利或利润），借记"长期股权投资"科目，按享有投资单位已宣告但尚未发放的现金股利或利润，借记"应收股利"科目；按支付合并对价的账面价值，贷记有关资产或负债科目，按其差额，贷记或借记"资产处置损益"或"投资收益"等科目。按发生的直接相关费用，借记"管理费用"科目，贷记"银行存款"等科目。

若涉及以转让存货资产的形式作为合并对价的，应视同销售，按照存货的公允价值，贷记"主营业务收入"或"其他业务收入"科目，对应的增值税，贷记"应交税费——应交增值税（销项税额）"科目，并同时结转相关的成本；以公允价值计量且其变动计入其他综合收益的债权性金融资产的对应科目为"其他债权投资";指定为以公允价值计量且其变动计入其他综合收益的非交易性权益工具投资金融资产的对应科目为"其他权益工具投资"。

【例5-14】甲、乙两家建筑工程公司是不具有关联方关系的独立公司。2020年4月1日,甲、乙公司达成合并协议,约定甲公司以一批产品作为对价投资于乙公司,取得乙公司60%的股权,并实现了对乙公司的控制。该产品的成本为400万元,公允价值为500万元,该产品的应交增值税销项税额为65万元。则合并方甲公司应编制会计分录如下:

借:长期股权投资——乙公司　　　　　　　　　5 650 000
　　贷:主营业务收入　　　　　　　　　　　　　　5 000 000
　　　　应交税费——应交增值税(销项税额)　　　650 000(500万元×13%)

同时,结转该批产品成本:
借:主营业务成本　　　　　　　　　　　　　　　4 000 000
　　贷:库存商品　　　　　　　　　　　　　　　　4 000 000

企业通过多次交易分步实现非同一控制下企业合并的,应当区分个别财务报表和合并财务报表,并进行相关会计处理。

a. 在个别财务报表中,应当以购买日之前所持被购买方的股权投资的账面价值与购买日新增投资成本之和,作为该项投资的初始投资成本。其中,形成控股合并前对长期股权投资采用权益法核算的,购买日长期股权投资的初始投资成本为原权益法下的账面价值与购买日为取得新的股份所支付对价的公允价值之和,购买日之前因权益法形成的其他综合收益或其他资本公积暂时不作处理,待到处置该项投资时再将其按长期股权投资的规定进行处理;形成控股合并前对长期股权投资采用公允价值计量的(如原分类为以公允价值计量且其变动计入其他综合收益的非交易性权益工具投资金融资产),长期股权投资在购买日的初始投资成本为原公允价值计量的账面价值与购买日为取得新的股份所支付对价的公允价值之和,购买日之前持有的被购买方的股权涉及其他综合收益的,转入当期投资收益。

b. 在合并财务报表中,对于购买日之前持有的被购买方的股权,应当按照该股权在购买日的公允价值进行重新计量,公允价值与其账面价值的差额计入当期投资收益;购买日之前持有的被购买方的股权涉及其他综合收益的,与其相关的其他综合收益应当转为购买日所属当期投资收益。购买方应当在附注中披露其在购买日之前持有的被购买方的股权在购买日的公允价值,并按照公允价值重新计量产生的相关利得或损失的金额。

在合并合同或协议中对可能影响合并成本的未来事项作出约定的,在购买日,如果未来事项和可能发生并且对合并成本的影响金额能够可靠计量的,购买方应当将其计入合并成本。

2)非企业合并形成的长期股权投资取得时的计量

非企业合并形成的长期股权投资,又称为企业合并形式以外,其他方式取得的长期

股权投资。除企业合并形成的长期股权投资以外,其他方式取得的长期股权投资应当按照下列规定确定其初始投资成本:

①以支付现金取得的长期股权投资,应当按照实际支付的购买价款作为初始投资成本。初始投资成本包括与取得长期股权投资直接相关的费用、税金及其他必要支出。企业应在购买日按实际支付的价款及相关税费,扣除已宣告但尚未发放的现金股利,借记"长期股权投资"科目,按已宣告但尚未发放的现金股利,借记"应收股利"科目;按实际支付的价款及相关税费,贷记"银行存款"科目。

【例 5-15】甲建筑工程公司从证券市场购入乙公司发行在外的普通股股票400万股,每股11元,其中1元是乙公司已宣告但尚未发放的现金股利,购买中另支付相关税费60万元,甲公司取得该项股权后,对乙公司的财务与经营政策造成重大影响。则甲建筑工程公司应编制会计分录如下:

借:长期股权投资——乙公司　　　　　　　　40 600 000
　　应收股利——乙公司　　　　　　　　　　 4 000 000
　贷:银行存款　　　　　　　　　　　　　　44 600 000

②以发行权益性证券取得的长期股权投资,应当按照发行权益性证券的公允价值作为初始投资成本。企业应在证券发行日,按证券的公允价值(包括相关税费),借记"长期股权投资"科目,按发行证券的面值,借记"股本"科目;按公允价值与面值的差额,贷记"资本公积"科目,按支付的相关税费,贷记"银行存款"科目。

【例 5-16】甲建筑工程公司以增发普通股股票100万股的方式,作为对价投资于乙公司,该股票每股面值1元。实际发行价为每股3元。则甲建筑工程公司应编制会计分录如下:

借:长期股权投资——乙公司　　　　　　　　 3 000 000
　贷:股本　　　　　　　　　　　　　　　　 1 000 000
　　　资本公积——股本溢价　　　　　　　　 2 000 000

③通过非货币性资产交换或者通过债务重组取得的长期股权投资,其初始投资成本应当参照非货币性资产交换和债务重组的相关规定处理。

投资者投入的长期股权投资,是指投资者以其持有的第三方的投资作为出资投入企业,接受投资的企业原则上应当按照投资各方在投资合同或协议中约定的价值作为取得投资的初始投资成本。但合同或协议约定价值不公允者除外。

【例 5-17】甲建筑工程公司设立,主要出资方之一的丙公司将其持有的对乙公司的长期股权投资作为出资投入甲公司。投资各方投资合同共同确定,该项长期股权投资价值2500万元,甲公司的注册资本为10 000万元,丙公司的出资占甲公司注册资本的20%。则甲建筑工程公司应编制会计分录如下:

借:长期股权投资——乙公司　　　　　　　　25 000 000
　贷:实收资本(或股本)——丙公司　　　　 20 000 000

　　　　资本公积——股本溢价　　　　　　　　　　　　　　5 000 000

2. 长期股权投资的后续计量

（1）持有期间的后续计量方法

长期股权投资持有期间的后续计量有两种方法：一是成本法，二是权益法。长期股权投资持有期间计量方法的确定取决于投资企业对被投资企业的影响程度。

1）采用成本法计量的范围

成本法，是指长期股权投资按投资成本计价的方法。投资企业能够对被投资单位实施控制的长期股权投资，亦即对子公司的长期股权投资，应采用成本法进行后续计量。

2）采用权益法计量的范围

权益法，是指长期股权投资以初始成本计量后，根据持有期间内投资企业享有被投资单位所有者权益份额的变动对账面价值进行调整的计价方法。长期股权投资采用权益法计量的范围如下：①投资企业能够对被投资单位实施共同控制的长期股权投资，亦即对合营企业的长期股权投资；②投资企业能够对被投资单位施加重大影响的长期股权投资，亦即对联营企业的长期股权投资。

（2）持有期间的后续核算

1）成本法的核算

长期股权投资的初始投资成本一般保持不变。无论被投资企业的经营情况如何，净资产是否变动，但追加或减少投资的情况除外，追加或减少的投资应按调整后的成本作为账面价值。

被投资单位发放现金股利或利润时，投资企业应当按照享有被投资单位宣告发放的现金股利或利润确认投资收益。根据《企业会计准则解释第3号》（财会〔2009〕8号）规定，"不再划分是否属于投资前和投资后被投资单位实现的净利润"，不再将享有投资前被投资单位实现的净利润作为清算性股利而冲减成本。企业按照该规定确认被投资单位应分得的现金股利或利润后，应当考虑长期股权投资是否发生减值。在判断该类长期股权是否存在减值迹象时，应当关注长期股权投资的账面价值是否大于享有被投资单位净资产（包括相关商誉）账面价值的份额等类似情况。出现类似情况时，企业应当按照《企业会计准则第8号——资产减值》（财会〔2006〕3号）对长期股权投资进行减值测试，可收回金额低于长期股权投资账面价值的，应当计提减值准备。

被投资单位宣告发放股票股利时，投资企业只作备忘记录，不作会计处理。

【例5-18】2019年1月10日，甲建筑工程公司以每股4元购买乙公司面值1元的普通股股票40万股作为长期股权投资，取得乙公司80%的具有表决权的股份。支付的价款中包含乙公司已宣告但尚未分派的现金股利每股0.2元，购买过程中甲公司支付相关税费0.8万元。2019年12月31日，乙公司实现净利润750万元。2020年1月5日，乙公司宣告分派每股0.3元的现金股利。2020年12月31日，乙公司实现净利润1 250万元，2021年1月5日，乙公司宣告分派每股0.25元的现金股利。则甲建筑工程公司的账务处理如下。

① 2019 年 1 月 10 日，应编制会计分录如下：

购入初始投资成本：400 000×（4-0.2）=1 520 000 元

借：长期股权投资——乙公司　　　　　　　1 520 000
　　应收股利——乙公司　　　　　　　　　　80 000
　　管理费用　　　　　　　　　　　　　　　 8 000
　　贷：银行存款　　　　　　　　　　　　　1 608 000

② 2020 年 1 月 5 日，应编制会计分录如下：

借：应收股利——乙公司　　　120 000（40 万股 ×0.3 元/股 =12 万元）
　　贷：投资收益　　　　　　　120 000

③ 2021 年 1 月 5 日，应编制会计分录如下：

借：应收股利——乙公司　　　100 000（40 万股 ×0.25 元/股 =10 万元）
　　贷：投资收益　　　　　　　100 000

2）权益法的核算

①初始投资成本的调整

企业取得长期股权投资时应按照初始投资成本入账，取得以后确认采用权益法核算时，应对初始投资成本进行调整。

如果长期股权投资的初始投资成本大于应享有的被投资单位可辨认净资产公允价值的份额，两者之间的差额实质是通过投资所体现出来的商誉或不符合确认条件的资产价值，该差额不调整已确认的初始投资成本。

如果长期股权投资的初始投资成本小于应享有的被投资单位可辨认净资产公允价值的份额，两者之间的差额实质是被投资单位的让步所体现出来的价位，该差额应调整已确认的初始投资成本，并计入取得当期的营业外收入；同时调整增加长期股权投资的账面价值。

②被投资单位净资产的变动

在持有期间被投资单位实现净利润的处理如下：在持有期间按被投资单位实现净利润中应享有的份额调整"长期股权投资——损益调整"，并确认为投资收益。这里的净利润应依据取得投资时被投资单位的各项可辨认净资产的公允价值为基础，对其账面净利润进行调整。例如，对被投资单位按固定资产公允价值计提的折旧额相对于被投资单位按账面价值计提的折旧额进行净利润的调整。

在持有期间被投资单位发生亏损时的处理如下：冲减长期股权投资的账面价值，不足冲减的，应冲减被投资单位长期权益的账面价值，通常指长期性应收项目；仍不足冲减的，应按照投资合同或协议约定企业应承担的额外义务，确定预计负债并计入当期损益；如果仍有未确认的金额，投资企业应先作备忘录。待被投资企业以后年度实现盈利后，再按照应享有的收益份额，依次按上述反向顺序恢复。

③被投资企业发放现金股利及利润时的处理

被投资单位发放现金股利或利润时,会导致其净资产的减少,因此,投资企业应按享有的份额冲减长期股权投资的账面价值,即借记"应收股利"科目,贷记"长期股权投资——损益调整"科目。

被投资单位分派股票股利时,投资企业不作处理。但应在被查账簿中增加登记的股份;以后计算现金股利时应以增加后的股数为基数。

④被投资单位净资产、净收益以外的其他所有者权益变动

企业的收益一部分进入利润表,一部分直接进入资产负债表。对于进入利润表的部分,在取得投资时在各项可辨认净资产的公允价值基础上进行调整后计入投资收益。但是有一部分净损益以外的所有者权益的变动进入资产负债表,如被投资单位发行可分离交易的可转换公司债券中包含的权益成分及以权益结算的股份支付,对于被投资单位的这类变动,采用权益法进行核算的投资企业应按照持有的份额调整长期股权投资的账面价值,同时增加或减少资本公积(其他资本公积);对于被投资单位以公允价值计量且其变动计入其他综合收益的其他债权投资及其他权益工具投资收益借或贷记"长期股权投资——其他综合收益或其他权益变动"科目,贷或借记"其他综合收益或资本公积——其他资本公积"科目。

⑤未实现内部交易的抵消

投资企业与联营企业及合营企业之间发生的未实现内部交易损益按照持股比例计算归属于投资企业的部分应当予以抵消,在此基础上确认投资收益。投资企业与被投资单位发生的内部交易损失按照《企业会计准则第8号——资产减值》(财会〔2006〕3号)等规定属于资产减值损失的,应当全额确认。投资企业对于纳入其合并范围的子公司与其联营企业及合营企业之间发生的内部交易损益,也应当按照上述原则进行抵消,在此基础上确认投资损益。未实现内部交易的抵消,具体处理原则如下:

a. 逆流交易(联营企业或合营企业向投资企业出售资产)。对于联营企业或合营企业向投资企业出售资产的逆流交易,在该交易存在未实现内部交易损益的情况下,在将该资产出售给外部独立第三方之前,不应确认因该交易产生的损益中本企业应享有的部分。

若本年存在内部未实现损益,则:

$$本年调整后的净利润 = 被投资单位实现的净利润 - (资产售价 - 账面价值) \times 未出售的比例 \tag{5-1}$$

若以后年度出售该资产,则:

$$出售当年调整后的净利润 = 被投资单位实现的净利润 + (资产售价 - 账面价值) \times 该年度出售的比例 \tag{5-2}$$

如果该企业还有子公司,在编制合并报表时,该未实现内部交易损益应体现在投资企业持有资产的账面价值当中的,应进行调整如下:借记"长期股权投资——损益调整"

科目，贷记"存货"科目。

b. 顺流交易（投资企业向其联营企业或合营企业出售资产）。在被投资单位实现净利润时，应按照持股比例对未实现内部交易损益属于本企业的部分予以抵消，调整被投资单位实现的净利润。如果该企业还有子公司，在编制合并财务报表时，在合并财务报表中对该未实现内部交易损益应在个别报表已确认投资损益的基础上进行调整如下：借记"营业收入（主营业务收入或其他业务收入）"科目，贷记"营业成本（主营业务成本或其他业务成本）""投资收益"等科目。

【例 5-19】2019 年 1 月 10 日，甲建筑工程公司以每股 4 元购入乙公司面值 1 元的普通股 80 万股作为长期股权投资，支付交易费用 1 万元，取得乙公司 40% 的能够施加重大影响的股权，其中价款中包含了乙公司已宣告但尚未分派的每股 0.1 元的现金股利。取得日乙公司可辨认净资产的公允价值为 1 000 万元。假设乙公司可辨认净资产的公允价值与账面价值相等。2019 年 12 月 31 日，乙公司实现净利润 100 万元，2020 年 1 月 5 日，乙公司宣告派发每股 0.25 元的现金股利。2020 年 12 月 31 日，乙公司实现净利润 200 万元，2021 年 1 月 5 日，乙公司宣告分派每股 0.3 元的现金股利。则甲建筑工程公司的账务处理如下。

① 2019 年 1 月 10 日，确认取得时的初始投资成本，并编制如下会计分录：

$$800\,000 \times (4-0.1) + 10\,000 = 3\,130\,000\ 元$$

借：长期股权投资——成本　　　　　　　3 130 000
　　应收股利　　　　　　　　　　　　　　80 000
　　贷：银行存款　　　　　　　　　　　　　3 210 000

对于本例长期股权投资的初始投资成本小于应享有的被投资单位可辨认净资产公允价值的差额，甲建筑工程公司应确认如下：

$$10\,000\,000 \times 40\% - 3\,130\,000 = 870\,000\ 元$$

借：长期股权投资——成本　　　　　　　870 000
　　贷：营业收入　　　　　　　　　　　　　870 000

② 2019 年 12 月 31 日，据乙公司实现的净利润，应编制会计分录如下：
借：长期股权投资——损益调整　　　　　400 000（100 万元 × 40%=40 万元）
　　贷：投资收益　　　　　　　　　　　　　400 000

③ 2020 年 1 月 5 日，据乙公司宣告分派的现金股利，应编制会计分录如下：
借：应收股利——乙公司　　　　　　　　200 000（80 万股 × 0.25 元/股 =20 万元）
　　贷：长期股权投资——损益调整　　　　　200 000

④ 2020 年 12 月 31 日，据乙公司实现的净利润，应编制会计分录如下：
借：长期股权投资——损益调整　　　　　800 000（200 万元 × 40%=80 万元）
　　贷：投资收益　　　　　　　　　　　　　800 000

⑤ 2021 年 1 月 5 日，据乙公司宣告分派的现金股利，应编制会计分录如下：

借：应收股利——乙公司　　　　　　　　240 000（80万股 × 0.3元/股 = 24万元）
　　贷：长期股权投资——损益调整　　　　　240 000

3）长期股权投资的减值

①对子公司、联营企业及合营企业的投资，应当按照《企业会计准则第8号——资产减值》（财会〔2006〕3号）的规定确定其可收回金额及应予计提的减值准备。其中，可收回金额以公允价值减去处置费用后的净额与资产预计未来现金流量的现值两者之间的较高者确定。

②企业持有的对被投资单位不具有共同控制或重大影响、在活跃市场中没有报价、公允价值不能可靠计量的权益性投资，应当按照《企业会计准则第22号——金融工具确认和计量》（财会〔2006〕3号）的规定确定的金额计提减值准备。其账面价值大于类似金融资产当时市场收益率对未来现金流量折现确定的现值的部分应确认为减值损失。

③有关长期股权投资的减值准备一经提取确认，在以后的会计期间不允许转回。

④长期股权投资减值发生时，借记"资产减值损失"科目，贷记"长期股权投资减值准备"科目。

（3）持有期间各期末的计量

企业应当在资产负债表日判断长期股权投资是否存在可能发生减值的迹象。对于存在发生减值迹象的长期股权投资，应当估计其可收回金额。可收回金额应当根据长期股权投资的公允价值减去处置费用后的净额与资产预计现金流量的现值两者之间较高者确定。可收回金额的计量结果表明，长期股权投资的可收回金额低于其账面价值的，应当将长期股权投资的账面价值减记至可收回金额，减记的金额确认为资产减值损失，计入当期损益，同时，计提相应的资产减值准备，贷记"长期股权投资减值准备"科目。

（4）长期股权投资处置的计量

企业出售长期股权投资时，应按实际收到的金额，借记"银行存款"科目，原已计提减值准备的，借记"长期股权投资减值准备"科目；按其账面余额，贷记"长期股权投资"科目；按尚未领取的现金股利或利润，贷记"应收股利"科目；并将这些账户之间的差额列入"投资收益"科目。

采用权益法核算的长期股权投资，因被投资单位除净损益以外所有者权益的其他变动而计入所有者权益的，处置该项投资时应当将原计入所有者权益的部分按相应比例转入当期损益。亦即将原计入其他综合收益后资本公积账户的金额转入投资收益科目。

【例5-20】甲建筑工程公司决定将所持有的按权益法核算的对乙公司的长期股权投资予以出售，处置时甲公司账面上对乙公司长期股权投资的构成如下：投资成本25万元，损益调整5万元，其他综合收益2万元。计提的长期股权投资减值准备为1万元。出售该股权实际取得价款35万元，当即存入银行。则甲建筑工程公司应编制会计分录如下：

借：银行存款　　　　　　　　　　　　　350 000
　　长期股权投资减值准备　　　　　　　　10 000

贷：长期股权投资——成本 250 000
　　　　　　　　——损益调整 50 000
　　　　　　　　——其他综合收益 20 000
　　投资收益 40 000

同时，还应将原计入其他综合收益的部分转为当期的处置损益。

借：其他综合收益 20 000
　贷：投资收益 20 000

3. 长期股权投资核算方法转换

长期股权投资在持有期间，因各方面情况的变化，可能导致其核算需要由一种方法转换为另一种方法。

（1）成本法转换为权益法

长期股权投资的核算由成本法转为权益法时，因处置投资导致对被投资单位的影响能力由控制转为具有重大影响，或者与其他投资方一起实施共同控制的情况下，首先应按处置或收回投资的比例结转应终止确认的长期股权投资成本。

在此基础上，应当比较剩余的长期股权投资成本与按照剩余持股比例计算原投资时应享有被投资单位可辨认净资产公允价值的份额，属于投资作价中体现的商誉部分，不调整长期股权投资的账面价值；属于投资成本小于原投资时应享有被投资单位可辨认净资产公允价值份额的，在调整长期股权投资成本的同时，应调整留存收益。

对于原取得投资后至因处置投资导致转变为权益法核算之间被投资单位实现净损益中应享有的份额，一方面应当调整长期股权投资的账面价值，同时对于原取得投资时至处置投资当期期初被投资单位实现的净损益（扣除已发放及已宣告发放的现金股利和利润）中应享有的份额，调整留存收益；对于处置投资当期期初至处置投资之日被投资单位实现的净损益中享有的份额，调整当期损益；对被投资单位确认的其他综合收益及其变动以及其他原因导致被投资单位所有者权益其他变动中应享有的份额，在调整长期股权投资账面价值的同时，前者应当记入"其他综合收益"科目，后者则应当记入"资本公积——其他资本公积"科目。

长期股权投资自成本法转为权益法后，未来期间应当按照准则规定计算确认应享有被投资单位实现的净损益及所有者权益其他变动的份额。

在合并财务报表中，对于剩余股权，应当按照其在丧失控制权日的公允价值进行重新计量。处置股权取得的对价与剩余股权公允价值之和，减去按原持股比例计算应享有原有子公司自购买日开始持续计算的净资产的份额之间的差额，计入丧失控制权当期的投资收益。与原有子公司股权投资相关的其他综合收益，应在丧失控制权时转为当期投资收益。企业应当在附注中披露处置后的剩余股权在丧失控制权日的公允价值，按照公允价值重新计量产生的相关利得或损失的金额。

投资方因其他投资方对其子公司增资而导致本投资方持股比例下降，从而丧失控制

权,但仍能实施共同控制或施加重大影响的,投资方应当区分个别财务报表和合并财务报表进行相关会计处理:

1）在个别财务报表中,应当对该项长期股权投资从成本法转为权益法核算。首先,按照新的持股比例确认本投资方应享有的原子公司因增资扩股而增加的净资产的份额,与应结转持股比例下降部分所对应的长期股权投资原账面价值之间的差额,计入当期损益;然后按照新的持股比例视同自取得投资时即采用权益法核算进行调整。

2）在合并财务报表中,应当按照合并财务报表的有关规定进行会计处理。

【例5-21】甲公司持有乙公司60%的股权,其账面余额为6 000万元,未计提减值准备。2020年1月6日,甲公司将其持有的对乙公司长期股权投资中的1/3出售给丙公司,出售取得价款3 600万元,当日被投资企业可辨认净资产公允价值总额为14 500万元。甲公司取得乙公司60%的股权时,乙公司可辨认净资产公允价值总额为9 000万元（假定公允价值与账面价值相同）。自甲公司取得对乙公司长期股权投资后至部分处置投资前,乙公司实现净利润5 000万元。其中,自甲公司取得投资日与2020年年初实现净利润4 000万元。假定乙公司一直未进行利润分配。持有以公允价值计量且其变动计入其他综合收益的非交易性权益工具投资金融资产的公允价值升值500万元。本例中甲乙公司按净利润的10%提取盈余公积。

在出售20%的股权后,甲公司对乙公司的持股比例为40%,公允价值为7 200万元,在被投资单位董事会中派有代表,但不能对乙公司的生产经营决策实施控制,对乙公司长期股权投资应由成本法改为权益法核算。

①甲公司个别财务报表的处理

确认长期股权投资处置损益:

借:银行存款　　　　　　　　　　　　36 000 000
　　贷:长期股权投资　　　　　　　　　20 000 000
　　　　投资收益　　　　　　　　　　　16 000 000

对剩余股权改按权益法核算:

剩余长期股权投资的账面价值为4 000万元,与原投资时享有被投资单位可辨认净资产公允价值份额之间的差额400万元（4 000–9 000×40%）为商誉,该部分商誉的价值不需要对长期股权投资的成本进行调整。

处置投资以后,按照持股比例计算享有被投资单位自购买日至处置投资日期间实现的净损益为2 000万元（5 000×40%）,应调整增加长期股权投资的账面价值,同时调整留存收益;对被投资单位确认的其他综合收益及其变动部分500万元,亦应调整增加长期股权投资的账面价值,同时调整其他综合收益。企业应进行以下账务处理:

借:长期股权投资　　　　　　　　　　22 000 000
　　贷:盈余公积　　　　　　　　　　　1 600 000（4 000万元×40%×10%）
　　　　利润分配——未分配利润　　　　14 400 000（4 000万元×40%×90%）

投资收益		4 000 000（1 000万元×40%）
其他综合收益		2 000 000（500万元×40%）

经过上述调整后，在个别财务报表中，剩余股权的账面价值为4 000+2 200=6 200万元。

②甲公司合并财务报表的处理

合并财务报表中应确认的投资收益为[（3 600+7 200）–14 500×60%+500×60%]=2400万元。由于个别财务报表中已经确认了2 000万元的投资收益，在合并财务报表中作如下调整：

剩余股权按丧失控制权日的公允价值重新计量的调整：

借：长期股权投资		72 000 000
贷：长期股权投资		62 000 000（14 500万元×40%+400万元）
投资收益		10 000 000

对个别财务报表中部分处置收益的归属期间进行调整：

借：投资收益		8 000 000（4 000万元×20%）
贷：未分配利润		8 000 000

从其他综合收益转出与剩余股权相对应的原计入权益的其他综合收益200万元，重分类转入投资收益：

借：其他综合收益		2 000 000（5 000万元×40%）
贷：投资收益		2 000 000

（2）成本法转换为公允价值计量

投资企业其后因部分处置等原因导致对被投资单位持股比例下降，不能再对被投资单位实施控制的，也不能实施共同控制或重大影响的应将剩余股权改按金融工具确认和计量准则的要求进行会计处理，并于丧失控制权日将剩余股权按公允价值重新计量，公允价值与其账面价值的差额计入当期损益。

【例5-22】甲建筑集团公司原持有乙公司60%的股权，其投资成本为6 000万元，按成本法进行核算。2020年5月1日，甲公司将其持有的对乙公司长期股权投资中的80%出售给非关联方丙公司，出售取得价款7 000万元，剩余12%的股权于丧失控制权日的公允价值为1 750万元，甲公司将其分类为以公允价值计量且其变动计入当期损益的交易性金融资产。不考虑其他相关因素，甲公司在丧失控制权日的会计处理如下：

①出售股权

借：银行存款		70 000 000
贷：长期股权投资		48 000 000
投资收益		22 000 000

②剩余股权的处理

借：交易性金融资产		17 500 000
贷：长期股权投资		12 000 000
投资收益		5 500 000

（3）公允价值计量或权益法转换为成本法

因追加投资原因导致原持有的分类为以公允价值计量且其变动计入当期损益的金融资产，或分类为以公允价值计量且其变动计入其他综合收益的非交易性权益工具投资的资产，以及对联营企业或合营企业的投资转变为对子公司投资的，长期股权投资账面价值的调整应当按照前述对子公司投资初始计量的有关规定处理。

对于原作为金融资产，转换为采用成本法核算的对子公司的投资，如有关金融资产分类为以公允价值计量且其变动计入当期损益的金融资产，应当按照转换时的公允价值确认为长期股权投资，公允价值与其原账面价值之间的差额计入当期损益；如有关金融资产分类为以公允价值计量且其变动计入其他综合收益的非交易性权益工具投资的金融资产，除按照转换时的公允价值确认为长期股权投资，该公允价值与其原账面价值之间的差额计入当期损益外，原确认计入其他综合收益的前期公允价值变动亦应结转计入当期损益。

（4）公允价值计量转换为权益法

投资企业对原持有的被投资单位的股权不具有控制、共同控制或重大影响，以及按照金融工具确认和计量准则进行会计处理的，因追加投资等原因导致持股比例增加，使其能够对被投资单位实施共同控制或重大影响而转按权益法核算的，应在转换日，按照原股权的公允价值加上为取得新增投资而应支付对价的公允价值，作为改按权益法核算的初始投资成本；原股权投资于转换日的公允价值与账面价值之间的差额，以及原计入其他综合收益的累计公允价值变动转入改按权益法核算的当期损益。在此基础上，比较初始投资成本与获得被投资单位共同控制或重大影响时应享有被投资单位可辨认净资产公允价值份额之间的差额，前者大于后者的，为商誉，不调整长期股权投资的账面价值；前者小于后者的，差额调整长期股权投资的账面价值，并计入当期营业外收入。

【例 5-23】甲公司于 2019 年 10 月取得乙公司 10% 的股权，对乙公司不具有控制、共同控制或重大影响，甲公司将其分类为以公允价值计量且其变动计入其他综合收益的权益性金融资产，投资成本为 900 万元，取得时，乙公司可辨认净资产公允价值总额为 8 400 万元（假定公允价值与账面价值相同）。

2020 年 11 月 1 日，甲公司又以 1 800 万元取得乙公司 12% 的股权，当日乙公司可辨认净资产公允价值总额为 12 000 万元。取得该部分股权后，按照乙公司章程规定，甲公司能够派人参与乙公司的财务和生产经营决策，对该项长期股权投资转为权益法核算。假定甲公司在取得乙公司 10% 的股权后，双方未发生任何内部交易。乙公司通过生产经营活动实现的净利润为 900 万元，未派发现金股利或利润。除所实现净利润外，未发生其他所有者权益变动事项。2020 年 11 月 1 日，甲公司对乙公司投资原 10% 股权的公允价值为 1 300 万元，原计入其他综合收益的累计公允价值变动收益为 120 万元。

本例中，2020 年 11 月 1 日，甲公司对乙公司投资原 10% 股权的公允价值为 1 300 万元，账面价值为 1 020 万元，差额计入损益；同时，因追加投资改按权益法核算，原计入其他综合收益的累计公允价值变动收益 120 万元转入当期投资损益。

甲公司对乙公司股权增持后，持股比例变为 22%，初始投资成本为 3 100 万元（1 300+1 800），应享有乙公司可辨认净资产公允价值份额 2 640 万元（12 000×22%），前者大于后者 460 万元，为商誉，不调整长期股权投资的账面价值。

2020 年 11 月 1 日，甲公司对上述交易的会计处理如下：

借：长期股权投资——投资成本　　　　　　　　31 000 000
　　贷：银行存款　　　　　　　　　　　　　　　18 000 000
　　　　投资收益　　　　　　　　　　　　　　　 2 800 000
　　　　其他权益工具投资　　　　　　　　　　　10 200 000
借：其他综合收益　　　　　　　　　　　　　　　 1 200 000
　　贷：投资收益　　　　　　　　　　　　　　　 1 200 000

（5）权益法转换为公允价值计量

投资企业原持有的被投资单位的股权对其具有共同控制或重大影响，因部分处置等原因导致持股比例下降，不再对被投资单位实施共同控制或重大影响的，应于失去共同控制或重大影响时改按金融工具确认和计量准则的规定对剩余股权进行会计处理，即：对剩余股权改按公允价值计量时，公允价值与原账面价值的差额计入当期损益，同时，原采用权益法核算的相关其他综合收益应当在终止采用权益法核算时，采用与被投资单位直接处置相关资产或负债相同的基础进行会计处理；因被投资单位除净损益、其他综合收益和利润分配以外的其他所有者权益变动而确认的所有者权益，应当在终止采用权益法时全部转入当期损益。

【例 5-24】甲公司持有乙公司 32% 的股权，能对乙公司施加重大影响，对该股权投资采用权益法核算。2020 年 10 月，甲公司将该项投资中的 50% 出售给非关联方丙公司，取得价款 1 800 万元。相关股权划转手续于当日完成。甲公司持有乙公司剩余 16% 的股权，无法再对乙公司施加重大影响，转为以公允价值计量且其变动计入其他综合收益的权益性金融资产。股权出售日，剩余股权的公允价值为 1 800 万元。

出售该股权时，长期股权投资的账面价值为 3 200 万元，其中投资成本为 2 600 万元，损益调整为 300 万元，因被投资单位的公允价值计量且其变动计入其他综合收益的权益性金融资产的累计公允价值变动享有部分为 200 万元，除净损益、其他综合收益和利润分配外的其他所有者权益变动为 100 万元。不考虑相关税费等其他因素影响。甲公司的会计处理如下：

①确认有关股权投资的处置损益：

借：银行存款　　　　　　　　　　　　　　　　　18 000 000
　　贷：长期股权投资　　　　　　　　　　　　　16 000 000
　　　　投资收益　　　　　　　　　　　　　　　 2 000 000

②由于终止采用权益法核算，将原确认的相关其他综合收益全部转为当期损益：

借：其他综合收益　　　　　　　　　　　　　　2 000 000
　　贷：投资收益　　　　　　　　　　　　　　　　2 000 000

③由于终止采用权益法核算，将原计入资本公积的其他所有者权益变动全部转入当期损益：

借：资本公积——其他资本公积　　　　　　　　1 000 000
　　贷：投资收益　　　　　　　　　　　　　　　　1 000 000

④剩余股权投资转为以公允价值计量且其变动计入其他综合收益的权益性金融资产，当天公允价值为1 800万元，账面价值为1 600万元，两者差异200万元计入当期损益。

借：其他权益工具投资　　　　　　　　　　　　18 000 000
　　贷：长期股权投资　　　　　　　　　　　　　　16 000 000
　　　　投资收益　　　　　　　　　　　　　　　　2 000 000

5.3　投资性房地产

5.3.1　投资性房地产的含义与范围

1. 投资性房地产的含义

投资性房地产，是指为赚取租金或资本增值，或者两者兼有而持有的房地产。房地产通常是土地和房屋及其权属的总称。在我国，土地归国家或集体所有，企业取得土地使用权。因此，房地产中的土地是指土地使用权，房屋是指土地上的房屋等建筑物及构筑物。企业持有的房地产，除了用作自身管理、生产经营活动场所和对外销售之外，还出现了将房地产用于赚取租金或增值收益的业务，这种业务甚至成为个别企业的主营业务。用于出租或增值的房地产就是投资性房地产，主要包括已出租的土地使用权、持有并准备增值后转让的土地使用权和已出租的建筑物。投资性房地产应当能够单独计量和出售。

投资性房地产的主要形式是出租建筑物、出租土地使用权，这实质上属于一种让渡资产使用权行为。房地产租金就是让渡资产使用权取得的使用费收入，是企业为完成其经营目标所从事的经营性活动以及与之相关的其他活动形成的经济利益总流入。投资性房地产的另一种形式是持有并准备增值后转让的土地使用权，这类土地使用权很可能给企业带来资本增值收益，是企业为完成其经营目标所从事的经营性活动以及与之相关的其他活动形成的经济利益总流入。在我国，持有并准备增值后转让的土地使用权这种情况较少。

2. 投资性房地产的范围

投资性房地产的范围限定为已出租的土地使用权、持有并准备增值后转让的土地使用权、已出租的建筑物。

（1）已出租的土地使用权

已出租的土地使用权，是指企业通过出让或转让方式取得的、以经营租赁方式出租的土地使用权。企业取得的土地使用权通常包括在一级市场上以缴纳土地出让金的方式取得的土地使用权和在二级市场上接受其他单位转让的土地使用权。对于企业以经营租赁方式租入土地使用权再转租给其他单位的，不能确认为投资性房地产。

（2）持有并准备增值后转让的土地使用权

持有并准备增值后转让的土地使用权，是指企业取得的、准备增值后转让的土地使用权，土地使用权很可能给企业带来资本增值收益，符合投资性房地产的定义。按照国家规定认定的闲置土地，不属于持有并准备增值后转让的土地使用权，也就不属于投资性房地产。

（3）已出租的建筑物

已出租的建筑物，是指企业拥有产权的、以经营租赁方式出租的建筑物，包括自行建造或开发活动完成后用于出租的建筑物以及正在建造或开发过程中将来用于出租的建筑物。企业在判断和确认已出租的建筑物时，应当把握以下要点：

1）用于出租的建筑物，是指企业拥有产权的建筑物。企业以经营租赁方式租入再转租的建筑物不属于投资性房地产。例如，甲企业与乙企业签订了一项经营租赁合同，乙企业将其持有产权的一栋办公楼出租给甲企业，为期5年。甲企业一开始将该办公楼装修后用于自行经营餐馆，两年后，由于连续亏损，甲企业将餐馆转租给丙企业，以赚取租金差价。这种情况下，对于甲企业而言，该栋楼不属于其投资性房地产；对于乙企业而言，则属于其投资性房地产。

2）已出租的建筑物，是指企业已经与其他方签订了租赁协议，约定以经营租赁方式出租的建筑物。一般应自租赁协议规定的租赁期开始日起，经营租出的建筑物才属于已出租的建筑物。通常情况下，对于企业持有以备经营出租的空置建筑物或在建建筑物，如董事会或类似机构作出书面决议，明确表明将其用于经营出租且持有意图短期内不再发生变化的，即使尚未签订租赁协议，也应视为投资性房地产。这里的空置建筑物，是指企业新购入、自行建造或开发完成但尚未使用的建筑物，以及不再用于日常生产经营活动且经整理后达到可经营出租状态的建筑物。但是自用房地产、作为存货的房地产不属于投资性房地产。

3）企业将建筑物出租，按租赁协议向承租人提供的相关辅助服务在整个协议中不重大的，应当将该建筑物确认为投资性房地产。如企业将其办公楼出租，同时向承租人提供维护、保安等日常辅助服务，则企业应将其确认为投资性房地产。

3. 不属于投资性房地产的项目

（1）自用房地产

自用房地产，是指为生产商品、提供劳务或者经营管理而持有的房地产，如企业生产自用的厂房和办公楼属于固定资产，企业生产经营用的土地使用权属于无形资产。自用房的特征在于服务于企业自身的生产经营，其价值会随着房地产的使用而逐渐转移到企业产品或服务中去，通过销售商品或提供服务为企业带来经济利益。

（2）作为存货的房地产

作为存货的房地产，通常是指房地产开发企业在正常经营过程中销售的或为销售而正在开发的商品房和土地。这部分房地产属于房地产开发企业的存货，不属于投资性房地产。实务中，存在某项房地产部分自用或作为存货出售、部分用于赚取租金或资本增值的情形。如某项投资性房地产不同用途的部分能够单独计量和出售，应当分别确认为固定资产（或无形资产、存货）和投资性房地产。

例如，某开发商建造了一栋商住两用楼盘，一层出租给一家大型超市，已签订联营租赁合同，其余楼层均为普通住宅，正在公开销售中。这种情况下，如果一层商用房能够单独计量和出售，应当确认为该企业的投资性房地产，其余楼层为该企业的存货，即开发产品。

5.3.2 投资性房地产的计量

1. 投资性房地产的确认标准

投资性房地产同时满足下列两个条件，才能予以确认：

（1）与该投资性房地产有关的经济利益可能流入企业；

（2）该投资性房地产的成本能够可靠地计量。

对于已出租的土地使用权、已出租的建筑物，其作为投资性房地产的确认时点一般为租赁开始日，即土地使用权、建筑物进入出租状态、开始赚取租金的日期。

2. 投资性房地产的初始计量

企业取得的投资性房地产，应当按照取得时的成本进行初始计量，取得的方式不同，则取得时的成本计量也不同。

（1）外购的投资性房地产

在采用成本模式计量下，外购的土地使用权和建筑物按照取得时的实际成本，包括购买价格、相关税费和可直接归属于该资产的其他支出，进行初始计量，借记"投资性房地产""应交税费——应交增值税（进项税额）""应交税费——待抵扣进项税额"等科目，贷记"银行存款"等科目。企业购入的房地产，部分用于出租（或资本增值）、部分自用或作为存货，用于出租（或资本增值）的部分应予以单独确认的，应按照不同部分的公允价值占公允价值总额的比例将成本在不同部分之间进行分配；对于不能单独计量和出售的用于出租（或资本增值）的部分，不确认为投资性房地产。

在采用公允价值模式计量下，外购的投资性房地产应当按照取得时的实际成本进行初始计量，其实际成本的确定与采用成本模式计量的投资性房地产一致。企业应当在"投资性房地产"科目下设置"成本"和"公允价值变动"两个明细科目，按照外购的土地使用权和建筑物发生的实际成本，记入"投资性房地产——成本"科目。

企业购入房地产，自用一段时间后再改为出租或用于资本增值的，应当先将外购的房地产确认为固定资产或无形资产，自租赁期开始日或用于资本增值之日起，才能从固定资产或无形资产转为投资性房地产。

（2）自行建造的投资性房地产

自行建造的投资性房地产，其成本由建造该项资产达到预定可使用状态前所发生的必要支出构成，包括土地成本、建造成本、应予以资本化的借款费用以及支付和分摊的间接费用等。建造过程中发生的非正常损失直接计入当期损益，不计入建造成本。按照建造过程发生的成本，借记"投资性房地产""应交税费——应交增值税（进项税额）"等科目，贷记"银行存款"等科目。

企业自行建造的房地产达到预定可使用状态后一段时间对外出租或用于资本增值的，应先将自行建造的房地产确认为固定资产或无形资产，自租赁期开始日或用于资本增值之日起，从固定资产或无形资产转为投资性房地产。

3. 投资性房地产的后续支出

（1）资本化的后续支出

与投资性房地产有关的后续支出，满足投资性房地产确认条件的应当计入投资性房地产成本。例如，企业为了提高投资性房地产的使用效能，往往需要对投资性房地产进行改建、扩建而使其更加坚固耐用，或者通过装修改善其室内装潢，改扩建或装修支出满足确认条件的，应当将其资本化。企业对某项投资性房地产进行改扩建等再开发且将来仍作为投资性房地产的，在再开发期间应继续将其作为投资性房地产，再开发期间不计提折旧或摊销。

（2）费用化的后续支出

与投资性房地产有关的后续支出，不满足投资性房地产确认条件的，应当在发生时计入当期损益。例如，企业对投资性房地产进行日常维护发生的一些支出。企业在发生投资性房地产费用化的后续支出时，借记"其他业务成本""应交税费——应交增值税（进项税额）"等科目，贷记"银行存款"等科目。

4. 投资性房地产的后续计量

投资性房地产的后续计量可以选择成本模式或公允价值模式，但同一企业只能采用一种模式对其所有的投资性房地产进行后续计量。

（1）采用成本模式进行后续计量的投资性房地产

采用成本模式进行后续计量的投资性房地产，应当按照固定资产或无形资产的有关规定，按期（月）计提折旧或摊销，借记"其他业务成本"等科目，贷记"投资性房地产累计折旧（摊销）"科目。取得的租金收入，借记"银行存款"等科目，贷记"其他业务收入""应交税费——应交增值税（销项税额）"等科目。

投资性房地产存在减值迹象的，经减值测试后确定发生减值的，应当计提减值准备，借记"资产减值损失"科目，贷记"投资性房地产减值准备"科目。已经计提减值准备的投资性房地产的价值又得以恢复的，不得转回。

投资性房地产的后续支出是指投资性房地产在持有期间发生的与其使用效能直接相

关的各种支出，如改建扩建支出、装潢装修支出等。投资性房地产的后续支出满足资本化确认条件的，应将其资本化，计入投资性房地产成本；不满足资本化条件的，应在发生时计入当期损益。

企业将投资性房地产转为自用房地产时，应将该项投资性房地产在转换日的账面余额、投资性房地产累计折旧（摊销）、减值准备等，分别转入"固定资产""累计折旧""固定资产减值准备"等科目。

（2）采用公允价值模式进行后续计量的投资性房地产

企业有确凿证据表明其投资性房地产的公允价值能够持续可靠取得的，可以对投资性房地产采用公允价值模式进行后续计量。投资性房地产采用公允价值模式进行后续计量的，不计提折旧或摊销，企业应当以资产负债表日的公允价值为基础，调整其账面价值。资产负债表日，投资性房地产的公允价值高于其账面余额的差额，借记"投资性房地产——公允价值变动"科目，贷记"公允价值变动损益"科目；公允价值低于其账面余额的差额作相反的账务处理。取得的租金收入，借记"银行存款"科目，贷记"其他业务收入""应交税费——应交增值税（销项税额）"等科目。

采用公允价值模式计量投资性房地产，应当同时满足以下两个条件：一是投资性房地产所在地有活跃的房地产交易市场；二是企业能够从房地产交易市场上取得同类或类似房地产的市场价格及其他相关信息，从而对投资性房地产的公允价值作出科学合理的估计。这两个条件必须同时具备，缺一不可。

为保证会计信息质量的可比性，企业对投资性房地产的计量模式一经确定，不得随意变更。只有在房地产市场比较成熟、能够满足采用公允价值模式条件的情况下，才允许企业对投资性房地产从成本模式计量变更为公允价值模式计量。成本模式转为公允价值模式，应当作会计政策变更处理，并按计量模式变更时的公允价值与账面价值的差额调整期初留存收益。已采用公允价值模式计量的投资性房地产，不得从公允价值模式转为成本模式。

5.3.3 投资性房地产的转换与处置

1. 投资性房地产的转换

（1）投资性房地产的转换形式和转换日

投资性房地产的转换，实质上是因房地产的用途发生改变而对房地产进行的重新分类。企业有确凿证据表明房地产用途发生改变时，应当将投资性房地产转换为其他资产或者将其他资产转换为投资性房地产。这里的确凿证据包括两个方面：一是企业董事会或类似机构应当就改变房地产用途形成正式的书面协议；二是房地产因用途改变而发生实际状态上的改变，如从自用状态改为出租状态。

房地产转换形式主要包括：

1）投资性房地产开始自用，相应地由投资性房地产转为固定资产或无形资产。例如企业将出租办公楼收回,改为企业自己的办公场所。

2)作为存货的房地产改为出租,通常是指房地产开发企业将其持有的开发产品以经营租赁的方式出租,相应地由存货转为投资性房地产。

3)自用土地使用权停止自用,用于赚取租金或资本增值的,相应地由无形资产转为投资性房地产。

4)自用建筑物停止自用,改为出租性房地产。

5)房地产企业将用于经营出租的房地产重新开发用于对外销售,相应地由投资性房地产转为存货。

在投资性房地产的转换中,一个重要的问题是转换日的确定。转换日,是指房地产的用途发生改变、状态相应发生改变的日期。转换日的确定标准为:投资性房地产开始自用,转换日是指房地产达到自用状态,企业开始将房地产用于生产商品、提供劳务或经营管理的日期;投资性房地产转为存货,转换日为租赁期满、企业董事会或类似机构作出书面决议明确表明将其开发用于对外销售的日期;作为存货的房地产转为出租,或自用土地使用权、自用建筑物停止自用转为出租的,转换日通常为租赁开始日。

(2)投资性房地产转为非投资性房地产

1)采用成本模式计量的投资性房地产转为自用房地产

企业将投资性房地产转为自用房地产,应当按该项投资性房地产在转换日的账面余额、累计折旧或摊销、减值准备等,分别转入"固定资产""累计折旧""固定资产减值准备"等科目;按投资性房地产的账面余额,借记"固定资产"或"无形资产"科目,贷记"投资性房地产"科目;按已计提的折旧或摊销,借记"投资性房地产累计折旧(摊销)"科目,贷记"累计折旧"或"累计摊销"科目,原已计提的减值准备,借记"投资性房地产减值准备"科目,贷记"固定资产减值准备"或"无形资产减值准备"科目。

2)采用公允价值模式计量的投资性房地产转为自用房地产

在公允价值计量模式下,投资性房地产转为自用房地产时,投资性房地产转换的自用房地产应按照转换当日的公允价值计量,公允价值与投资性房地产原账面价值的差额,计入当期损益(公允价值变动损益)。转换日,应按其公允价值,借记"固定资产"或"无形资产"科目;按其账面余额贷记"投资性房地产——成本"科目;按其累计公允价值变动,贷记或借记"投资性房地产——公允价值变动"科目;按其差额贷记或借记"公允价值变动损益"科目。

3)采用成本模式计量的投资性房地产转为存货

企业将投资性房地产转为存货时,借记"开发产品"科目;按已计提的折旧或摊销,借记"投资性房地产累计折旧(摊销)"账户;原已计提的减值准备,借记"投资性房地产减值准备"科目;按其账面余额贷记"投资性房地产"科目。

4)采用公允价值模式计量的投资性房地产转为存货

企业将投资性房地产转为存货时,按该项投资性房地产的公允价值借记"开发产品"

科目，按该项投资性房地产的累计公允价值变动贷记或借记"投资性房地产——公允价值变动"科目，按其差额贷记或借记"公允价值变动损益"科目。

（3）非投资性房地产转为投资性房地产

1）非投资性房地产转为采用成本模式计量的投资性房地产

作为存货的非投资性房地产转为投资性房地产，转换日通常为房地产的租赁开始日。企业将作为存货的房地产转为采用成本模式计量的投资性房地产，应当按该项存货在转换日的账面价值，借记"投资性房地产"科目；原已计提跌价准备的，借记"存货跌价准备"科目；按其账面余额，贷记"开发产品"等科目。

自用房地产转为投资性房地产。企业将原用于日常生产商品、提供劳务或者经营管理的房地产改用于出租，应于出租开始日按照固定资产或无形资产的账面价值，将固定资产或无形资产转为投资性房地产。将转换日的原价、累计折旧、减值准备等分别转入"投资性房地产""投资性房地产累计折旧（摊销）""投资性房地产减值准备"科目；按其账面余额，借记"投资性房地产"科目，贷记"固定资产"或"无形资产"科目；按已计提折旧或摊销，借记"累计折旧"或"累计摊销"科目，贷记"投资性房地产累计折旧（摊销）"科目；原已计提减值准备的，借记"固定资产减值准备"或"无形资产减值准备"科目，贷记"投资性房地产减值准备"科目。

2）非投资性房地产转为采用公允价值模式计量的投资性房地产

作为存货的非投资性房地产转为投资性房地产，转换日通常为房地产的租赁开始日。企业将作为存货的房地产转为采用公允价值模式计量的投资性房地产，应当按该项存货在转换日的公允价值，借记"投资性房地产——成本"科目；原已计提跌价准备的，借记"存货跌价准备"科目；按其账面余额，贷记"开发产品"等科目。公允价值小于账面价值的，按其差额借记"公允价值变动损益"科目；公允价值大于账面价值的，按其差额贷记"其他综合收益"科目。当该项投资性房地产处置时，因转换计入其他综合收益的部分应转入当期损益。

自用房地产转为投资性房地产，应于出租开始日按照固定资产或无形资产的账面价值，将固定资产或无形资产转为投资性房地产。应当按该项自用房地产在转换日的公允价值，借记"投资性房地产——成本"科目；按已计提的折旧或摊销，借记"累计折旧"或"累计摊销"科目；原已计提减值准备的，借记"固定资产减值准备"或"无形资产减值准备"科目；按其账面余额，贷记"固定资产"或"无形资产"科目。同时，转换日的公允价值小于账面价值的，按其差额借记"公允价值变动损益"科目；公允价值大于账面价值的，按其差额贷记"其他综合收益"科目。当该项投资性房地产处置时，因转换计入其他综合收益的部分应转入当期损益。

2. 投资性房地产的处置

当投资性房地产被处置，或者永久退出使用且预计不能从处置中取得经济利益时，应当终止确认该项投资性房地产。

（1）采用成本模式计量的投资性房地产的处置

企业处置采用成本模式计量的投资性房地产时，应按实际收到的出售款借记"银行存款"科目，贷记"其他业务收入""应交税费——应交增值税（销项税额）"或"应交税费——简易计税"科目。按该项投资性房地产的账面价值，借记"其他业务成本"科目；按该项投资性房地产的累计折旧或累计摊销，借记"房地产累计折旧（摊销）"科目；按投资性房地产的账面余额，贷记"投资性房地产"科目；原已计提减值准备的，借记"投资性房地产减值准备"科目。

【例5-25】甲建筑公司将其出租的一栋写字楼确认为投资性房地产，采用成本模式计量。租赁期满后，甲建筑公司将该栋写字楼出售给乙公司，含税合同价款31 500万元（甲公司对该笔交易可按简易征收率5%计征增值税，本题不考虑附加税），乙公司已用银行存款付清。出售时，该栋写字楼的成本为28 000万元，已计提折旧3 000万元。甲建筑公司的账务处理如下：

写字楼出售时：

借：银行存款　　　　　　　　　　　　　315 000 000
　　贷：其他业务收入　　　　　　　　　　　300 000 000
　　　　应交税费——简易计税　　　　　　　 15 000 000

甲建筑公司结转出售的写字楼时：

借：其他业务成本　　　　　　　　　　　250 000 000
　　投资性房地产累计折旧（摊销）　　　　30 000 000
　　贷：投资性房地产——写字楼　　　　　　280 000 000

（2）采用公允价值模式计量的投资性房地产的处置

企业处置采用公允价值模式计量的投资性房地产时，应按实际收到的出售款，借记"银行存款"科目，贷记"其他业务收入""应交税费——应交增值税（销项税额）"或"应交税费——简易计税"科目。同时，按该项投资性房地产的账面余额，借记"其他业务成本"科目；按其成本，贷记"投资性房地产——成本"科目；按其累积公允价值变动，借记或贷记"投资性房地产——公允价值变动"科目。同时，结转投资性房地产累计公允价值变动，若存在原转换日计入其他综合收益的金额，也一并结转。

【例5-26】甲建筑公司与乙企业签订了租赁协议，将其原先自用的一栋写字楼出租给乙企业使用，租赁期开始日为2020年5月15日。2020年5月15日，该写字楼的账面余额为50 000万元，已累计折旧5 000万元，公允价值为47 000万元。2020年12月31日，该项投资性房地产的公允价值为48 000万元。2021年6月租赁期届满，企业收回该项投资性房地产，并以含税价57 750万元出售（甲建筑公司对该笔交易按简易征收率5%计征增值税），出售款项已收讫。假设甲建筑公司采用公允价值模式计量，不考虑除增值税以外的其他相关税费。甲建筑公司的账务处理如下：

① 2020年5月15日，自用房地产转为投资性房地产时：

借：投资性房地产——成本　　　　　　　　470 000 000
　　累计折旧　　　　　　　　　　　　　　50 000 000
　贷：固定资产　　　　　　　　　　　　　　500 000 000
　　其他综合收益　　　　　　　　　　　　20 000 000

② 2020 年 12 月 31 日，公允价值变动时：
借：投资性房地产——公允价值变动　　　　10 000 000
　贷：公允价值变动损益　　　　　　　　　　10 000 000

③ 2021 年 6 月，收回并出售投资性房地产：
借：银行存款　　　　　　　　　　　　　　577 500 000
　贷：其他业务收入　　　　　　　　　　　　550 000 000
　　应交税费——简易计税　　　　　　　　27 500 000
借：其他业务成本　　　　　　　　　　　　450 000 000
　　公允价值变动损益　　　　　　　　　　10 000 000
　　其他综合收益　　　　　　　　　　　　20 000 000
　贷：投资性房地产——成本　　　　　　　　470 000 000
　　　　　　　　——公允价值变动　　　　10 000 000

本章知识点

1. 投资的含义和分类

投资是特定经济主体为了在未来可预见的时期内获得收益或是资金增值，在一定时期内向一定领域投放足够数额的资金或实物的货币等价物的经济行为。其可分为实物投资、资本投资和证券投资等。前者是以货币投入企业，通过生产经营活动取得一定利润；后者是以货币购买企业发行的股票和公司债券，间接参与企业的利润分配。按投资回收期限的长短，投资可分为短期投资和长期投资；按投资行为的介入程度，投资可分为直接投资和间接投资；按投资的方向不同，投资可分为对内投资和对外投资。

2. 金融资产与交易性金融资产

金融资产（Financial Assets），是实物资产的对称，指单位或个人所拥有的以价值形态存在的资产，是一种索取实物资产的无形权利，是一切可以在有组织的金融市场上进行交易、具有现实价格和未来估价的金融工具的总称。

交易性金融资产主要是指企业为了近期内出售而持有的金融资产，如企业以赚取差价为目的从二级市场购入的股票、债券、基金等。为了反映和监督交易性金融资产的取得、收取现金股利或利息、出售等情况，企业应当设置"交易性金融资产""公允价值变动损益""投资收益"等科目进行核算。

3. 长期股权投资与债权投资

长期股权投资属于产权投资，它是通过持股方式向被投资企业投入长期资本，并使被投资企业作为一个独立的经济而为投资企业实现总体经营目标服务。

债权投资，即债权性投资，是指为取得债权所进行的投资，如购买公司债券、购买国库券等，其目的是获取高于银行存款利率的利息，并保证按期收回本息。

长期股权投资的核算方法有两种：一是成本法，二是权益法。

成本法核算的长期股权投资的范围：

（1）企业能够对被投资单位实施控制的长期股权投资。

（2）企业对被投资单位不具有控制、共同控制或重大影响，且在活跃市场中没有报价、公允价值，不能可靠计量的长期股权投资。

权益法核算的长期股权投资的范围：

（1）企业对被投资单位具有共同控制的长期股权投资。

（2）企业对被投资单位具有重大影响的长期股权投资。

企业对子公司的长期股权投资应当采用成本法核算，编制合并财务报表时按照权益法进行调整。企业为核算长期股权投资业务，应当设置"长期股权投资""投资收益""长期股权投资减值准备"等科目进行核算。

4. 投资性房地产

投资性房地产，是指为赚取租金或资本增值，或者两者兼有而持有的房地产。投资性房地产的范围限定为已出租的土地使用权、持有并准备增值后转让的土地使用权、已出租的建筑物。企业取得的投资性房地产，应当按照取得时的成本进行初始计量，取得的方式不同，则取得时的成本计量也不同。与投资性房地产有关的后续支出，满足投资性房地产确认条件的应当计入投资性房地产成本，不满足投资性房地产确认条件的应当在发生时计入当期损益。投资性房地产的后续计量可以选择成本模式或公允价值模式，但同一企业只能采用一种模式对其所有的投资性房地产进行后续计量。企业为核算投资性房地产业务，应当设置"投资性房地产""应交税费——应交增值税（进项税额）""其他业务成本""其他业务收入""应交税费——应交增值税（销项税额）""公允价值变动损益"等科目进行核算。

5. 投资性房地产与非投资性房地产的转换

投资性房地产转为非投资性房地产有四种核算方式：采用成本模式计量的投资性房地产转为自用房地产；采用公允价值模式计量的投资性房地产转为自用房地产；采用成本模式计量的投资性房地产转为存货；采用公允价值模式计量的投资性房地产转为存货。非投资性房地产转为投资性房地产有两种核算方式：非投资性房地产转为采用成本模式计量的投资性房地产；非投资性房地产转为采用公允价值模式计量的投资性房地产。当投资性房地产被处置，或者永久退出使用且预计不能从处置中取得经济利益时，应当终止确认该项投资性房地产，可以采用成本模式或者公允价值模式进行处置。

思考题

1. 简述投资的含义和特征。
2. 什么是交易性金融资产？核算时应设置哪些会计科目？
3. 长期股权投资的初始成本如何确定？
4. 简述长期股权投资持有期间后续计量方法有哪些？各自的计量范围是什么？
5. 简述长期股权投资持有期间由成本法转换为权益法的处置过程。
6. 简述坏账损失的核算方法。
7. 什么是投资性房地产？主要包括哪些？
8. 简述投资性房地产的初始计量。
9. 投资性房地产的后续支出怎样核算？
10. 简述投资性房地产转为非投资性房地产的会计处理。
11. 简述投资性房地产处置时运用成本模式和公允价值模式核算的区别。

实务题

1. 某甲建筑股份有限公司，发生下列经济业务，假定不考虑相关税费，试编制会计分录进行账务处理：

（1）2020年9月1日从上海证券交易所购入A上市公司股票1 000 000股，该笔股票投资在购买日的公允价值为15 000 000元（其中包含已宣告但尚未发放的现金股利800 000元），另支付相关交易费用30 000元，取得的增值税专用发票上注明的增值税税额为1 800元。

（2）假定2020年9月10日，A上市公司宣告发放2019年现金股利，某甲建筑股份有限公司按其持有该上市公司的股份计算确定的应分得的现金股利为200 000元。

（3）假定2020年9月30日，收到A上市公司向其发放的现金股利200 000元，并存入银行。

（4）2020年12月31日，公司持有A上市公司股票的公允价值为14 500 000元。

（5）2021年3月30日，公司出售所持有的A公司股票，价款为14 800 000元。

2. 某甲建筑股份有限公司，发生下列经济业务，假定不考虑其他相关税费和因素，试编制会计分录进行账务处理：

（1）2020年11月1日，购入B公司发行的公司债券，支付价款20 000 000元（其中包含已到付息期但尚未领取的债券利息1 200 000元），另支付相关交易费用60 000元，取得的增值税专用发票上注明的增值税税额为3 600元。该笔B公司债券面值为15 000 000元。

（2）2020年11月10日，公司收到购买B公司债券的债券利息1 200 000元。

（3）2020年12月31日，公司购买的B公司债券的公允价值为20 500 000元。

（4）2021年3月31日，公司出售所持有的全部B公司债券，售价为22 500 000元。

3. 甲、乙两家建筑工程公司同为 A 集团的子公司，甲公司以银行存款 800 万元，取得乙公司 60% 的股份，实现了对乙公司的控制，合并日乙公司的所有者权益总额为 1 000 万元，甲公司的资本公积余额为 100 万元，盈余公积余额为 100 万元，留存收益充裕。则合并方甲公司应如何编制会计分录？

4. 甲、乙两家建筑工程公司是不具有关联方关系的独立公司。2020 年 9 月 1 日，甲乙公司达成合并协议，约定甲公司以一批产品作为对价投资于乙公司，取得乙公司 60% 的股权，并实现了对乙公司的控制。该产品的成本为 500 万元，公允价值为 550 万元，该产品的应交增值税销项税额为 71.5 万元。则合并方甲公司应如何编制会计分录？

5. 某甲建筑工程公司决定将所持有的按权益法核算的对 A 公司的长期股权投资予以出售，处置时公司账面上对 A 公司长期股权投资的构成：投资成本 500 000 元，损益调整 50 000 元，其他综合收益 40 000 元。计提的长期股权投资减值准备为 20 000 元。出售该股权实际取得价款 550 000 元，当即存入银行。根据上述处置业务编制会计分录。

6. 某甲建筑股份有限公司，2020 年 6 月 30 日，提取本年度坏账准备 200 000 元。2020 年 7 月 20 日经会计确认发生坏账 20 000 元。根据上述业务编制会计分录。

7. 某甲建筑股份有限公司将其出租的一栋写字楼确认为投资性房地产，采用成本模式计量。租赁期满后，公司将该栋写字楼出售给 B 公司，含税合同价款 33 600 000 元（按简易征收率 5% 计征增值税，本题不考虑附加税），B 公司已用银行存款付清。出售时，该栋写字楼的成本为 25 000 000 元，已计提折旧 3 500 000 元。试为某甲建筑股份有限公司编制会计分录进行账务处理。

8. 某甲建筑股份有限公司与 C 企业签订了租赁协议，将其原先自用的一栋写字楼出租给 C 企业使用，租赁期开始日为 2020 年 7 月 1 日。2020 年 7 月 1 日，该写字楼的账面余额为 8 000 000 元，已累计折旧 6 400 000 元，公允价值为 2 500 000 元。2020 年 12 月 31 日，该项投资性房地产的公允价值为 2 800 000 元。2021 年 6 月租赁期届满，企业收回该项投资性房地产，并以含税价 3 150 000 元出售（按简易征收率 5% 计征增值税），出售款项已收讫。假设某甲建筑股份有限公司采用公允价值模式计量，不考虑除增值税以外的其他相关税费，试编制会计分录进行账务处理。

第6章 固定资产

【学习目标】

掌握固定资产、固定资产折旧的概念,理解固定资产的分类;熟悉固定资产折旧的计提范围,掌握固定资产折旧的计提方法;掌握固定资产后续支出核算,熟悉固定资产减值核算;了解固定资产租赁核算;掌握固定资产处置和清查核算。

【重要术语】

固定资产　累计折旧　在建工程　工程物资　固定资产清理　固定资产减值准备　年限平均法　工作量法　双倍余额递减法　年数总和法　固定资产减值　融资租赁　经营租赁

6.1 固定资产概述

固定资产是建筑企业生产经营必不可少的物质资源条件,在工程建设中起着至关重要的作用。

6.1.1 固定资产的含义与特征

固定资产,是指为生产商品、提供劳务、出租或经营管理而持有的,使用寿命超过一个会计年度的有形资产。固定资产的常见形式包括企业的房屋建筑物、各种机械设备、运输设备、大型的工具器具和管理工具等。

从固定资产的定义来看,作为企业的固定资产应具备以下三个特征:

（1）企业持有固定资产的目的是为了生产商品、提供劳务、出租或经营管理,即企业持有的固定资产是企业的劳动工具或手段,而不是用于出售的产品。其中,出租的固定资产,是指企业以经营租赁方式出租的机器设备类固定资产,不包括以经营租赁方式出租的建筑物。这一特征也是将固定资产与用于对外销售的存货等流动资产区别开来的重要标志。

（2）企业使用固定资产的期限较长,使用寿命一般超过一个会计年度。固定资产提供服务的期限通常超过一个经营周期,从而意味着固定资产属于长期资产,具有耐用性。

固定资产的使用寿命并非是无终结年限，固定资产随着使用与磨损，最终会废弃或重置；而且固定资产提供服务期间，需要通过折旧方式反映其逐渐磨损减少的价值。这一特征表明企业固定资产属于非流动资产，其给企业带来的收益期超过1年，即能在1年以上的时间里为企业创造经济利益。

（3）固定资产是有形资产。固定资产具有实物形态，这一特征将固定资产与无形资产区分开来。有些无形资产可能同时符合固定资产的其他特征，但是，正是由于无形资产不具有实物形态，所以不属于固定资产。

6.1.2 固定资产分类

建筑企业的固定资产种类繁多、规格不一，为加强管理，便于组织会计核算，有必要对其进行科学、合理的分类。根据不同的管理需要和核算要求，可以对固定资产进行不同的分类，常见的固定资产分类标准有以下几种。

1. 按固定资产经济用途分类

按固定资产的经济用途分类，可将其分为生产经营用固定资产和非生产经营用固定资产。

（1）生产经营用固定资产，是指直接服务于企业生产、经营过程的各种固定资产。如生产经营用的房屋、建筑物、机器、设备、器具、工具等。

（2）非生产经营用固定资产，是指不直接服务于生产、经营过程的各种固定资产。如职工食堂、浴室、理发室、职工医院、职工宿舍等使用的房屋、设备和其他固定资产等。

按固定资产的经济用途分类，可以归类反映和监督企业生产经营用固定资产和非生产经营用固定资产之间，以及生产经营用各类固定资产之间的组成和变化情况，借以考核和分析企业固定资产的使用情况，促使企业合理地配置固定资产，充分发挥其效用。

2. 按固定资产使用情况分类

按固定资产的使用情况分类，可将其分为使用中固定资产、未使用固定资产和不需用固定资产。

（1）使用中固定资产，是指正在使用中的生产经营用固定资产和非生产经营用固定资产。由于季节性经营或大修理等原因，暂时停止使用的固定资产仍属于企业使用中的固定资产，如季节性停用固定资产、大修理停用固定资产；企业以经营租赁方式出租给其他单位使用的固定资产和内部替换使用的固定资产也属于使用中的固定资产。

（2）未使用固定资产，是指已完工后已购建的尚未交付使用的新增固定资产，以及因为进行改建、扩建等原因暂停使用的固定资产。如企业购建的尚待安装的固定资产、经营任务变更停止使用的固定资产等。

（3）不需用固定资产，是指本企业多余的或不适用，需要调配处理的固定资产。

固定资产按使用情况划分，有助于分析考查企业固定资产的利用效率（利用情况）。

3. 按固定资产所有权分类

按固定资产的所有权分类，可将其分为自有固定资产和融资租入固定资产。

（1）自有固定资产，是指企业自行购置建造、拥有所有权的各种固定资产。

（2）融资租入固定资产，是指企业在租赁期内不拥有所有权，但拥有实质控制权的各种固定资产。按照实质重于形式的会计原则，该类固定资产在租赁期内应视同于自有固定资产进行核算与管理。

固定资产按所有权划分，有助于分析考查企业固定资产的自给情况。

4. 综合分类

实务中，固定资产通常按经济用途、使用情况以及所有权等进行综合分类，据此可把企业的固定资产分为七大类：

（1）生产经营用固定资产；

（2）非生产经营用固定资产；

（3）租出固定资产（指在经营租赁方式下出租给外单位使用的固定资产）；

（4）不需用固定资产；

（5）未使用固定资产；

（6）融资租入固定资产（指企业以融资租赁方式租入的固定资产，在租赁期内，应视同自有固定资产进行管理）；

（7）土地（指过去已经估价单独入账的土地。因征地而支付的补偿费应计入与土地有关的房屋、建筑物的价值内，不单独作为土地价值入账。企业取得的土地使用权应作为无形资产管理和核算，不作为固定资产管理和核算）。

由于企业的经营性质不同，经营规模各异，对固定资产的分类不可能完全一致。但在实际工作中，企业大多采用综合分类的方法作为编制固定资产目录、进行固定资产核算的依据。因此，固定资产综合分类是企业实务中固定资产分类核算、管理和计提固定资产折旧的依据。

6.2 固定资产核算

6.2.1 固定资产的确认条件

固定资产在符合定义的前提下，应当同时满足以下两个条件，才能对其加以确认。

1. 与该固定资产有关的经济利益很可能流入企业

资产最重要的特征是预期会给企业带来经济利益。企业在确认固定资产时，需要判断与该项固定资产有关的经济利益是否很可能流入企业。如果与该项固定资产有关的经济利益很可能流入企业，并同时满足固定资产确认的其他条件，那么企业应将其确认为固定资产；否则不应将其确认为固定资产。

2. 该固定资产的成本能够可靠地计量

成本能够可靠地计量是资产确认的一项基本条件。企业在确定固定资产成本时必须取得确凿证据，但是，有时需要根据所获得的最新资料对固定资产的成本进行合理地估计。

比如，企业对于已达到预定可使用状态但尚未办理竣工决算的固定资产，需要根据工程预算、工程造价或者工程实际发生的成本等资料按估计价值确定其成本，办理竣工决算后，再按实际成本调整原来的暂估价值。

6.2.2 固定资产核算的账户

为了反映和监督固定资产的取得、计提折旧和处置等情况，企业一般需要设置"固定资产""累计折旧""在建工程""工程物资""固定资产清理"等科目进行核算。

1."固定资产"科目

"固定资产"科目核算企业固定资产的原价，借方登记企业增加的固定资产原价，贷方登记企业减少的固定资产原价，期末借方余额反映企业期末固定资产的账面原价。企业应当设置"固定资产登记簿"和"固定资产卡片"，按固定资产类别、使用部门、使用日期等进行明细核算。

2."累计折旧"科目

"累计折旧"科目属于"固定资产"的调整科目，核算企业固定资产的累计折旧，贷方登记企业计提的固定资产折旧，借方登记处置固定资产转出的累计折旧，期末贷方余额反映企业固定资产的累计折旧额。

3."在建工程"科目

"在建工程"科目核算企业基建、更新改造等在建工程发生的支出，借方登记企业各项在建工程的实际支出，贷方登记完工工程转出的成本，期末借方余额反映企业尚未达到预定可使用状态的在建工程的成本。本科目应按"建筑工程""安装工程""在安装设备""待摊支出"以及单项工程等进行明细核算。

4."工程物资"科目

"工程物资"科目核算企业为在建工程而准备的各种物资的实际成本，借方登记企业购入工程物资的实际成本，贷方登记领用工程物资的实际成本，期末借方余额反映企业为在建工程准备的各种物资的实际成本。

5."固定资产清理"科目

"固定资产清理"科目核算企业因出售、报废、毁损、对外投资、非货币性资产交换、债务重组等原因转入清理的固定资产价值以及在清理过程中发生的清理费用和清理收益。本科目借方登记转出的固定资产账面价值、清理过程中应支付的相关税费及其他费用，贷方登记出售固定资产取得的价款、残料价值和变价收入，期末借方余额反映企业尚未清理完毕的固定资产清理净损失，期末贷方余额则反映企业尚未清理完毕的固定资产清理净收益。固定资产清理完成时，借方登记转出的清理净收益，贷方登记转出的清理净损失，结转清理净收益、净损失后，该科目无余额。企业应当按照被清理的固定资产项目设置明细科目，进行明细核算。

此外，企业固定资产、在建工程、工程物资发生减值的，还应设置"固定资产减值准备""在建工程减值准备""工程物资减值准备"等科目进行核算。

6.2.3 固定资产的初始计量

固定资产的初始计量，是指确定固定资产的取得成本。取得成本包括企业为购建某项固定资产达到预定可使用状态前所发生的一切合理的、必要的支出。这些支出既有直接发生的，如购置固定资产的价款、运杂费、包装费和安装成本等；也有间接发生的，如应承担的借款利息、外币借款折算差额以及应分摊的其他间接费用等。企业取得固定资产的方式多种多样，包括外购、自行建造、投资者投入以及非货币性资产交换、债务重组、企业合并和融资租赁等，取得的方式不同，其成本的具体构成内容及确定方法也不尽相同。

1. 外购固定资产

企业外购的固定资产，应按实际支付的购买价款、相关税费（不含可抵扣的增值税进项税额）、使固定资产达到预定可使用状态前所发生的可归属于该项资产的运输费、装卸费、安装费和专业人员服务费等，作为固定资产的取得成本。

外购固定资产是否达到预定可使用状态，需要根据具体情况进行分析判断。如果购入不需要安装的固定资产，购入后即可发挥作用，因此，购入后即可达到预定可使用状态。如果购入需要安装的固定资产，只有安装调试、达到设计要求或合同规定的标准后，该项固定资产发挥作用才意味着达到预定可使用状态。

企业外购的固定资产分为不需要安装的固定资产和需要安装的固定资产两种情形。

（1）购入不需要安装的固定资产

企业作为一般纳税人，购入不需要安装的机器设备、管理设备等动产时，应按支付的购买价款、使固定资产达到预定可使用状态前所发生的可归属于该项资产的运输费、装卸费、保险费和专业人员服务费等，作为固定资产取得成本，借记"固定资产"科目，取得增值税专用发票、海关完税证明或公路发票等增值税扣税凭证，并经税务机关认证可以抵扣的，应按专用发票上注明的增值税进项税额，借记"应交税费——应交增值税（进项税额）"科目，贷记"银行存款""应付账款""应付票据"等科目。

【例6-1】2020年1月1日，甲建筑工程公司购入一台不需要安装即可投入使用的挖土机设备，取得的增值税专用发票上注明的价款为300 000元，增值税税额为39 000元，另支付包装费并取得增值税专用发票，注明包装费7 000元，税率为6%，增值税税额为420元，款项以银行存款支付。该公司为增值税一般纳税人，应编制如下会计分录：

借：固定资产　　　　　　　　　　　　　　　307 000
　　应交税费——应交增值税（进项税额）　　39 420
　　贷：银行存款　　　　　　　　　　　　　　346 420

在本例中，购入固定资产发生的包装费7 000元，应计入固定资产成本，记入"固定资产"科目的借方。

（2）购入需要安装的固定资产

企业作为一般纳税人，购入需要安装的动产时，应在购入的固定资产取得成本的基础上加上安装调试成本作为入账成本。按照购入需要安装的固定资产的取得成本，借记"在建工程"科目，按照购入固定资产时可抵扣的增值税进项税额，借记"应交税费——应交增值税（进项税额）"科目，贷记"银行存款""应付账款"等科目；按照发生的安装调试成本，借记"在建工程"科目，按照取得的外部单位提供的增值税专用发票上注明的增值税进项税额，借记"应交税费——应交增值税（进项税额）"科目，贷记"银行存款"等科目；耗用了本单位的材料或人工的，应按承担的成本金额，借记"在建工程"科目，贷记"原材料""应付职工薪酬"等科目。安装完成达到预定可使用状态时，由"在建工程"科目转入"固定资产"科目，借记"固定资产"科目，贷记"在建工程"科目。

【例6-2】2020年5月1日，甲建筑工程公司用银行存款购入一台需要安装的挖土机设备，取得的增值税专用发票上注明的价款为200 000元，增值税税额为26 000元，支付安装费并取得增值税专用发票，注明安装费40 000元，税率9%，增值税税额3 600元。甲建筑工程公司为增值税一般纳税人，应编制如下会计分录：

①购入设备进行安装时：

借：在建工程　　　　　　　　　　　　　　　　　200 000
　　应交税费——应交增值税（进项税额）　　　　 26 000
　　贷：银行存款　　　　　　　　　　　　　　　　226 000

②支付安装费时：

借：在建工程　　　　　　　　　　　　　　　　　 40 000
　　应交税费——应交增值税（进项税额）　　　　 3 600
　　贷：银行存款　　　　　　　　　　　　　　　　 43 600

③设备安装完毕交付使用时：

该设备的成本：200 000+40 000=240 000元

借：固定资产　　　　　　　　　　　　　　　　　240 000
　　贷：在建工程　　　　　　　　　　　　　　　　240 000

在本例中，购入固定资产发生的安装费40 000元，应计入固定资产成本，记入"在建工程"科目的借方。

（3）按现行增值税规定处理的固定资产购置核算

1）企业作为一般纳税人，自2016年5月1日后取得并按固定资产核算的不动产或者2016年5月1日后取得的不动产在建工程，取得增值税专用发票并通过税务机关认证时，应按增值税专用发票上注明的价款作为固定资产成本，借记"固定资产""在建工程"科目；其进项税额按现行增值税制度规定自取得之日起分2年从销项税额中抵扣，应按增值税专用发票上注明的增值税进项税额的60%作为当期可抵扣的进项税额，借记"应交税费——应交增值税（进项税额）"科目，按增值税专用发票上注明的增值税税额的40%

作为自本月起第 13 个月可抵扣的进项税额,借记"应交税费——待抵扣进项税额"科目;按应付或实际支付的金额贷记"应付账款""银行存款"等科目。上述待抵扣的进项税额在下年度同月允许抵扣时,按允许抵扣的金额,借记"应交税费——应交增值税(进项税额)"科目,贷记"应交税费——待抵扣进项税额"科目。

【例 6-3】2020 年 1 月 1 日,甲建筑工程公司购入一幢商业大楼作为公司办公研发大楼并投入使用,取得的增值税专用发票上注明的价款为 100 000 000 元,增值税税额为 13 000 000 元,款项以银行存款支付。甲建筑工程公司为增值税一般纳税人,进项税额分 2 年从销项税额中抵扣,当年抵扣 60%,下一年可抵扣 40%。甲建筑工程公司应编制如下会计分录:

① 2020 年 1 月 1 日,购入固定资产时:

借:固定资产	100 000 000
应交税费——应交增值税(进项税额)	7 800 000
——待抵扣进项税额	5 200 000
贷:银行存款	113 000 000

② 2021 年 1 月 1 日,进项税额可抵扣销项税额时:

借:应交税费——应交增值税(进项税额)	5 200 000
贷:应交税费——待抵扣进项税额	5 200 000

在本例中,购入不动产发生的增值税进项税额根据现行增值税制度规定,自取得之日起分 2 年从销项税额中抵扣,不计入固定资产成本核算,分两段进行会计处理。

2)企业作为小规模纳税人,购入固定资产发生的增值税进项税额应计入固定资产成本,借记"固定资产"或"在建工程"科目,不通过"应交税费——应交增值税"科目核算。

【例 6-4】2020 年 5 月 1 日,甲建筑工程公司用银行存款购入一台需要安装的挖土机设备,取得的增值税专用发票上注明的价款为 200 000 元,增值税税额为 26 000 元,支付安装费并取得增值税专用发票,注明安装费 40 000 元,增值税税率 9%,增值税税额 3 600 元。甲建筑工程公司为小规模纳税人,进项税额不得从销项税额中抵扣,应计入固定资产成本核算。甲建筑工程公司应编制如下会计分录:

①购入设备进行安装时:

借:在建工程	226 000
贷:银行存款	226 000

②支付安装费时:

借:在建工程	43 600
贷:银行存款	43 600

③设备安装完毕交付使用时:

该设备的成本:226 000+43 600=269 600 元

借：固定资产	269 600	
贷：在建工程		269 600

在本例中，由于甲建筑工程公司为小规模纳税人，按照现行增值税制度规定，其购入固定资产发生的增值税进项税额合计 29 600 元，不得从销项税额中抵扣，而应计入固定资产成本，记入"在建工程"科目的借方。

（4）外购固定资产特殊情形核算处理

企业以一笔款项购入多项没有单独标价的固定资产时，应将各项资产单独确认为固定资产，并按各项固定资产公允价值的比例对总成本进行分配，分别确定各项固定资产的成本。

【例6-5】2020 年 9 月 1 日，甲建筑工程公司向乙公司（为增值税一般纳税人）一次性购进了三台不同型号且具有不同生产能力的建筑设备 A、B、C，取得的增值税专用发票上注明的价款为 100 000 000 元，增值税税额为 13 000 000 元，另支付包装费 700 000 元，增值税税额为 42 000 元，全部用银行存款转账支付。假设 A、B、C 的公允价值分别为 45 000 000 元、38 500 000 元、16 500 000 元。甲建筑工程公司为增值税一般纳税人，应编制如下会计分录：

①确定应计入固定资产成本的金额，包括购买价、包装费：

应计入固定资产的成本：100 000 000+700 000=100 700 000 元

②确定设备 A、B、C 的价值分配比例：

A 设备应分配的固定资产价值比例：

45 000 000÷（45 000 000+38 500 000+16 500 000）×100%=45%

B 设备应分配的固定资产价值比例：

38 500 000÷（45 000 000+38 500 000+16 500 000）×100%=38.5%

C 设备应分配的固定资产价值比例：

16 500 000÷（45 000 000+38 500 000+16 500 000）×100%=16.5%

③确定 A、B、C 设备各自的成本：

A 设备的成本：100 700 000×45%=45 315 000 元

B 设备的成本：100 700 000×38.5%=38 769 500 元

C 设备的成本：100 700 000×16.5%=16 615 500 元

④甲建筑工程公司应编制如下会计分录：

借：固定资产——A 设备	45 315 000	
——B 设备	38 769 500	
——C 设备	16 615 500	
应交税费——应交增值税（进项税额）	13 042 000	
贷：银行存款		113 742 000

2.建造固定资产

自行建造固定资产的成本，由建造该项资产达到预定可使用状态前所发生的必要支出构成，包括工程物质成本、人工成本、缴纳的相关税费、应予资本化的借款费用以及应分摊的间接费用等。

企业自行建造固定资产，应先通过"在建工程"科目核算，工程达到预定可使用状态时，再从"在建工程"科目转入"固定资产"科目。企业自行建造固定资产包括自营建造和出包建造两种方式。无论采用何种方式，所建工程都应当按照实际发生的支出确定其工程成本并单独核算。

（1）自营方式建造固定资产

自营工程，是指企业自行组织工程物资采购、自行组织施工人员施工的建筑工程和安装工程。

企业以自营方式建造固定资产，意味着企业自行组织工程物资采购、自行组织施工人员从事工程施工。实务中，企业较少采用自营方式建造固定资产，多数情况下采用出包方式。企业若以自营方式建造固定资产，其成本应当按照直接材料、直接人工、直接机械施工费等计量。

购入工程物资时，按已认证的增值税专用发票上注明的价款，借记"工程物资"科目；按增值税专用发票上注明的增值税进项税额的60%（当期可抵扣的进项税额），借记"应交税费——应交增值税（进项税额）"科目，按增值税专用发票上注明的增值税进项税额的40%（本月起第13个月可抵扣的进项税额），借记"应交税费——待抵扣进项税额"科目；按应实际支付或应付的金额，贷记"银行存款""应付账款"等科目。

领用工程物资时，借记"在建工程"科目，贷记"工程物资"科目。在建工程领用本企业原材料时，借记"在建工程"科目，贷记"原材料"等科目。在建工程领用本企业生产的商品时，借记"在建工程"科目，贷记"库存商品"科目。

自营工程发生的其他费用（如分配工程人员薪酬等），借记"在建工程"科目，贷记"银行存款""应付职工薪酬"等科目。

自营工程达到预定可使用状态时，按其成本，借记"固定资产"科目，贷记"在建工程"科目。

【例6-6】甲建筑工程公司为增值税一般纳税人，2020年1月1日，自行建造办公楼一幢，购入为工程准备的各种物资500 000元，增值税专用发票上注明的增值税税额为65 000元，全部用于工程建设。领用本企业生产的建筑构件一批，实际成本为400 000元，相关进项税额为52 000元。工程人员应计工资100 000元。支付的其他费用并取得增值税专用发票，注明安装费30 000元，税率9%，增值税税额2 700元。工程完工并达到预定可使用状态，甲建筑工程公司应编制如下会计分录：

①购入工程物资时：

借：工程物资　　　　　　　　　　　　　　　　　　　500 000
　　应交税费——应交增值税（进项税额）　　　　　　 39 000
　　　　　　——待抵扣进项税额　　　　　　　　　　 26 000

贷：银行存款　　　　　　　　　　　　　　565 000
②工程领用全部工程物资时：
　　借：在建工程　　　　　　　　　　　　　　500 000
　　贷：工程物资　　　　　　　　　　　　　　500 000
③工程领用本企业生产的建筑构件时：
　　借：在建工程　　　　　　　　　　　　　　400 000
　　贷：库存商品　　　　　　　　　　　　　　400 000

同时，根据现行增值税制度规定，核算领用建筑构件的进项税额中以后期间可以抵扣的部分（40%）。

　　借：应交税费——待抵扣进项税额　　　　20 800（52 000×40%）
　　贷：应交税费——应交增值税（进项税额转出）　20 800
④分配工程人员薪酬时：
　　借：在建工程　　　　　　　　　　　　　　100 000
　　贷：应付职工薪酬　　　　　　　　　　　　100 000
⑤支付工程发生的其他费用时：
　　借：在建工程　　　　　　　　　　　　　　30 000
　　贷：银行存款　　　　　　　　　　　　　　30 000

同时，根据现行增值税制度规定，核算该费用相关的进项税额中以后期间可以抵扣的部分（40%）。

　　借：应交税费——应交增值税（进项税额）　1 620
　　　　　　——待抵扣进项税额　　　　　　　1 080
　　贷：银行存款　　　　　　　　　　　　　　2 700
⑥工程完工转入固定资产时：
　　借：固定资产　　　　　　　　　　　　　　1 030 000
　　贷：银行存款　　　　　　　　　　　　　　1 030 000

固定资产成本：500 000+400 000+100 000+30 000=1 030 000 元

在本例中，按照现行增值税制度的规定，企业购入工程物资用于不动产在建工程发生的增值税进项税额，其进项税额应自取得之日起分 2 年从销项税额中抵扣，第 1 年抵扣的比例为 60%，第 2 年抵扣的比例为 40%，因此，不计入工程物资成本，但是第 1 年可抵扣的部分，记入"应交税费——应交增值税（进项税额）"科目的借方，留待第 2 年抵扣的部分，记入"应交税费——待抵扣进项税额"科目的借方。在建工程领用本企业的产品，按照现行增值税制度的规定，其相关的增值税进项税额同样应自取得之日起分 2 年从销项税额中抵扣，第 1 年抵扣的比例为 60%，第 2 年抵扣的比例为 40%，因此，不计入不动产在建工程成本，但是因为此产品所负担的进项税额已于购入原材料或在生产过程中接受劳务时予以全部抵扣，因此只需要将当年不可抵扣的 40% 的部分转出，借记

"应交税费——待抵扣进项税额"科目,贷记"应交税费——应交增值税(进项税额转出)"科目。

(2)出包方式建造固定资产

出包工程,是指企业通过招标方式将工程项目发包给建造承包商,由建造承包商组织施工的建筑工程和安装工程。企业采用出包方式进行的固定资产建造工程,其工程的具体支出主要由建造承包商核算,在这种方式下,"在建工程"科目主要是反映企业与建造承包商办理工程价款结算的情况,将企业支付给建造承包商的工程价款作为工程成本,通过"在建工程"科目核算。

企业按合理估计的发包工程进度和合同规定向建造承包商结算进度款,并由对方开具增值税专用发票,按增值税专用发票上注明的价款,借记"在建工程"科目;按增值税专用发票上注明的增值税进项税额的60%(当期可抵扣的进项税额),借记"应交税费——应交增值税(进项税额)"科目,按增值税专用发票上注明的增值税进项税额的40%(本月起第13个月可抵扣的进项税额),借记"应交税费——待抵扣进项税额"科目;按应实际支付的金额,贷记"银行存款"科目。工程达到预定可使用状态时,按其成本,借记"固定资产"科目,贷记"在建工程"科目。

【例6-7】甲建筑工程公司为增值税一般纳税人,2020年1月1日,将办公楼的建造工程出包给乙公司(为增值税一般纳税人)承建,按合理估计的发包工程进度和合同规定向乙公司结算进度款并取得乙公司开具的增值税专用发票,注明工程款800 000元,税率10%,增值税税额80 000元。2021年1月1日,工程完工后,收到乙公司有关工程结算单据和增值税专用发票,补付工程款并取得乙公司开具的增值税专用发票,注明工程款400 000元,税率10%,增值税税额40 000元。工程完工并达到预定可使用状态,甲建筑工程公司应编制如下会计分录:

①按合理估计的发包工程进度和合同规定向乙公司结算进度款时:

借:在建工程　　　　　　　　　　　　　　　　800 000
　　应交税费——应交增值税(进项税额)　　　48 000
　　　　　　　——待抵扣进项税额　　　　　　32 000
　贷:银行存款　　　　　　　　　　　　　　　880 000

②补付工程款时:

借:在建工程　　　　　　　　　　　　　　　　400 000
　　应交税费——应交增值税(进项税额)　　　24 000
　　　　　　　——待抵扣进项税额　　　　　　16 000
　贷:银行存款　　　　　　　　　　　　　　　440 000

③工程完工并达到预定可使用状态时:

借:固定资产　　　　　　　　　　　　　　　1 200 000
　贷:银行存款　　　　　　　　　　　　　　1 200 000

在本例中，企业取得不动产在建工程支付的工程款，其进项税额按照现行增值税制度的规定，自取得之日起分 2 年从销项税额中抵扣，第 1 年当期可抵扣增值税进项税额为 48 000（80 000×60%）元，借记"应交税费——应交增值税（进项税额）"科目；留待第 2 年可抵扣的增值税进项税额为 32 000 元（80 000×40%），借记"应交税费——待抵扣进项税额"科目。补付工程款，其进项税额按现行增值税制度的规定，自取得之日起分 2 年从销项税额中抵扣，第 1 年当期可抵扣增值税进项税额为 24 000 元（40 000×60%），借记"应交税费——应交增值税（进项税额）"科目；留待第 2 年可抵扣的增值税进项税额为 16 000 元（40 000×40%），借记"应交税费——待抵扣进项税额"科目。

6.3 固定资产折旧

固定资产的后续计量主要包括固定资产折旧的计提、固定资产的后续支出以及固定资产减值损失的确定。本节主要探讨固定资产折旧核算。

6.3.1 固定资产折旧的定义

折旧，是指企业在固定资产的使用寿命内，按照确定的方法对应计折旧额进行系统分摊。所谓应计折旧额，是指应当计提折旧的固定资产原价扣除其预计净残值后的金额。对已计提减值准备的固定资产，还应当扣除已计提的固定资产减值准备累计金额。

企业应当根据固定资产的性质和使用情况，合理确定固定资产的使用寿命和预计净残值。固定资产的使用寿命、预计净残值一经确定，不得随意变更，但是符合《企业会计准则第 4 号——固定资产》（财会〔2006〕3 号）第十九条规定的除外。上述事项在报经股东大会或董事会、经理（厂长）会议或类似机构批准后，作为计提折旧的依据，并按照法律、行政法规等的规定报送有关各方备案。

6.3.2 影响固定资产折旧的因素

影响固定资产折旧的主要因素有以下几个方面：
（1）固定资产原价，是指固定资产的成本。
（2）固定资产的使用寿命，是指企业使用固定资产的预计期间，或者该固定资产所能生产产品或提供劳务的数量。企业确定固定资产使用寿命时，应当考虑下列因素：
1）该项资产预计生产能力或实物产量；
2）该项资产预计有形损耗，是指固定资产在使用过程中，由于正常使用和自然力的作用而引起的使用价值和价值的损失，如设备使用中发生磨损、房屋建筑物受到自然侵蚀等；
3）该项资产预计无形损耗，是指由于科学技术的进步和劳动生产率的提高而带来的固定资产价值上的损失，如因新技术的出现而使现有的资产技术水平相对陈旧、市场需求变化使其所生产的产品过时等；

4）法律或者类似规定对该项资产使用的限制。某些固定资产的使用寿命可能受法律或类似规定的约束。如对于融资租赁的固定资产，根据《企业会计准则第21号——租赁》（财会〔2006〕3号）的规定，能够合理确定租赁期届满时将会取得租赁资产所有权的，应当在租赁资产使用寿命内计提折旧；如果无法合理确定租赁期届满时能够取得租赁资产所有权的，应当在租赁期与租赁资产使用寿命两者中较短的期间内计提折旧。

（3）预计净残值，是指假定固定资产预计使用寿命已满并处于使用寿命终了时的预期状态，企业目前从该项资产处置中获得的扣除预计处置费用后的金额。

（4）固定资产减值准备，是指固定资产已计提的固定资产减值准备累计金额。固定资产计提减值准备后，应当在剩余使用寿命内根据调整后的固定资产账面价值（固定资产账面余额扣减累计减值准备后的金额）和预计净残值重新计算确定折旧率和折旧额。

6.3.3 固定资产折旧范围

企业应当对所有的固定资产计提折旧，但是，已提足折旧仍继续使用的固定资产和单独计价入账的土地除外。在确定计提折旧范围时，还应该注意以下几点：

（1）固定资产应当按月计提折旧，并根据用途计入相关资产的成本或者当期损益。固定资产应自达到预定可使用状态时开始计提折旧，终止确认时或划分为持有待售非流动资产时停止计提折旧。为了简化核算，当月增加的固定资产，当月不计提折旧，从下月起计提折旧；当月减少的固定资产，当月仍计提折旧，从下月起不计提折旧。

（2）固定资产提足折旧后，不论能否继续使用，均不再计提折旧，提前报废的固定资产也不再补提折旧。所谓提足折旧是指已经提足该项固定资产的应计折旧额。

（3）已达到预定可使用状态但尚未办理竣工决算的固定资产，应当按照估计价值确定其成本，并计提折旧；待办理竣工决算后再按实际成本调整原来的暂估价值，但不需要调整原已计提的折旧额。

（4）融资租入的固定资产，应采用与应计提折旧的自有固定资产相一致的折旧政策。

（5）处于更新改造过程而停止使用的固定资产，应将其账面价值转入在建工程，不再计提折旧。更新改造项目达到预定可使用状态转为固定资产后，再按照重新确定的折旧方法和该项固定资产尚可使用的寿命计提折旧。因进行大修理而停用的固定资产，应当继续计提折旧，计提的折旧额应计入相关资产成本或当期损益。对未使用的固定资产也应计提折旧，计提的折旧计入当期管理费用。

6.3.4 固定资产折旧方法

企业应当根据与固定资产有关的经济利益的预期消耗方式，合理选择折旧方法。可选用的折旧方法包括年限平均法、工作量法、双倍余额递减法和年数总和法等。企业选用不同的固定资产折旧方法，将影响固定资产使用寿命期内不同时期的折旧费用，因此，固定资产的折旧方法一经确定，不得随意变更。如需变更，应按照规定程序经批准后报送有关各方备案，并在会计报表附注中予以说明。固定资产应当按月计提折旧，并根据其用途计入相关的成本或者当期损益。

1. 年限平均法

年限平均法，又称直线法，是指将固定资产的应计折旧额均衡地分摊到固定资产预计使用寿命内的一种方法。采用这种方法计算的每期折旧额均相等。计算公式如下：

$$年折旧额 =（固定资产原值 - 预计净残值）\div 预计使用寿命（年） \quad (6-1)$$

或

$$年折旧额 =[固定资产原值 -（预计残值收入 - 预计清理费用）]\div 预计使用寿命（年） \quad (6-2)$$

或

$$年折旧额 = 固定资产原值 \times（1- 预计净残值率）\div 预计使用寿命（年） \quad (6-3)$$

$$年折旧率 =（1- 预计净残值率）\div 预计使用寿命（年）\times 100\% \quad (6-4)$$

$$月折旧率 = 年折旧率 \div 12 \quad (6-5)$$

$$月折旧额 = 固定资产原值 \times 月折旧率 \quad (6-6)$$

$$月折旧额 = 年折旧额 \div 12 \quad (6-7)$$

【例6-8】甲建筑工程公司2020年9月1日购入一辆挖土机，原价50万元，预计净残值2万元，预计使用年限5年，采用年限平均法计提折旧。

每年折旧额：（500 000-20 000）÷5=96 000元

每月折旧额：96 000÷12=8 000元

采用年限平均法计算固定资产折旧虽然比较简便，但它也存在着一些明显的局限性。首先，固定资产在不同使用年限提供的经济效益是不同的。一般来讲，固定资产在其使用前期工作效率相对较高，所带来的经济利益也就多；而在其使用后期，工作效率一般呈下降趋势，因而，所带来的经济利益也会逐渐减少。年限平均法对其不予考虑，明显是不合理的。其次，固定资产在不同的使用年限发生的维修费用也不一样。固定资产的维修费用将随着其使用时间的延长而不断增加，而年限平均法也没有考虑这一因素。

当固定资产各期负荷程度相同时，各期应分摊相同的折旧费，这时采用年限平均法计算折旧是合理的。但是，如果固定资产各期负荷程度不同，采用年限平均法计算折旧则不能反映固定资产的实际使用情况，计提的折旧额与固定资产的损耗程度也不相符。

2. 工作量法

工作量法，是根据固定资产在使用期间预计完成的工作总量，平均计算固定资产折旧的一种方法。这种方法应当按照固定资产的实际工作量计算每期应提折旧额。计算公式如下：

$$单位工作量折旧额 = 固定资产原值 \times（1- 预计净残值率）\div 预计工作总量 \quad (6-8)$$

$$某项固定资产月折旧额 = 该项固定资产当月实际完成工作量 \times 单位工作量折旧额 \tag{6-9}$$

【例6-9】甲建筑工程公司2020年9月1日购入一辆公用越野车，原价20万元，预计净残值1万元，预计行驶25万km，采用工作量法计提折旧。2020年10月行驶了5000km，则该月这辆公务越野汽车应计提折旧额为多少元？

2020年10月该辆汽车应计提折旧额计算如下：

公用越野汽车每公里折旧额：（200 000–10 000）÷250 000=0.76元/km

公用越野汽车10月折旧额：5 000×0.76=3 800元

工作量法假定固定资产价值的降低不是由于时间的推移，而是由于使用。对于在使用期内工作量负担程度差异大、提供的经济效益不均衡的固定资产而言，特别是在有形磨损比经济折旧更为重要的情况下，工作量法的这一假定是合理的。但是，工作量法把有形损耗看作是引起固定资产折旧的唯一因素，由于无形损耗的客观存在，固定资产即使不使用也会发生折旧，使用工作量法难以在账面上对这种情况做出反映。

3. 双倍余额递减法

双倍余额递减法，是指在不考虑固定资产预计净残值的情况下，根据每期期初固定资产原价减去累计折旧后的金额（即固定资产净值）和双倍的直线法折旧率计算固定资产折旧的一种方法。计算公式如下：

$$年折旧率 = 2 \div 预计使用寿命（年）\times 100\% \tag{6-10}$$

$$月折旧率 = 年折旧率 \div 12 \tag{6-11}$$

$$月折旧额 = 固定资产净值 \times 月折旧率 \tag{6-12}$$

由于每年年初固定资产净值没有扣除预计净残值，因此，在应用这种方法计算折旧额时必须注意不能使固定资产的净值降低到其预计净残值以下，即采用双倍余额递减法计提折旧的固定资产，通常在其折旧年限到期前2年内，将固定资产净值扣除预计净残值后的余额平均摊销。

【例6-10】甲建筑工程公司2020年1月1日购入一辆挖土机，原价120万元，预计净残值率4%，预计使用寿命为5年，假设该公司没有对该挖土机设备计提减值准备，试采用双倍余额递减法计算各年应计提折旧额。

甲建筑工程公司按双倍余额递减法计提折旧，每年折旧额计算如下：

年折旧率：2÷5×100%=40%

第1年应提的折旧额：120×40%=48万元

第2年应提的折旧额：（120–48）×40%=28.8万元

第3年应提的折旧额：（120–48–28.8）×40%=17.28万元

从第4年起改按年限平均法（直线法）计提折旧：

第4年、第5年应提的折旧额：（120–48–28.8–17.28–120×4%）÷2=10.56万元

甲建筑工程公司每年折旧额列示如表6-1所示。

4. 年数总和法

年数总和法又称年限合计法，是指将固定资产的原值减去预计净残值后的余额乘以一个以固定资产尚可使用寿命为分子、以预计使用寿命逐年数字之和为分母的逐年递减的分数计算每年折旧额的一种方法。计算公式如下：

$$年折旧率 = 尚可使用寿命 \div 预计使用寿命的年数总和 \times 100\% \quad (6-13)$$

$$月折旧率 = 年折旧率 \div 12 \quad (6-14)$$

$$月折旧额 = （固定资产原值 - 预计净残值）\times 月折旧率 \quad (6-15)$$

【例6-11】仍沿用【例6-10】的资料，若采用年数总和法计算各年应计提折旧额，则甲建筑工程公司每年折旧额列示如表6-2所示。

双倍余额递减法和年数总和法都属于加速折旧法，其特点是在固定资产使用的早期多提折旧，后期少提折旧，其递减的速度逐年加快，从而相对加快折旧的速度，目的是使固定资产成本在估计使用寿命期内加快得到补偿。

综上所述，企业应当根据固定资产的性质和使用情况，合理确定固定资产的使用寿命和预计净残值，并根据科技发展、环境及其他因素，选择合理的固定资产折旧方法。

由于固定资产的使用寿命长于1年，属于企业的非流动资产，企业至少应于每年年度终了，对固定资产的使用寿命、预计净残值和折旧方法进行复核。在固定资产使用过程中，其所处的经济环境、技术环境以及其他环境均有可能对固定资产使用寿命、预计净残值以及与固定资产有关的经济利益的预期消耗方式产生较大的影响。例如，固定资产使用强度比正常情况大大加强，致使固定资产实际使用寿命大大缩短；替代该项固定资产的新产品的出现致使其实际使用寿命缩短、预计净残值减少等。为真实反映固定资

固定资产折旧计算表（双倍余额递减法）（单位：元） 表6-1

年份	年初账面净值	折旧率	各年折旧额	累计折旧额	期末账面净值
第1年	1 200 000	40%	480 000	480 000	720 000
第2年	720 000	40%	288 000	768 000	432 000
第3年	432 000	40%	172 800	940 800	259 200
第4年	259 200	—	105 600	1 046 400	153 600
第5年	153 600	—	105 600	1 152 000	48 000

固定资产折旧计算表（年数总和法）（单位：元） 表6-2

年份	尚可使用寿命	原值－预计净残值	年折旧率	每年折旧额	累计折旧额
第1年	5	1 152 000	5/15	384 000	384 000
第2年	4	1 152 000	4/15	307 200	691 200
第3年	3	1 152 000	3/15	230 400	921 600
第4年	2	1 152 000	2/15	153 600	1 075 200
第5年	1	1 152 000	1/15	76 800	1 152 000

产为企业提供经济利益期间及每期实际的资产消耗，企业至少应于每年年度终了，对固定资产使用寿命、预计净残值和折旧方法进行复核。如有确凿证据表明，固定资产使用寿命预计数与原先估计数有差异的，应当调整固定资产使用寿命；预计净残值预计数与原先估计数有差异的，应当调整预计净残值；与固定资产有关的经济利益预期实现方式有重大改变的，应当改变固定资产折旧方法。固定资产使用寿命、预计净残值和折旧方法的改变应当作为会计估计变更。

6.3.5 固定资产折旧核算

固定资产折旧核算应设置"累计折旧"科目，该科目属于"固定资产"科目的备抵调整科目，该科目的贷方登记提取的折旧额；借方登记随固定资产转出或处置而转销的折旧额；期末余额在贷方，反映企业已提取的固定资产折旧累计额。

企业的固定资产应当按月计提折旧，计提的折旧通过"累计折旧"科目核算，并根据用途计入相关资产的成本或者当期损益。具体如下：

（1）施工部门所使用的固定资产，其计提的折旧应列计工程成本，记入"机械作业"或"工程施工（间接费用）"科目。

（2）管理部门所使用的固定资产，其计提的折旧应列计期间费用，记入"管理费用"科目。

（3）工业生产或辅助生产部门所使用的固定资产，其计提的折旧应列计相关产品成本或劳务成本，记入"制造费用"等科目。

（4）专设销售机构所使用的固定资产，其计提的折旧应列计期间费用，记入"销售费用"科目。

（5）经营租出的固定资产，其计提的折旧应列计附属业务成本，记入"其他业务成本"科目。

（6）自行建造固定资产过程中使用的固定资产，其计提的折旧应列计工程成本，记入"在建工程"科目。

（7）未使用的固定资产，其计提的折旧应列计期间费用，记入"管理费用"科目。

【例6-12】甲建筑工程公司2020年11月份计提本月固定资产折旧情况如下：

公司的房屋及办公设备计提折旧50 000元；施工部门的办公设备计提折旧4 000元，机械设备计提折旧80 000元；专设销售部门的办公设备计提折旧1 800元；经营租出的挖土机设备计提折旧6 000元。

此外，本月施工部门新购置一台建筑施工设备，原价120万元，预计使用寿命10年，预计净残值2万元，按年限平均法计提折旧。

根据上述资料，编制本月计提固定资产折旧分录。

本例中，新购置的设备本月不计提折旧，应从2020年12月开始计提折旧。甲建筑工程公司2020年11月计提折旧的账务处理如下：

借：管理费用	50 000
工程施工——间接费用	4 000
机械作业	80 000
销售费用	1 800
其他业务成本	6 000
贷：银行存款	141 800

值得注意的是，企业在选择固定资产折旧方法时，应当根据与固定资产有关的经济利益的预期消耗方式作出决定。由于收入可能受到投入、生产过程、销售等因素的影响，这些因素与固定资产有关的经济利益的预期消耗方式无关，因此，企业不应以包括使用固定资产在内的经济活动产生的收入为基础进行折旧。

6.4 固定资产后续支出

6.4.1 固定资产后续支出的确认原则

固定资产后续支出，是指固定资产在使用过程中发生的更新改造支出、修理费用等。企业的固定资产投入使用后，由于各个组成部分的耐用程度或者使用条件不同，往往会发生固定资产的局部损坏。为了保持固定资产的正常运转和使用，充分发挥其使用效能，必然会产生必要的后续支出。

后续支出的处理原则：符合资本化条件的，应当计入固定资产成本或其他相关资产成本（例如，与生产产品相关的固定资产的后续支出计入相关产品成本），同时将被替换部分的账面价值扣除；不符合资本化条件的，应当计入当期损益。

6.4.2 固定资产资本化后续支出

固定资产资本化后续支出主要包括固定资产改扩建支出、更新改造支出和固定资产装修支出等。固定资产资本化后续支出的会计处理原则是，将发生的后续支出计入固定资产成本，如有被替代的部分，应当终止确认被替代部分的账面价值。

一般来说，固定资产后续支出具备以下条件之一者，可以认为符合固定资产资本化确认条件：①延长了固定资产的使用寿命；②使产品的质量实质性提高；③使产品成本实质性降低。

企业对固定资产进行改扩建或者更新改造的，通常应将该项固定资产的原值、已计提的累计折旧和减值准备转销，将固定资产的账面价值转入在建工程，并在此基础上重新确定固定资产原值。当固定资产转入在建工程时，应停止计提折旧。在固定资产发生的资本化后续支出完工并达到预定可使用状态时，再从在建工程转为固定资产，并按重新确定的使用寿命、预计净残值和折旧方法计提折旧。

固定资产发生的可资本化的后续支出，通过"在建工程"科目核算。固定资产发生可资本化的后续支出时，企业应将固定资产原值、已计提的累计折旧和减值准备转销，将固定资产的账面价值转入在建工程，借记"在建工程""累计折旧""固定资产减值准备"等科目，贷记"固定资产"科目。发生的可资本化的后续支出，借记"在建工程"科目，发生后续支出取得增值税专用发票的，应按前述规定区分动产或不动产分别核算，如果为动产，按增值税专用发票上注明的增值税进项税额，借记"应交税费——应交增值税（进项税额）"科目；如果为不动产，增值税进项税额分别按照60%、40%的比例分2年抵扣，借记"应交税费——应交增值税（进项税额）""应交税费——待抵扣进项税额"科目；按实际支付的金额，贷记"银行存款"等科目。在固定资产发生的后续支出完工并达到预定可使用状态时，借记"固定资产"科目，贷记"在建工程"科目。

【例6-13】甲建筑公司有关固定资产更新改造的资料如下：

① 2017年12月30日，该公司自行建成了一条生产建筑构件的生产线，建造成本为1 200 000元；采用年限平均法计提折旧；预计净残值率为4%，预计使用寿命6年。

② 2020年1月1日，由于生产的建筑构件产品适销对路，现有生产线的生产能力已难以满足公司生产发展的需要，但若新建生产线则建设周期过长。甲公司决定对现有生产线进行改扩建，以提高其生产能力。假定该生产线未发生减值。

③ 2020年1月1日至3月31日，经过三个月的改扩建，完成了对这条生产线的改扩建工程，达到预定可使用状态共发生支出546 800元，全部以银行存款支付。

④ 该生产线改扩建工程达到预定可使用状态后，大大提高了生产能力，预计将其使用寿命延长4年，即为10年。假定改扩建后生产线的预计净残值率为改扩建后固定资产账面价值的3%，折旧方法仍为年限平均法。

⑤ 为简化计算过程，整个过程不考虑其他相关税费；公司按年度计提固定资产折旧。

本例中，生产线改扩建后，生产能力大大提高，能够为企业带来更多的经济利益，改扩建的支出金额也能可靠计量，因此该后续支出符合固定资产的确认条件，应计入固定资产成本。有关账务处理如下：

①固定资产后续支出发生前：

建筑构件生产线的应计折旧额：1 200 000×（1-4%）=1 152 000元

年折旧额：1 152 000÷6=192 000元

2018年和2019年两年计提固定资产折旧的账务处理为：

借：制造费用　　　　　　　　　　　　　　　192 000
　　贷：累计折旧　　　　　　　　　　　　　　　192 000

② 2020年1月1日，固定资产账面价值：

1 200 000-192 000×2=816 000元

固定资产转入改扩建：

借：在建工程——建筑构件生产线　　　　　　816 000
　　累计折旧　　　　　　　　　　　　　　　384 000

贷：固定资产——建筑构件生产线   1 200 000

③ 2020 年 1 月 1 日至 3 月 31 日，发生改建工程支出：

  借：在建工程——建筑构件生产线   546 800

  贷：银行存款   546 800

④ 2020 年 3 月 31 日，生产线改扩建工程达到预定可使用状态，固定资产的入账价值：

$$816\ 000+546\ 800=1\ 362\ 800\ 元$$

  借：固定资产——建筑构件生产线   1 362 800

  贷：在建工程——建筑构件生产线   1 362 800

⑤ 2020 年 3 月 31 日，转为固定资产后，按重新确定的使用寿命、预计净残值和折旧方法计提折旧：

应计提折旧额：$1\ 362\ 800\times(1-3\%)=1\ 321\ 916\ 元$

月折旧额：$1\ 321\ 916\div(7\times12+9)=14\ 214.15\ 元$

年折旧额：$14\ 214.15\times12=170\ 569.80\ 元$

2020 年应计提的折旧额：$14\ 214.15\times9=127\ 927.35\ 元$

编制本年固定资产折旧会计分录如下：

  借：制造费用   127 927.35

  贷：累计折旧   127 927.35

企业发生的某些固定资产后续支出可能涉及替换原固定资产的某组成部分，当发生的后续支出符合固定资产的确认条件时，应将其计入固定资产成本，同时将被替换部分的账面价值扣除。这样可以避免将替换部分的成本和被替换部分的成本同时计入固定资产成本，导致固定资产成本高估。企业对固定资产进行定期检查发生的大修理费用符合资本化条件的，可以计入固定资产成本或其他相关资产成本；不符合资本化条件的，应当费用化，计入当期损益。固定资产在定期大修理间隔期间，照提折旧。

【例 6-14】甲建筑工程公司，经批准对其所拥有的一台施工机械设备进行更新改造，以提高生产效能，该设备原值 60 万元，已提折旧 12 万元，更新改造过程中以银行存款支付拆除费 0.5 万元，被拆除的部件账面价值为 0.8 万元，拆除后的部件不再具有使用价值。该项更新改造工程以出包方式完成，以银行存款支付出包款，发票注明的设备更新改造款 10 万元、增值税税额 0.9 万元。则甲建筑工程公司的会计处理如下：

①设备进入更新改造时：

  借：在建工程——机械设备   480 000

    累计折旧   120 000

  贷：固定资产——机械设备   600 000

②支出拆除费时：

  借：在建工程——机械设备   5 000

  贷：银行存款   5 000

③终止被拆除部件的账面价值时：

借：营业外支出 8 000
　　贷：在建工程——机械设备 8 000

④支付出包款时：

借：在建工程——机械设备 100 000
　　应交税费——应交增值税（进项税额） 9 000
　　贷：银行存款 109 000

⑤经过更新改造后，该项机械设备的原值为：

$$48+0.5-0.8+10=57.7 \text{ 万元}$$

更新改造完工，交付使用时：

借：固定资产——机械设备 577 000
　　贷：在建工程——机械设备 577 000

6.4.3　固定资产费用化后续支出

固定资产的修理费用等后续支出，不符合资本化确认条件的，应予以费用化处理，在其发生时一次性计入当期损益。固定资产费用化后续支出，主要包括固定资产的大修理、中小修理等维护性支出。这类维护性支出的目的是为了恢复或保持固定资产的原有性能和使用状态，以确保该资产经济利益流入企业的实现，因此，应直接作为费用性支出处理，与此同时，废止采用待摊或预提的核算方式。

与固定资产有关的修理费用等后续支出，不符合资本化确认条件的，应当根据不同情况分别在发生时计入当期管理费用或销售费用。除与存货的生产和加工相关的固定资产的修理费用按照存货成本确定原则进行处理外，行政管理部门等发生的固定资产修理费用等后续支出计入管理费用，比如，发生的固定资产日常修理费用及其可抵扣的增值税进项税额，借记"管理费用""应交税费——应交增值税（进项税额）"科目，贷记"银行存款"等科目；企业专设的销售机构发生的固定资产修理费用等后续支出计入销售费用，比如，发生的固定资产日常修理费用及其可抵扣的增值税进项税额，借记"销售费用""应交税费——应交增值税（进项税额）"科目，贷记"银行存款"等科目；企业固定资产更新改造支出不满足资本化条件的，在发生时直接计入当期损益。

【例6-15】甲建筑工程公司为增值税一般纳税人，2020年6月1日，对施工班组的机器设备进行日常修理，发生维修费并取得增值税专用发票，注明修理费20 000元，税率13%，增值税税额2 600元。甲建筑工程公司应编制如下会计分录：

借：管理费用 20 000
　　应交税费——应交增值税（进项税额） 2 600
　　贷：银行存款 22 600

在本例中，甲建筑工程公司对施工班组的机器设备进行日常修理发生的修理费用不符合固定资产后续支出资本化的条件,应将其在发生时计入当期损益,记入"管理费用"科目的借方,而不是"制造费用"科目。

【例 6-16】 甲建筑工程公司为增值税一般纳税人,2020 年 8 月 1 日,自行对公司管理部门使用的机器设备进行日常修理,发生维修费并取得增值税专用发票,注明修理费 5 000 元,税率 13%,增值税税额 650 元。甲建筑工程公司应编制如下会计分录:

借:管理费用　　　　　　　　　　　　　　　　　　5 000
　　应交税费——应交增值税(进项税额)　　　　　　650
　贷:银行存款　　　　　　　　　　　　　　　　　　5 650

在本例中,甲建筑工程公司对管理部门使用的机器设备进行日常修理发生的修理费用不符合固定资产后续支出资本化的条件,应将其在发生时计入当期损益,记入"管理费用"科目。

6.5 固定资产减值和租赁

6.5.1 固定资产减值准备的核算

资产的重要特征是它必须能够为企业带来经济利益的流入。背离此特征,不仅无法可靠地反映资产的实际价值,其结果还会导致企业资产和利润虚增,即不能确认为资产,或者不能再以其原账面价值予以确认。因此,当企业资产预期带来的经济利益低于其账面价值时,即表明资产发生了减值,应确认其减值损失,并应将资产的账面价值减至可收回金额。

1. 固定资产减值迹象

企业在资产负债表日应从外部信息与内部信息两个方面判断资产是否存在可能发生减值的迹象。

对于固定资产而言,当其因市价持续下跌、技术陈旧、损坏、长期闲置等原因导致固定资产可收回金额低于账面价值,则说明固定资产发生了减值,在此情况下,固定资产的账面净值已不能完全反映其规模、结构和实际水平,因此,企业应于期末将固定资产可收回金额低于其账面价值的差额作为固定资产减值准备。这里,可收回金额,是指固定资产的公允价值减去处置费用后的净额与其预计未来现金流量的现值两者之中的较高者;账面价值,是指固定资产原值扣减已计提累计折旧和固定资产减值准备后的净额。固定资产减值准备应当作为固定资产价值的减项反映。

2. 固定资产减值测试

资产是否存在减值迹象是决定是否需要进行减值测试的必要前提。如果有确凿证据表明固定资产存在减值迹象,应当进行减值测试,估计固定资产可收回金额。

如果有迹象表明一项固定资产可能发生减值,企业应以单项固定资产为基础估计可收回金额。但是在企业难以对单项资产的可收回金额进行估计的情况下,应当以该资产所属资产组为基础确定资产组的可收回金额,以确认资产组的减值损失,再将资产组减值损失抵减商誉后的金额，按各项资产账面价值的比例分摊至除商誉外的各项资产。

3. 固定资产减值的会计处理

固定资产在资产负债表日存在可能发生减值的迹象时，其可收回金额低于账面价值的，企业应当将该固定资产的账面价值减记至可收回金额，减记的金额确认为减值损失，计入当期损益，借记"资产减值损失——计提的固定资产减值准备"科目，同时计提相应的资产减值准备，贷记"固定资产减值准备"科目。

固定资产的减值通常具有永久性。根据《企业会计准则第8号——资产减值》（财会〔2006〕3号）的规定，企业固定资产减值损失一经确认，在以后会计期间不得转回。

【例6-17】甲建筑工程公司为增值税一般纳税人，2020年12月31日公司的某生产线存在可能发生减值的迹象。经过计算，该机器的可收回金额合计为1 250 000元，账面价值为1 500 000元，以前年度未对该生产线计提过减值准备。由于该生产线的可收回金额为1 250 000元，账面价值为1 500 000元，可收回金额低于账面价值，应按两者之间的差额250 000元（1 500 000-1 250 000）计提固定资产减值准备。甲建筑工程公司应编制如下会计分录：

借：资产减值损失——计提的固定资产减值准备　　250 000
　　贷：固定资产减值准备　　　　　　　　　　　　　250 000

6.5.2 固定资产租赁的核算

1. 固定资产租赁含义

租赁，是指在约定期间内，出租人将资产所有权让与承租人以获得租金的协议。租赁的主要特征就是转移了资产使用权；取得资产使用权以支付租金为代价。

固定资产租赁是租出租入固定资产业务的总称。固定资产占有者以在一定时期内收取的租金为条件将某项固定资产出租给承租人使用的行为。同一项租赁固定资产的业务，出租方称为租出固定资产，租入方称为租入固定资产。租出固定资产的产权仍属租出企业所有，其原值仍留在账面上，照旧计提折旧和大修理基金，并另设固定资产租赁登记簿记录出租动态。租入固定资产不构成企业自有的固定资产，无需列账核算，不计提折旧，应另设登记簿进行登记管理。

租赁固定资产，出租者和承租者双方应订立租赁合同。合同内容一般包括：租赁期限、租金数额、保险和维护修理由谁负责，以及租赁后进行改良工程、增添附属设备的处理等条款。合同经双方签订后执行。

2. 固定资产租赁种类

承租人和出租人在租赁开始日一般将租赁分为融资租赁和经营租赁两类。

（1）融资租赁

融资租赁，是指实质上转移了与资产所有权有关的全部风险和报酬的租赁。所有权最终可能转移，也可能不转移。

与资产所有权有关的风险是指,由于经营情况变化造成相关收益的变动,以及由于资产闲置、技术陈旧等造成的损失等;与资产所有权有关的报酬是指,在资产可使用年限内直接使用资产而获得的经济利益、资产增值,以及处置资产所实现的收益等。

(2)经营租赁

经营租赁,是指除融资租赁以外的其他租赁。

企业在对租赁进行分类时,应当全面考虑租赁期届满时租赁资产所有权是否转移给承租人、承租人是否有购买租赁资产的选择权、租赁期占租赁资产尚可使用年限的比例等各种因素。满足一项或数项标准的租赁,应当认定为融资租赁。

租赁期,是指租赁合同规定的不可撤销的租赁期间。

满足以下一项或数项标准的租赁,应当认定为融资租赁:

1)在租赁期届满时,租赁资产的所有权转移给承租人。

2)承租人有购买租赁资产的选择权,所订立的购价预计将远低于行使选择权时租赁资产的公允价值,因而在租赁开始日就可以合理确定承租人将会行使这种选择权。

3)租赁期占租赁资产尚可使用年限的大部分。但是,如果租赁资产在开始租赁前已使用年限超过该资产全新时可使用年限的大部分,则该项标准不适用。

4)就承租人而言,租赁开始日最低租赁付款额的现值几乎相当于租赁开始日租赁资产原账面价值;就出租人而言,租赁开始日最低租赁收款额的现值几乎相当于租赁开始日租赁资产原账面价值。但是,如果租赁资产在开始租赁前已使用年限超过该资产全新时可使用年限的大部分,则该项标准不适用。

3. 科目设置

"未确认融资费用"用于核算企业融资租入固定资产所发生的未实现融资费用。在租赁开始日,按最低租赁付款额作为固定资产和长期应付款入账的企业,不设置本账户。

4. 经营租赁方式租入的固定资产的会计处理

对以经营租赁方式租入的固定资产核算时应注意:

(1)以经营租赁方式租入的固定资产不属于企业的财产,不能作为自有固定资产核算,而仅通过设置"租入固定资产备查簿"进行登记;

(2)如果企业在租赁期间(1年以上)对租入固定资产进行大修理和进行改良工程的,其支出应列入"长期待摊费用",然后在其受益期内分期摊销。

【例6-18】甲建筑工程公司于2020年1月1日向乙建筑工程公司租入一台压路机,原值为350 000元,合同规定租期2年,每月租金4 000元,每半年预付一次。在4月10日压路机发生故障,进行了修理,发生费用2 000元,由甲建筑工程公司承担,用银行存款支付。甲建筑工程公司应编制如下会计分录:

①通过银行转账,预付半年租金24 000元时:

借:待摊费用　　　　　　　　　　　　　　　　　24 000
　　贷:银行存款　　　　　　　　　　　　　　　　24 000

②按月摊销设备租金4 000元时：

借：制造费用 4 000
　　贷：待摊费用 4 000

③支付租入的压路机修理费用时：

借：制造费用 2 000
　　贷：银行存款 2 000

5. 经营租赁方式租出的固定资产的会计处理

对以经营租赁方式租出的固定资产核算时应注意：

（1）企业以经营租赁方式租出的固定资产只涉及实物的转移，所有权并不转移，仍属于企业自有固定资产；

（2）如果固定资产租金收入数额较大，为正确进行收入确认与费用确认，应采用分摊的方式确认收入。

企业的收入包括经营收入、劳务收入、让渡资产使用权收入等，因为出租固定资产不是企业主要的经营业务，所以记入"其他业务收入"科目，该科目是损益类科目中的"益"，收入增加记入贷方。被出租的固定资产的所有权仍然属于企业，故应由本企业计提折旧，折旧是换取其他业务收入的代价，故应记入"其他业务支出"科目，该科目是损益类科目中的"损"，支出增加记入借方。

【例6-19】甲建筑工程公司于2020年1月1日向乙建筑工程公司租出一台挖土机，原值为300 000元，合同规定租期3年，每月租金8 000元，每半年预收一次。该挖土机每月应计提折旧5 000元。甲建筑工程公司应编制如下会计分录：

①租出机器设备时：

借：固定资产——租出固定资产 300 000
　　贷：固定资产——不需用固定资产 300 000

②收到半年租金时：

借：银行存款 48 000
　　贷：其他业务收入——固定资产出租 48 000

③每月计提租出机器设备折旧时：

借：其他业务支出——固定资产出租 5 000
　　贷：累计折旧 5 000

④租赁期满，收回机器设备时：

借：固定资产——不需用固定资产 300 000
　　贷：固定资产——租出固定资产 300 000

6. 融资租赁方式租入的固定资产的会计处理

以融资租赁方式租入的固定资产核算时应注意：

（1）在融资租赁方式下，会计上承租人应将融资租入固定资产作为自有固定资产计价入账，同时确认相应的负债；

（2）在租赁开始日，企业应按当日租赁资产的原账面价值与最低租赁付款额的现值两者中较低者作为入账价值；

（3）如果租赁资产占企业资产总额的比例等于或小于30%，在租赁开始日，企业也可按最低租赁付款额作为固定资产的入账价值；

（4）未确认融资费用应当在租赁期各个期间内按合理的方法进行分摊，在租赁设备达到预定可使用状态前，分摊的未确认融资费用应计入租赁设备工程成本。

【例6-20】甲建筑工程公司于2020年1月1日向乙建筑工程公司以融资租赁方式租入需安装的设备一套，设备安装时间5天。设备价款总额为220 000元（假设设备价款低于其最低租赁付款额的现值）。按租赁协议确定的设备租赁价格为267 000元，另支付设备安装调试费等30 000元（包括租赁期满购买该设备应付的价款）。根据租赁协议规定，租赁价款分4年于每年年初支付，该设备折旧年限为5年，采用直线法计提折旧（不考虑净残值），租赁期满后，设备转归承租企业所有。该企业融资租赁资产占全部资产总额的40%。甲建筑工程公司应编制如下会计分录：

①租入设备验收并交付安装时：

借：在建工程——安装工程（融资租赁设备） 220 000
　　未确认融资费用 47 000
　　贷：长期应付款——应付融资租赁款 267 000
借：在建工程——安装工程（融资租赁设备） 30 000
　　贷：银行存款 30 000

②租入设备安装完毕交付使用时：

借：固定资产——融资租入固定资产 250 000
　　贷：在建工程——安装工程（融资租赁设备） 250 000

③每期支付融资租赁费时：

借：长期应付款——应付融资租赁款 66 750
　　贷：银行存款 66 750

④每年计提折旧时：

借：制造费用——某车间——折旧费 50 000
　　贷：累计折旧 50 000

⑤采用直线法每年分摊未确认融资费用时：

借：财务费用 11 750
　　贷：未确认融资费用 11 750

⑥租赁期满，租赁资产产权转归企业时：

借：固定资产——生产经营用固定资产 250 000
　　贷：固定资产——融资租入固定资产 250 000

6.6 固定资产处置及清查

6.6.1 固定资产处置的核算

固定资产处置，即固定资产的终止确认，是指固定资产因出售、转让、报废或毁损、对外投资、非货币性资产交换、债务重组、对外捐赠等终止现有工作状态，而对其账面价值及其相关收入、支出的处理。

企业在生产经营过程中，可能将不适用或不需用的固定资产对外出售转让，或因磨损、技术进步等原因对固定资产进行报废，或因遭受自然灾害而对毁损的固定资产进行处理。对于上述事项在进行会计处理时，应当按照规定程序办理有关手续，结转固定资产的账面价值，计算有关清理收入、清理费用及残料价值等。

企业处置固定资产应通过"固定资产清理"科目进行核算。

1. 固定资产终止确认的条件

固定资产满足下列条件之一的，应当予以终止确认：

（1）该固定资产处于处置状态；

（2）该固定资产预期通过使用或处置不能产生经济利益。

固定资产终止确认两个条件的性质有所不同。企业处于处置状态的固定资产，在尚未处置完毕前仍属于企业资产的范畴，其终止确认的原因是该项固定资产因需退出企业而终止现有工作状态；企业预期通过使用或处置不能产生经济利益的固定资产，因已不符合资产的特征，不能再作为企业资产予以披露，因而终止确认。

2. 固定资产处置的会计处理

企业出售、转让划归为持有待售类别的固定资产，按照《企业会计准则第 42 号——持有待售的非流动资产、处置组和终止经营》（财会〔2017〕13 号）的相关内容进行会计处理；未划归为持有待售类别而出售、转让的固定资产，通过"固定资产清理"科目归集所发生的损益，其产生的利得或损失转入"资产处置损益"科目，计入当期损益；固定资产因报废、毁损等原因而终止确认的，通过"固定资产清理"科目归集所发生的损益，其产生的利得或损失记入"营业外收入"或"营业外支出"科目。企业通过"固定资产清理"科目核算的因出售、转让、报废或毁损而处置的固定资产，其会计处理一般有以下几个步骤。

（1）固定资产转入清理

企业因出售、报废、毁损、对外投资、非货币性资产交换、债务重组等转出的固定资产，按该项固定资产的账面价值，借记"固定资产清理"科目；按已计提的累计折旧，借记"累计折旧"科目；按已计提的减值准备，借记"固定资产减值准备"科目；按固定资产账面余额，贷记"固定资产"科目。

（2）发生的清理费用等

固定资产清理过程中，应支付的清理费用及其可抵扣的增值税进项税额，借记"固定资产清理""应交税费——应交增值税（进项税额）"科目，贷记"银行存款"等科目。

（3）收回出售固定资产的价款、残料价值和变价收入等

企业收回的出售固定资产的价款、残料价值和变价收入等，应冲减清理支出。按实际收到的出售价款以及残料变价收入等，借记"银行存款"科目；按增值税专用发票上注明的价款，贷记"固定资产清理"科目；按增值税专用发票上注明的增值税销项税额，贷记"应交税费——应交增值税（销项税额）"科目。残料入库，按残料价值，借记"原材料"等科目，贷记"固定资产清理"科目。

（4）保险赔偿等的处理

企业计算或收到的应由保险公司或过失人赔偿的损失，应冲减清理支出，借记"其他应收款""银行存款"等科目，贷记"固定资产清理"科目。

（5）清理净损益的处理

固定资产清理完成后，对清理净损益应区分不同情况进行账务处理：属于生产经营期间正常的处置损失，借记"资产处置损益"科目，贷记"固定资产清理"科目；属于自然灾害等非正常原因造成的损失，借记"营业外支出——非常损失"科目，贷记"固定资产清理"科目。如为贷方余额，借记"固定资产清理"科目，贷记"资产处置损益"或"营业外收入——非流动资产处置利得"科目。

3. 持有待售的固定资产

持有待售的固定资产，是指在当前状况下仅根据出售同类固定资产的惯例就可以直接出售且极可能出售的固定资产，如已经与买主签订了不可撤销的销售协议等。同时满足下列条件的固定资产应划归为持有待售的固定资产：

（1）企业已经就处置该固定资产作出决议；

（2）企业已经与受让方签订了不可撤销的转让协议；

（3）该项转让将在1年内完成。

企业对持有待售的固定资产，应当调整其预计净残值，使之能够反映其公允价值减去处置费用后的金额，但不得超过符合持有待售条件时该项固定资产的原账面价值，原账面价值高于预计净残值的差额，应作为资产减值损失计入当期损益。持有待售的固定资产不计提折旧，按照账面价值和公允价值减去处置费用后的净额孰低进行计量。在编制资产负债表时，企业可将持有待售的固定资产与其他固定资产一起合并列示在"固定资产"项目中，但需要在报表附注中披露持有待售的固定资产名称、账面价值、公允价值、预计处理费用和预计处理时间等。

4. 固定资产处置的实务核算

（1）固定资产出售

【例6-21】甲建筑工程公司为增值税一般纳税人，2020年12月31日出售一座建筑物（系2016年6月1日自建完工），原价（成本）为2 000 000元，已计提折旧1 500 000元，未计提减值准备。实际出售价格为1 200 000元，增值税税率为9%，增值税税额为

108 000元，款项已存入银行。甲建筑工程公司应编制如下会计分录：

①将出售固定资产转入清理时：

借：固定资产清理　　　　　　　　　　　　　500 000
　　累计折旧　　　　　　　　　　　　　　1 500 000
　　贷：固定资产　　　　　　　　　　　　　　　　2 000 000

②收到出售固定资产的价款和税款时：

借：银行存款　　　　　　　　　　　　　　1 308 000
　　贷：固定资产清理　　　　　　　　　　　　　　1 200 000
　　　　应交税费——应交增值税（销项税额）　　　108 000

③结转出售固定资产实现的利得时：

借：固定资产清理　　　　　　　　　　　　　700 000
　　贷：资产处置损益　　　　　　　　　　　　　　　700 000

本例中，固定资产清理完毕时，"固定资产清理"科目贷方余额为700 000元（1 200 000—500 000），属于处置净收益，应结转至"资产处置损益"科目的贷方，从而使"固定资产清理"科目余额为0。

（2）固定资产报废

【例6-22】甲建筑工程公司为增值税一般纳税人，2020年10月10日一台设备由于性能等原因决定提前报废，原价为500 000元，相关增值税税额为80 000元，已计提折旧450 000元，未计提减值准备。报废时的残值变价收入为30 000元，增值税税额为3 900元。报废清理过程中发生的自行清理费用为3 000元。有关收入、支出均通过银行办理结算。甲建筑工程公司应编制如下会计分录：

①将报废固定资产转入清理时：

借：固定资产清理　　　　　　　　　　　　　50 000
　　累计折旧　　　　　　　　　　　　　　　450 000
　　贷：固定资产　　　　　　　　　　　　　　　　500 000

②收回残料变价收入时：

借：银行存款　　　　　　　　　　　　　　　33 900
　　贷：固定资产清理　　　　　　　　　　　　　　30 000
　　　　应交税费——应交增值税（销项税额）　　　3 900

③支付清理费用时：

借：固定资产清理　　　　　　　　　　　　　3 000
　　贷：银行存款　　　　　　　　　　　　　　　　3 000

④结转报废固定资产发生的净损失时：

借：资产处置损益　　　　　　　　　　　　　23 000
　　贷：固定资产清理　　　　　　　　　　　　　　23 000

在本例中，固定资产清理完毕时，"固定资产清理"科目借方余额为 23 000 元（50 000-30 000+3 000），由于属于生产经营期间正常的处置净损失，应结转至"资产处置损益"科目的借方，从而使"固定资产清理"科目余额为 0。

（3）固定资产毁损

【例 6-23】甲建筑工程公司为增值税一般纳税人，2020 年 8 月 1 日因遭受台风袭击毁损一座仓库，该仓库原价 4 000 000 元，已计提折旧 1 000 000 元，已计提减值准备 40 000 元。其残料估计价值为 50 000 元，残料已办理入库。发生清理费用并取得增值税专用发票注明的装卸费为 20 000 元，增值税税额为 1 800 元，以银行存款支付。经保险公司核定应赔偿损失 1 500 000 元，增值税税额为 0 元，款项已存入银行。假定不考虑其他相关税费，甲建筑工程公司应编制如下会计分录：

①将毁损的仓库转入清理时：

借：固定资产清理	2 960 000
累计折旧	1 000 000
固定资产减值准备	40 000
贷：固定资产	4 000 000

②残料入库时：

| 借：原材料 | 50 000 |
| 　贷：固定资产清理 | 50 000 |

③支付清理费用时：

借：固定资产清理	20 000
应交税费——应交增值税（进项税额）	1 800
贷：银行存款	21 800

④确定并收到保险公司理赔款项时：

| 借：其他应收款 | 1 500 000 |
| 　贷：固定资产清理 | 1 500 000 |

⑤结转毁损固定资产发生的损失时：

| 借：营业外支出——非常损失 | 1 430 000 |
| 　贷：固定资产清理 | 1 430 000 |

在本例中，固定资产清理完毕时，"固定资产清理"科目借方余额为 1 430 000 元（2 960 000-50 000+20 000-1 500 000），由于属于自然灾害等非正常原因造成的清理净损失，应结转至"营业外支出——非常损失"科目的借方，从而使"固定资产清理"科目余额为 0。

（4）固定资产投资转出

【例 6-24】甲建筑工程公司为增值税一般纳税人，2020 年 9 月 1 日将一台不需用挖土机进行对外投资（乙建筑工程公司）。挖土机原价为 300 000 元，已计提折旧 120 000 元，已计提减值准备30 000元。假定不考虑其他相关税费，甲建筑工程公司应编制如下会计分录：

①将不需用并用以投资的固定资产转入清理时：

借：固定资产清理	150 000
累计折旧	120 000
固定资产减值准备	30 000
贷：固定资产	300 000

②转出固定资产投资时：

借：长期股权投资	150 000
贷：固定资产清理	150 000

在本例中，企业将不需用固定资产进行对外投资，首先应注销固定资产原值、累计折旧及已提的资产减值准备，将用以出资的固定资产转入清理，并按转入清理的出资固定资产的净值计入长期股权投资。

6.6.2　固定资产清查盘点的核算及其会计处理

企业应当定期或者至少于每年年末对固定资产进行清查盘点，以保证固定资产核算的真实性，充分挖掘企业现有固定资产的潜力。在固定资产清查过程中，如果发现盘盈、盘亏的固定资产，应当填制固定资产盘盈、盘亏报告表。清查固定资产的损溢，及时查明原因，并按照规定程序报批处理。

1. 固定资产盘盈

根据《企业会计准则第28号——会计政策、会计估计变更和差错更正》（财会〔2006〕3号）的规定，企业在财产清查中盘盈的固定资产应当作为重要的前期差错进行会计处理。企业在财产清查中盘盈的固定资产，在按管理权限报经批准处理前，应先通过"以前年度损益调整"科目进行核算。

盘盈的固定资产，应按重置成本确定其入账价值，借记"固定资产"科目，贷记"以前年度损益调整"科目。

【例6-25】甲建筑公司为增值税一般纳税人，2020年1月5日在财产清查过程中发现，2018年12月购入的一台机器设备尚未入账，重置成本为20 000元。假定甲建筑公司按净利润的10%提取法定盈余公积，不考虑相关税费及其他因素的影响。甲建筑公司应编制如下会计分录：

①盘盈固定资产时：

借：固定资产	20 000
贷：以前年度损益调整	20 000

②结转为留存收益时：

借：以前年度损益调整	20 000

贷：盈余公积——法定盈余公积　　　　　　　　　　　　2 000
　　　利润分配——未分配利润　　　　　　　　　　　　　18 000

本例中，盘盈固定资产应作为重要的前期差错进行会计处理，应通过"以前年度损益调整"科目进行核算。

2. 固定资产盘亏

企业在财产清查中盘亏的固定资产，按照盘亏固定资产的账面价值，借记"待处理财产损溢"科目；按照已计提的累计折旧，借记"累计折旧"科目；按照已计提的减值准备，借记"固定资产减值准备"科目；按照固定资产的原价，贷记"固定资产"科目。

企业按照管理权限报经批准后处理时，按照可收回的保险赔偿或过失人赔偿，借记"其他应收款"科目；按照应计入营业外支出的金额，借记"营业外支出——盘亏损失"科目；贷记"待处理财产损溢"科目。

【例6-26】甲建筑公司为增值税一般纳税人，2020年12月31日进行财产清查时，发现短缺一台笔记本电脑，原价为15 000元，已计提折旧为9 000元，购入时增值税税额为2 400元。甲建筑公司应编制如下会计分录：

①盘亏固定资产时：

借：待处理财产损溢　　　　　　　　　　　　　　　　　6 000
　　累计折旧　　　　　　　　　　　　　　　　　　　　9 000
　　贷：固定资产　　　　　　　　　　　　　　　　　　15 000

②转出不可抵扣的进项税额时：

借：待处理财产损溢　　　　　　　　　　　　　　　　　960
　　贷：应交税费——应交增值税（进项税额转出）　　　960

③报经批准转销时：

借：营业外支出——盘亏损失　　　　　　　　　　　　　6 960
　　贷：待处理财产损溢　　　　　　　　　　　　　　　6 960

本章知识点

1. 固定资产的含义及分类

固定资产，是指为生产商品、提供劳务、出租或经营管理而持有的，使用寿命超过一个会计年度的有形资产。固定资产的常见形式包括企业的房屋建筑物、各种机械设备、运输设备、大型的工具器具和管理工具等。实务中，固定资产通常按经济用途、使用情况以及所有权等进行综合分类，据此可把企业的固定资产分为七大类：①生产经营用固定资产；②非生产经营用固定资产；③租出固定资产；④不需用固定资产；⑤未使用固定资产；⑥融资租入固定资产；⑦土地。

2. 固定资产的核算

为了反映和监督固定资产的取得、计提折旧和处置等情况，企业一般需要设置"固定资产""累计折旧""在建工程""工程物资""固定资产清理"等科目进行核算。

固定资产取得核算分购入和自行建造两种主要方式。企业购入的固定资产分为不需要安装的固定资产和需要安装的固定资产两种情形。企业自行建造的固定资产包括自营建造和出包建造两种方式。

3. 固定资产的折旧核算

固定资产的后续计量主要包括固定资产折旧的计提、固定资产的后续支出以及固定资产减值损失的确定。

折旧，是指企业在固定资产的使用寿命内，按照确定的方法对应计折旧额进行系统分摊。影响固定资产折旧的主要因素有固定资产原价、固定资产的使用寿命、预计净残值和固定资产减值准备。企业应当对所有的固定资产计提折旧，但是，已提足折旧仍继续使用的固定资产和单独计价入账的土地除外。企业应当根据与固定资产有关的经济利益的预期消耗方式，合理选择折旧方法。固定资产折旧方法包括直线折旧法（年限平均法和工作量法）和加速折旧法（双倍余额递减法和年数总和法）。

固定资产折旧核算应设置"累计折旧"科目，该科目属于"固定资产"科目的备抵调整科目，该科目的贷方登记提取的折旧额；借方登记随固定资产转出或处置而转销的折旧额；期末余额在贷方，反映企业已提取的固定资产折旧累计额。

4. 固定资产后续支出核算

固定资产后续支出，是指固定资产在使用过程中发生的更新改造支出、修理费用等。后续支出的处理原则：符合资本化条件的，应当计入固定资产成本或其他相关资产成本（例如，与生产产品相关的固定资产的后续支出计入相关产品成本），同时将被替换部分的账面价值扣除；不符合资本化条件的，应当计入当期损益。固定资产资本化后续支出主要包括固定资产改扩建支出、更新改造支出和固定资产装修支出等，其通过"在建工程"科目核算。

固定资产费用化后续支出主要包括固定资产的大修理、中小修理等维护性支出。

5. 固定资产减值及租赁核算

对于固定资产而言，当其因市价持续下跌、技术陈旧、损坏、长期闲置等原因导致固定资产可收回金额低于账面价值，则说明固定资产发生了减值。固定资产在资产负债表日存在可能发生减值的迹象时，其可收回金额低于账面价值的，企业应当将该固定资产的账面价值减记至可收回金额，减记的金额确认为减值损失，计入当期损益，借记"资产减值损失——计提的固定资产减值准备"科目，同时计提相应的资产减值准备，贷记"固定资产减值准备"科目。

固定资产租赁是租出租入固定资产业务的总称。固定资产占有者以在一定时期内收取的租金为条件将某项固定资产出租给承租人使用的行为。租出固定资产的产权仍属租出企业所有，其原值仍留在账面上，照旧计提折旧和大修理基金，并另设固定资产租赁登记簿记录出租动态。租入固定资产不构成企业自有的固定资产，无需列账核算，不计提折旧，应另设登记簿进行登记管理。固定资产租赁一般分为融资租赁和经营租赁两类。经营租赁核算分为租入和租出核算，融资租赁核算主要是租入核算。

6. 固定资产处置及清查核算

固定资产处置，即固定资产的终止确认，是指固定资产因出售、转让、报废或毁损、对外投资、非货币性资产交换、债务重组、对外捐赠等终止现有工作状态，而对其账面价值及其相关收入、支出的处理。企业处置固定资产应通过"固定资产清理"科目进行核算。

企业应当定期或者至少于每年年末对固定资产进行清查盘点，以保证固定资产核算的真实性。针对盘盈、盘亏的固定资产，应当填制固定资产盘盈、盘亏报告表，及时查明原因，并按照规定程序报批处理。

思考题

1. 简述固定资产的特征。
2. 简述固定资产的折旧方法，并进行评价。
3. 简述固定资产后续支出核算。
4. 简述固定资产租赁。
5. 简述固定资产盘盈和盘亏的处置。

实务题

1. 判断改错题

（1）A公司融资租赁一项固定资产，长期应付款为1 000万元，现值为800万元，固定资产的公允价值为750万元，则固定资产入账价值为750万元。（   ）

（2）A公司用具有融资性质的分期付款购买某设备，长期应付款价格为1 000万元，现值为800万元，资产公允价值为750万元，则固定资产入账价值为800万元。（   ）

2. 某建筑工程公司2020年1月1日购入一辆压路机，原价120万元，预计净残值率4%，预计使用寿命5年，假设该公司没有对该压路机设备计提减值准备，试采用直线折旧法、双倍余额递减法、年数总和法计算该公司各年应计提折旧额。

3. 甲建筑工程公司为一般纳税人，2020年8月份有如下业务，试编制会计分录：

（1）8月1日，公司购入一台不需要安装即可投入使用的挖土机设备，取得的增值税专用发票上注明的价款为200 000元，增值税税额为26 000元，另支付包装费并取得增值税专用发票，注明包装费5 000元，税率6%，增值税税额300元，款项以现金支票支付。

（2）8月2日，公司用银行存款购入一台需要安装的挖土机设备，取得的增值税专用发票上注明的价款为400 000元，增值税税额为52 000元，支付安装费并取得增值税专用发票，注明安装费30 000元，税率9%，增值税税额2 700元。

（3）8月5日，公司购入一幢商业大楼作为公司办公研发大楼并投入使用，取得的增值税专用发票上注明的价款为 50 000 000 元，增值税税额为 6 500 000 元，款项以银行存款支付。进项税额分 2 年从销项税额中抵扣，当年抵扣 60%，下一年抵扣 40%。

（4）8 月 10 日，公司自行建造办公楼一幢，购入为工程准备的各种物资 400 000 元，增值税专用发票上注明的增值税税额为 52 000 元，全部用于工程建设。领用本企业生产的建筑构件一批，实际成本为 300 000 元，相关进项税额为 39 000 元。工程人员应计工资 80 000 元。支付的其他费用并取得增值税专用发票，注明安装费 20 000 元，税率 9%，增值税税额 1 800 元。若按进度，办公楼于 12 月 10 日完工并达到预定可使用状态。

（5）8 月 15 日，对施工班组的机器设备进行日常修理，发生维修费并取得增值税专用发票，注明修理费 10 000 元，税率 13%，增值税税额 1 300 元。

（6）8 月 20 日一台设备由于性能等原因决定提前报废，原价为 100 000 元，相关增值税税额为 16 000 元，已计提折旧 90 000 元，未计提减值准备。报废时的残值变价收入为 6 000 元，增值税税额为 780 元。报废清理过程中发生自行清理费用为 1 500 元。

（7）8 月 25 日，根据上月固定资产使用情况，公司的房屋及办公设备计提折旧 20 000 元；施工部门的办公设备计提折旧 5 000 元，机械设备计提折旧 40 000 元；专设销售部门的办公设备计提折旧 2 500 元；经营租出的挖土机设备计提折旧 4 000 元。

（8）8 月 28 日将一台不需用挖土机进行对外投资（乙建筑工程公司）。挖土机原价为 250 000 元，已计提折旧 180 000 元，已计提减值准备 25 000 元。

（9）8 月 30 日出售公司一幢自建办公楼，原价（成本）为 4 000 000 元，已计提折旧 3 200 000 元，未计提减值准备。实际出售价格为 2 500 000 元，增值税税率 9%，增值税税额为 225 000 元，款项已存入银行。

（10）8 月 31 日，公司将一台不需用挖土机向乙建筑工程公司进行投资。挖土机原价为 400 000 元，已计提折旧 160 000 元，已计提减值准备 40 000 元。

4. 某甲建筑公司为增值税一般纳税人，2020 年 12 月 31 日在财产清查过程中发现，2018 年 12 月购入的一台机器设备尚未入账，重置成本为 25 000 元。同时，清查发现短缺一台笔记本电脑，原价为 12 000 元，已计提折旧 8 000 元，购入时增值税税额为 1 920 元。试根据清查结果编制会计分录。

第7章 无形资产与其他资产

【学习目标】

掌握无形资产、商誉的概念；理解无形资产的特征；掌握无形资产的内容；掌握无形资产的核算；掌握开办费用的含义及构成；掌握临时设施费摊销方法；熟悉商誉、开办费用、长期待摊费用、临时设施的核算。

【重要术语】

无形资产　专利权　非专利技术　商标权　著作权　土地使用权　特许权　累计摊销　商誉　开办费用　长期待摊费用　临时设施

7.1 无形资产概述

7.1.1 无形资产的概念与特征

无形资产，是指企业拥有或者控制的没有实物形态的可辨认非货币性资产。无形资产具有广义和狭义之分，广义的无形资产包括货币资金、应收账款、金融资产、长期股权投资、专利权、商标权等，它们没有物质实体，而是表现为某种法定权利或技术。但是，会计上通常将无形资产作狭义理解，即将专利权、商标权等称为无形资产。

无形资产具有以下特征：

（1）由企业拥有或者控制并能为企业带来未来经济利益的资源

预计能为企业带来未来经济利益是作为一项资产的本质特征。通常情况下，企业拥有或者控制的无形资产，是指企业拥有该项无形资产的所有权，且该项无形资产能够为企业带来未来经济利益。但在某些情况下并不需要企业拥有其所有权，如果企业有权获得某项无形资产产生的经济利益，同时又能约束他人获得这些利益，则说明企业控制了无形资产，或者说控制了无形资产产生的经济利益，并受法律的保护。

（2）不具有实物形态

无形资产是不具有实物形态的非货币性资产，它不像固定资产、存货等有形资产具有实务形态。无形资产的优势很大程度上是通过自身具有的技术等优势为企业带来未来经济利益。

（3）具有可辨认性

资产满足下列条件之一的，则符合无形资产定义中的可辨认标准：①能够从企业中分离或者划分出来，并能单独或者与相关合同、资产或负债一起用于出售、转让、授予许可、租赁或者交换，如企业持有的专利权、非专利技术、商标权、著作权、土地使用权、特许权等；②源自合同性权利或其他法定权利，无论这些权利是否可以从企业或其他权利和义务中转移或者分离。

商誉是与企业整体价值联系在一起的，企业合并中取得的商誉代表了购买方为从不能单独辨认并独立确认的资产中获得预期未来经济利益而付出的代价。这些未来经济利益可能产生于取得的可辨认资产之间的协调作用，也可能产生于购买者在企业合并中准备支付的、但不符合在财务报表上确认条件的资产。因此，商誉不具有可辨认性，不属于无形资产。

（4）属于非货币性资产

无形资产属于非货币性资产，且能够在多个会计期间为企业带来经济利益。无形资产的使用年限在1年以上，其价值将在各个受益期间逐渐摊销。

7.1.2 无形资产的内容

无形资产主要包括专利权、非专利技术、商标权、著作权、土地使用权和特许权等。

1. 专利权

专利权，是指国家专利主管机关依法授予发明创造专利申请人对其发明创造在法定期限内所享有的专有权利，包括发明专利权、实用新型专利权和外观设计专利权。发明专利权的期限为20年，实用新型专利权和外观设计专利权的期限为10年，均自申请日起计算。专利权给予持有者独家使用或控制某项发明的特殊权利。《中华人民共和国专利法》明确规定，专利人拥有的专利权受到国家法律保护。专利权是允许其持有者独家使用或控制的特权，但它并不保证一定能给持有者带来经济效益，如有的专利可能会被另外更有经济价值的专利所淘汰等。因此，企业不应将其所拥有的一切专利权都予以资本化，并作为无形资产管理和核算。

企业从外单位购入的专利权，应按实际支付的价款作为专利权的成本。企业自行开发并按法律程序申请取得的专利权，应按照《企业会计准则第6号——无形资产》（财会〔2006〕3号）确定的金额作为成本。

2. 非专利技术

非专利技术也称专有技术、技术秘密、技术诀窍，它是指不为外界所知、在生产经营活动中已采用了的、不享有法律保护的、可以带来经济利益等各种技术和诀窍。非专利技术包括：①工业专有技术，即在生产上已经采用，仅限于少数人知道，不享有专利权或发明权的生产、装配、修理、工艺或加工方法等技术知识；②商业专有技术，即具有保密性质的市场情报、原材料价格情报以及用户、竞争对象的情况和有关知识；③管理专有技术，即生产组织的经营方式、管理方式、培训职工方法等保密知识。非专利技术并不是专利法的保护对象，专有技术所有人依靠自我保密的方式来维持其独占权。非专利技术可以用于转让和投资。

企业的非专利技术，有些是自己开发研究的，有些是根据合同规定从外部购入的。如果是企业自己开发研究的，应将符合《企业会计准则第6号——无形资产》(财会〔2006〕3号)规定的开发支出资本化条件的，确认为无形资产。对于从外部购入的非专利技术，应将实际发生的支出予以资本化，作为无形资产入账。

3. 商标权

商标是用来辨认特定商品或劳务的标记。商标权，是指专门在某类指定的商品或产品上使用特定的名称或图案的权利。商标经过注册登记，就获得了法律上的保护。《中华人民共和国商标法》明确规定，经商标局核准注册的商标为注册商标。商标注册人享有商标专用权，受法律的保护。

企业自创的商标并将其注册登记，所花费用一般不大，是否将其资本化并不重要。能够给拥有者带来获利能力的商标，往往是通过多年的广告宣传和其他传播上表名称的手段，以及客户的信赖等树立起来的。广告费一般不作为商标权的成本，而是在发生时直接计入当期损益。

按照《中华人民共和国商标法》的规定，商标可以转让，但受让人应保证使用该注册商标的产品质量。如果企业购买他人的商标，一次性支出费用较大的，可以将其资本化，作为无形资产管理。这时，应根据购入商标的价款、支付的手续费以及有关费用作为商标的成本。

4. 著作权

著作权又称版权，指作者对其创作的文学、科学和艺术作品依法享有的某些特殊权利。著作权包括两方面的权利，即精神权利(人身权利)和经济权利(财产权利)。前者指作品的署名权、发表权、修改权和保护作品的完整权等各项权利，后者指作品的复制权、发行权、出租权、展览权、表演权、放映权、广播权、信息网络传播权、摄制权、改编权、翻译权、汇编权以及应当由著作权人享有的其他权利。

5. 土地使用权

土地使用权，是指国家准许某一企业或单位在一定时期内对国有土地享有开发、利用、经营的权利。根据《中华人民共和国土地管理法》的规定，我国实行土地的社会主义公有制，即全民所有制和劳动群众集体所有制。任何单位和个人不得侵占、买卖或者以其他形式非法转让土地。土地使用权可以依法转让。

通常情况下，作为投资性房地产或者固定资产核算的土地，按照投资性房地产或固定资产核算；以缴纳土地出让金等方式外购的土地使用权、以投资人投入等方式取得的土地使用权，作为无形资产核算。企业取得土地使用权，应将取得时发生的支出资本化，作为土地使用权的成本，记入"无形资产"科目核算。

6. 特许权

特许权又称经营特许权、专营权，指企业在某一地区经营或销售某种特定商品的权利或是一家企业接受另一家企业使用其商标、商号、技术秘密等的权利。特许权通常有两种形式，一种是由政府机构授权，准许企业使用或在一定地区享有经营某种业务的权利，如水、电、邮电通信等专营权，烟草专卖权等；另一种是指企业间依照签订的合同，有限期或无限期使用另一家企业的某些权利，如连锁店、分店使用总店的名称等。通常在特许权转让合同中会规定特许权转让的期限、转让人和受让人的权利和义务。

7.1.3 无形资产的确认条件

无形资产应当在满足定义的前提下，同时满足下列两个确认条件，才能予以确认。

1. 与该无形资产有关的经济利益很可能流入企业

如果企业有权获得一项无形资产产生的未来经济利益，并能约束其他方获取这些利益，表明企业控制了该项无形资产。例如，对于会产生经济利益的技术知识，若其受到版权、贸易协议约束（如果允许）等法定权利的保护，那么说明该企业控制了相关利益、客户关系、人力资源等，如果企业无法控制其带来的未来经济利益，则其不符合无形资产定义，不应将其确认为无形资产。

2. 该无形资产的成本能够可靠地计量

成本能够可靠计量是资产确认的一项基本条件。比如，内部产生的品牌、报刊名、刊头、客户名单和实质上类似项目的支出，由于不能从业务开发成本中区分开来，因此，不应确认为无形资产。

此外，在确定一项包含无形和有形要素的资产是属于固定资产还是无形资产时，需要通过判断来加以确定，通常以哪个要素更重要作为判断依据。

7.2 无形资产核算

7.2.1 无形资产核算的科目

为了反映和监督无形资产的取得、摊销和处置等情况，企业应当设置"无形资产""累计摊销"等科目进行核算。

1. "无形资产"科目

"无形资产"科目核算企业持有的无形资产成本，借方登记取得无形资产的成本，贷方登记处置无形资产、转出无形资产的账面余额，期末借方余额反映企业无形资产的成本。"无形资产"科目应当按照无形资产的项目设置明细科目进行核算。

2. "累计摊销"科目

"累计摊销"科目属于"无形资产"的调整科目,类似于"累计折旧"科目相对于"固定资产"科目，核算企业对使用寿命有限的无形资产计提的累计摊销，贷方登记企业计提的无形资产摊销，借方登记处置无形资产、转出无形资产的累计摊销，期末贷方余额反映企业无形资产的累计摊销额。

此外，企业无形资产发生减值的，还应当设置"无形资产减值准备"科目进行核算。

7.2.2 无形资产取得核算

无形资产通常是按实际成本计量，即以取得无形资产并使之达到预定用途而发生的全部支出作为无形资产的成本。对不同来源取得的无形资产，其成本计价也不同。

1. 外购无形资产核算

外购无形资产，其成本包括购买价款、相关税费以及直接归属于使该项资产达到预定用途所发生的其他支出。

其中，相关税费不包括按照现行增值税制度规定可以从销项税额中抵扣的增值税进项税额。外购无形资产，取得增值税专用发票的，按注明的增值税进项税额，借记"应交税费——应交增值税（进项税额）"科目；取得增值税普通发票的，按照注明的价税合计金额作为无形资产的成本，其进项税额不可抵扣。

另外，直接归属于使该项资产达到预定用途所发生的其他支出包括使无形资产达到预定用途所发生的专业服务费用、测试无形资产是否能够正常发挥作用的费用等，但不包括为引入新产品进行宣传发生的广告费、管理费用及其他间接费用。在无形资产达到预定用途之前发生的其他经营活动支出，如果该经营活动并非是为使无形资产达到预定用途所必不可少的，有关经营活动的损益应于发生时计入当期损益，而不构成无形资产的成本。无形资产达到预定用途后所发生的支出不构成无形资产的成本。例如，在形成预定经济规模之前发生的初始运作损失。

【例 7-1】甲建筑工程公司为增值税一般纳税人，购入一项非专利技术，取得的增值税专用发票上注明的价款为 800 000 元，税率为 6%，增值税税额为 48 000 元，以银行存款支付。甲建筑工程公司应编制如下会计分录：

借：无形资产——非专利技术　　　　　　　800 000
　　应交税费——应交增值税（进项税额）　48 000
贷：银行存款　　　　　　　　　　　　　　848 000

2. 分期付款购买无形资产的核算

如果企业采用分期付款方式购买无形资产，购买无形资产的价款超过正常信用条件支付、实际上具有融资性质的，应按照无形资产购买价款的现值计量其成本，现值与应付账款之间的差额作为未确认的融资费用，在付款期间内按照实际利率法确认为利息费用。分期付款方式购入无形资产时，借记"无形资产（购买价款的现值）""应交税费——应交增值税（进项税额）"科目，贷记"长期应付款（应支付的购买价款）"科目，借方和贷方的差额计入"未确认融资费用"科目。分期付款时，应借记"长期应付款（分期付款额）"科目，贷记"银行存款"科目。在信用期间内采用实际利率法分期摊销未确认融资费用的账务处理，借记"财务费用（未确认融资费用的分摊额）"科目，贷记"未确认融资费用"科目。

【例7-2】2020年1月1日，甲建筑工程公司从乙公司购入一项无形资产，由于资金周转紧张，甲建筑工程公司与乙公司协议以分期付款方式支付款项。协议约定：该无形资产作价2 000万元，甲公司每年年末付款400万元，分5年付清。假定银行同期贷款利率为5%，5年期5%利率的年金现值系数为4.3295。不考虑其他因素。甲建筑工程公司应编制如下会计分录，单位为万元：

① 分期付款购入无形资产时：

无形资产的入账价值 $=A(P/A, i, n)=400×4.3295=1731.8$ 万元

借：无形资产　　　　　　　　　　　　　　1 731.8
　　未确认融资费用　　　　　　　　　　　　268.2
　贷：长期应付款　　　　　　　　　　　　　2 000

② 2020年末支付分期付款时：

借：长期应付款　　　　　　　　　　　　　　400
　贷：银行存款　　　　　　　　　　　　　　　400
借：财务费用　　　　　　86.59（1731.8×5%=86.59万元）
　贷：未确认融资费用　　　　　　　　　　　86.59

③ 2021年末支付分期付款时：

借：长期应付款　　　　　　　　　　　　　　400
　贷：银行存款　　　　　　　　　　　　　　　400
借：财务费用　　　70.92 [（1731.8+86.59-400）×5%=70.92万元]
　贷：未确认融资费用　　　　　　　　　　　70.92

④ 2022年末支付分期付款时：

借：长期应付款　　　　　　　　　　　　　　400
　贷：银行存款　　　　　　　　　　　　　　　400
借：财务费用　　54.47 [（1731.8+86.59+70.92-800）×5%=54.47万元]
　贷：未确认融资费用　　　　　　　　　　　54.47

⑤ 2023年末支付分期付款时：

借：长期应付款　　　　　　　　　　　　　　400
　贷：银行存款　　　　　　　　　　　　　　　400
借：财务费用　　37.19 [（1731.8+86.59+70.92+54.47-1200）×5%
　　　　　　　　　　　　　　　　　　　=37.19万元]
　贷：未确认融资费用　　　　　37.19

⑥ 2024年末支付分期付款时：

借：长期应付款　　　　　　　　　　　　　400
　　贷：银行存款　　　　　　　　　　　　　　400
借：财务费用　　　　　　　　　　19.03（268.2–86.59–70.92–54.47–37.19＝19.03万元）
　　贷：未确认融资费用　　　　　19.03

3. 自行研究开发的无形资产

企业内部研究开发项目所发生的支出应区分研究阶段支出和开发阶段支出。

企业自行开发无形资产发生的研发支出，不满足资本化条件的，借记"研发支出——费用化支出"科目；满足资本化条件的，借记"研发支出——资本化支出"科目；贷记"原材料""银行存款""应付职工薪酬"等科目。自行研究开发无形资产发生的支出，取得增值税专用发票可抵扣的进项税额的，借记"应交税费——应交增值税（进项税额）"科目。

研究开发项目达到预定用途形成无形资产的，应当按照"研发支出——资本化支出"科目的余额，借记"无形资产"科目，贷记"研发支出——资本化支出"科目。期（月）末，应将"研发支出——费用化支出"科目归集的金额转入"管理费用"科目，借记"管理费用"科目，贷记"研发支出——费用化支出"科目。

企业如果无法可靠区分研究阶段的支出和开发阶段的支出，应将发生的研发支出全部费用化，计入当期损益，计入"管理费用"科目的借方。

【例7-3】甲建筑工程公司为增值税一般纳税人，公司自行研究、开发一项技术，截至2019年12月31日，发生研发支出合计2 000 000元，经测试，该项研发活动完成了研究阶段，从2020年1月1日开始进入开发阶段。2020年发生开发支出500 000元，假定符合《企业会计准则第6号——无形资产》（财会〔2006〕3号）规定的开发支出资本化的条件，取得的增值税专用发票上注明的增值税税额为65 000元。2020年6月30日，该项研发活动结束，最终开发出一项非专利技术。甲建筑工程公司应编制如下会计分录：

① 2019年发生的研发支出：
　　借：研发支出——费用化支出　　　　　　　2 000 000
　　　　贷：银行存款　　　　　　　　　　　　　　2 000 000

② 2019年12月31日，发生的研发支出全部属于研究阶段的支出：
　　借：管理费用　　　　　　　　　　　　　　　2 000 000
　　　　贷：研发支出——费用化支出　　　　　　　2 000 000

③ 2020年，发生的开发支出符合资本化确认条件：
　　借：研发支出——资本化支出　　　　　　　　500 000
　　　　应交税费——应交增值税（进项税额）　　　65 000
　　　　贷：银行存款　　　　　　　　　　　　　　　565 000

④ 2020年6月30日，该技术研发完成并形成无形资产：
　　借：无形资产　　　　　　　　　　　　　　　500 000

贷：研发支出——资本化支出　　　　　　　　　　　　500 000

　　4. 投资者投入的无形资产

　　投资者投入的无形资产，应当按照投资合同或协议约定的价值确定无形资产的取得成本。如果投资合同或协议约定价值不公允的，应按照无形资产的公允价值作为无形资产初始成本入账。投资者投入的无形资产能够取得可抵扣增值税发票的，增值税进项税额可依法进行抵扣。

【例 7-4】 甲建筑工程公司收到乙公司以场地使用权方式投入的资本，经各方协商场地使用权作价 500 000 元。办理法律手续并取得场地使用权时，甲建筑工程公司应编制如下会计分录：

　　借：无形资产——场地使用权　　　　　　　　　　　　500 000
　　　　贷：实收资本——乙公司　　　　　　　　　　　　500 000

　　5. 通过非货币性资产交换取得的无形资产

　　企业通过非货币性资产交换取得的无形资产，包括以投资、存货、固定资产或无形资产换入的无形资产等。非货币性资产交换具有商业实质且公允价值能够可靠计量的，采用公允价值计量。在发生补价的情况下，支付补价方应当以换出资产的公允价值加上支付的补价（即换入无形资产的公允价值）和应付的相关税费，作为换入无形资产的成本；收到补价方，应当以换入无形资产的公允价值（或换出资产的公允价值减去补价）和应支付的相关税费，作为换入无形资产的成本。能够取得抵扣增值税发票的，增值税进项税额可依法抵扣。

【例 7-5】 甲公司和乙公司均为增值税一般纳税人，销售商品适用的增值税税率为 13%，2020 年 7 月 1 日，甲公司以一批存货换入乙公司一项专利技术（符合免税条件），该批存货的成本为 800 万元（未计提减值准备），公允价值为 1 075 万元（等于计税价格），另收取乙公司支付的银行存款 57.75 万元，该项非货币性资产交换具有商业实质。甲公司取得该项专利技术的剩余使用年限为 40 年，预计净残值为 0，采用直线法摊销。

　　假定不考虑其他因素，甲公司取得该项专利技术的入账价值为 1 075 ×（1+13%）- 57.75=1 157 万元。

　　甲公司 2020 年度该项专利技术的摊销金额为 1 157 ÷ 40 × 6/12=14.4625 万元。

　　甲建筑工程公司应编制如下会计分录：

①用库存商品换取无形资产入账时：

　　借：无形资产——专利技术　　　　　　　　　　　　1 157
　　　　银行存款　　　　　　　　　　　　　　　　　　57.75
　　　贷：主营业务收入　　　　　　　　　　　　　　　1 075
　　　　　应交税费——应交增值税（销项税额）　　　　139.75

②结转换取无形资产的存货时：

　　借：主营业务成本　　　　　　　　　　　　　　　　800

贷：库存商品　　　　　　　　　　　　　　　　　　　　　800

本例中，公允价值计量的非货币性资产交换，换出资产按处置资产的原则处理，故本题中换出的资产按销售处理。

7.2.3　无形资产摊销核算

企业应当于取得无形资产时分析判断其使用寿命，使用寿命有限的无形资产应进行摊销，使用寿命不确定的无形资产不应摊销。

使用寿命有限的无形资产，通常其残值视为零。对于使用寿命有限的无形资产应当自可供使用（即其达到预定用途）当月起开始摊销，处置当月不再摊销。无形资产摊销方法包括年限平均法（即直线法）、生产总量法等。企业选择的无形资产摊销方法应当反映与该项无形资产有关的经济利益的预期实现方式。无法可靠确定预期实现方式的，应当采用年限平均法（直线法）摊销。企业应当按月对无形资产进行摊销。

无形资产的摊销金额一般应当计入当期损益。企业管理用的无形资产，其摊销金额计入管理费用；出租的无形资产，其摊销金额计入其他业务成本；某项无形资产包含的经济利益通过所生产的产品或其他资产实现的，其摊销金额应当计入相关资产成本。

企业对无形资产进行摊销时，借记"管理费用""其他业务成本""生产成本""制造费用"等科目，贷记"累计摊销"科目。

【例7-6】甲建筑工程公司购买的一项管理用特许权，成本为4 800 000元，合同规定受益年限为10年，公司采用年限平均法按月进行摊销。每月摊销时，甲建筑工程公司应作如下账务处理：

①计算每月应摊销的金额：

$$4\,800\,000 \div 10 \div 12 = 40\,000 \text{元}$$

②编制会计分录如下：

借：管理费用　　　　　　　　　　　　　　　　　　40 000
　　贷：累计摊销　　　　　　　　　　　　　　　　　　40 000

本例中，该无形资产属于企业管理用无形资产，其摊销金额应记入"管理费用"科目的借方。

【例7-7】甲建筑工程公司2020年7月1日将其自行开发完成的非专利技术出租给乙公司，该非专利技术成本为3 600 000元，双方约定的租赁期限为10年，甲建筑工程公司采用年限平均法按月进行摊销。每月摊销时，甲建筑工程公司应作如下账务处理：

①计算每月应摊销的金额：

$$3\,600\,000 \div 10 \div 12 = 30\,000 \text{元}$$

②编制会计分录如下：

借：企业业务成本　　　　　　　　　　　　　　　　30 000
　　贷：累计摊销　　　　　　　　　　　　　　　　　　30 000

本例中，该无形资产属于出租的无形资产，其摊销金额应记入"其他业务成本"科目的借方。

7.2.4 无形资产处置核算

企业处置无形资产，应当将取得的价款扣除该无形资产账面价值以及出售相关税费后的差额作为资产处置损益进行会计处理。

企业处置无形资产，应当按照实际收到或应收的金额等，借记"银行存款""其他应收账款"等科目；按照已计提的累计摊销，借记"累计摊销"科目；按照实际支付的相关费用可抵扣的进项税额，借记"应交税费——应交增值税（进项税额）"科目；按照实际支付的相关费用，贷记"银行存款"等科目；按照无形资产账面余额，贷记"无形资产"科目；按照开局的增值税专用发票上注明的增值税销项税额，贷记"应交税费——应交增值税（销项税额）"科目；按照其差额，贷记或借记"资产处置损益"科目。

已计提减值准备的，还应同时结转减值准备，借记"无形资产减值准备"科目。

【例 7-8】甲建筑工程公司为增值税一般纳税人，将其购买的一项专利权转让给乙公司，开具增值税专用发票，注明价款 500 000 元，税率为 6%，增值税税额为 30 000 元，款项 530 000 元已存入银行。该项专利权的成本为 600 000 元，已摊销 220 000 元。甲建筑工程公司应编制如下会计分录：

借：银行存款　　　　　　　　　　　　　　　530 000
　　累计摊销　　　　　　　　　　　　　　　220 000
　　贷：无形资产　　　　　　　　　　　　　　600 000
　　　　应交税费——应交增值税（销项税额）　　30 000
　　　　资产处置损益　　　　　　　　　　　　120 000

本例中，在出售时，企业该项专利权的账面价值为 380 000 元（600 000–220 000），取得的出售价款为 500 000 元，企业出售该项专利权实现的净收益为 120 000 元（500 000–380 000）。

7.2.5 无形资产减值核算

无形资产在资产负债表日存在可能发生减值的迹象时，其可收回金额低于账面价值的，企业应当将该无形资产的账面价值减记至可收回金额，减记的金额确认为减值损失，计入当期损益，同时计提相应的资产减值准备。

企业按照应减记的金额，借记"资产减值损失——计提的无形资产减值准备"科目，贷记"无形资产减值准备"科目。

需要强调的是，根据《企业会计准则第 8 号——资产减值》（财会〔2006〕3 号）的规定，企业无形资产减值损失一经确认，在以后的会计期间不得转回。

【例 7-9】2019 年 12 月 31 日，市场上某项新技术生产的产品销售势头较好，已对甲公司产品的销售产生重大不利影响。甲公司外购的类似专利技术的账面价值为 800 000 元，剩余摊销年限为 4 年,经减值测试,该项专利技术的可收回金额为 750 000 元。由于甲公司的该项专利技术在资产负债表日的账面价值为 800 000 元,可收回金额为 750 000 元,可收回金额低于账面价值,应按其差额 50 000 元(800 000-750 000)计提减值准备。甲公司应编制如下会计分录:

  借:资产减值损失——计提的无形资产减值准备 50 000
    贷:无形资产减值准备   50 000

7.3 其他资产

7.3.1 商誉的核算

1. 商誉的概念

商誉,是指能在未来期间为企业经营带来超额利润的潜在经济价值,或一家企业预期的获利能力超过可辨认资产正常获利能力(如社会平均投资回报率)的资本化价值。

根据《〈企业会计准则第 20 号——企业合并〉应用指南》及《〈企业会计准则第 6 号——无形资产〉应用指南》的规定,商誉是企业合并成本大于合并取得被购买方各项可辨认净资产公允价值份额的差额,其存在无法与企业自身分离,不具有可辨认性,不属于无形资产准则所规范的无形资产。这个概念的基本含义有五点:

(1)商誉是在企业合并时产生的。投资方合并被投资方取得股权有两种情况:一是同一控制下的企业合并取得股权,如企业集团内的企业合并;二是非同一控制下的企业合并取得股权。先前的无形资产准则规定的"企业自创商誉不能加以确认"在这个新准则中更加明确。

(2)商誉的确认是指"正商誉",不包括"负商誉",即企业合并成本大于合并取得被购买方各项可辨认净资产公允价值份额的差额作为商誉(正商誉)处理。如果企业合并成本小于合并取得被购买方各项可辨认净资产公允价值份额的差额为负商誉,则计入当期损益。

(3)商誉的确认以"公允价值"为基础。

(4)商誉与企业自身不可分离,不具有可辨认性。它不能独立存在,具有附着性特征,与企业的有形资产和环境紧密相连;它既不能单独转让、出售,也不能以独立的一项资产作为投资,不存在单独的转让价值;它只能依附于企业整体,其价值是通过企业整体收益水平来体现的。

(5)商誉不属于"无形资产"规范的内容。商誉按《企业会计准则第 20 号——企业合并》(财会〔2006〕3 号)和《企业会计准则第 33 号——合并财务报表》(财会〔2014〕10 号)的规定进行处理。

2. 商誉的确认核算

企业在合并时,企业合并成本大于合并中取得的被购买方可辨认净资产公允价值份额的差额应确认为商誉。

非同一控制下的控股合并，如果将合并成本大于合并中取得的被购买方可辨认净资产公允价值份额的差额，确认为合并资产负债表中的商誉，则企业合并成本小于合并中取得的被购买方可辨认净资产公允价值份额的差额，在购买日合并资产负债表时应调整为盈余公积和未分配利润。

【例 7-10】甲建筑工程公司 2020 年 7 月 1 日用 2 000 万元存款收购了乙建筑工程公司 85% 的股权。购买日，乙建筑工程公司可辨认资产账面价值 3 800 万元，公允价值 4 000 万元；可辨认负债账面价值 1 600 万元，公允价值 1 700 万元。甲建筑工程公司在购买日应作如下账务处理：

①乙建筑工程公司可辨认净资产的公允价值：4 000-1 700=2 300 万元

②甲建筑工程公司购买日确认的投资额：2 300×85%=1 955 万元

③甲建筑工程公司购买日确认的商誉：2 000-1 955=45 万元

④甲建筑工程公司购买日所作会计分录如下，单位为万元：

借：长期股权投资——其他股权投资　　　　　　　1 955
　　商誉　　　　　　　　　　　　　　　　　　　　45
　　贷：银行存款　　　　　　　　　　　　　　　　2 000

说明：此处入账商誉 45 万元，仅为建筑工程公司收购了乙建筑工程公司拥有 85% 股权时产生的归属甲建筑工程公司的商誉，另 15% 的少数股东权益的商誉为 7.94 万元（45÷85%-45）。

如果上例乙建筑工程公司可辨认净资产的公允价值为 2 400 万元，其他条件不变，甲建筑工程公司购买日的合并成本 2 000 万元小于其从被投资方乙建筑工程公司中取得的可辨认净资产公允价值 2 040 万元（2 400×85%），则 40 万元的商誉不作商誉入账，而是贷记"盈余公积"科目和"利润分配——未分配利润"科目。

3. 商誉减值准备会计处理

商誉在确认以后，持有期间不要求摊销，每一会计年度期末，企业应当按照《企业会计准则第 8 号——资产减值》（财会〔2006〕3 号）的规定对其价值进行测试。按照账面价值与可收回金额孰低的原则计量，对于可收回金额低于账面价值的部分，计提减值准备，有关减值准备在计提之后不能够转回。对商誉减值的处理是按照资产组或资产组组合减值的处理原则来进行的，为了资产减值测试的目的，对于因企业合并形成的商誉的账面价值，应当自购买日起按照合理的方法分摊至相关的资产组，难以分摊至相关资产组的，应当将其分摊至相关的资产组组合。

7.3.2　开办费用的核算

1. 开办费的含义及费用构成

开办费，是指企业在筹建期间发生的费用，包括筹建期人员工资、办公费、培训费、差旅费、印刷费、注册登记费以及不计入固定资产和无形资产购建成本的汇兑损益和利息支出。筹建期，是指企业被批准筹建之日起至开始生产、经营（包括试生产、试营业）之日的期间。企业开办费在企业开始经营之日的当年一次性扣除，一次性摊销。

企业发生的下列费用，计入开办费：

（1）筹建人员开支的费用：①筹建人员的劳务费用：具体包括筹办人员的工资奖金等工资性支出，以及应交纳的各种社会保险。在筹建期间发生的如医疗费等福利性费用，如果筹建期较短可据实列支；筹建期较长的，可按工资总额的14%计提职工福利费予以解决。②差旅费：包括市内交通费和外埠差旅费。③董事会费和联合委员会费。

（2）企业登记、公证的费用：包括登记费、验资费、税务登记费、公证费等。

（3）筹措资本的费用：主要是指筹资支付的手续费以及不计入固定资产和无形资产的汇兑损益和利息等。

（4）人员培训费：选派一些职工在筹建期间外出进修学习的费用；聘请专家进行技术指导和培训的劳务费及相关费用。

（5）企业资产的摊销、报废和毁损。

（6）其他费用：①筹建期间发生的办公费、广告费、交际应酬费；②印花税；③经投资人确认由企业负担的进行可行性研究所发生的费用；④其他与筹建有关的费用，例如资讯调查费、诉讼费、文件印刷费、通讯费以及庆典礼品费等支出。

企业发生的下列费用，不得计入开办费：

（1）由投资者负担的费用支出。

（2）取得各项固定资产、无形资产所发生的费用支出。

（3）筹建期间应当计入资产价值的汇兑损益、利息支出等。

2. 开办费核算

根据目前的《企业会计准则》，开办费的核算范围包括筹办人员职工薪酬、办公费、培训费、差旅费、印刷费、注册登记费以及不计入固定资产成本的借款费用等。企业开办费不再是"长期待摊费用"或"递延资产"，而是直接将其费用化。企业发生的开办费通过"管理费用"科目核算，筹建期结束当年，一次性摊销计入当期损益。

开办费发生时，借记"管理费用——开办费"科目，贷记"银行存款""库存现金"等科目。企业筹建期截止，借记"本年利润"科目，贷记"管理费用——开办费"科目。

【例7-11】甲建筑工程公司成立于2020年1月10日，成立后就进入了筹办，到2020年5月10日进入生产经营。筹建期间，共发生筹建费用120 000元，均用银行存款支付。在不考虑增值税等其他税费的情况下，甲建筑工程公司应编制如下会计分录：

① 2020年1月10日至5月10日，发生筹建费用时：

借：管理费用——开办费　　　　　　　　　　　　120 000
　　贷：银行存款　　　　　　　　　　　　　　　　120 000

② 2020年5月31日，一次性摊销开办费用时：

借：本年利润　　　　　　　　　　　　　　　　　120 000

贷：管理费用——开办费　　　　　　　　　　　　　　　120 000

7.3.3　长期待摊费用

　　长期待摊费用，是指企业已经发生但应由本期和以后各期负担的分摊期限在1年以上的各项费用，如以经营租赁方式租入的固定资产发生的改良支出等。

　　企业应设置"长期待摊费用"科目对此类项目进行核算。"长期待摊费用"科目可按费用项目进行明细核算。

　　企业发生的长期待摊费用，借记"长期待摊费用"科目，取得可在当期抵扣的增值税进项税额，借记"应交税费——应交增值税（进项税额）"科目，贷记"原材料""银行存款"等科目。摊销长期待摊费用，借记"管理费用""销售费用"等科目，贷记"长期待摊费用"科目。"长期待摊费用"科目期末借方余额，反映企业尚未摊销完毕的长期待摊费用。

　　【例7-12】 甲建筑工程公司2020年4月1日对以经营租赁方式新租入的办公楼进行装修，发生的有关支出如下：领用生产用材料800 000元，相关增值税税额为128 000元；有关人员工资等职工薪酬400 000元。

　　2020年11月30日，该办公楼装修完工，达到预定可使用状态并交付使用，按租赁期10年进行摊销。假定不考虑其他因素，甲建筑工程公司应编制如下会计分录：

①装修领用材料时：

　　借：长期待摊费用　　　　　　　　　　　　　　　　　800 000
　　　　贷：原材料　　　　　　　　　　　　　　　　　　　　800 000

同时，根据现行增值税制度规定，核算领用原材料的进项税额中，以后期间可抵扣的部分（40%）为128 000×40%=51 200元。

　　借：应交税费——待抵扣进项税额　　　　　　　　　　51 200
　　　　贷：应交税费——应交增值税（进项税额转出）　　　　51 200

②确认工程人员职工薪酬时：

　　借：长期待摊费用　　　　　　　　　　　　　　　　　400 000
　　　　贷：应付职工薪酬　　　　　　　　　　　　　　　　　400 000

③2020年12月摊销装修支出时：

　　借：管理费用　　　　　　　　　　　　　　　　　　　10 000
　　　　贷：长期待摊费用　　　　　　　　　　　　　　　　　10 000

　　在本例中，甲建筑工程公司发生的办公楼装修支出合计为1 200 000元（800 000+400 000），2020年12月份应分摊的装修支出为10 000元（1 200 000÷10÷12）。

7.3.4　临时设施的核算

1. 临时设施的含义与作用

　　临时设施，是指建筑企业为了保证施工生产和管理工作的正常进行而在施工现场建造的生产和生活用的各种临时性简易设施。临时设施包括施工现场临时作业棚、材料库、办公室、宿舍、食堂、厕所、浴室、锅炉房等设施；临时道路、围墙及其他维护设施等；临时给水排水、供电、供热等管线。

临时设施是建筑企业其他资产的重要组成部分。由于建筑产品具有位置的固定性、结构的多样性、施工生产过程的流动性等特点，为施工生产服务的临时设施也随着施工项目位置的不同而经常变动。施工企业进入新的施工地点后，为满足施工生产的需要，必须在施工现场及其附近场地搭建一些生产用和生活用的临时房屋、建筑物、构筑物和其他设施，以保证施工生产和管理工作的顺利进行。项目完工后，这些临时设施就需要拆除或作他用。

临时设施的性质与固定资产既相似又有区别。临时设施在施工生产过程中发挥着劳动资料的作用，其实物形态基本上与作为固定资产的房屋、建筑物类似。但由于其建造标准较低，一般为临时性或半永久性的建筑物，不可能长时间或永久使用，多数在其使用期限内就需拆除清理。因此，应将临时设施的价值参照固定资产计提折旧的方式，采用一定的摊销方法分别计入受益的工程成本。

2. 临时设施摊销方法

（1）工期法

将临时设施的成本平均分摊到各期的一种方法，其原理与固定资产折旧的年限平均法相同。计算公式如下：

$$临时设施年（月）摊销额 = 临时设施原值 \times (1-预计净残值率) / 预计使用年限（月） \qquad (7-1)$$

（2）工作量法

根据实际工作量计提摊销额的一种方法，它主要是考虑了临时设施的使用强度。计算公式如下：

$$每一工作量摊销额 = 临时设施成本 \times (1-预计净残值率) / 预计总工作量 \qquad (7-2)$$

$$临时设施月摊销额 = 临时设施当月工作量 \times 每一工作量摊销额 \qquad (7-3)$$

在实际工作中，对于价值相对较低的临时设施，也可采用一次摊销法，直接将临时设施的成本计入受益的工程成本。如果临时设施为两个以上的工程成本核算对象服务，应按一定的分配标准，将其价值在受益的各个工程成本核算对象之间进行分配。

3. 临时设施核算科目设置

施工企业在进行临时设施核算时，主要设置以下三个会计科目。

（1）"临时设施"科目

本科目核算施工企业为保证施工和管理的正常进行而购建的各种临时设施的实际成本，属于资产类科目。

（2）"临时设施摊销"科目

本科目属于资产的调整科目，也是"临时设施"科目的备抵调整科目，用来核算施工企业各种临时设施在使用过程中发生的价值损耗，即核算临时设施的累计摊销额。

（3）"临时设施清理"科目

本科目属于资产类科目，用于核算施工企业因出售、拆除、报废和毁损等原因转入清理的临时设施价值，及其在清理过程中所发生的清理费用和清理收入等。

4. 临时设施核算

施工企业用银行存款购入的临时设施，应按购入的实际支出，借记"临时设施"科目，贷记"银行存款"科目。对于需要通过建筑安装才能完成的临时设施，在搭建过程中发生的各项费用，先通过"在建工程——临时设施"科目核算，发生费用时，借记"在建工程——临时设施""应交税费——应交增值税（进项税额）"等科目，贷记"原材料""应付工资"等科目；待搭建完工，达到预定可使用状态时，按建造期间发生的实际成本，再从"在建工程——临时设施"科目转入本科目，即借记"临时设施——××项目"科目，贷记"在建工程——临时设施"科目。

（1）购置临时设施时的会计处理

【例7-13】甲建筑施工企业在施工现场搭建一栋临时工人宿舍，发生的实际搭建成本为66 000元，其中：领用材料的计划成本为12 000元，应负担的材料成本差异率为20%，应付搭建人员的工资为30 000元，以银行存款支付其他费用为21 600元，搭建完工后随即交付使用。

①搭建过程中发生各种费用时：

借：在建工程——临时宿舍　　　　　　　　66 000
　　贷：原材料　　　　　　　　　　　　　　12 000
　　　　材料成本差异　　　　　　　　　　　 2 400
　　　　应付工资　　　　　　　　　　　　　30 000
　　　　银行存款　　　　　　　　　　　　　21 600

②临时设施搭建完工交付使用时：

借：临时设施——临时宿舍　　　　　　　　66 000
　　贷：在建工程——临时宿舍　　　　　　　66 000

（2）摊销临时设施时的会计处理

施工企业的各种临时设施应根据其服务方式合理确定摊销方法，在恰当的期限内将其价值摊入工程成本。当月增加的临时设施，当月不摊销，从下月起开始摊销；当月减少的临时设施，当月继续摊销，从下月起停止摊销。摊销时，应将按月计算的摊销额，借记"工程施工"科目，贷记"临时设施摊销"科目。

【例7-14】接【例7-13】中的临时宿舍，如临时宿舍的预计净残值率为5%，预计工期的受益期限为25个月，该临时宿舍的摊销分录如下：

借：工程施工　　　　　2 508（66 000×（1-5%）÷25）
　　贷：临时设施摊销　　2 508

（3）清理临时设施时的会计处理

企业出售、拆除、报废的临时设施应转入清理。转入清理的临时设施，按临时设施账面净值，借记"临时设施清理"科目；按已摊销数，借记"临时设施摊销"科目；按其账面原值，贷记"临时设施"科目。

出售、拆除过程中发生的变价收入和残料价值，借记"银行存款""原材料"科目，贷记"临时设施清理"科目；发生的清理费用，借记"临时设施清理"科目，贷记"银行存款"等科目。

清理结束后，若发生净损失，借记"营业外支出"科目，贷记"临时设施清理"科目；若发生净收益，则计入"营业外收入"科目。

【例7-15】接【例7-14】中的临时宿舍，使用21个月后，因承包工程提前竣工，不需再用，将其拆除，其账面累计已摊销额为52 668元，支付拆除人员工资3 000元，收回残料4 500元，已验收入库，清理工作结束，其账务处理如下：

①将拆除的临时设施转入清理，注销临时设施原值和累计已提摊销额时：

借：临时设施清理——临时宿舍	13 332
临时设施摊销	52 668
贷：临时设施——临时宿舍	66 000

②分配拆除人员工资时：

借：临时设施清理——临时宿舍	3 000
贷：应付工资	3 000

③残料验收入库时：

借：原材料	4 500
贷：临时设施清理	4 500

④结转清理后净损失时：

借：营业外支出——处置临时设施净损失	11 832（13 332+3 000–4 500=11 832元）
贷：临时设施清理——临时宿舍	11 832

本章知识点

1. 无形资产的含义及内容

无形资产，是指企业拥有或者控制的没有实物形态的可辨认非货币性资产。无形资产具有广义和狭义之分，广义的无形资产包括货币资金、应收账款、金融资产、长期股权投资、专利权、商标权等。但会计上通常将无形资产作狭义的理解，即将专利权、商标权等称为无形资产。无形资产主要包括专利权、非专利技术、商标权、著作权、土地使用权和特许权等。

2. 无形资产的核算

为了反映和监督无形资产的取得、摊销和处置等情况，企业应当设置"无形资产""累计摊销"等科目进行核算。此外,企业无形资产发生减值的,还应当设置"无形资产减值准备"科目进行核算。

无形资产通常是按实际成本计量,即以取得无形资产并使之达到预定用途而发生的全部支出作为无形资产的成本。对不同来源取得的无形资产,其成本计价也不同。无形资产的取得形式有一次性支付外购无形资产、分期付款购买无形资产、自行研发无形资产、投资人投入的无形资产以及通过非货币性资产交换取得的无形资产。

3. 无形资产摊销核算

对于使用寿命有限的无形资产,通常其残值视为零,应当自可供使用(即其达到预定用途)当月起开始摊销,处置当月不再摊销。无形资产摊销方法包括年限平均法(即直线法)、生产总量法等。企业选择的无形资产摊销方法应当反映与该项无形资产有关的经济利益的预期实现方式。无法可靠确定预期实现方式的,应当采用年限平均法(直线法)摊销。企业应当按月对无形资产进行摊销。

无形资产的摊销金额一般应当计入当期损益。企业管理用的无形资产,其摊销金额计入管理费用;出租的无形资产,其摊销金额计入其他业务成本;某项无形资产包含的经济利益通过所生产的产品或其他资产实现的,其摊销金额应当计入相关资产成本。

4. 无形资产处置与减值核算

企业处置无形资产,应当将取得的价款扣除该无形资产账面价值以及出售相关税费后的差额作为资产处置损益进行会计处理。

无形资产在资产负债表日存在可能发生减值的迹象时,其可收回金额低于账面价值的,企业应当将该无形资产的账面价值减记至可收回金额,减记的金额确认为减值损失,计入当期损益,同时计提相应的资产减值准备。企业按照应减记的金额,借记"资产减值损失——计提的无形资产减值准备"科目,贷记"无形资产减值准备"科目。企业无形资产减值损失一经确认,在以后的会计期间不得转回。

5. 商誉核算

商誉,是指能在未来期间为企业经营带来超额利润的潜在经济价值,或一家企业预期的获利能力超过可辨认资产正常获利能力(如社会平均投资回报率)的资本化价值。企业在合并时,企业合并成本大于合并中取得的被购买方可辨认净资产公允价值份额的差额应确认为商誉。商誉在确认以后,持有期间不要求摊销,每一会计年度期末,企业应当按照《企业会计准则第8号——资产减值》(财会〔2006〕3号)的规定对其价值进行测试。按照账面价值与可收回金额孰低的原则计量,对于可收回金额低于账面价值的部分,计提减值准备,有关减值准备在计提之后不能够转回。

6. 开办费用的核算

开办费,是指企业在筹建期间发生的费用,包括筹建期人员工资、办公费、培训费、差旅费、印刷费、注册登记费以及不计入固定资产和无形资产购建成本的汇兑损益和利息支出。根据目前的《企业会计准则》,开办费的核算范围包括筹办人员职工薪酬、办公费、培训费、差旅费、印刷费、注册登记费以及不计入固定资产成本的借款费用等。企业开办费不再是"长期待摊费用"或"递延资产",而是直接将其费用化。企业发生的开办费通过"管理费用——开办费"科目核算,筹建期结束当年,一次性摊销计入当期损益"本年利润"。

7.长期待摊费用的核算

长期待摊费用,是指企业已经发生但应由本期和以后各期负担的分摊期限在1年以上的各项费用,如以经营租赁方式租入的固定资产发生的改良支出等。企业应设置"长期待摊费用"科目进行核算。

8.临时设施核算

临时设施,是指建筑企业为了保证施工生产和管理工作的正常进行而在施工现场建造的生产和生活用的各种临时性简易设施。临时设施包括施工现场临时作业棚、材料库、办公室、宿舍、食堂、厕所、浴室、锅炉房等设施;临时道路、围墙及其他维护设施等;临时给排水、供电、供热等管线。项目完工后,这些临时设施就需要拆除或作他用。临时设施的性质与固定资产既相似又有区别。临时设施的价值参照固定资产计提折旧的方式,采用工期法、工作量法等摊销方法分别计入受益的工程成本。

施工企业在进行临时设施核算时,应当设置"临时设施""临时设施摊销""临时设施清理"等科目进行核算。

思考题

1. 简述无形资产的含义及特征。
2. 无形资产核算账户有哪些?
3. 简述无形资产摊销核算。
4. 简述商誉的含义及理解。
5. 简述开办费的含义及费用构成。
6. 简述临时设施摊销方法。

实务题

1.某甲建筑公司为增值税一般纳税人,2020年8月发生如下业务,试编制会计分录:

(1)8月1日,购入一项非专利技术,取得的增值税专用发票上注明的价款为50 000元,税率为6%,增值税税额3 000元,以转账支票支付。

(2)公司自行研究、开发一项施工技术,截至2019年12月31日,发生研发支出合计200 000元,经测试,该项研发活动完成了研究阶段,从2020年1月1日开始进入开发阶段。2020年发生开发支出50 000元,取得的增值税专用发票上注明的增值税税额为6 500元。2020年8月10日,该项研发活动结束,最终开发出一项非专利技术。

(3)8月15日,公司收到A股东以场地使用权方式投入的资本,经各方协商场地使用权作价 200 000 元，并于该日办理法律手续并取得场地使用权。

（4）8月20日，公司以一批存货换入 B 公司一项建筑施工专利技术（符合免税条件），增值税税率为 13%，该批存货的成本为 500 万元（未计提减值准备），公允价值为 910 万元（等于计税价格），另收取 B 公司支付的银行存款 45 万元，该项非货币性资产交换具有商业实质。甲公司取得该项专利技术的剩余使用年限为 30 年，预计净残值为 0，采用直线法摊销。

（5）8月25日，摊销核算公司购买的一项管理用特许权，成本为 240 000 元，合同规定受益年限为 10 年，采用年限平均法按月进行摊销。

（6）8月30日，公司将其购买的一项专利权转让给 C 公司，开具增值税专用发票，注明价款 50 000 元，税率为 6%，增值税税额 3 000 元，款项 53 000 元已存入银行。该专利权的成本为 60 000 元，已摊销 22 000 元。

2. 甲建筑工程公司 2020 年 11 月 1 日用 400 万元银行存款收购了乙建筑工程公司 80% 的股权。购买日，乙建筑工程公司可辨认资产账面价值 1 800 万元，公允价值 2 000 万元；可辨认负债账面价值 1 500 万元，公允价值 1 600 万元。试根据业务编制会计分录。

3. 某甲建筑公司成立于 2020 年 1 月 10 日，成立后就进入了筹办，到 2020 年 6 月 10 日进入生产经营。筹建期间，共发生筹建费用 250 000 元，均用银行存款支付。在不考虑增值税等其他税费的情况下，试编制会计分录进行开办费核算。

4. 某甲建筑公司 2020 年 9 月 1 日对以经营租赁方式新租入的办公楼进行装修，发生如下支出：领用生产用材料 500 000 元，相关增值税税额为 102 000 元；有关人员工资等职工薪酬 200 000 元。2020 年 11 月 30 日，该办公楼装修完工，达到预定可使用状态并交付使用，按租赁期 10 年进行摊销。根据背景资料，试编制会计分录进行长期待摊费用核算。

5. 某甲建筑公司 2020 年 9 月 1 日至 30 日，在施工现场搭建一栋临时办公楼，发生的实际搭建成本为 100 000 元，其中：领用材料的计划成本为 25 000 元，应负担的材料成本差异率为 10%，应付搭建人员的工资为 50 000 元，以银行存款支付其他费用为 22 500 元，9 月 30 日，搭建完工后随即交付使用。

（1）设临时办公楼预计净残值率为 5%，预计工期的受益期限为 20 个月。

（2）使用 18 个月后，因承包工程提前竣工，不需再用，将其拆除，其账面累计已摊销额为 85 500 元，支付拆除人员工资 4 000 元，收回残料 5 500 元，已验收入库，拆除当月清理工作结束。

根据上述背景资料，编制会计分录对公司的临时设施购置、摊销和清理进行核算。

第 8 章　负债

【学习目标】

　　理解负债的定义及特征，了解流动负债和非流动负债的构成；熟悉短期借款的利息核算，应付票据、应付账款的核算；理解应付账款与预付账款的区别；理解职工薪酬的概念及主要构成内容，掌握货币性职工薪酬的核算；掌握增值税、消费税、城市维护建设税、土地增值税等税种的账务处理，理解增值税进项税额从销项税额中抵扣；熟悉一般纳税人和小规模纳税人的区别以及各自增值税税率的规定；理解长期借款利息资本化；熟悉债券的三种发行方式及其账务处理。

【重要术语】

负债　流动负债　非流动负债　短期借款　应付票据　应付账款　预收账款　应付职工薪酬　增值税　城市维护建设税　教育费附加　土地增值税　城镇土地使用税　个人所得税　应付利息　应付股利　其他应付款　长期借款　预计负债

8.1　负债概述

8.1.1　负债的含义与特征

　　负债，是指企业过去的交易或事项形成的、预期会导致经济利益流出企业的现时义务。负债具有如下特征：

　　（1）负债是企业承担的现时义务；

　　（2）负债的清偿将导致未来经济利益流出企业；

　　（3）负债是由企业过去的交易或者事项形成的。

8.1.2　负债的分类

　　负债按其流动性，可分为流动负债和非流动负债。

　　流动负债，是指预计在一个正常营业周期中清偿，或者主要为交易目的而持有，或者自资产负债表日起 1 年内（含 1 年）到期应予以清偿，或者企业无权自主地将清偿推迟至资产负债表日后 1 年以上的负债。流动负债通常包括短期借款、应付票据、应付账款、预收账款、应付职工薪酬、应交税费、应付利息、应付股利、其他应付款、以公允价值计量且其变动计入当期损益的金融负债、1年以内到期的长期借款等。

非流动负债，是指流动负债以外的负债，即偿还期在1年或超过1年的经营周期以上的债务。非流动负债也是除了投资人投入的资本金以外，企业向债权人筹集可供企业长期使用的资金。非流动负债包括长期借款、应付债券、长期应付款等。

8.2 流动负债

流动负债大多由于企业的经营活动而产生，流动负债具有以下两个特点：
（1）偿还期限短，即到期日或偿还期限在1年或超过1年的一个营业周期内；
（2）到期时必须以流动资产、提供劳务或以新的流动负债进行偿还。

8.2.1 短期借款的核算

短期借款，是指企业向银行或其他金融机构等借入的期限在1年以下（含1年）的各种款项。短期借款一般是企业为了满足正常生产经营所需的资金或者是为了抵偿某项债务而借入的资金。短期借款的债权人不仅可以是银行，还可以是其他非银行金融机构或其他单位和个人。

企业应设置"短期借款"科目来核算短期借款，该科目贷方登记取得借款的本金数额，借方登记偿还借款的本金数额；期末余额在贷方，表示尚未偿还的短期借款本金部分。本科目可按借款种类、贷款人或币种设置明细科目进行明细核算。

企业从银行或其他金融机构取得短期借款时，借记"银行存款"科目，贷记"短期借款"科目。

企业借入短期借款应支付利息。在实际工作中，如果短期借款利息是按期支付的，如按季度支付利息，或者利息是在借款到期时连同本金一起偿还，并且其数额较大的，企业于月末应采用预提方式进行短期借款利息的核算。短期借款利息属于企业的筹资费用，应当在发生时作为财务费用直接计入当期损益。在资产负债表日，企业应当按照计算确定的短期借款利息费用，借记"财务费用"科目，贷记"应付利息"科目；实际支付利息时，借记"应付利息"科目，贷记"银行存款"或"库存现金"科目。

如果企业的短期借款利息是按月支付的，或者利息是在借款到期时连同本金一起归还但是数额不大的，可以不采用预提的方法，而在实际支付或收到银行的计息通知时直接计入当期损益，借记"财务费用"科目，贷记"银行存款"科目。

短期借款到期时，应及时归还。短期借款到期偿还本金时，企业应借记"短期借款"科目，贷记"银行存款"科目。如果利息是在借款到期时连同本金一起归还的，企业应将归还的利息通过"应付利息"或"财务费用"科目核算。

【例8-1】甲施工企业于2020年1月1日向银行借入一笔生产经营用短期借款共计

1 200 000元，期限7个月，年利率为6%。根据与银行签署的借款协议，该项借款的本金到期后一次归还，利息按季支付。甲施工企业应编制如下会计分录：

① 1月1日借入短期借款时：

借：银行存款　　　　　　　　　　　　　　　1 200 000
　　贷：短期借款　　　　　　　　　　　　　　1 200 000

② 1月末，计提1月份应付利息时：

借：财务费用　　　　　　　　　　　　　　　　6 000
　　贷：应付利息　　　　　　　　　　　　　　　6 000

本月应计提的利息金额：1 200 000×6%÷12=6 000元

2月末计提2月份利息费用的处理与1月份相同。

③ 3月末，支付第一季度银行借款利息时：

借：财务费用　　　　　　　　　　　　　　　　6 000
　　应付利息　　　　　　　　　　　　　　　　12 000
　　贷：银行存款　　　　　　　　　　　　　　18 000

第二季度的会计处理同上。

④ 7月末，计提应付利息时：

借：财务费用　　　　　　　　　　　　　　　　6 000
　　贷：应付利息　　　　　　　　　　　　　　　6 000

⑤ 8月1日偿还银行借款本金、第三季度（7月）的利息时：

借：短期借款　　　　　　　　　　　　　　　1 200 000
　　应付利息　　　　　　　　　　　　　　　　6 000
　　贷：银行存款　　　　　　　　　　　　　1 206 000

8.2.2 应付票据的核算

应付票据，是指企业购买材料、商品和接受劳务供应等而开出、承兑的商业汇票。应付票据是由出票人出票，委托付款人在指定日期无条件支付确定的金额给收款人或者持票人的票据，包括商业承兑汇票和银行承兑汇票。

企业应通过"应付票据"科目，核算应付票据的发生、偿付等情况。该科目贷方登记开出、承兑汇票的面值，借方登记支付票据的金额；余额在贷方，反映企业尚未到期的商业汇票的票面金额。

企业应当设置"应付票据备查簿"，详细登记商业汇票的种类、号数和出票日期、到期日、票面余额、交易合同号、收款人姓名或单位名称以及付款日期和金额等资料。应付票据到期结清时，上述内容应当在备查簿内予以注销。

我国商业汇票的付款期限不超过6个月，因此，企业应将应付票据作为流动负债管理和核算。同时，由于应付票据的偿付时间较短，在会计实务中，一般均按照开出、承兑的应付票据的面值入账。

企业应付票据的账务处理如下：

（1）企业因购买材料、商品和接受劳务供应等而开出、承兑的商业汇票，应当将其票面金额作为应付票据的入账金额，借记"材料采购""在途物资""原材料""库存商品""应付账款""应交税费——应交增值税（进项税额）"等科目，贷记"应付票据"科目。

（2）企业因开出银行承兑汇票而支付银行的承兑汇票手续费，应当计入当期财务费用。支付手续费时，按照确认的手续费，借记"财务费用"科目；取得增值税专用发票的，按注明的增值税进项税额，借记"应交税费——应交增值税（进项税额）"科目；按照实际支付的金额，贷记"银行存款"科目。

（3）企业开具的商业汇票到期支付票据款时，根据开户银行的付款通知，借记"应付票据"科目，贷记"银行存款"科目。

（4）应付商业票据到期，如企业无力支付票款，由于商业汇票已经失效，企业应将应付票据按账面余额转作应付账款，借记"应付票据"科目，贷记"应付账款"科目。应付银行承兑汇票到期，如企业无力支付票款，则由承兑银行代为支付并作为对付款企业的贷款处理，企业应将应付票据的账面余额转作短期借款，借记"应付票据"科目，贷记"银行存款"科目。

【例 8-2】甲建筑施工企业为增值税一般纳税人，原材料按计划成本核算。2020 年 4 月 6 日购入原材料一批，增值税专用发票上注明的价款为 60 000 元，增值税税额为 7 800 元，原材料验收入库。该企业开出并经开户行承兑的商业汇票一张，面值为 67 800 元，期限为 5 个月。缴纳银行承兑手续费 34.80 元，其中增值税 1.97 元。9 月 6 日商业汇票到期，甲建筑施工企业通知其开户银行以银行存款支付票款。甲建筑施工企业应编制如下会计分录：

① 2020 年 4 月 6 日开出并承兑商业汇票购入材料时：

借：材料采购　　　　　　　　　　　　　　　　　60 000
　　应交税费——应交增值税（进项税额）　　　　 7 800
　　贷：应付票据　　　　　　　　　　　　　　　　67 800

② 2020 年 9 月 6 日商业汇票到期，支付商业汇票承兑手续费时：

借：财务费用　　　　　　　　　　　　　　　　　32.83
　　应交税费——应交增值税（进项税额）　　　　　1.97
　　贷：银行存款　　　　　　　　　　　　　　　　34.80

③ 支付商业汇票款时：

借：应付票据　　　　　　　　　　　　　　　　　67 800
　　贷：银行存款　　　　　　　　　　　　　　　　67 800

【例 8-3】承【例 8-2】，假设上述银行承兑汇票到期时甲建筑施工企业无力支付票款，该企业应编制如下会计分录：

借：应付票据　　　　　　　　　　　　　　　　　　67 800
　　贷：短期借款　　　　　　　　　　　　　　　　　67 800

【例8-4】承【例8-2】，假设该企业开出的是商业承兑汇票，到期时甲建筑施工企业无力支付票款，该企业应编制如下会计分录：

借：应付票据　　　　　　　　　　　　　　　　　　67 800
　　贷：应付账款　　　　　　　　　　　　　　　　　67 800

8.2.3　应付账款的核算

应付账款，是指企业因购买材料、商品或接受劳务供应等经营活动而应付给供应单位的款项。实务中，为了使所购入材料、商品的金额、品种、数量和质量等与合同规定的条款相符，避免因验收时发现所购入材料、商品的数量或质量存在问题而对入账的材料、商品或应付账款金额进行改动，在材料、商品和发票账单同时到达的情况下，一般在所购材料、商品验收入库后，根据发票账单登记入账，确认应付账款。在所购材料、商品已经验收入库，但是发票账单未能同时到达的情况下，企业应付材料、商品供应单位的债务已经成立，在会计期末，为了反映企业的负债情况，需要将所购材料、商品和相关的应付账款暂估入账，待下月初用红字将上月末暂估入账的应付账款予以冲销。

企业应通过"应付账款"科目，核算应付账款的发生、偿还、转销等情况。该科目贷方登记企业购买材料、商品和接受劳务等而发生的应付账款，借方登记偿还的应付账款，或开出商业汇票抵付应付账款的款项，或冲销无法支付的应付账款。余额一般在贷方，反映企业尚未支付的应付账款余额。本科目应按照债权人设置明细科目进行明细核算。

企业应付账款的账务处理如下：

（1）企业购入材料、商品或接受劳务等所产生的应付账款，应按应付金额入账。购入材料、商品等验收入库但货款尚未支付的，根据有关凭证（发票账单、随货同行发票上记载的实际价款或暂估价值），借记"材料采购""在途物资""原材料""库存商品"等科目；按照可抵扣的增值税进项税额，借记"应交税费——应交增值税（进项税额）"科目；按照应付的款项，贷记"应付账款"科目。企业接受供应单位提供劳务而发生的应付未付款项，根据供应单位的发票账单所列金额，借记"生产成本""管理费用"等科目；按照增值税专用发票上注明的可抵扣的增值税进项税额，借记"应交税费——应交增值税（进项税额）"科目；贷记"应付账款"科目。

（2）企业偿还应付账款或开出商业汇票抵付应付账款时，借记"应付账款"科目，贷记"银行存款""应付票据"等科目。

【例8-5】甲建筑施工企业为增值税一般纳税人。2020年6月10日向乙公司购入一批材料，增值税专用发票上注明的价款为100 000元，增值税税额为13 000元；同时，对方代垫运杂费1 000元，增值税税额90元，已收到对方转来的增值税专用发票。材料验收入库（材料按实际成本进行日常核算），款项尚未支付。7月10日，甲建筑施工企业以银行存款支付购入材料相关款项114 090元。甲建筑施工企业应编制如下会计分录：

① 6月10日确认应付账款时：

借：原材料　　　　　　　　　　　　　　　　　101 000
　　应交税费——应交增值税（进项税额）　　　 13 090
　　贷：应付账款——乙公司　　　　　　　　　　　　114 090

② 7月10日偿还应付账款时：

借：应付账款——乙公司　　　　　　　　　　　114 090
　　贷：银行存款　　　　　　　　　　　　　　　　　114 090

（3）应付账款附有现金折扣的，企业应按照扣除现金折扣前的应付款总额入账。因在折扣期限内付款而获得的现金折扣，应在偿付应付账款时冲减财务费用。

【例8-6】甲建筑施工企业为增值税一般纳税人。2020年7月10日向丙公司购入一批家电产品并验收入库。增值税专用发票上注明的该批家电的价款为1 000 000元，增值税税额为130 000元。按照购货协议的规定，甲建筑施工企业如在15天内付清货款，将获得1%的现金折扣（假定计算现金折扣时需考虑增值税）。2020年7月20日，甲建筑施工企业按照扣除现金折扣后的金额，用银行存款付清了所欠丙公司货款。甲建筑施工企业采用实际成本核算库存商品，应编制如下会计分录：

① 7月10日确认应付账款时：

借：库存商品　　　　　　　　　　　　　　　1 000 000
　　应交税费——应交增值税（进项税额）　　　130 000
　　贷：应付账款——丙公司　　　　　　　　　　　1 130 000

② 7月20日付清货款时：

借：应付账款——丙公司　　　　　　　　　　1 130 000
　　贷：银行存款　　　　　　　　　　　　　　　　1 118 700
　　　　财务费用　　　　　　　　　　　　　　　　　11 300

本例中，甲建筑施工企业在7月20日（即购货后的第11天）付清所欠丙公司的货款，按照购货协议可以获得现金折扣。甲建筑施工企业获得的现金折扣为1 130 000×1%=11 300元，实际支付的货款为1 130 000−11 300=1 118 700元。

（4）实务中，企业外购电力、燃气等动力一般通过"应付账款"科目核算，即在每月付款时先作暂付款处理，按照增值税专用发票上注明的价款，借记"应付账款"科目，按照增值税专用发票上注明的可抵扣的增值税进项税额，借记"应交税费——应交增值税（进项税额）"科目，贷记"银行存款"等科目；月末按照外购动力的用途分配动力费用，借记"生产成本""制造费用"和"管理费用"等科目，贷记"应付账款"科目。

【例8-7】甲建筑施工企业为增值税一般纳税人。2020年5月20日收到银行转来供电部门开具的增值税专用发票，发票上注明的电费为36 500元，增值税税额为4 745元，企业以银行存款付讫。月末，该企业经过计算，本月应付电费为36 500元，其中项目施工生产用电费为24 600元，企业行政管理部门电费为11 900元。甲建筑施工企业应编制如下会计分录：

① 5月20日支付外购动力费时：

借：应付账款——电力公司	36 500
应交税费——应交增值税（进项税额）	4 745
贷：银行存款	41 245

② 5月31日（月末）分配外购动力费时：

借：制造费用	24 600
管理费用	11 900
贷：应付账款——电力公司	36 500

（5）转销应付账款。应付账款一般在较短期限内支付，但有时由于债权单位撤销或其他原因而使应付账款无法清偿。企业对于确实无法支付的应付账款应予以转销，按其账面余额计入营业外收入，借记"应付账款"科目，贷记"营业外收入"科目。

【例8-8】甲建筑施工企业为增值税一般纳税人。2020年12月31日确认一笔应付A公司货款48 000元为无法支付的款项，对此予以转销。甲建筑施工企业应编制如下会计分录：

借：应付账款——A公司	48 000
贷：营业外收入	48 000

8.2.4 预收账款的核算

预收账款，是指企业按照合同规定向购货单位预收的款项。预收账款与应付账款同为企业短期债务，但与应付账款不同的是，预收账款所形成的负债不是以货币偿付，而是以货物清偿。

企业应通过"预收账款"科目，核算预收账款的取得、偿付等情况。该科目贷方登记发生的预收账款金额和购货单位补付账款的金额，借方登记企业向购货方发货后冲销的预付账款金额和退回购货方多付账款的金额；期末贷方余额，反映企业预收的款项，如为借方余额，反映企业尚未转销的款项。本科目一般应当按照购货单位设置明细科目进行明细核算。

企业预收购货单位的款项时，借记"银行存款"科目，贷记"预收账款"科目；销售实现时，按实现的收入和应交的增值税销项税额，借记"预收账款"科目，按照实现的营业收入，贷记"主营业务收入"科目，按照增值税专用发票上注明的增值税税额，贷记"应交税费——应交增值税（销项税额）"等科目；企业收到购货单位补付的款项时，借记"银行存款"科目，贷记"预收账款"科目；向购货单位退回其多付的款项时，借记"预收账款"科目，贷记"银行存款"科目。

预收账款业务不多的企业，可以不单独设置"预收账款"科目，其所发生的预收货款可通过"应收账款"科目核算。

【例8-9】甲施工企业为增值税一般纳税人。2020年4月5日向乙施工企业签订供货合同，向乙施工企业出售一批产品，货款金额共计200 000元，应交增值税为26 000元。根据购货合同的规定，乙施工企业在购货合同签订后一周内，应当向甲施工建筑企业预付货款120 000元，剩余货款在交货后付清。2020年4月9日，甲施工企业收到乙施工企业的预付货款120 000元存入银行，6月19日甲施工企业将货物发运到乙施工企业并开具增值税专用发票，乙施工企业验收货物后付清了剩余货款。甲施工企业应编制如下会计分录：

① 4月9日收到乙施工企业预付的货款时：
借：银行存款　　　　　　　　　　　　　　　　120 000
　　贷：预收账款——乙施工企业　　　　　　　　　　120 000

② 6月19日向乙施工企业发出货物时：
借：预收账款——乙施工企业　　　　　　　　　226 000
　　贷：主营业务收入　　　　　　　　　　　　　　　200 000
　　　　应交税费——应交增值税（销项税额）　　　　 26 000

③ 收到乙施工企业补付的货款时：
借：银行存款　　　　　　　　　　　　　　　　106 000
　　贷：预收账款　　　　　　　　　　　　　　　　　106 000

【例8-10】承【例8-9】，假设甲施工企业不设置"预收账款"科目，其预收的款项通过"应收账款"科目核算。甲施工企业应编制如下会计分录：

① 4月9日收到乙施工企业预付的货款时：
借：银行存款　　　　　　　　　　　　　　　　120 000
　　贷：应收账款——乙施工企业　　　　　　　　　　120 000

② 6月19日向乙施工企业发出货物时：
借：应收账款——乙施工企业　　　　　　　　　226 000
　　贷：主营业务收入　　　　　　　　　　　　　　　200 000
　　　　应交税费——应交增值税（销项税额）　　　　 26 000

③ 收到乙施工企业补付的货款时：
借：银行存款　　　　　　　　　　　　　　　　106 000
　　贷：应收账款　　　　　　　　　　　　　　　　　106 000

8.2.5 应付职工薪酬的核算

1. 职工薪酬的内容

职工薪酬，是指企业为获得职工提供的服务或解除劳动关系而给予的各种形式的报酬或补偿。职工薪酬包括短期薪酬、离职后福利、辞退福利和其他长期职工福利。企业提供给职工配偶、子女、受赡养人、已故员工遗属及其他受益人等的福利，也属于职工薪酬。

这里所称的"职工"，主要包括三类人员：一是与企业订立劳动合同的所有人员，含全职、兼职和临时职工；二是未与企业订立劳动合同，但由企业正式任命的企业治理层和管理层人员，如董事会成员、监事会成员等；三是在企业的计划和控制下，虽未与企业订立劳动合同或未由其正式任命，但向企业所提供服务与职工所提供服务类似的人员，包括通过企业与劳务中介公司签订用工合同而向企业提供服务的人员。

职工薪酬主要包括短期薪酬、离职后福利、辞退福利和其他长期职工福利。

（1）短期薪酬

短期薪酬，是指企业在职工提供相关服务的年度报告期间结束后12个月内需要全部予以支付的职工薪酬，因解除与职工的劳动关系给予的补偿除外。短期薪酬具体包括：

1）职工工资、奖金、津贴和补贴，是指按照构成工资总额的计时工资、计件工资、支付给职工的超额劳动报酬和增收节支的劳动报酬、为补偿职工特殊或额外的劳动消耗和其他因特殊原因支付给职工的津贴，以及为保证职工工资水平不受物价影响支付给职工的物价补贴等。其中，企业按照短期奖金计划向职工发放的奖金属于短期薪酬，按照长期奖金计划向职工发放的奖金属于其他长期职工福利。

2）职工福利费，是指企业向职工提供的生活困难补助费、丧葬补助费、抚恤费、职工异地安家费、防暑降温费等职工福利支出。

3）社会保险费，是指企业按照国家规定的基准和比例计算，向社会保险经办机构缴纳的医疗保险费、工伤保险费、生育保险费、失业保险费和养老保险费。

4）住房公积金，是指企业按照国家规定的基准和比例计算，向住房公积金管理机构缴存的住房公积金。

5）工会经费和职工教育经费，是指企业为了改善职工文化生活、为职工学习先进技术和提高文化水平、业务素质，用于开展工会活动、职工教育及职业技能培训等的相关支出。

6）短期带薪缺勤，是指职工虽然缺勤但企业仍向其支付报酬的安排，包括年休假、病假、婚假、产假、丧假、探亲假等。长期带薪缺勤属于其他长期职工福利。

7）短期利润分享计划，是指因职工提供服务而与职工达成的基于利润或其他经营成果提供薪酬的协议，长期利润分享计划属于其他长期职工福利。

8）其他短期薪酬，是指除上述薪酬以外的其他为获得职工提供的服务而给予的短期薪酬。

（2）离职后福利

离职后福利，是指企业为获得职工提供的服务而在职工退休或与企业解除劳动关系后提供的各种形式的报酬和福利，短期薪酬和辞退福利除外。企业应当将离职后福利计划分类为设定提存计划和设定受益计划。离职后福利计划，是指企业与职工就离职后福利达成的协议，或者企业为向职工提供离职后福利定制的规章或办法等。其中，设定提存计划，是指向独立的基金缴存固定费用后，企业不再承担进一步支付义务的离职后福利计划；设定受益计划，是指除设定提存计划以外的离职后福利计划。

（3）辞退福利

辞退福利，是指企业在职工劳动合同到期之前解除与职工的劳动关系，或者为鼓励职工自愿接受裁减而给予职工的补偿。

（4）其他长期职工福利

其他长期职工福利，是指除短期薪酬、离职后福利、辞退福利之外所有的职工薪酬，包括长期带薪缺勤、长期残疾福利、长期利润分享计划等。

2. 应付职工薪酬的科目设置

企业应设置"应付职工薪酬"科目，核算应付职工薪酬的计提、结算、使用等情况。该科目的贷方登记已分配计入有关成本费用项目的职工薪酬的数额，借方登记实际发放职工薪酬的数额，包括扣还的款项等；该科目期末贷方余额，反映企业应付未付的职工薪酬。

"应付职工薪酬"科目应按照"工资、奖金、津贴和补贴""职工福利费""非货币性福利""社会保险费""住房公积金""工会经费和职工教育经费""带薪缺勤""利润分享计划""设定提存计划""设定受益计划""辞退福利"等职工薪酬项目设置明细科目进行明细核算。

3. 短期薪酬的核算

企业应当在职工为其提供服务的会计期间，将实际发生的短期薪酬确认为负债，并计入当期损益，其他会计准则要求或允许计入资产成本的除外。

（1）货币性职工薪酬

1）工资、奖金、津贴和补贴

对于职工工资、奖金、津贴和补贴等货币性职工薪酬，企业应当在职工为其提供服务的会计期间，将实际发生的工资、奖金、津贴和补贴等，根据职工提供服务的受益对象，将应确认的职工薪酬，借记"生产成本""制造费用""劳务成本""管理费用""销售费用"等科目，贷记"应付职工薪酬——工资、奖金、津贴和补贴"科目。

【例8-11】甲建筑企业2020年5月份应付职工工资总额为693 000元，"工资费用分配汇总表"中列示的产品生产人员工资为480 000元，车间管理人员工资为105 000元，企业行政管理人员工资为90 600元，专设销售机构人员工资为17 400元，甲建筑企业应编制如下会计分录：

借：生产成本——基本生产成本	480 000
制造费用	105 000
管理费用	90 600
销售费用	17 400
贷：应付职工薪酬——工资、奖金、津贴和补贴	693 000

实务中，企业一般在每月发放工资前，根据"工资费用分配汇总表"中的"实发金额栏"的合计数，通过开户银行支付给职工或从开户银行提取现金，然后再向职工发放。

企业按有关规定向职工支付工资、奖金、津贴和补贴等，借记"应付职工薪酬——工资、奖金、津贴和补贴"科目，贷记"银行存款""库存现金"等科目；企业从应付职工薪酬中扣还的各种款项（代垫的家属药费、个人所得税等），借记"应付职工薪酬"科目，贷记"银行存款""库存现金""其他应收款""应交税费——应交个人所得税"等科目。

【例 8-12】承【例 8-11】，甲企业根据"工资费用分配汇总表"结算本月应付职工工资总额为 693 000 元，其中企业代扣职工房租为 32 000 元，代垫职工家属医药费为 8 000 元，实发工资 653 000 元，甲企业应编制如下会计分录：

①向银行提取现金：

借：库存现金 653 000
　　贷：银行存款 653 000

②用现金发放工资：

借：应付职工薪酬——工资、奖金、津贴和补贴 653 000
　　贷：库存现金 653 000

如果通过银行发放工资，该企业应编制如下会计分录：

借：应付职工薪酬——工资、奖金、津贴和补贴 653 000
　　贷：银行存款 653 000

③代扣款项：

借：应付职工薪酬——工资、奖金、津贴和补贴 40 000
　　贷：其他应收款——职工房租 32 000
　　　　　　　　　　——代垫医药费 8 000

2）职工福利费

对于职工福利费，企业应当在实际发生时根据实际发生额计入当期损益或相关资产成本，借记"生产成本""制造费用""管理费用""销售费用"等科目，贷记"应付职工薪酬——职工福利费"科目。

【例 8-13】甲建筑企业下设一所职工食堂，每月根据在岗职工数量及岗位分布情况、相关历史经验数据等计算需要补贴食堂的金额，从而确定企业每期因补贴职工食堂所需承担的福利费金额。2020 年 3 月，企业在岗职工共计 200 人，其中管理部门 30 人，生产车间生产人员 170 人，企业的历史经验表明每个职工每月需补贴食堂 150 元，乙企业应编制如下会计分录：

借：生产成本 25 500
　　管理费用 4 500
　　贷：应付职工薪酬——职工福利费 30 000

本例中，乙企业应当计提的职工福利费为 150 × 200=30 000 元。

【例 8-14】承【例 8-13】，2020 年 5 月甲建筑企业支付 30 000 元补贴给食堂，甲建筑企业应编制如下会计分录：

借：应付职工薪酬——职工福利费 30 000

　　　　贷：银行存款　　　　　　　　　　　　　　　　　　　30 000

　　3）国家规定计提标准的职工薪酬

　　对于国家规定了计提基础和计提比例的医疗保险费、工伤保险费、生育保险费等社会保险费和住房公积金，以及按规定提取的工会经费和职工教育经费，企业应当在职工为其提供服务的会计期间，根据规定的计提基础和计提比例计算确定相应的职工薪酬金额并确认相关负债，按照受益对象计入当期损益或自相关资产成本，借记"生产成本""制造费用""管理费用"等科目，贷记"应付职工薪酬"科目。

　　【例8-15】承【例8-11】，2020年5月，甲建筑企业根据相关规定，分别按照职工工资总额2%和2.5%的计提标准，确认应付工会经费和职工教育经费。甲建筑企业应编制如下会计分录：

　　　　借：生产成本——基本生产成本　　　　　　　　　　21 600
　　　　　　制造费用　　　　　　　　　　　　　　　　　　　4 725
　　　　　　管理费用　　　　　　　　　　　　　　　　　　　4 077
　　　　　　销售费用　　　　　　　　　　　　　　　　　　　　783
　　　　　　贷：应付职工薪酬——工会经费和职工教育经费——工会经费　　13 860
　　　　　　　　　　　　　　　　　　　　　　　——职工教育经费　17 325

　　本例中，应确认的应付职工薪酬为（480 000+105 000+90 600+17 400）×（2%+2.5%）=31 185元，其中工会经费为13 860元，职工教育经费为17 325元。

　　本例中，应计入"生产成本"科目的金额为480 000×（2%+2.5%）=216 00元；应计入"制造费用"科目的金额为105 000×（2%+2.5%）=4 725元；应计入"管理费用"科目的金额为90 600×（2%+2.5%）=4 077元；应计入"销售费用"科目的金额为17 400×（2%+2.5%）=783元。

　　【例8-16】2020年12月，甲建筑企业根据国家规定的计提标准，计算应向社会保险经办机构缴纳的职工基本医疗保险费共计97 020元，其中，应计入生产成本的金额为67 200元，应计入制造费用的金额为14 700元，应计入管理费用的金额为15 120元。甲建筑企业应编制如下会计分录：

　　　　借：生产成本——基本生产成本　　　　　　　　　　67 200
　　　　　　制造费用　　　　　　　　　　　　　　　　　　14 700
　　　　　　管理费用　　　　　　　　　　　　　　　　　　15 120
　　　　　　贷：应付职工薪酬——社会保险费——基本医疗保险　　97 020

　　4）短期带薪缺勤

　　对于职工带薪缺勤，企业应当根据其性质及职工享有的权利分为累积带薪缺勤和非累积带薪缺勤两类。企业应当对累积带薪缺勤和非累积带薪缺勤分别进行会计处理。如果带薪缺勤属于长期带薪缺勤的，企业应当作为其他长期职工福利处理。

　　①累积带薪缺勤，是指带薪权利可以结转下期的带薪缺勤，本期尚未用完的带薪缺勤权利可以在未来期间使用。企业应当在职工提供了服务从而增加了未来享有的带薪缺

勤权利时，确认与累积带薪缺勤相关的职工薪酬，并以累积未行使权利而增加的预期支付金额计量。确认累积带薪缺勤时，借记"管理费用"等科目，贷记"应付职工薪酬——带薪缺勤——短期带薪缺勤——累积带薪缺勤"科目。

【例 8-17】甲建筑企业共有 2 000 名职工，从 2020 年 1 月 1 日起，该企业实行累积带薪缺勤制度。该制度规定，每名职工每年可享受 5 个工作日的带薪年休假，未使用的年休假只能向后结转一个公历年度，超过 1 年未使用的权利作废，在职工离开企业时也无权获得现金支付；职工休年假时，首先使用当年可享受的权利，不足部分再从上年结转的带薪年休假中扣除。

2020 年 12 月 31 日，甲建筑企业预计 2021 年有 1900 名职工将享受不超过 5 天的带薪年休假，剩余 100 名职工每人将平均享受 6 天半带薪年休假，假定这 100 名职工全部为总部各部门经理，该企业平均每名职工每个工作日工资为 300 元。不考虑其他相关因素，2020 年 12 月 31 日，甲建筑企业应编制如下会计分录：

借：管理费用　　　　　　　　　　　　　　　　　　　　　45 000
　　贷：应付职工薪酬——带薪缺勤——短期带薪缺勤——累积带薪缺勤　45 000

甲建筑企业在 2020 年 12 月 31 日应当预计由于职工累积未使用的带薪年休假权利而导致的预期支付金额，即相当于 150 天 [100×（6.5-5）] 的年休假工资金额 45 000 元（150×300）。

②非累积带薪缺勤，是指带薪权利不能结转下期的带薪缺勤，本期尚未用完的带薪缺勤权利将予以取消，并且职工离开企业时也无权获得现金支付。我国企业职工休婚假、产假、丧假、探亲假、病假期间的工资通常属于非累积带薪缺勤。由于职工提供的服务本身不能增加其能够享受的福利金额，企业在职工未缺勤时不应当计提相关费用和负债。为此，企业应当在职工实际发生缺勤的会计期间确认与非累积带薪缺勤相关的职工薪酬。

企业确认职工享有的与非累积带薪缺勤权利相关的薪酬，视同职工出勤确认的当期损益或相关资产成本。通常情况下，与非累积带薪缺勤相关的职工薪酬已经包括在企业每期向职工发放的工资等薪酬中，因此，不必额外作相应的账务处理。

（2）非货币性职工薪酬

企业以其自产产品作为非货币性福利发放给职工的，应当根据受益对象，按照该产品的含税公允价值计入相关资产成本或当期损益，同时确认应付职工薪酬，借记"生产成本""制造费用""管理费用"等科目，贷记"应付职工薪酬——非货币性福利"科目。将企业拥有的房屋等资产无偿提供给职工使用的，应当根据受益对象，将该住房每期应计提的折旧计入相关资产成本或当期损益，同时确认应付职工薪酬，借记"生产成本""制造费用""管理费用"等科目，贷记"应付职工薪酬——非货币性福利"科目，并同时借记"应付职工薪酬——非货币性福利"科目，贷记"累计折旧"科目。租赁住房等资产供职工无偿使用的，应当根据受益对象，将每期应付的租金计入相关资产成本或当期损益，并确认应付职工薪酬，借记"生产成本""制造费用""管理费用"等科目，贷记"应付职工薪酬——非货币性福利"科目。难以确定受益对象的非货币性福利，直接计入当期损益和应付职工薪酬。

【例8-18】甲公司为家电生产企业，共有职工200名，其中170名为直接参与生产的职工，30名为总部管理人员。2020年12月甲公司以其生产的每台成本为900元的电暖气作为春节福利发放给公司职工。该型号的电暖器不含增值税的市场售价为每台1 000元，甲公司适用的增值税税率为13%，甲公司应编制如下会计分录：

借：生产成本　　　　　　　　　　　　　　192 100
　　管理费用　　　　　　　　　　　　　　 33 900
　　贷：应付职工薪酬——非货币性福利　　　226 000

本例中，应确认的应付职工薪酬为200×1 000+200×1000×13%=22 6000元。其中，应记入"生产成本"科目的金额为170×1 000+170×1 000×13%=192 100元；应记入"管理费用"科目的金额为30×1 000+30×1 000×13%=33 900元。

【例8-19】甲公司为总部各部门经理级别及以上职工提供汽车免费使用福利，同时为副总以上高级管理人员每人租赁一套住房。甲公司总部共有部门经理以上职工20名，每人提供一辆桑塔纳汽车免费使用，假定每辆桑塔纳汽车每月计提折旧1 000元；该公司共有副总裁以上高级管理人员5名，公司为每人租赁一套面积为200m²的公寓，月租金为每套8 000元（含税）。甲公司应编制如下会计分录：

①确认提供汽车的非货币性福利：

借：管理费用　　　　　　　　　　　　　　20 000
　　贷：应付职工薪酬——非货币性福利　　　20 000
借：应付职工薪酬——非货币性福利　　　　　20 000
　　贷：累计折旧　　　　　　　　　　　　　20 000

企业提供汽车供职工使用的非货币性福利为20×1 000=20 000元。

②确认为职工租赁住房的非货币性福利：

借：管理费用　　　　　　　　　　　　　　40 000
　　贷：应付职工薪酬——非货币性福利　　　40 000

企业租赁住房供职工使用的非货币性福利为5×8 000=40 000元。

本例中，企业以自产产品作为职工薪酬发放给职工时，应确认为主营业务收入，借记"应付职工薪酬——非货币性福利"科目，贷记"主营业务收入"科目，同时结转相关成本。涉及增值税销项税额的，还应进行相应的处理，借记"应付职工薪酬——非货币性福利"科目，贷记"应交税费——应交增值税（销项税额）"科目。企业支付租赁住房等资产供职工无偿使用所发生的租金，借记"应付职工薪酬——非货币性福利"科目，贷记"银行存款"等科目。

【例8-20】承【例8-18】和【例8-19】，甲公司向职工发放电暖器作为福利，应确认为主营业务收入，同时根据现行增值税制度规定，计算增值税销项税额。甲公司应编制如下会计分录：

借：应付职工薪酬——非货币性福利　　　　　　　　226 000
　　贷：主营业务收入　　　　　　　　　　　　　　200 000
　　　　应交税费——应交增值税（销项税额）　　　26 000
借：主营业务成本　　　　　　　　　　　　　　　　180 000
　　贷：库存商品——电暖器　　　　　　　　　　　180 000

甲公司应确认的主营业务收入为：200×1 000=200 000 元
甲公司应确认的增值税销项税额为：200×1 000×13%=26 000 元
甲公司应结转的销售成本为：200×900=180 000 元
甲公司每月支付副总裁以上高级管理人员的住房租金时，应编制如下会计分录：
借：应付职工薪酬——非货币性福利　　　　　　　　40 000
　　贷：银行存款　　　　　　　　　　　　　　　　40 000

4. 设定提存计划的核算

对于设定提存计划，企业应将根据在资产负债表日为换取职工在会计期间提供的服务而应向单独主体缴存的提存金确认为应付职工薪酬，并计入当期损益或相关资产成本，借记"生产成本""制造费用""管理费用""销售费用"等科目，贷记"应付职工薪酬——设定提存计划"科目。

【例 8-21】承【例 8-11】，甲建筑企业根据所在地政府规定，按照职工工资总额的 12% 计提基本养老保险费，缴存当地社会保险经办机构。2020 年 5 月份，甲建筑企业缴存的基本养老保险费，应计入生产成本的金额为 57 600 元，应计入制造费用的金额为 12 600 元，应计入管理费用的金额为 10 872 元，应计入销售费用的金额为 2 088 元。甲建筑企业应编制如下会计分录：

借：生产成本——基本生产成本　　　　　　　　　　57 600
　　制造费用　　　　　　　　　　　　　　　　　　12 600
　　管理费用　　　　　　　　　　　　　　　　　　10 872
　　销售费用　　　　　　　　　　　　　　　　　　2 088
　　贷：应付职工薪酬——设定提存计划——基本养老保险费　83 160

8.2.6 应交税费的核算

1. 应交税费概述

企业根据税法规定应缴纳的各种税费包括增值税、消费税、城市维护建设税、资源税、企业所得税、土地增值税、房产税、车船税、土地使用税、教育费附加、矿产资源补偿费、印花税、耕地占用税、契税等。

企业应通过"应交税费"科目，核算各种税费的应交、缴纳等情况。该科目贷方登记应缴纳的各种税费等，借方登记实际缴纳的税费；期末余额一般在贷方，反映企业尚未缴纳的税费，期末余额如在借方，反映企业多交或尚未抵扣的税费。本科目按应交税费项目设置明细科目进行明细核算。

企业代扣代交的个人所得税,也通过"应交税费"科目核算,而企业缴纳的印花税、耕地占用税等不需要预计应交数的税金,不通过"应交税费"科目核算。

2. 应交增值税

(1) 增值税概述

增值税,是以商品(含应税劳务、应税行为)在流转过程中实现的增值额作为计税依据而征收的一种流转税。按照我国现行增值税制度的规定,在我国境内销售货物、加工修理修配劳务、服务、无形资产和不动产以及进口货物的企业、单位和个人为增值税的纳税人。其中,"服务"是指提供的交通运输服务、建筑服务、邮政服务、电信服务、金融服务、现代服务、生活服务等。

根据经营规模大小及会计核算水平的健全程度,增值税纳税人分为一般纳税人和小规模纳税人。计算增值税的方法分为一般计税方法和简易计税方法。

1) 一般纳税人,是指年应税销售额超过财政部、国家税务总局规定标准的增值税纳税人。小规模纳税人,是指年税销售额未超过规定标准,并且会计核算不健全,不能够提供准确税务资料的增值税纳税人。

增值税的一般计税方法,是先按当期销售额和适用的税率计算出销项税额,然后以该销项税额对当期购进项目支付的税款(即进项税额)进行抵扣,间接算出当期的应纳税额。应纳税额的计算公式如下:

$$应纳税额 = 当期销项税额 - 当期进项税额 \tag{8-1}$$

公式中的"当期销项税额"是指纳税人当期销售货物、加工修理修配劳务、服务、无形资产和不动产时按照销售额和增值税税率计算并收取的增值税税额。其中,销售额是指纳税人销售货物、加工修理修配劳务、服务、无形资产和不动产向购买方收取的全部价款和价外费用,但是不包括收取的销项税额。当期销项税额的计算公式如下:

$$销项税额 = 销售额 \times 增值税税率 \tag{8-2}$$

公式中的"当期进项税额"是指纳税人购进货物、加工修理修配劳务、应税服务、无形资产或者不动产支付或者负担的增值税税额。下列进项税额准予从销项税额中抵扣:①从销售方取得的增值税专用发票(含税控机动车销售统一发票,下同)上注明的增值税税额;②从海关进口增值税专用缴款书上注明的增值税税额;③购进农产品,除取得增值税专用发票或者海关进口增值税专用缴款书外,按照农产品收购发票或者销售发票上注明的农产品买价和10%的扣除率计算的进项税额;如用于生产销售或委托加工16%税率的农产品,按照农产品收购发票或者销售发票上注明的农产品买价和12%的扣除率计算的进项税额;④从境外单位或者个人购进服务、无形资产或者不动产,从税务机关或者扣缴义务人取得的解缴税款的完税凭证上注明的增值税税额;⑤一般纳税人支付的道路、桥、闸通行费凭证,取得的通行费发票上注明的收费金额和以规定的方法计算的可抵扣的增值税进项税额。

当期销项税额小于当期进项税额不足抵扣时，其不足部分可以结转至下期继续抵扣。

一般纳税人采用的税率分为13%、9%、6%和零税率。

一般纳税人销售货物、劳务、有形动产租赁服务或者进口货物，税率为13%。一般纳税人销售或者进口粮食等农产品、食用植物油、食用盐；自来水、暖气、冷气、热水、煤气、石油、液化气、天然气、二甲醚、沼气、居民用煤炭制品；图书、报纸、杂志、音像制品、电子出版物；饲料、化肥、农药、农机、农膜以及国务院及其有关部门规定的其他货物，税率为9%；提供交通运输服务、邮政服务、基础电信服务、建筑服务、不动产租赁服务、销售不动产、转让土地使用权，税率为9%；其他应税行为，税率为6%。

一般纳税人出口货物，税率为零；但是，国务院另有规定的除外。境内单位和个人跨境销售的服务、无形资产，税率为零，具体范围由财政部和国家税务总局另行规定。

2）增值税的简易计税方法是按照销售额与征收率的乘积计算应纳税额，不得抵扣进项税额。应纳税额的计算公式如下：

$$应纳税额 = 销售额 \times 征收率 \qquad (8-3)$$

公式中的销售额不包括其应纳税额，如果纳税人采用销售额和应纳税额合并定价方法的，应按照公式"销售额 = 含税销售额 ÷（1+ 征收率）"将其还原为不含税销售额计算。

增值税一般纳税人计算增值税大多采用一般计税方法，小规模纳税人一般采用简易计税方法；一般纳税人发生财政部和国家税务总局规定的特定应税销售行为的，也可以选择简易计税方法计税，但是不得抵扣进项税额。

采用简易计税方法的增值税征收率为3%，国家另有规定的除外。

（2）一般纳税人的账务处理

1）增值税核算应设置的会计科目

为了核算企业应交增值税的发生、抵扣、缴纳、退税及转出等情况，增值税一般纳税人应当在"应交税费"科目下设置"应交增值税""未交增值税""预交增值税""待抵扣进项税额""待认证进项税额""待转销项税额""增值税留抵税额""简易计税""转让金融商品应交增值税""代扣代交增值税"等明细科目。

① "应交增值税"明细科目，核算一般纳税人进项税额、销项税额抵减、已交税金、转出未交增值税、减免税款、出口抵减内销产品应纳税额、销项税额、出口退税、进项税额转出、转出多交增值税等情况。该明细科目设置以下专栏：a."进项税额"专栏，记录一般纳税人购进货物、加工修理修配劳务、服务、无形资产或不动产而支付或负担的、准予从当期销项税额中抵扣的增值税税额；b."销项税额抵减"专栏，记录一般纳税人按照现行增值税制度规定因扣减销售额而减少的销项税额；c."已交税金"专栏，记录一般纳税人当月已缴纳的应交增值税税额；d."转出未交增值税"和"转出多交增值税"专栏，分别记录一般纳税人月度终了转出当月应交未交或多交的增值税税额；e."减免税款"专栏，记录一般纳税人按照现行增值税制度规定准予减免的增值税税额；f."出口抵减内销产品应纳税额"专栏，记录实行"免、抵、退"办法的一般纳税人按照规定计算的出口

货物的进项税抵减内销产品的应纳税额；g."销项税额"专栏，记录一般纳税人销售货物、加工修理修配劳务、服务、无形资产或不动产应收取的增值税税额；h."出口退税"专栏，记录一般纳税人出口货物、加工修理修配劳务、服务、无形资产按照规定退回的增值税税额；i."进项税额转出"专栏，记录一般纳税人购进货物、加工修理修配劳务、服务、无形资产或不动产等发生非正常损失以及其他原因而不应从销项税额中抵扣、按照规定转出的进项税额。

②"未交增值税"明细科目，核算一般纳税人月度终了从"应交增值税"或"预交增值税"明细科目转入当月应交未交、多交或预交的增值税税额，以及当月缴纳以前期间未交的增值税税额。

③"预交增值税"明细科目，核算一般纳税人转让不动产、提供不动产经营租赁服务、提供建筑服务、采用预收款方式销售自行开发的房地产项目等，以及其他按现行增值税制度规定应预交的增值税税额。

④"待抵扣进项税额"明细科目，核算一般纳税人已取得增值税扣税凭证并经税务机关认证，按照现行增值税制度规定准予以后期间从销项税额中抵扣的进项税额。

⑤"待认证进项税额"明细科目，核算一般纳税人由于未经税务机关认证而不得从当期销项税额中抵扣的进项税额。包括：一般纳税人已取得增值税扣税凭证、按照现行增值税制度规定准予从销项税额中抵扣，但尚未经税务机关认证的进项税额；一般纳税人已申请稽核但尚未取得稽核相符结果的海关缴款书进项税额。

⑥"待转销项税额"明细科目，核算一般纳税人销售货物、加工修理修配劳务、服务、无形资产或不动产，已确认相关收入（或利得）但尚未发生增值税纳税义务而需于以后期间确认为销项税额的增值税税额。

⑦"简易计税"明细科目，核算一般纳税人采用简易计税方法发生的增值税计提、扣减、预缴、缴纳等业务。

⑧"转让金融商品应交增值税"明细科目，核算增值税纳税人转让金融商品发生的增值税税额。

⑨"代扣代交增值税"明细科目，核算纳税人购进在境内未设经营机构的境外单位或个人在境内的应税行为代扣代缴的增值税。

2）取得资产、接受劳务或服务

①一般纳税人购进货物、加工修理修配劳务、服务、无形资产或者不动产，按应计入相关成本费用或资产的金额，借记"材料采购""在途物资""原材料""库存商品""生产成本""无形资产""固定资产""管理费用"等科目；按当月认证的可抵扣增值税额，借记"应交税费——应交增值税（进项税额）"科目；按当月未认证的可抵扣增值税额，借记"应交税费——待认证进项税额"科目；按应付或实际支付的金额，贷记"应付账款""应付票据""银行存款"等科目。购进货物等发生的退货，应根据税务机关开具的红字增值税专用发票编制相反的会计分录，如原增值税专用发票未作认证，应将发票退回并作相

反的会计分录。

企业购进农产品，除取得增值税专用发票或者海关进口增值税专用缴款书外，按照农产品收购发票或者销售发票上注明的农产品买价和10%的扣除率计算进项税额；购进用于生产销售或委托加工16%税率的农产品，按照农产品收购发票或者销售发票上注明的农产品买价和12%的扣除率计算进项税额，借记"应交税费——应交增值税（进项税额）"科目；按农产品买价扣除进项税额后的差额，借记"材料采购""在途物资""原材料""库存商品"等科目；按照应付或实际支付的价款，贷记"应付账款""应付票据""银行存款"等科目。

【例8-22】甲公司为增值税一般纳税人，适用的增值税税率为13%，原材料按实际成本核算，销售商品价格为不含增值税的公允价格。2020年6月份发生交易或事项以及相关的会计分录如下：

① 5日，购入原材料一批，增值税专用发票上注明的价款为120 000元，增值税税额为15 600元，材料尚未到达，全部款项已用银行存款支付。

借：在途物资　　　　　　　　　　　　　　　　　120 000
　　应交税费——应交增值税（进项税额）　　　　 15 600
　　贷：银行存款　　　　　　　　　　　　　　　　135 600

② 10日，收到5日购入的原材料并验收入库，实际成本总额为120 000元。同日，与运输公司结清运输费用，增值税专用发票上注明的运输费用为5 000元，增值税税额为450元，运输费用和增值税税额已用转账支票付讫。

借：原材料　　　　　　　　　　　　　　　　　　125 000
　　应交税费——应交增值税（进项税额）　　　　　　450
　　贷：银行存款　　　　　　　　　　　　　　　　　5 450
　　　　在途物资　　　　　　　　　　　　　　　　120 000

③ 15日，购入不需要安装的生产设备一台，增值税专用发票上注明的价款为30 000元，增值税税额为3 900元，款项尚未支付。

借：固定资产　　　　　　　　　　　　　　　　　 30 000
　　应交税费——应交增值税（进项税额）　　　　　3 900
　　贷：应付账款　　　　　　　　　　　　　　　　 33 900

④ 20日，购入农产品一批，农产品收购发票上注明的买价为200 000元，规定的扣除率为10%，货物尚未到达，价款已用银行存款支付。

借：在途物资　　　　　　　　　　　　　　　　　180 000
　　应交税费——应交增值税（进项税额）　　　　 20 000
　　贷：银行存款　　　　　　　　　　　　　　　　200 000

　　　　进项税额为：购买价款 × 扣除率 =200 000 × 10%=20 000元

⑤ 25日，企业管理部门委托外单位修理机器设备，取得对方开具的增值税专用发票

上注明的修理费用为 20 000 元，增值税税额为 2 600 元，款项已用银行存款支付。

  借：管理费用   20 000
    应交税费——应交增值税（进项税额） 2 600
  贷：银行存款   22 600

  ②购进不动产或不动产在建工程进项税额的分年抵扣处理。根据《营业税改征增值税试点有关事项的规定》（财税〔2016〕36 号印发）的规定，一般纳税人自 2016 年 5 月 1 日后取得并按固定资产核算的不动产或者自 2016 年 5 月 1 日后取得的不动产在建工程，其进项税额自取得之日起分 2 年从销项税额中抵扣的，第 1 年的抵扣比例为 60%，第 2 年的抵扣比例为 40%。

  企业作为一般纳税人，自 2016 年 5 月 1 日后取得并按固定资产核算的不动产或者自 2016 年 5 月 1 日后取得的不动产在建工程，取得增值税专用发票并通过税务机关认证后，应按增值税专用发票上注明的价款作为固定资产成本，借记"固定资产""在建工程"科目；其进项税额按现行增值税制度规定自取得之日起分 2 年从销项税额中抵扣，应按增值税专用发票上注明的增值税进项税额的 60% 作为当期可抵扣的进项税额，借记"应交税费——应交增值税（进项税额）"科目，按增值税专用发票上注明的增值税进项税额的 40% 作为自本月起第 13 个月可抵扣的进项税额，借记"应交税费——待抵扣进项税额"科目；按应付或实际支付的金额，贷记"应付账款""银行存款"等科目。上述待抵扣的进项税额在下年度同月允许抵扣时，按允许抵扣的金额，借记"应交税费——应交增值税（进项税额）"科目，贷记"应交税费——待抵扣进项税额"科目。

  根据关于财政部、税务总局、海关总署三部门《深化增值税改革有关政策的公告》的规定："自 2019 年 4 月 1 日起，《营业税改征增值税试点有关事项的规定》（财税〔2016〕36 号印发）第一条第（四）项第 1 点、第二条第（一）项第 1 点停止执行，纳税人取得不动产或者不动产在建工程的进项税额不再分 2 年抵扣。此前按照上述规定尚未抵扣完毕的待抵扣进项税额，可自 2019 年 4 月税款所属期起从销项税额中抵扣。"

  【例 8-23】承【例 8-22】，2020 年 6 月 10 日，该公司购进一幢简易办公楼作为固定资产核算，并于当月投入使用。取得增值税专用发票并通过认证，增值税专用发票上注明的价款为 3 000 000 元，增值税税额为 390 000 元，款项已用银行存款支付。不考虑其他相关因素。

  根据 2019 年新规则，该办公楼 2020 年 6 月的增值税进项税额不再分年抵扣，编制会计分录如下：

  借：固定资产   3 000 000
    应交税费——应交增值税（进项税额） 390 000
  贷：银行存款   3 390 000

  ③货物等已验收入库但尚未取得增值税扣税凭证。企业购进的货物等已到达并验收入库，但尚未收到增值税扣税凭证并未付款的，应在月末按货物清单或相关合同协议上

的价格暂估入账，不需要将增值税的进项税额暂估入账。下月初，用红字冲销原暂估入账金额，待取得相关增值税扣税凭证并经认证后，按应计入相关成本费用或资产的金额，借记"原材料""库存商品""固定资产""无形资产"等科目；按可抵扣的增值税额，借记"应交税费——应交增值税（进项税额）"科目；按应付或实际支付的金额，贷记"应付账款""应付票据""银行存款"等科目。

【例8-24】承【例8-22】，2020年6月30日，甲公司购进原材料一批已验收入库，但尚未收到增值税扣税凭证，款项也未支付。随货同行的材料清单列明的原材料销售价格为260 000元。甲公司应编制如下会计分录：

借：原材料　　　　　　　　　　　　　　　　　　　260 000
　　贷：应付账款　　　　　　　　　　　　　　　　260 000

下月初，用红字冲销原暂估入账金额：

借：原材料　　　　　　　　　　　　　　　　　　　260 000
　　贷：应付账款　　　　　　　　　　　　　　　　260 000

7月10日，取得相关增值税专用发票上注明的价款为260 000元，增值税税额为33 800元，增值税专用发票已经认证，全部款项以银行存款支付。甲公司应编制如下会计分录：

借：原材料　　　　　　　　　　　　　　　　　　　260 000
　　应交税费——应交增值税（进项税额）　　　　　 33 800
　　贷：银行存款　　　　　　　　　　　　　　　　293 800

④进项税额转出。企业已单独确认进项税额的购进货物、加工修理修配劳务或者服务、无形资产或者不动产，其事后改变用途（如用简易计税方法计税项目、免征增值税项目、非增值税应税项目等）或发生非正常损失，原已计入进项税额、待抵扣进项税额或待认证进项税额的，按照现行增值税制度规定不得从销项税额中抵扣。这里所说的"非正常损失"，根据现行增值税制度规定，是指因管理不善造成货物被盗、丢失、霉烂变质，以及因违反法律法规造成货物或者不动产被依法没收、销毁、拆除的情形。进项税额转出的账务处理为，借记"待处理财产损溢""应付职工薪酬""固定资产""无形资产"等科目，贷记"应交税费——应交增值税（进项税额转出）""应交税费——待抵扣进项税额"或"应交税费——待认证进项税额"科目。属于转作待处理财产损失的进项税额，应与非正常损失的购进货物、在产品或库存商品、固定资产和无形资产的成本一并处理。

【例8-25】承【例8-22】，2020年6月份，甲公司发生进项税额转出事项如下：

① 10日，库存材料因管理不善发生火灾损失，材料实际成本为20 000元，相关增值税专用发票上注明的增值税税额为2 600元。甲公司将毁损库存材料作为待处理财产损溢入账。

借：待处理财产损溢——待处理流动资产损溢　　　　 22 600
　　贷：原材料　　　　　　　　　　　　　　　　　 20 000
　　　　应交税费——应交增值税（进项税额转出）　　 2 600

② 18日，领用一批外购原材料用于集体福利，该批原材料的实际成本为60 000元，

相关增值税专用发票上注明的增值税税额为 7 800 元。

  借：应付职工薪酬——职工福利费   67 800
   贷：原材料   60 000
    应交税费——应交增值税（进项税额转出） 7 800

  需要说明的是，一般纳税人购进货物、加工修理修配劳务、服务、无形资产或不动产，用简易计税方法计税项目、免征增值税项目、集体福利或个人消费等，即使取得的增值税专用发票上已注明增值税进项税额，该税额按照现行增值税制度规定也不得从销项税额中抵扣的，取得增值税专用发票时，应将待认证的目前不可抵扣的增值税进项税额，借记"应交税费——待认证进项税顺"科目，贷记"银行存款""应付账款"等科目。经税务机关认证为不可抵扣的增值税进项税额时，借记"应交税费——应交增值税（进项税额）"科目，贷记"应交税费——待认证进项税额"科目；同时，将增值税进项税额转出，借记相关成本费用或资产科目，贷记"应交税费——应交增值税（进项税额转出）"科目。

  【例 8-26】承【例 8-22】，2020 年 6 月 28 日，甲公司外购空调扇 300 台作为福利发放给直接从事生产的职工，取得的增值税专用发票上注明的价款为 150 000 元，增值税税额为 19 500 元，以银行存款支付购买空调扇的价款和增值税进项税额，增值税专用发票尚未经税务机关认证。甲公司应编制如下会计分录：

①购入时：

  借：库存商品——空调扇   150 000
    应交税费——待认证进项税额   19 500
   贷：银行存款   169 500

②经税务机关认证不可抵扣时：

  借：应交税费——应交增值税（进项税额）   19 500
   贷：应交税费——待认证进项税额   19 500

同时，

  借：库存商品——空调扇   19 500
   贷：应交税费——应交增值税（进项税额转出） 19 500

③实际发放时：

  借：应付职工薪酬——非货币性福利   169 500
   贷：库存商品——空调扇   169 500

3）销售等业务的账务处理

  ①企业销售货物、加工修理修配劳务、服务、无形资产或不动产，应当按应收或已收的金额，借记"应收账款""应收票据""银行存款"等科目；按取得的收益金额，贷记"主营业务收入""其他业务收入""固定资产清理""工程结算"等科目；按现行增值税制度规定计算的销项税额（或采用简易计税方法计算的应纳增值税税额），贷记"应交税费——应交增值税（销项税额）"或"应交税费——简易计税"科目。

企业销售货物等发生销售退回的,应根据税务机关开具的红字增值税专用发票作相反的会计分录。按照国家统一的会计制度确认收入或利得的确认时点早于按照现行增值税制度确认增值税纳税义务发生时点的,应将相关销项税额记入"应交税费——待转销项税额"科目,待实际发生纳税义务时再转入"应交税费——应交增值税(销项税额)"或"应交税费——简易计税"科目。按照增值税制度确认增值税纳税义务发生时点早于按照国家统一的会计制度确认收入或利得的时点的,应将应纳增值税税额,借记"应收账款"科目,贷记"应交税费——应交增值税(销项税额)"或"应交税费——简易计税"科目。按照国家统一的会计制度确认收入或利得时,应按扣除增值税销项税额后的金额确认收入。

【例8-27】承【例8-22】,2020年6月份,甲公司发生与销售相关的交易或事项如下:

① 10日,销售产品一批,开具增值税专用发票上注明的价款为1 000 000元,增值税税额为130 000元,提货单和增值税专用发票已交给买方,款项尚未收到。

借:应收账款　　　　　　　　　　　　　　1 130 000
　　贷:主营业务收入　　　　　　　　　　　　1 000 000
　　　　应交税费——应交增值税(销项税额)　　 130 000

② 18日,为外单位代加工电脑桌500个,每个收取加工费80元,已加工完成,开具增值税专用发票上注明的价款为40 000元,增值税税额为5 200元,款项已收到并存入银行。

借:银行存款　　　　　　　　　　　　　　　 45 200
　　贷:主营业务收入　　　　　　　　　　　　　40 000
　　　　应交税费——应交增值税(销项税额)　　　5 200

②视同销售。企业有些交易和事项按照现行增值税制度规定,应视同对外销售处理,计算应交增值税。视同销售需要缴纳增值税的事项有:a.企业将自产或委托加工的货物用于集体福利或个人消费;b.将自产、委托加工或购买的货物作为投资提供给其他单位或个体工商户、分配给股东或投资者、对外捐赠等。在这些情况下,企业应当根据视同销售的具体内容,将按照现行增值税制度规定计算的销项税额(或采用简易计税方法计算的应纳增值税税额),借记"长期股权投资""应付职工薪酬""利润分配""营业外支出"等科目,贷记"应交税费——应交增值税(销项税额)"或"应交税费——简易计税"科目。

【例8-28】承【例8-22】,2020年6月份,甲公司发生的视同销售交易或事项如下:

① 10日,以公司生产的产品对外捐赠,该批产品的实际成本为200 000元,售价为250 000元,开具的增值税专用发票上注明的增值税税额为40 000元。

借:营业外支出　　　　　　　　　　　　　　232 500
　　贷:库存商品　　　　　　　　　　　　　　200 000
　　　　应交税费——应交增值税(销项税额)　　32 500

公司以自产产品对外捐赠应交的增值税销项税额:250 000×13%=32 500元

② 25 日，甲公司用一批原材料对外进行长期股权投资。该批原材料实际成本为 600 000 元，双方协商不含税价值为 750 000 元，开具的增值税专用发票上注明的增值税税额为 97 500 元。

  借：长期股权投资   847 500
   贷：其他业务收入   750 000
    应交税费——应交增值税（销项税额） 97 500

同时，
  借：其他业务成本   600 000
   贷：原材料   600 000

  公司对外投资原材料应交的增值税销项税额：750 000 × 13% = 97 500 元

4）缴纳增值税

  企业缴纳当月应交的增值税，借记"应交税费——应交增值税（已交税金）"科目，贷记"银行存款"科目；企业缴纳以前期间未交的增值税，借记"应交税费——未交增值税"科目，贷记"银行存款"科目。

【例 8-29】承【例 8-22】至【例 8-28】，2020 年 6 月份，甲公司当月发生增值税销项税额合计为 265 200 元，增值税进项税额转出合计为 29 900 元，增值税进项税额合计为 296 050 元。甲公司当月应交增值税计算结果如下：

  当月应交增值税：265 200+29 900−296 050=−950 元

6 月 30 日，假设甲公司用银行存款缴纳当月增值税税款 3 000 元，甲公司应编制如下会计分录：

  借：应交税费——应交增值税（已交税金） 3 000
   贷：银行存款   3 000

5）月末转出多交增值税和未交增值税

  月度终了，企业应当将当月应交未交或多交的增值税自"应交增值税"明细科目转入"未交增值税"明细科目。对于当月应交未交的增值税，借记"应交税费——应交增值税（转出未交增值税）"科目，贷记"应交税费——未交增值税"科目；对于当月多交的增值税，借记"应交税费——未交增值税"科目，贷记"应交税费——应交增值税（转出多交增值税）"科目。

【例 8-30】承【例 8-29】，2020 年 6 月 30 日，甲公司将尚未缴纳的其余增值税税款 500 元进行转账。甲公司应编制如下会计分录：

  借：应交税费——应交增值税（转出未交增值税） 500
   贷：应交税费——未缴增值税   500

7 月份，甲公司缴纳 6 月份未交增值税 500 元时，应编制如下会计分录：

  借：应交税费——应缴增值税   500
   贷：银行存款   500

需要说明的是，企业购入材料、商品等不能取得增值税专用发票的，发生的增值税应计入材料采购成本，借记"材料采购""在途物资""原材料""库存商品"等科目，贷记"银行存款"等科目。

（3）小规模纳税人的账务处理

小规模纳税人核算增值税采用简化的方法，即购进货物、应税劳务或应税行为时，取得增值税专用发票上注明的增值税一律不予抵扣，直接计入相关成本费用或资产。小规模纳税人销售货物、应税劳务或应税行为时，按照不含税的销售额和规定的增值税征收率计算应缴纳的增值税（即应纳税额），但不得开具增值税专用发票。

一般来说，小规模纳税人采用销售额和应纳税额合并定价的方法向客户结算款项、销售货物、应税劳务或应税行为后，应进行价税分离，确定不含税的销售额。不含税销售额的计算公式如下：

$$不含税销售额 = 含税销售额 \div (1 + 征收率) \qquad (8-4)$$

$$应纳税额 = 不含税销售额 \times 征收率 \qquad (8-5)$$

小规模纳税人进行账务处理时，只需在"应交税费"科目下设置"应交增值税"明细科目，该明细科目不再设置增值税专栏。"应交税费——应交增值税"科目贷方登记应缴纳的增值税，借方登记已缴纳的增值税；期末贷方余额，反映小规模纳税人尚未缴纳的增值税，期末借方余额，反映小规模纳税人多缴纳的增值税。

小规模纳税人购进货物、服务、无形资产或不动产时，按照应付或实际支付的全部款项（包括支付的增值税税额），借记"材料采购""在途物资""原材料""库存商品"等科目，贷记"应付账款""应付票据""银行存款"等科目；销售货物、服务、无形资产或不动产，应按全部价款（包括应交的增值税税额），借记"银行存款"等科目，按不含税的销售额，贷记"主营业务收入"等科目，按应交增值税税额，贷记"应交税费——应交增值税"科目。

【例 8-31】某企业为增值税小规模纳税人，适用的增值税征收率为 3%，原材料按实际成本核算。该企业发生的经济交易如下：购入原材料一批，取得增值税专用发票上注明的价款为 30 000 元，增值税税额为 3 900 元，款项以银行存款支付，材料已验收入库。销售产品一批，开具的普通发票上注明的货款（含税）为 51 500 元，款项已存入银行。用银行存款缴纳增值税 1 500 元。该企业应编制如下会计分录：

①购入原材料时：

借：原材料	33 900
贷：银行存款	33 900

②销售产品时：

借：银行存款	51 500
贷：主营业务收入	50 000
应交税费——应交增值税	1 500

不含税销售额 = 含税销售额 ÷（1+ 征收率）=51 500 ÷（1+3%）=50 000 元

应纳增值税 = 不含税销售额 × 征收率 =50 000 × 3%=1 500 元

③交纳增值税时：

借：应交税费——应交增值税　　　　　　　　　　1 500
　　贷：银行存款　　　　　　　　　　　　　　　　1 500

（4）差额征税的账务处理

对于企业发生的某些业务（金融商品转让、经纪代理服务、融资租赁和融资性售后回租业务、一般纳税人提供客运场站服务、试点纳税人提供旅游服务、选择简易计税方法提供建筑服务等）无法通过抵扣机制避免重复征税的，应采用差额征税方式计算应缴纳增值税。

1）企业按规定相关成本费用允许扣减销售额的账务处理

按现行增值税制度规定，企业发生相关成本费用允许扣减销售额的，发生成本费用，按应付或实际支付的金额，借记"主营业务成本""工程施工"等科目，贷记"应付账款""应付票据""银行存款"等科目。待取得合规增值税扣税凭证且纳税义务发生后，按照允许抵扣的税额，借记"应交税费——应交增值税（销项税额抵减）"或"应交税费——简易计税"科目（小规模纳税人应借记"应交税费——应交增值税"科目），贷记"主营业务成本""工程施工"等科目。

【例8-32】某旅行社为增值税一般纳税人，应交增值税采用差额征税方式核算。2020年5月份，该旅行社为乙公司提供职工境内旅游服务，向乙公司收取含税价款318 000元，其中增值税18 000元，全部款项已收妥入账。旅行社以银行存款支付其他接团旅游企业的旅游费用和其他单位相关费用共计254 400元，其中，因允许扣减销售额而减少销项税额14 400元。该旅行社应编制如下会计分录：

①确认旅游服务收入时：

借：银行存款　　　　　　　　　　　　　　　　318 000
　　贷：主营业务收入　　　　　　　　　　　　　　300 000
　　　　应交税费——应交增值税（销项税额）　　　18 000

②支付住宿费等旅游费用时：

借：主营业务成本　　　　　　　　　　　　　　254 400
　　贷：银行存款　　　　　　　　　　　　　　　　254 400

③据增值税扣税凭证抵减销项税额，并调整成本：

借：应交税费——应交增值税（销项税额抵减）　　14 400
　　贷：主营业务成本　　　　　　　　　　　　　　14 400

上述分录②、③可合并编制如下会计分录：

借：主营业务成本　　　　　　　　　　　　　　240 000
　　应交税费——应交增值税（销项税额抵减）　　14 400

贷：银行存款　　　　　　　　　　　　　　　　　　　　254 400

　　2）企业转让金融商品按规定以盈亏相抵后的余额作为销售额

　　按现行增值税制度规定，企业实际转让金融商品，月末如产生转让收益，则按应纳税额，借记"投资收益"等科目，贷记"应交税费——转让金融商品应交增值税"科目；如产生转让损失，则按可结转下月抵扣税额，借记"应交税费——转让金融商品应交增值税"科目，贷记"投资收益"等科目。缴纳增值税时，应借记"应交税费——转让金融商品应交增值税"科目，贷记"银行存款"科目。年末，"应交税费——转让金融商品应交增值税"科目如有借方余额，则借记"投资收益"等科目，贷记"应交税费——转让金融商品应交增值税"科目。

　　（5）增值税税控系统专用设备和技术维护费用抵减增值税税额的账务处理

　　按现行增值税制度规定，企业初次购买增值税税控系统专用设备支付的费用以及缴纳的技术维护费允许在增值税应纳税额中全额抵减。增值税税控系统专用设备，包括增值税防伪税控系统设备（如金税卡、IC卡、读卡器或金税盘和报税盘）、货物运输业增值税专用发票税控系统设备（如税控盘和报税盘）、机动车销售统一发票税控系统和公路、内河货物运输业发票税控系统的设备（如税控盘和传输盘）。

　　企业初次购入增值税税控系统专用设备时，按实际支付或应付的金额，借记"固定资产"科目，贷记"银行存款""应付账款"等科目；按规定抵减的增值税应纳税额，借记"应交税费——应交增值税（减免税款）"科目（小规模纳税人应借记"应交税费——应交增值税"科目），贷记"管理费用"等科目。

　　企业发生增值税税控系统专用设备技术维护费的，应按实际支付或应付的金额，借记"管理费用"科目，贷记"银行存款"等科目；按规定抵减的增值税应纳税额，借记"应交税费——应交增值税（减免税款）"科目（小规模纳税人应借记"应交税费——应交增值税"科目），贷记"管理费用"等科目。

　　【例8-33】某公司为增值税一般纳税人，初次购买数台增值税税控系统专用设备并将其作为固定资产核算，取得增值税专用发票上注明的价款为38 000元，增值税税额为4 940元，价款和税款以银行存款支付。该公司应编制如下会计分录：

　　①取得设备，支付价款和税款时：

　　借：固定资产　　　　　　　　　　　　　　　　　　　　42 940

　　　贷：银行存款　　　　　　　　　　　　　　　　　　　42 940

　　②按规定抵减增值税应纳税额时：

　　借：应交税费——应交增值税（减免税款）　　　　　　　4 940

　　　贷：管理费用　　　　　　　　　　　　　　　　　　　4 940

　　小微企业在取得销售收入时，应当按照现行增值税制度的规定计算应交增值税，并将其确认为应交税费；在达到增值税制度规定的免征增值税条件时，将有关应交增值税转入当期损益。

3. 应交消费税

（1）消费税概述

消费税，是指在我国境内生产、委托加工和进口应税消费品的单位和个人按其流转额缴纳的一种税。消费税有从价定率、从量定额、从价定率和从量定额复合计税（简称复合计税）三种征收方法。

采取从价定率计征的消费税，以不含增值税的销售额为税基，按照税法规定的税率计算。企业的销售收入包含增值税的，应将其换算为不含增值税的销售额。

采取从量定额计征的消费税，按照税法确定的企业应税消费品的数量和单位应税消费品应缴纳的消费税计算确定。

采取复合计税计征的消费税，以不含增值税的销售额为税基，根据按照税法规定的税率计算的消费税和按照税法确定的企业应税消费品的数量和单位应税消费品应缴纳的消费税计算的消费税合计确定。

（2）应交消费税的账务处理

企业应在"应交税费"科目下设置"应交消费税"明细科目，核算应交消费税的发生、缴纳情况。该科目贷方登记应缴纳的消费税，借方登记已缴纳的消费税；期末贷方余额，反映企业尚未缴纳的消费税，期末借方余额，反映企业多缴纳的消费税。

1）销售应税消费品

企业销售应税消费品应缴纳的消费税，应借记"税金及附加"科目，贷记"应交税费——应交消费税"科目。

【例8-34】甲企业销售所生产的化妆品，价款1 000 000元（不含增值税），开具的增值税专用发票上注明的增值税税额为130 000元，适用的消费税税率为30%，款项已存入银行。甲公司应编制如下会计分录：

①取得价款和税款时：

借：银行存款	1 130 000
贷：主营业务收入	1 000 000
应交税费——应交增值税（销项税额）	130 000

②计算应缴纳的消费税：

应交消费税税额：1 000 000×30%=300 000元

借：税金及附加	300 000
贷：应交税费——应交消费税	300 000

2）自产自用应税消费品

企业将生产的应税消费品用于在建工程等非生产机构时，按规定应缴纳的消费税，借记"在建工程"等科目，贷记"应交税费——应交消费税"科目。

【例8-35】乙企业在建工程领用自产柴油，成本为50 000元，应纳消费税税额为6 000元。不考虑其他相关税费。乙企业应编制如下会计分录：

借：在建工程 56 000
　贷：库存商品 50 000
　　　应交税费——应交消费税 6 000

【例 8-36】丙企业下设的职工食堂享受企业提供的补贴，本月领用自产产品一批，该产品的账面成本为 20 000 元，市场价为 30 000 元，适用的增值税税率为 13%，消费税税率为 10%。丙企业应编制如下会计分录：

借：应付职工薪酬——职工福利费 33 900
　　税金及附加 3 000
　贷：主营业务收入 30 000
　　　应交税费——应交增值税（销项税额） 3 900
　　　　　　　——应交消费税 3 000

同时，
借：主营业务成本 20 000
　贷：库存商品 20 000

3）委托加工应税消费品

企业如有应交消费税的委托加工物资，一般应由受托方代收代缴消费税。委托加工物资收回后，直接用于销售的，应将受托方代收代缴的消费税计入委托加工物资的成本，借记"委托加工物资"等科目，贷记"应付账款""银行存款"等科目；委托加工物资收回后用于连续生产应税消费品，按规定准予抵扣的，应按已由受托方代收代缴的消费税，借记"应交税费——应交消费税"科目，贷记"应付账款""银行存款"等科目，待用委托加工的应税消费品生产出应纳消费税的产品销售时，再缴纳消费税。

【例 8-37】甲企业委托乙企业代为加工一批应交消费税的材料（非金银首饰）。甲企业的材料成本为 2 000 000 元，加工费为 400 000 元，增值税税率为 13%，由乙企业代收代缴的消费税为 160 000 元。材料已经加工完成，并由甲企业收回验收入库，加工费尚未支付。甲企业采用实际成本法进行原材料的核算。甲企业应编制如下会计分录：

①如果委托加工物资收回继续用于生产应税消费品：

借：委托加工物资 2 000 000
　贷：原材料 2 000 000
借：委托加工物资 400 000
　　应交税费——应交增值税（进项税额） 52 000
　　　　　　——应交消费税 160 000
　贷：应付账款 612 000
借：原材料 2 400 000
　贷：委托加工物资 2 400 000

②如果委托加工物资收回直接对外销售：

借：委托加工物资　　　　　　　　　　　　　　2 000 000
　　贷：原材料　　　　　　　　　　　　　　　　　　　2 000 000
借：委托加工物资　　　　　　　　　　　　　　　560 000
　　应交税费——应交增值税（进项税额）　　　　52 000
　　贷：应付账款　　　　　　　　　　　　　　　　　　　612 000
借：原材料　　　　　　　　　　　　　　　　　2 560 000
　　贷：委托加工物资　　　　　　　　　　　　　　　　2 560 000

4）进口应税消费品

企业进口应税物资在进口环节应交的消费税计入该项物资的成本，借记"材料采购""固定资产"等科目，贷记"银行存款"科目。

【例8-38】甲企业从国外进口一批需要缴纳消费税的商品，商品价值1 000 000元（不含增值税），进口环节需要缴纳的消费税为200 000元，采购的商品已经验收入库，货款和税款已经用银行存款支付。对该批商品的消费税，甲企业应编制如下会计分录：

借：库存商品　　　　　　　　　　　　　　　　1 200 000
　　贷：银行存款　　　　　　　　　　　　　　　　　　1 200 000

4. 其他应交税费

其他应交税费，是指除上述应交税费以外的其他应上交国家的税费，包括应交资源税、应交城市维护建设税、应交土地增值税、应交所得税、应交房产税、应交土地使用税、应交车船税、应交教育费附加、应交矿产资源补偿费、应交个人所得税等。

企业应当在"应交税费"科目下设置相应的明细科目进行核算，贷方登记应缴纳的有关税费，借方登记已缴纳的有关税费，期末贷方余额，反映企业尚未缴纳的有关税费。

（1）应交资源税

资源税，是对在我国境内开采矿产品或者生产盐的单位和个人征收的税。对外销售应税产品应缴纳的资源税应记入"税金及附加"科目，借记"税金及附加"科目，贷记"应交税费——应交资源税"科目；自产自用应税产品应缴纳的资源税应记入"生产成本""制造费用"等科目，借记"生产成本""制造费用"等科目，贷记"应交税费——应交资源税"科目。

【例8-39】甲企业本期对外销售资源税应税矿产品3 600t，将自产资源税应税矿产品800t用于其产品生产，税法规定每吨矿产品应交资源税5元。甲企业应编制如下会计分录：

①计算对外销售应税矿产品应交资源税：

借：税金及附加　　　　　　　　　　　　　　　　18 000
　　贷：应交税费——应交资源税　　　　　　　　　　　18 000

企业对外销售应税产品应交的资源税：3 600×5=18 000元

②计算自用应税矿产品应交资源税：

借：生产成本　　　　　　　　　　　　　　　　　　4 000

贷：应交税费——应交资源税　　　　　　　　　　　　　　4 000

企业自产自用应税矿产品应缴纳的资源税：800×5=4 000元

③交纳资源税：

借：应交税费——应交资源税　　　　　　　　　　　　　　22 000

　　贷：银行存款　　　　　　　　　　　　　　　　　　　　22 000

（2）应交城市维护建设税

城市维护建设税，是以增值税和消费税为计税依据征收的一种税。其纳税人为缴纳增值税和消费税的单位和个人，以纳税人实际缴纳的增值税和消费税税额为计税依据，并分别与两项税金同时缴纳。税率因纳税人所在地不同从1%~7%不等。公式为：

$$应纳税额 = （应交增值税 + 应交消费税）\times 适用税率 \qquad (8-6)$$

企业按规定计算出应缴纳的城市维护建设税，借记"税金及附加"等科目，贷记"应交税费——应交城市维护建设税"科目；缴纳城市维护建设税时，借记"应交税费——应交城市维护建设税"科目，贷记"银行存款"科目。

【例8-40】甲企业本期实际应交增值税510 000元，消费税240 000元，适用的城市维护建设税税率为7%。甲企业应编制如下会计分录：

①计算应交城市维护建设税：

借：税金及附加　　　　　　　　　　　　　　　　　　　　52 500

　　贷：应交税费——应交城市维护建设税　　　　　　　　　52 500

应交城市维护建设税为：（510 000+240 000）×7%=52 500元

②银行存款缴纳城市维护建设税：

借：应交税费——应交城市维护建设税　　　　　　　　　　52 500

　　贷：银行存款　　　　　　　　　　　　　　　　　　　　52 500

（3）应交教育费附加

教育费附加，是指为了加快发展地方教育事业、扩大地方教育经费资金来源面向企业征收的附加费用。教育费附加以各单位实际缴纳的增值税、消费税税额为计税依据，按其一定比例分别与增值税、消费税同时缴纳。企业按规定计算出应缴纳的教育费附加，借记"税金及附加"等科目，贷记"应交税费——应交教育费附加"科目。

【例8-41】甲企业按税法规定计算，2020年第四季度应缴纳教育费附加300 000元，款项已用银行存款支付。甲企业应编制如下会计分录：

①计算应缴纳的教育费附加：

借：税金及附加　　　　　　　　　　　　　　　　　　　　300 000

　　贷：应交税费——应交教育费附加　　　　　　　　　　　300 000

②应交教育费附加：

借：应交税费——应交教育费附加　　　　　　　　　　　　300 000

　　贷：银行存款　　　　　　　　　　　　　　　　　　　　300 000

（4）应交土地增值税

土地增值税，是对转让国有土地使用权、地上的建筑物及其附着物（简称转让房地产），取得增值性收入的单位和个人所征收的一种税。

土地增值税按照转让房地产所取得的增值额和规定的税率计算征收。转让房地产的增值额是转让收入减去税法规定扣除项目金额后的余额，其中，转让收入包括货币收入、实物收入和其他收入；扣除项目主要包括取得土地使用权所支付的金额、开发土地的成本及费用、新建房及配套设施的成本及费用、与转让房地产有关的税金、旧房及建筑物的评估价格、财政部确定的其他扣除项目等。土地增值税采用四级超率累进税率，其中最低税率为30%，最高税率为60%。

企业对房地产核算的方法不同，企业应交土地增值税的账务处理也有所区别：企业转让的土地使用权连同地上建筑物及其附着物一并在"固定资产"科目核算的，转让时应交的土地增值税，借记"固定资产清理"科目，贷记"应交税费——应交土地增值税"科目；土地使用权在"无形资产"科目核算的，借记"银行存款""累计摊销""无形资产减值准备"科目，按应交的土地增值税，贷记"应交税费——应交土地增值税"科目，同时冲销土地使用权的账面价值，贷记"无形资产"科目，按其差额，借记或贷记"资产处置损益"科目；房地产开发经营企业销售房地产应缴纳的土地增值税，借记"税金及附加"科目，贷记"应交税费——应缴土地增值税"科目。缴纳土地增值税，借记"应交税费——应交土地增值税"科目，贷记"银行存款"科目。

【例8-42】甲建筑企业对外转让一栋厂房，根据税法规定计算的应交土地增值税税额为25 000元。甲建筑企业应编制如下会计分录：

①计算应交土地增值税：

借：固定资产清理　　　　　　　　　　　　　　25 000
　　贷：应交税费——应交土地增值税　　　　　　25 000

②用银行存款缴纳土地增值税：

借：应交税费——应交土地增值税　　　　　　　25 000
　　贷：银行存款　　　　　　　　　　　　　　　25 000

（5）应交房产税、城镇土地使用税、车船税和矿产资源补偿费

1）房产税，是国家对在城市、县城、建制镇和工矿区征收的由产权所有人缴纳的一种税。房产税依照房产原值一次减除10%~30%后的余额计算缴纳。没有房产原值作为依据的，由房产所在地税务机关参考同类房产核定；房产出租的，以房产租金收入为房产税的计税依据。

2）城镇土地使用税，是以城市、县城、建制镇、工矿区范围内使用土地的单位和个人为纳税人，以其实际占用的土地面积和规定税额计算征收。

3）车船税，是以车辆、船舶（简称车船）为课征对象，向车船的所有人或者管理人征收的一种税。

4）矿产资源补偿费，是对在我国领域和管辖海域开采矿产资源而征收的费用。矿产资源补偿费按照矿产品销售收入的一定比例计征，由采矿人缴纳。

企业应交的房产税、城镇土地使用税、车船税、矿产资源补偿费记入"税金及附加"科目，借记"税金及附加"科目，贷记"应交税费——应交房产税或应交城镇土地使用税、应交车船税、应交矿产资源补偿费"科目。

【例8-43】甲建筑企业按税法规定本期应缴纳房产税160 000元，车船税38 000元，城镇土地使用税45 000元。该企业应编制如下会计分录：

①计算应缴纳上述税金：

借：税金及附加	243 000
贷：应交税费——应交房产税	160 000
——应交城镇土地使用税	45 000
——应交车船税	38 000

②用银行存款缴纳上述税金：

借：应交税费——应交房产税	160 000
——应交城镇土地使用税	45 000
——应交车船税	38 000
贷：银行存款	243 000

（6）应交个人所得税

企业职工按规定应缴纳的个人所得税通常由单位代扣代缴。企业按规定计算的代扣代缴的职工个人所得税，借记"应付职工薪酬"科目，贷记"应交税费——应交个人所得税"科目；企业缴纳个人所得税时，借记"应交税费——应交个人所得税"科目，贷记"银行存款"等科目。

【例8-44】甲建筑工程公司结算本月应付职工工资总额300 000元，按税法规定应代扣代缴的职工个人所得税共计3 000元，实发工资297 000元。甲建筑工程公司应编制如下会计分录：

①代扣个人所得税：

借：应付职工薪酬——职工工资、奖金、津贴和补贴	3 000
贷：应交税费——应交个人所得税	3 000

②缴纳个人所得税：

借：应交税费——应交个人所得税	3 000
贷：银行存款	3 000

8.2.7 应付利息的核算

应付利息，是指企业按照合同约定应支付的利息，包括短期借款、分期付息到期还本的长期借款、企业债券等应支付的利息。

企业应通过"应付利息"科目，核算应付利息的发生、支付情况。该科目贷方登记按照合同约定计算的应付利息，借方登记实际支付的利息，期末贷方余额反映企业应付未付的利息。本科目一般应按照债权人设置明细科目进行明细核算。

企业采用合同约定的利率计算确定利息费用时，按应付合同利息金额，借记"在建工程""财务费用""研发支出"等科目，贷记"应付利息"科目；实际支付利息时，借记"应付利息"科目，贷记"银行存款"等科目。

【例8-45】甲建筑施工企业于2020年1月1日向银行借入5年期到期还本、每年付息的长期借款3 000 000元，合同约定年利率为6%。甲建筑施工企业应编制如下会计分录：

①每年计算确认利息费用时：

借：财务费用　　　　　　　　　　　　　　180 000
　　贷：应付利息　　　　　　　　　　　　　180 000

企业每年应支付的利息：3 000 000×6%=180 000元

②每年到期实际支付利息时：

借：应付利息　　　　　　　　　　　　　　180 000
　　贷：银行存款　　　　　　　　　　　　　180 000

8.2.8 应付股利的核算

应付股利，是指企业根据股东大会或类似机构审议批准的利润分配方案确定分配给投资者的现金股利或利润。

企业应通过"应付股利"科目，核算企业确定或宣告发放但尚未实际支付的现金股利或利润。该科目贷方登记应支付的现金股利或利润，借方登记实际支付的现金股利或利润，期末贷方余额反映企业应付未付的现金股利或利润。本科目应按照投资者设置明细科目进行明细核算。

企业根据股东大会或类似机构审议批准的利润分配方案，确认应付给投资者的现金股利或利润时，借记"利润分配——应付现金股利或利润"科目，贷记"应付股利"科目；向投资者实际支付现金股利或利润时，借记"应付股利"科目，贷记"银行存款"等科目。

【例8-46】甲建筑工程有限责任公司有A、B两个股东，分别占注册资本的40%、60%。2019年度该公司实现净利润6 000 000元，经过股东大会批准，决定2020年分配股利4 200 000元，股利已用银行存款支付。甲建筑工程有限责任公司应编制如下会计分录：

①确认应付投资者利润时：

借：利润分配——应付股利或利润　　　　　6 000 000
　　贷：应付股利——A股东　　　　　　　　2 400 000
　　　　　　　——B股东　　　　　　　　　3 600 000

② 支付投资者利润时：

借：应付股利——A 股东　　　　　　　　　　　1 680 000
　　　　　　——B 股东　　　　　　　　　　　2 520 000
　　贷：银行存款　　　　　　　　　　　　　　4 200 000

A 股东应分配的股利：4 200 000×40%=1 680 000 元
B 股东应分配的股利：4 200 000×60%=2 520 000 元

需要说明的是，企业董事会或类似机构通过的利润分配方案中拟分配的现金股利或利润，不需要进行账务处理，但应在附注中披露。企业分配的股票股利不通过"应付股利"科目核算。

8.2.9 其他应付款的核算

其他应付款，是指企业除银行借款、应付票据、应付账款、预收账款、应付职工薪酬、应交税费、应付利息、应付股利等经营活动以外的其他各项应付、暂收的款项，如应付经营租赁固定资产租金、租入包装物租金、存入保证金等。

企业应通过"其他应付款"科目，核算其他应付款的增减变动及其结存情况。该科目贷方登记发生的各种应付、暂收款项；借方登记偿还或转销的各种应付、暂收款项；期末贷方余额，反映企业应付未付的其他应付款项。本科目按照其他应付款的项目和对方单位（或个人）设置明细科目进行明细核算。

企业发生其他各种应付、暂收款项时，借记"管理费用"等科目，贷记"其他应付款"科目；支付或退回其他各种应付、暂收款项时，借记"其他应付款"科目，贷记"银行存款"等科目。

【例 8-47】甲建筑公司从 2020 年 7 月 1 日起，以经营租赁方式向乙建筑公司租入管理用办公设备一批，每月租金 6 000 元，按季支付。9 月 30 日，甲建筑公司以银行存款支付应付租金 18 000 元，增值税进项税额为 2 340 元。甲建筑公司应编制如下会计分录：

① 2020 年 7 月 31 日计提应付经营租入固定资产租金时：

借：管理费用　　　　　　　　　　　　　　　　6 000
　　贷：其他应付款——乙建筑公司　　　　　　6 000

8 月底计提应付经营租入固定资产租金的会计处理同上。

② 2020 年 9 月 30 日支付租金和税金时：

借：其他应付款——乙建筑公司　　　　　　　　12 000
　　管理费用　　　　　　　　　　　　　　　　6 000
　　应交税费——应交增值税（进项税额）　　　2 340
　　贷：银行存款　　　　　　　　　　　　　　20 340

出租动产的单位可按合同规定，在收到租金当期开具增值税专用发票。

8.3 非流动负债

8.3.1 长期借款的核算

长期借款,是指企业向银行或其他金融机构借入的期限在1年以上(不含1年)的各种借款,一般用于固定资产的购建、改扩建工程、大修理工程、对外投资等方面。长期借款是企业长期负债的重要组成部分。

由于长期借款的使用关系到企业的生产经营规模和效益,因此,企业除了要遵守有关的贷款规定、编制借款计划并要有不同形式的担保外,还应监督借款的使用、按期支付长期借款的利息及按规定的期限归还借款本金等。

为了核算企业的长期借款业务,企业应设置"长期借款"科目,核算长期借款的借入、应计利息及本息的归还等情况。该科目可按照贷款单位和贷款种类设置明细科目,分别按"本金""利息调整""应计利息"等科目进行明细核算。该科目的贷方登记长期借款本息的增加额,借方登记长期借款本息的减少额,贷方余额表示企业尚未偿还的长期借款本息。

1. 取得长期借款

企业取得长期借款形成负债,应按实际收到的金额,借记"银行存款"科目,贷记"长期借款——本金"科目;如果存在差额,还应借记"长期借款——利息调整"科目。

【例8-48】甲建筑公司于2020年1月1日从银行借入资金8 000 000元,借款期限为3年,年利率为6%(每年年末付息,到期还本),所借款项已存入银行。甲建筑公司应编制如下会计分录:

借:银行存款　　　　　　　　　　　　　　8 000 000
　　贷:长期借款——本金　　　　　　　　　　8 000 000

2. 确认利息费用

长期借款利息费用应当在资产负债表日按照实际利率法计算确定,长期借款利息费用可直接归属于符合资本化条件的资产的购建或者生产的,应当予以资本化,计入相关资产成本;其他借款费用,应当在发生时根据其发生额确认费用,计入当期损益。符合资本化条件的资产,是指需要经过相当长时间的购建或者生产活动才能达到预定可使用或者可销售状态的固定资产、投资性房地产和存货等资产。符合资本化条件的部分借记"在建工程""固定资产"等科目,不符合资本化条件的部分借记"财务费用"等科目;按照借款本金和合同利率计算确定的应支付的利息,贷记"应付利息"或"长期借款——应计利息"科目;实际利息和应付利息之间的差额作为其调整额,贷记"长期借款——利息调整"科目。企业在付息日实际支付利息时,按照本期实际支付的利息金额,借记"应付利息"科目或"长期借款——应计利息"科目,贷记"银行存款"科目。借款费用资本化金额的确定,如图8-1所示。

【例8-49】承【例8-48】,甲建筑公司于2020年12月31日计提长期借款利息,假

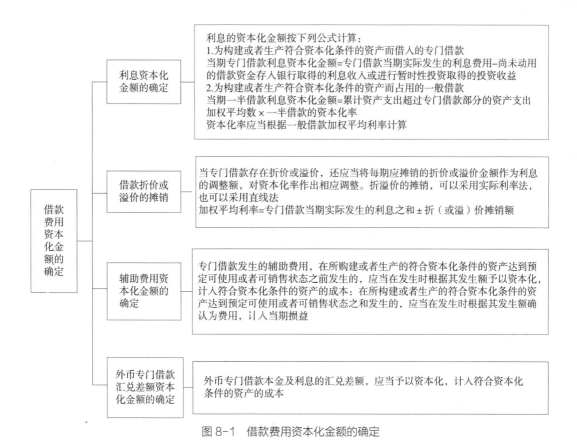

图 8-1 借款费用资本化金额的确定

设利息费用均不符合资本化条件。甲建筑公司应编制如下会计分录：

借：财务费用　　　　　　　　　　　　　　　　480 000
　　贷：应付利息　　　　　　　　　　　　　　　　480 000

甲建筑公司用银行存款偿还利息时：

借：应付利息　　　　　　　　　　　　　　　　480 000
　　贷：银行存款　　　　　　　　　　　　　　　　480 000

2021 年年末编制会计分录同上。

3. 长期借款到期

企业归还长期借款时，按照归还的长期借款本金，借记"长期借款——本金"科目；按实际归还的金额，贷记"银行存款"科目；按借贷双方之间的差额，借记"在建工程""财务费用"等科目，表示最后一期尚未确认的利息费用。

【例 8-50】承【例 8-49】，甲建筑公司于 2022 年 12 月 31 日偿还该笔银行借款本息。甲建筑公司应编制如下会计分录：

借：财务费用　　　　　　　　　　　　　　　　480 000
　　长期借款——本金　　　　　　　　　　　　8 000 000
　　贷：银行存款　　　　　　　　　　　　　　　8 480 000

本例中，最后一年的利息费用直接计入财务费用，不再单独计提。

8.3.2 应付债券的核算

债券，是指企业为筹集长期资金而发行的约定于一定日期支付一定本金，及定期支付一定利息给持有人的一种书面凭证。

国家对企业发行债券有严格的规定，在债券票面上应载明几项债券要素内容，如企业名称、债券面值、票面金额、票面利率、到期日、还本付息方式等。发行债券是企业筹集长期资金的主要方式，构成企业的一项长期负债。企业发行的债券期限在1年以上的，属于企业的长期负债，在"应付债券"科目中核算；发行期限在1年或1年以内的债券，属于流动负债，作为流动负债处理。

企业发行的债券价格由于受同期限银行存款利率的影响，可能会采用不同的价格发行，由于票面利率和实际利率的不一致，导致企业债券的发行方式有平价发行、溢价发行和折价发行三种：当票面利率等于实际利率时，债券按照票面金额发行（即平价发行）；当票面利率高于实际利率时，债券的发行价格高于票面金额（即溢价发行）；当票面利率低于实际利率时，债券的发行价格低于票面金额（即折价发行）。

企业应设置"应付债券"科目，并在该科目下设置"面值""利息调整""应计利息"等明细科目，核算应付债券发行、计提利息、还本付息等情况。该科目贷方登记确认的应付债券的本金和利息，借方登记归还的债券本金和利息，期末贷方余额表示企业尚未偿还的债券的本金和利息。

1. 债券发行时的会计处理

企业发行债券时，按实际收到的金额，借记"银行存款"科目，贷记"应付债券——面值"科目，中间的差额借记或贷记"应付债券——利息调整"科目。

【例8-51】甲建筑公司于2020年1月1日发行5年期，面值为10 000 000元，票面利率为8%的债券，每年12月31日付息一次，到期还本，假设债券发行时的实际利率为6.5%，则债券的发行价格为10 623 352元，企业以银行存款支付债券发行费用10 000元。甲建筑公司应编制如下会计分录：

①收到发行款项时：

借：银行存款　　　　　　　　　　　　　10 623 352
　　贷：应付债券——面值　　　　　　　　　10 000 000
　　　　　　——利息调整　　　　　　　　　　　623 352

②支付债券发行费用时：

借：财务费用　　　　　　　　　　　　　　　10 000
　　贷：银行存款　　　　　　　　　　　　　　10 000

本例中，债券的发行价格为 $10\,000\,000 \times 8\% \times (P/A, 6.5\%, 5) + 10\,000\,000 \times (P/F, 6.5\%, 5) = 10\,623\,352$ 元，发行价大于票面金额，属于溢价发行。

2. 债券利息及折溢价的会计处理

企业发行的债券，每期应按债券票面价值和票面利率计算当期应计提的利息，并确认为当期费用。债券按面值发行，其各期应计提的利息与实际利息费用一致；溢价或折价发行的债券在各期计提利息时，其实际负担的利息费用，除支付的利息外，还应扣除溢价的摊销额或加上折价的摊销额，即通过溢价、折价摊销额对债券存续期内的利息费用进行调整。债券溢价、折价的摊销方法有直线法和实际利率法两种。

（1）直线法

直线法，是指将债券的溢价或折价总额平均分摊于债券存续各期的一种摊销方法。采用这种方法，每期摊销的溢价、折价额是相等的，每期的利息费用也是固定不变的。公式如下：

$$\text{每期溢价（折价）摊销额} = \text{溢价或折价总额} / \text{债券计息期次} \quad (8-7)$$

$$\text{每期利息费用} = \text{实际支付的利息} + \text{折价摊销额} \quad (8-8)$$

或

$$\text{每期利息费用} = \text{实际支付的利息} - \text{溢价摊销额} \quad (8-9)$$

（2）实际利率法

实际利率法，是指以债券发行的实际利率乘以每期期初债券的账面价值，计算出各期的利息费用，利息费用与实际支付的利息之差，即为各期的溢价、折价摊销额。公式如下：

$$\text{溢价摊销额} = \text{实际支付的利息} - \text{当期利息费用} \quad (8-10)$$

$$\text{折价摊销额} = \text{当期利息费用} - \text{实际支付的利息} \quad (8-11)$$

其中，

$$\text{当期利息费用} = \text{债券该期期初账面价值} \times \text{市场利率} \quad (8-12)$$

直线法计算较为简便，我国的会计实务中一般采用直线法摊销溢折价。企业发行债券后，应编制"债券溢价、折价摊销表"，据以进行每期的溢折价摊销。企业采用直线法或实际利率法计算出当期的应计利息和溢价、折价摊销额后，应在"应付债券——利息调整"和"应付债券——应计利息"或"应付利息"科目进行核算，同时将每期的利息费用计入相关的成本和费用科目，借记"在建工程""制造费用""财务费用"等科目。

企业应按应付债券的摊余成本和实际利率计算确定债券利息费用，借记"在建工程""制造费用""财务费用"等科目；按债券面值和票面利率计算确定应付未付利息，贷记"应付利息"科目；按其差额，借记或贷记"应付债券——利息调整"科目。对于一次还本付息的债券，应于资产负债表日按摊余成本和实际利率计算确定债券利息费用，借记"在建工程""制造费用""财务费用"等科目；按票面利率计算确定应付未付利息，贷记"应付债券——应计利息"科目；按其差额，借记或贷记"应付债券——利息调整"科目。

【例8-52】以【例8-51】资料为例，该债券筹措的资金全部用于大型设备的购建，利息费用符合资本化条件。甲建筑公司根据上述资料，采用实际利率法和摊余成本计算确定各年年末的利息费用，如表 8-1 所示。

2020 年 12 月 31 日，甲建筑公司确认当年的利息费用，编制会计分录如下：

借：在建工程　　　　　　　　　　　　　690 517.88
　　应付债券——利息调整　　　　　　　109 482.12
　　贷：银行存款　　　　　　　　　　　　　　　800 000

实际利息费用计算表（单位：元）　　　　　　　　　表 8-1

日期	应付利息	利息费用	利息调整摊销	尚未摊销的利息调整	摊余成本
2020 年 1 月 1 日				623 352.00	10 623 352.00
2020 年 12 月 31 日	800 000.00	690 517.88	109 482.12	513 869.88	10 513 869.88
2021 年 12 月 31 日	800 000.00	683 401.54	116 598.46	397 271.42	10 397 271.42
2022 年 12 月 31 日	800 000.00	675 822.64	124 177.36	273 094.06	10 273 094.06
2023 年 12 月 31 日	800 000.00	667 751.11	132 248.89	140 845.18	10 140 845.18
2024 年 12 月 31 日	800 000.00	659 154.94	140 845.18	0.00	10 000 000.00
合计	4 000 000.00	376 648.00	623 352.00	—	—

本例中，2021 年 12 月 31 日至 2024 年 12 月 31 日各年年末确认利息费用的会计处理可以参考 2020 年 12 月 31 日确认利息费用的会计分录。

3. 债券到期的会计处理

债券到期时，利息调整已经全部摊销完毕。对于分期付息的债券，按债券面值，借记"应付债券——债券面值"科目，贷记"银行存款"科目。对于到期一次付息的债券，按债券面值和应计利息，借记"应付债券——债券面值"和"应付债券——应计利息"科目，贷记"银行存款"科目。

【例 8-53】以【例 8-52】资料为例，2024 年 12 月 31 日，债券到期，甲建筑公司偿付债券本金部分，编制如下会计分录：

借：应付债券——面值　　　　　　　　　10 000 000
　　贷：银行存款　　　　　　　　　　　　　　10 000 000

8.3.3　长期应付款的核算

长期应付款，是指企业除长期借款和应付债券以外的其他各种长期应付款项，如应付融资租入固定资产的租赁费、具有融资性质的延期付款购买资产等。

1. 应付融资租入固定资产的租赁费

（1）融资租入固定资产入账价值的处理

企业采用融资租赁方式租入的固定资产，应在租赁期开始日，将租赁开始日租赁资产公允价值与最低租赁付款额现值两者中较低者加上初始直接费用，作为租入资产的入账价值，借记"固定资产"等科目；按最低租赁付款额，贷记"长期应付款"科目；按发生的初始直接费用，贷记"银行存款"等科目；按其差额，借记"未确认融资费用"科目。

企业在计算最低租赁付款额的现值时，能够取得出租人租赁内含利率的，应当将租赁内含利率作为折现率，否则，应当将租赁合同规定的利率作为折现率。企业无法取得出租人的租赁内含利率且租赁合同没有规定利率的，应当将同期银行贷款利率作为折现率。租赁内含利率，是指在租赁开始日使最低租赁收款额的现值与未担保余值的现值之和等于租赁资产公允价值与出租人的初始直接费用之和的折现率。未确认融资费用应当在租赁期内各个期间进行分摊。企业应当采用实际利率法计算确认当期的融资费用。

（2）融资租入固定资产折旧的处理

承租人融资租入固定资产后，将其视为自有固定资产，对其计提折旧的方法也同自有固定资产的折旧政策一样，可以采用直线法、工作量法、双倍余额递减法和年数总和法等。

对于融资租入固定资产折旧期间的确定，应根据租赁合同的规定确定租赁固定资产的折旧期间。如果能够合理确定租赁期满时承租人将会取得租赁资产所有权的，可将租赁开始日租赁资产的尚可使用年限作为折旧期间；如果不能合理确定租赁期满租赁资产所有权归属的，则可按租赁期与租赁资产尚可使用年限两者较低者作为折旧期限。对融资租入的固定资产计提折旧时，按每期计算确定的折旧额，借记"开发间接费用""管理费用"等科目，贷记"累计折旧"科目。

（3）未确认融资费用分摊的处理

采用融资租赁固定资产的情况下，如产生未确认融资费用时，承租人应采用合理的方法对其进行计算并按期分摊。分摊未确认融资费用可以采用直线法、实际利率法等。

每期计算确定出分摊的未确认融资费用时，按当期应分摊的金额，借记"财务费用"科目，贷记"未确认融资费用"科目。

（4）租赁期满时的处理

租赁期满时，承租人对融资租入的固定资产通常有三种选择权：留购、返还和优惠续租。

1）留购租赁资产。租赁期满，如合同规定承租人享有优惠购买权，则将租赁资产所有权留归承租人。此时，一方面支付购买价款，借记"长期应付款——应付融资租赁款"科目，贷记"银行存款"科目，同时将固定资产从"融资租入固定资产"明细科目转入有关明细科目。

2）返还租赁资产。租赁期满，承租人如不留购租赁资产，而将其返还给出租人，而且存在承租人担保余值的，借记"长期应付款——应付融资租赁款"和"累计折旧"科目，贷记"固定资产——融资租入固定资产"科目，将融资租入资产转出；如果不存在担保余值，直接借记"累计折旧"科目，贷记"固定资产——融资租入固定资产"科目即可，如果固定资产有净值,则记入"营业外支出——处置固定资产净损失"科目。

3)优惠续租租赁资产。租赁期满,如果租赁资产尚有一定的使用期限,承租人行使优惠续租选择权,继续租赁资产,则视同该项租赁资产一直存在,并在会计核算上作出相应的处理,如继续支付租金等。所谓优惠续租选择权,是指承租人续租的租金低于行使优惠续租选择日的正常租金的70%(含70%)。

【例8-54】2019年12月1日,甲建筑公司与乙建筑公司签订了一份租赁合同,合同主要条款内容如下:租赁标的物是一条不需要安装的生产线;起租日为2019年12月31日;租赁期为2020年1月1日至2022年12月31日;租赁方式为每年年初支付租金100 000元;租赁期满时,该生产线估计剩余价值为15 000元,其中由甲建筑公司担保的余值为10 000元,未担保的余值为5 000元;该生产线2020年1月1日的公允价值为290 000元,原账面价值为250 000元;租赁公司规定的年利率为6%。该生产线在2019年12月31日由乙建筑公司交给甲建筑公司。注:(P/A,2,6%)=1.833,(P/F,3,6%)=0.840。

甲建筑公司账务处理如下:

①判断租赁类型。最低租赁付款额的现值为291 700元(计算过程见后)大于租赁资产账面价值的90%,即261 000元,满足融资租赁准则的第4条,A公司应当将该项租赁定为融资租赁。

②计算最低租赁付款额的现值,确定租赁资产的入账价值。

最低租赁付款额 = 各期租金之和 + 行使优惠购买选择权支付的金额 =100 000×3+10 000=310 000元

最低租赁付款额的现值合计 =100 000×(1.833+1)+10 000×0.840=283 300+8 400=291 700元 >290 000元

根据孰低原则,租赁资产的入账价值为290 000元。

③计算未确认融资费用。

未确认融资费用 = 最低租赁付款额 – 租赁开始日租赁资产的公允价值
=310 000–290 000=20 000元

④账务处理如下:

借:固定资产——融资租入固定资产　　　　　290 000
　　未确认融资费用　　　　　　　　　　　　 20 000
　　贷:长期应付款——应付融资租赁款　　　　　　310 000

2020年1月1日支付第1笔租金时:

借:长期应付款——应付融资租赁款　　　　　100 000
　　贷:银行存款　　　　　　　　　　　　　　　　100 000

2.具有融资性质的延期付款购买资产

企业购买资产有可能延期支付有关价款。如果延期支付的购买价款超过正常信用条件,实质上具有融资性质的,所购资产的成本应当以延期支付购买价款的现值为基础确定。实际支付的价款与购买价款的现值之间的差额,应当在信用期间内采用实际利率法进行摊销,计入相关资产成本或当期损益。具体来说,企业购入资产超过正常信用条件延期付款,实质上具有融资性质时,应按购买价款的现值,借记"固定资产""在建工程"等科目;按应支付的价款总额,贷记"长期应付款"科目;按其差额,借记"未确认融资费用"科目。

8.3.4 预计负债

预计负债,是基于某些或有事项引发的义务而确认的负债。其主要特点是:在相关义务的发生本身或发生的具体时间或金额等方面具有一定的不确定性,其计量需要某种程度的估计或预计。

1. 或有事项的特征

或有事项,是指过去的交易或事项形成的,其结果须由某些未来事项的发生或不发生才能决定的不确定事项。常见的或有事项有:未决诉讼或未决仲裁、债务担保、产品质量保证、亏损合同、重组义务、承诺、环境污染整治等。或有事项有如下特征:

(1)或有事项是由过去的交易或事项形成的,或有事项的现存状况是过去交易或事项引起的客观存在。如未决诉讼是企业因过去的经济行为导致起诉其他单位或被其他单位起诉,是现存的一种状况,而不是将来要发生的事项。

(2)或有事项的结果具有不确定性。或有事项的结果是否发生具有不确定性,或者或有事项的结果预计将会发生,但发生的具体时间或金额具有不确定性。

(3)或有事项的结果须由未来事项决定。或有事项的结果只能由未来不确定事项的发生或不发生决定。

上述不确定事项可以分为有利事项和不利事项两种类型,即会形成企业的或有资产或或有负债,在会计处理时应采取稳健性原则进行处理。对有利事项(即形成或有资产的事项)不应确认、计量和披露,如果很可能导致未来经济利益流入企业,应当披露其形成原因、预计产生的财务影响,否则一般不作披露;对不利事项(即形成或有负债的事项),有两种处理办法:一是确认为预计负债;二是作为或有负债披露。

2. 预计负债的确认

当与或有事项有关的义务符合确认为负债的条件时,应当将其确认为预计负债,预计负债应当按照履行相关现时义务所需支出的最佳估计数进行初始计量。此外,企业清偿预计负债所需支出还可能从第三方或其他方获得补偿。因此,或有事项的计量主要涉及两个问题:一是最佳估计数的确定;二是预计可获得补偿的处理。

(1)最佳估计数的确定。最佳估计数的确定应区分以下情况:一是所需支出存在一个连续区间,且该区间范围内各种结果发生的可能性相同,最佳估计数应当按照区间范围的中间值确定;二是所需支出不存在一个连续区间,或者虽然存在一个连续区间,但该区间范围内各种结果发生的可能性不同,如果或有事项涉及单个项目,最佳估计数应当按照最可能发生金额确定,如果或有事项涉及多个项目,最佳估计数应当按照各种可能结果及相关概率计算。

(2)预计可获得补偿的处理。如果企业清偿因或有事项而确认的负债所需支出全部或部分由第三方或其他方补偿的,此补偿金额只有在基本确定能收到时才能作为资产单独确认,确认的补偿金额不超过所确认负债的账面价值。

3. 预计负债的账务处理

一般地,对于或有负债,会计上只作披露。企业的预计负债需要在资产负债表上以单独的项目列示。为正确核算因或有事项而确认的预计负债,企业应设置"预计负债"科目,并在该科目下分别不同性质的或有事项,设置"产品质量保证""亏损合同""未决诉讼"等明细科目进行明细核算。企业发生或有负债事项需要确认为预计负债时,借记"管理费用""营业外支出"等科目,贷记"预计负债"科目。

本章知识点

1. 负债的含义、特征和分类

负债,是指企业过去的交易或事项形成的、预期会导致经济利益流出企业的现时义务。负债具有如下特征:负债是企业承担的现时义务;负债的清偿将导致未来经济利益流出企业;负债是由企业过去的交易或者事项形成的。负债按其流动性,可分为流动负债和非流动负债。

流动负债大多由于企业的经营活动而产生,流动负债具有以下两个特点:偿还期限短,即到期日或偿还期限在1年或超过1年的一个营业周期内;到期时必须以流动资产、提供劳务或以新的流动负债进行偿还。流动负债通常包括短期借款、应付票据、应付账款、预收账款、应付职工薪酬、应交税费、应付利息、应付股利、其他应付款、以公允价值计量且其变动计入当期损益的金融负债、1年以内到期的长期借款等。

非流动负债,是指流动负债以外的负债,即偿还期在1年或超过1年的经营周期以上的债务。非流动负债包括长期借款、应付债券、长期应付款等。

2. 短期借款核算

短期借款,是指企业向银行或其他金融机构等借入的期限在1年以下(含1年)的各种款项。短期借款一般是企业为了满足正常生产经营所需的资金或者是为了抵偿某项债务而借入的资金。短期借款的债权人不仅可以是银行,还可以是其他非银行金融机构或其他单位和个人。企业应设置"短期借款"科目来核算短期借款。

3. 应付票据核算

应付票据,是指企业购买材料、商品和接受劳务供应等而开出、承兑的商业汇票。应付票据是由出票人出票,委托付款人在指定日期无条件支付确定的金额给收款人或者持票人的票据,包括商业承兑汇票和银行承兑汇票。企业应通过"应付票据"科目,核算应付票据的发生、偿付等情况。

4. 应收账款核算

应付账款,是指企业因购买材料、商品或接受劳务供应等经营活动而应付给供应单位的款项。在材料、商品和发票账单同时到达的情况下,一般在所购材料、商品验收入库后,根据发票账单登记入账,确认应付账款;在所购材料、商品已经验收入库,但是发票账单未能同时到达的情况下,企业应付材料、商品供应单位的债务已经成立,在会计期末,为了反映企业的负债情况,需要将所购材料、商品和相关的应付账款暂估入账,待下月初用红字将上月末暂估入账的应付账款予以冲销。企业应通过"应付账款"科目,核算应付账款的发生、偿还、转销等情况。

5. 预收账款核算

预收账款,是指企业按照合同规定向购货单位预收的款项。预收账款与应付账款同为企业短期债务,但与应付账款不同的是,预收账款所形成的负债不是以货币偿付,而是以货物清偿。企业应通过"预收账款"科目,核算预收账款的取得、偿付等情况。

6. 职工薪酬核算

职工薪酬,是指企业为获得职工提供的服务或解除劳动关系而给予的各种形式的报酬或补偿。职工薪酬包括短期薪酬、离职后福利、辞退福利和其他长期职工福利。企业提供给职工配偶、子女、受赡养人、已故员工遗属及其他受益人等的福利,也属于职工薪酬。企业应设置"应付职工薪酬"科目,核算应付职工薪酬的计提、结算、使用等情况。

7. 应交税费核算

企业根据税法规定应缴纳的各种税费包括增值税、消费税、城市维护建设税、资源税、企业所得税、土地增值税、房产税、车船税、土地使用税、教育费附加、矿产资源补偿费、印花税、耕地占用税、契税等。企业应通过"应交税费"科目,核算各种税费的应交、缴纳等情况。本科目按应交税费项目设置明细科目进行明细核算。企业代扣代交的个人所得税,也通过"应交税费"科目核算,而企业缴纳的印花税、耕地占用税等不需要预计应交数的税金,不通过"应交税费"科目核算。

增值税,是以商品(含应税劳务、应税行为)在流转过程中实现的增值额作为计税依据而征收的一种流转税,账务处理分一般纳税人和小规模纳税人进行。消费税,是指在我国境内生产、委托加工和进口应税消费品的单位和个人按其流转额缴纳的一种税,具有从价定率、从量定额、从价定率和从量定额复合计税(简称复合计税)三种征收方法。其他应交税费,是指除应交增值税和消费税以外的其他应上交国家的税费,包括应交资源税、应交城市维护建设税、应交土地增值税、应交所得税、应交房产税、应交土地使用税、应交车船税、应交教育费附加、应交矿产资源补偿费、应交个人所得税等。

8. 应付利息核算

应付利息,是指企业按照合同约定应支付的利息,包括短期借款、分期付息到期还本的长期借款、企业债券等应支付的利息。企业应通过"应付利息"科目,核算应付利息的发生、支付情况。

9. 应付股利核算

应付股利，是指企业根据股东大会或类似机构审议批准的利润分配方案确定分配给投资者的现金股利或利润。企业应通过"应付股利"科目，核算企业确定或宣告发放但尚未实际支付的现金股利或利润。

10. 其他应付款核算

其他应付款，是指企业除银行借款、应付票据、应付账款、预收账款、应付职工薪酬、应交税费、应付利息、应付股利等经营活动以外的其他各项应付、暂收的款项，如应付经营租赁固定资产租金、租入包装物租金、存入保证金等。企业应通过"其他应付款"科目，核算其他应付款的增减变动及其结存情况。本科目按照其他应付款的项目和对方单位（或个人）设置明细科目进行明细核算。

11. 非流动负债——长期借款核算

长期借款，是指企业向银行或其他金融机构借入的期限在1年以上（不含1年）的各种借款，一般用于固定资产的购建、改扩建工程、大修理工程、对外投资等方面。企业应设置"长期借款"科目，核算长期借款的借入、应计利息及本息的归还等情况。该科目可按照贷款单位和贷款种类设置明细科目，分别按"本金""利息调整""应计利息"等科目进行明细核算。

12. 非流动负债——应付债券核算

债券，是指企业为筹集长期资金而发行的约定于一定日期支付一定本金，及定期支付一定利息给持有人的一种书面凭证。发行债券是企业筹集长期资金的主要方式，构成企业的一项长期负债。企业发行的债券期限在1年以上的，属于企业的长期负债，在"应付债券"科目中核算；发行期限在1年或1年以内的债券，属于流动负债，作为流动负债处理。企业债券的发行方式有平价发行、溢价发行和折价发行三种：当票面利率等于实际利率时，债券按照票面金额发行（即平价发行）；当票面利率高于实际利率时，债券的发行价格高于票面金额（即溢价发行）；当票面利率低于实际利率时，债券的发行价格低于票面金额（即折价发行）。企业应设置"应付债券"科目，并在该科目下设置"面值""利息调整""应计利息"等明细科目，核算应付债券发行、计提利息、还本付息等情况。

13. 非流动负债——长期应付款核算

长期应付款，是指企业除长期借款和应付债券以外的其他各种长期应付款项，如应付融资租入固定资产的租赁费、具有融资性质的延期付款购买资产等。预计负债，是基于某些或有事项引发的义务而确认的负债。其主要特点是：在相关义务的发生本身或发生的具体时间或金额等方面具有一定的不确定性，其计量需要某种程度的估计或预计。

思考题

1. 简述流动负债和非流动负债的区别与各自的构成。

2. 简述短期借款产生的利息如何核算。
3. 简述企业采用应付票据方式进行材料采购的账务核算处理过程。
4. 简述企业应付账款转销处理。
5. 简述应付账款与预售账款的异同。
6. 企业职工薪酬主要包括哪些内容？
7. 简述货币性职工薪酬的账务核算。
8. 简述一般纳税人增值税的计算方法。
9. 什么是增值税？哪些增值税进项税额可以从销项税额中抵扣？
10. 简述小规模纳税人增值税的计算方法。
11. 简述消费税的三种征收方式。
12. 什么是土地增值税，土地增值税如何核算？
13. 简述长期借款利息费用的核算。
14. 什么是债券？企业发行债券有哪几种发行方式？
15. 什么是或有负债？或有负债有哪些特征？

实务题

1. 甲建筑股份有限公司于 2020 年 1 月 1 日向银行借入一笔施工生产用短期借款，共计 1 500 000 元，期限为 7 个月，年利率为 4%，根据与银行签署的借款协议，该项借款的本金到期后一次归还，利息按季支付。请为甲建筑股份有限公司编制相关会计分录。

2. 甲建筑施工企业为增值税一般纳税人。2020 年 1 月 20 日向乙公司购入一批材料，增值税专用发票上注明的价款为 250 000 元，增值税税额为 32 500 元；同时，对方代垫运杂费 3 000 元，增值税税额为 270 元，已收到对方转来的增值税专用发票。材料验收入库（材料按实际成本进行日常核算），款项尚未支付。按照购货协议的规定，某甲建筑施工企业如在 15 天内付清货款，将获得 1% 的现金折扣（假定计算现金折扣时需考虑增值税）。2020 年 2 月 20 日，某甲建筑施工企业按照扣除现金折扣后的金额，用银行存款付清了所欠丙公司货款。根据上述业务，试为甲建筑施工企业编制会计分录。

3. 甲建筑施工企业为增值税一般纳税人。2019 年 6 月 3 日，甲建筑施工企业与乙企业签订供货合同，向其出售一批设备，货款金额共计 100 000 元，应缴纳增值税 13 000 元。根据购货合同规定，乙企业在购货合同签订一周内，应当向甲建筑施工企业预付货款 60 000 元，剩余货款在交货后付清。2019 年 6 月 8 日，甲建筑施工企业收到乙企业交来的预付款 60 000 元，并存入银行，6 月 18 日甲建筑施工企业将货物发到乙企业并开出增值税发票，乙企业验收合格后付清了剩余货款。请为甲建筑施工企业编制会计分录，完成会计业务处理。

4. 甲股份有限公司 2020 年 9 月，发生了以下几笔业务，试计算工资总额及应发工资和实发工资金额。

（1）月末分配本月份工资费用。其中：基本生产车间生产工人工资32 000元，生产车间管理人员工资3 860元，企业管理人员工资19 400元，专设销售机构人员工资8 780元，在建工程人员工资5 890元。

（2）按规定提取本月企业医务福利部门人员工资总额为16 000元。

（3）企业从职工张华的应付工资中扣除代垫的住院医药费800元。

（4）某职工报销医药费526元。

（5）以现金86 320元发放本月工资，并结转本月扣除代垫的款项1 246元。

（6）企业从银行提取现金85 000元，用以发放职工工资。当日以现金实际发放职工工资85 000元。

5. 甲公司为一家彩电生产企业，共有职工200名，2020年9月，公司以其生产的每台成本为1 000元的电视机作为福利发放给公司每名职工。该型号电视机的售价为每台1400元，适用的增值税税率为13%。假定公司职工中有170名为直接参加生产的人员，30名为总部管理人员。试为甲公司此项职工福利发放编制会计分录。

6. 甲建筑公司为增值税一般纳税人，适用的增值税税率为13%，材料采用实际成本进行日常核算。8月份发生如下涉及增值税的经济支出：

（1）购买原材料一批，增值税专用发票上注明的价款为600 000元，增值税税额为78 000元，公司已开出商业承兑汇票。该原材料已验收入库。

（2）企业对外销售原材料一批。该批原材料的成本为360 000元，计税价格为410 000元，应缴纳的增值税税额为53 300元。

（3）销售产品一批，销售价格为200 000元（不含增值税税额），实际成本为160 000元，提货单和增值税专用发票已交购货方，货款尚未收到。该销售符合收入确认条件。

（4）在建工程领用原材料一批，该批原材料的实际成本为300 000元，应由该批原材料负担的增值税税额为39 000元。

（5）因意外火灾毁损原材料一批，该批原材料的实际成本为100 000元，增值税税额为13 000元。

（6）用银行存款缴纳本月增值税25 000元。

要求：根据编制的上述经济业务相关的会计分录，计算实际缴纳增值税金额。

7. 甲公司为小规模纳税人，2020年8月份销售货物取得收入72 100元（价税合计），8月份取得加工修理修配收入51 500元，8月份取得应税服务收入41 200元。8月份购入原材料一批，取得增值税专用发票上注明的价款为15 000元，增值税税额为450元，款项以银行存款支付，材料已验收入库。试为甲公司编制会计分录处理上述业务。

8. 甲企业委托乙企业代为加工一批应交消费税的A材料，甲企业发出B材料的成本为1 000 000元，加工费为200 000元，增值税税率为13%，由乙企业代收代缴的消费税为80 000元，材料已加工完成，并由甲企业收回验收入库，加工费尚未支付，甲企业采用实际成本计价法。试编制会计分录进行业务处理。

9. 某甲建筑公司 2020 年 9 月对外转让一栋厂房，根据税法规定计算的应交土地增值税为 38 000 元，月底已向税务机关缴纳完毕。试为某甲建筑公司编制会计分录。

10. 甲建筑工程有限责任公司有 A、B、C 三个股东，分别占注册资本的 40%、50%、10%。2019 年度该公司实现净利润 8 000 000 元，经过股东大会批准，决定 2020 年分配股利 4 000 000 元。股利已用银行存款支付。试为甲建筑工程有限责任公司编制会计分录。

11. A 公司 2020 年发生如下业务，请按照要求进行会计计算：

（1）2020 年 1 月 1 日，从 B 公司融资租入一台需要安装的设备作为固定资产使用，购入后即进入安装调试中，购入固定资产发生运费 200 000 元，装卸费 100 000 元，购买合同约定，固定资产总价 10 530 000 元，每年年底支付 1 500 000 元，一共分 6 年支付，长期应付款的现值为 6 533 000 元，固定资产公允价值为 6 500 000 元。A 公司用银行存款支付增值税 1 530 000 元，实际利率为 10%。假设安装工程持续到 2020 年 12 月底。请计算购入固定资产时的入账价值和 2020 年底在建工程完工时摊销确认为融资费用的金额。

（2）A 公司 2020 年年初分期付款购买一批产品，该产品现在的公允价值为 5 000 000 元，合同总价款为 11 700 000 元，购买当期用银行存款支付增值税 1 170 000 元，剩余款项在剩余 5 年内支付完毕，每年年底支付 2 000 000 元，实际利率为 10%。请计算购买产品时的入账价值和 2020 年 12 月 31 日摊销未确认融资费用的金额。

第9章 所有者权益

【学习目标】

理解所有者权益的涵义，掌握所有者权益的确认与计量；理解投入资本的涵义，掌握投入资本增减变动的核算；熟悉留存收益的涵义，掌握留存收益增减变动的核算。

【重要术语】

所有者权益　投入资本　实收资本（股本）　资本公积　留存收益　盈余公积　未分配利润

9.1 所有者权益概述

9.1.1 所有者权益的涵义

1. 所有者权益的性质

根据我国《企业会计准则——基本准则》（财政部令第76号）的规定，"所有者权益，是指企业资产扣除负债后由所有者享有的剩余权益。"这一定义说明了所有者权益的经济性质，可以由基本会计等式"资产＝负债＋所有者权益"推导转换而得出，即"所有者权益＝资产－负债"。

资产减去负债后的余额，也被称为净资产。因而，所有者权益是体现在净资产中的权益，是所有者对净资产的要求权。

所有者对企业的经营活动承担着最终的风险。与此同时，也享有最终的权益。如果在企业经营中获利，所有者权益将随之增长；反之，所有者权益将随之减少。任何企业的所有者权益都是由企业的投资者投入的资本及其增值构成的。

2. 所有者权益与负债的区别

企业的资产不外乎来源于两个方面：要么为债权人借入，要么为所有者投入，前者称为负债，又称债权人权益，后者称为所有者权益，负债和所有者权益统称为权益。两者之间的主要区别有以下几方面。

（1）性质不同

所有者权益是投资者对投入资本及其运用产生的增值（或减值）所享有的权利；而负债则是在企业经营或其他活动中所发生的债务，是债权人要求企业清偿的权利。

（2）享有权利不同

所有者享有参与收益分配、参与经营管理、参与剩余财产分配等多项权利，但对企业资产的要求权在顺序上置于债权人之后，即只享有对剩余财产的要求权；债权人享有到期收回本金及利息的权利，在企业清算时，其获取资产赔偿的要求权优先于所有者，但是债权人无参与企业经营决策的权利、收益分配的权利和剩余财产分配的权利。

（3）偿还期限不同

在企业持续经营的情况下，所有者权益一般不得随意抽回，即不存在按约定日期偿还，因而其是一项企业可以长期甚至永久使用的资金来源，只有在企业清算时才予以退还；负债必须按约定日期偿还，为了保证债权人的权益不受侵害，法律规定债权人对企业资产的要求权优先于所有者。因而，债权又称第一要求权，所有者对剩余财产的要求权又称剩余权益。

（4）风险不同

所有者承受的风险大于债权人所承受的风险。这是因为，第一，债权人的要求权置于所有者之前，即企业清算时首先要清偿欠债权人的债务，待全部债务清偿完后，才对所有者进行清偿；第二，所有者能否获得收益及获得多少收益，需要视企业的盈利水平及经营政策而定。

9.1.2 公司制企业与股东权益

企业根据组织形式的不同，一般分为三种：独资企业、合伙企业和公司制企业。从会计角度来看，不同组织形式的企业对资产、负债、收入、费用和利润的会计处理是没有差异的，但不同组织形式的企业对所有者权益（业主权益）的会计处理则存在着明显的差异。这是因为，法律上对不同组织形式企业的所有者权益的规定有所不同。

根据《中华人民共和国公司法》（以下简称《公司法》）的规定，"公司是指依照本法在中国境内设立的有限责任公司和股份有限公司"，"公司是企业法人，有独立的法人财产，享有法人财产权。公司以其全部财产对公司的债务承担责任。有限责任公司的股东以其认缴的出资额为限对公司承担责任；股份有限公司的股东以其认购的股份为限对公司承担责任。"公司具有以下几个主要特征。

1. 股东对公司只承担有限责任

股东对公司的债务没有个人偿还的义务。股东对公司投资可能承担的最大损失就是其对公司的投资成本支出，其不必担心由于公司经营失败而失去投资以外的财产。公司的这一特点决定了公司相比独资企业和合伙企业拥有更广泛的投资者和投资资本来源。

2. 公司具有独立的法人主体资格

公司一经政府批准成立，就具有独立于其所有者的法人地位和资格，具有同自然人一样的权利和义务。公司可以凭其法律主体资格取得资产、承担债务、签订合同、提出诉讼和被诉。而独资企业、合伙企业不具有法律主体资格，属于自然人企业。

3. 公司是纳税主体

公司作为独立的法律主体，若有盈利，需要依法缴纳企业所得税。然后，股东就其分配所得现金股利依法缴纳个人所得税。因而，在公司存在重复纳税的问题。

4. 所有权和经营权分离

在公司，股东一般不亲自管理公司，而是由股东选举董事会，再由董事会聘任总经理等专业管理人员负责经营。

5. 所有权可转让

公司的所有者可以出售或转让股份，特别是公开上市的股份有限公司，股东通常可以随意转让其所持有公司的股份。公司的持续经营不会因股东的变更而受到影响，因而公司具有较为长久的存续期。

6. 严格的法律管制

由于公司的股东仅对公司债务承担有限责任，因此，为了保护债权人利益，各国政府对公司都实行较为严格的法律管制。

由于上述特点，特别是政府严格的法律管制，使得公司的所有者权益会计业务比较复杂。其中许多程序是基于法律的规定，而不仅仅是依据会计惯例。例如，在我国企业会计实务中，基于法律规定，必需严格区分实收资本、资本公积和留存收益。再如，法律往往还对公司的利润分配、停业清算以及股份公司回购自己的股份等事项有严格的限制。另外，由于股东投资的多样性，也使得公司所有者权益的会计处理所遇到的问题远多于独资企业和合伙企业。

9.1.3 所有者权益的内容及分类

所有者权益，在股份制企业又称股东权益，最初表现为投资者的投入资本。随着企业商城经营活动的开展，企业实现净盈利，从净利润中提取的盈余公积金和未分配利润等形成企业的留存收益（资本积累）最终也归企业所有者所有，从而与投入资本共同构成企业的所有者权益。

由此可见，所有者权益按其形成来源不同，分为投入资本和留存收益两大部分。其中，投入资本是所有者在向企业投入资本的过程中形成的，包括实收资本和资本公积；留存收益则是在企业生产经营活动中所实现的盈利在扣除依法向国家缴纳的企业所得税和向股东分派的股利后留存于公司的那部分利润，也称留存利润，包括盈余公积和未分配利润。

为了反映所有者权益的构成情况，便于投资者和其他会计信息使用者了解企业所有者权益的来源及增减变动情况，根据我国《企业会计准则第 30 号——财务报表列报》（财会〔2014〕7号）的规定，企业资产负债表中的所有者权益应当至少按照实收资本（股份制企业称为股本）、资本公积、盈余公积和未分配利润等项目分项列示。

会计实务中，对所有者权益的上述分类，能够给投资者及其他会计信息需要者提供如下重要信息。

1. 能够清楚地反映企业所有者权益的构成情况

所有者权益中的实收资本和作为准资本的资本公积，构成企业在一定规模下开展生产经营活动最基本的启动资金，是企业赖以生存的基本条件。所有者权益中的盈余公积和未分配利润等留存收益，来自于企业经营过程中的资本增值，反映了企业经营过程中的资本积累情况，也是企业扩大生产经营规模和提高技术水平的一个重要条件。将留存收益同投入资本相比，能够反映企业的增值能力以及企业发展的后劲。此外，不同所有者的投资比例还是决定企业利润分配或风险分担的依据。

2. 能够反映企业的利润分配政策及其影响因素

所有者向企业投资的主要目的之一就是获得理想的投资收益。因而，投资者必然非常关心企业的利润分配政策。企业在制定利润分配政策时，既要考虑投资者对投资收益的期望，也要考虑企业长远发展战略的需要；既要考虑近期利益，又要兼顾长远利益。这样就必然会影响到企业利润分配政策的制定。企业只有在有累计盈利的情况下才能向投资者分派利润，企业既不能过分压缩对投资者的利润分派，以致降低投资者对企业的投资积极性，甚至对企业丧失信息；同时企业也不能将累计盈利全部分派给投资者，从而导致企业缺乏扩大再生产所必须的资本积累。因而，企业在制定利润分配政策时，必须充分考虑各种影响因素，妥善处理好利润分配过程中的复杂关系，按照所有者权益的构成情况，合理确定利润分配所涉及的层次和范围，也即是说，所有者权益中哪些项目可以用于分配、哪些项目不能用于分配，以及可用于分配的项目能够分配多少等，都可以通过对所有者权益的合理分类来加以界定。

9.1.4 所有者权益的确认与计量

所有者权益体现的是所有者在企业中的剩余权益。因此，所有者权益的确认主要依赖于其他会计要素的确认，尤其是资产和负债的确认，所有者权益金额的确定也主要取决于资产和负债的计量。

9.2 投入资本

9.2.1 投入资本的涵义

投入资本，是指投资者按照有关规定向企业投入的资本，一般情况下企业无需偿还，可以长期周转使用。投资者设立企业，按照我国相关法律规定，首先必须投入一定数量的资本。投资者在投入资本时，可以用货币出资，也可以用实物、知识产权、土地使用权等可以用货币估价并可依法转让的非货币性财产作价出资。但需注意，投资者不得以劳务、信用、自然人姓名、商誉、特许经营权或设定担保的财产等作价出资。

投入资本包括实收资本（股份公司叫股本）和资本公积两部分。实收资本，是投资者投入企业构成注册资本组成部分的那部分资本，资本公积则是投资者实际投入企业资本中超过注册资本的那部分资本，在有限责任公司称为资本溢价，在股份有限公司称为股票溢价。

9.2.2 实收资本的核算

1. 实收资本的涵义

企业要从事经营活动，首先必须要有一定数量的、足够的"本钱"。《中华人民共和国企业法人登记管理条例》明确规定，企业申请开业必须具备"符合国家规定并与其生产经营和服务规模相适应的资金数额"。我国《公司法》规定，"有符合公司章程规定的全体股东认缴的出资额"是有限责任公司设立的基本条件之一；"有符合公司章程规定的全体发起人认购的股本总额或者募集的实收资本总额"是股份有限公司设立的基本条件之一。

（1）实收资本的概念

实收资本，在股份有限公司又称为股本，就是投资者投入企业的"本钱"，是企业开展生产经营活动所必需的物质基础。投资者对其依法投入企业的资本享有法定权利并以其出资额为限对企业的债务承担责任。企业在进行会计核算时，应区分投入资本和借入资金的界限。实收资本具体表现为企业实际收到投资者实际投入企业生产经营活动的超过按公司章程规定其应认缴出资额的那部分资本。投资者在向企业投入资本时，可以用货币资金、存货、固定资产、无形资产等各种形式的资产对企业进行投资。

（2）实收资本投资人的权利

投资人按照其投资在企业总资本中所占的比例享有相应的权利。

1）公司经营管理权

投资者向企业投入资本，依法享有管理企业的权利。这种权利可以由投资者直接行使，也可以通过投票选举董事会和总经理，将其授予专门的管理人员代为行使。总之，企业的最终经营管理权保留在投资者手中。

2）利润分派权

公司若有税后盈利，在按规定提取盈余公积金后，经股东大会或类似权力机构决议，投资者有按其出资比例参与利润分派的权利。

3）剩余财产分配权

在企业清算时，公司在偿还完全部债务后，若还有剩余财产，投资者有权按其出资比例分配剩余财产。

4）优先投资（认股）权

在公司为了扩大经营而吸收新的投资（增发新股）时，原投资者有权按原出资比例（持股比例）优先投资（认购新股）。

（3）实收资本的来源

企业的实收资本，按其来源（投资主体）不同，可以分为以下四类：国家资本、法人资本、个人资本和外商资本。

1）国家资本

国家资本，是指有权代表国家政府进行投资的机构将国有财产以各种形式投入企业的资本。

2）法人资本

法人资本，是指其他法人单位将其法定财产以各种形式投入企业的资本。

3）个人资本

个人资本，是指社会个人（包括社会公众、企业内部职工）以其合法财产以各种形式投入企业的资本。

4）外商资本

外商资本，是指外国的投资者以各种形式对企业投入的资本。

2. 实收资本的计量

在会计实务中，为了加强对实收资本的核算和监督，为了提供及时、准确的会计信息，首先应对实收资本进行准确地计量，即对企业接受各方投资者以各种形式投入企业的资产进行计量。需要注意的是，投资者投入资产的形式不同，其计价方法也有所不同。

（1）以货币资金出资的计价

投资者以货币资金出资的，投入的可以是人民币，也可以是外币。在我国，国内投资者一般以人民币出资。企业收到人民币出资时，以实际收到的金额作为实收资本入账。外国投资者一般以外币出资。在收到投资者以外币出资时，应将所收到的外币金额按当天的外汇汇率折算为人民币金额作为实收资本入账。

（2）以非货币资产出资的计价

投资者以存货（原材料、商品等）、固定资产（房屋建筑物、机器设备等）等非货币资产出资的，应当按照公平合理的原则进行计价，通常按企业与投资者的协商确认、协议约定、市场公允价值或评估确认价值计价。如果收到投资者以专利权、商标权、专有技术等无形资产和土地使用权出资的，其计价不应超过它们为企业增加的未来经济效益的现值。在会计实务中，这个未来经济效益的现值，通常应在无形资产的价值确认上予以体现。

3. 有限责任公司实收资本的会计处理

有限责任公司是由不超过50个的股东出资、每个股东以其出资额为限对公司承担有限责任的法人企业。各方出资人的出资金额、出资方式、出资时间等事项均必须事先约定，各方出资人应按约定事项共同遵守、执行，一旦有人违约，企业有权追究相关违约人的违约责任。

（1）科目设置

为了反映和监督企业实收资本的增减变动及结存情况，企业应设置"实收资本"科目。"实收资本"科目是一个所有者权益科目，贷方反映企业实际收到所有者按合同或协议约定出资额投入企业的那部分资产价值，借方反映按法定程序减少实收资本的数额，期末余额在贷方，反映所有者按合同或协议约定实际投入企业的资本总额。"实收资本"科目一般应按投资者设置明细账，进行明细分类核算。

（2）账务处理

企业在收到投资者按合同或协议约定出资额投入企业的各种资产时，借记相关资产科目，贷记"实收资本"科目。

【例9-1】科宏建筑工程有限公司创立于2018年7月1日。由甲、乙、丙三方投资者共同出资组成，约定资本金总额为10 000万元，甲、乙、丙的出资比例分别为60%、20%、20%，所有各方出资应在2018年7月31日前到位。该公司为增值税一般纳税人，增值税税率为10%。

①7月10日，收到甲投资人的出资，其中写字楼一栋，评估作价4 000万元；现金2 000万元，已存入公司基本存款户。

根据上述资料，公司作出如下会计分录，单位为万元：

借：固定资产	4 000
银行存款	2 000
贷：实收资本——甲	6 000

②7月15日，收到乙投资人以原材料出资，市场公允价值1 770万元，增值税230万元。

根据上述资料，公司作出如下会计分录，单位为万元：

借：原材料	1 770
应交税费——应交增值税（进项税额）	230
贷：实收资本——乙	2 000

③7月25日，收到丙投资人出资，其中专利技术一项，评估作价1 000万元；现金1 000万元，现金已转存公司基本存款户。

根据上述资料，公司作出如下会计分录，单位为万元：

借：银行存款	1 000
无形资产	1 000
贷：实收资本——丙	2 000

【例9-2】某中外合资建设工程有限公司，协议约定总资本金10 000万元，其中中方投资人占70%，外方投资人占30%，外方投资人以现金出资。现收到外方投资人投入的资本现金400万美元，当天汇率为1∶7.50，已转存公司银行账户。

根据上述资料，公司作出如下会计分录，单位为万元：

借：银行存款——美元户（400万美元） 3 000
　　贷：实收资本——外方投资人 3 000

4. 股份有限公司实收资本（股本）的会计处理

股份有限公司的实收资本又称为股本。股份有限公司，是指其全部资本由等额股份构成并通过发行股票筹集资本的公司企业。在股份有限公司，股东以其所持股份份额为限对公司承担有限责任，公司以其全部财产对公司的债务承担有限责任。设立股份有限公司，发起人应当在2人以上、200人以下，其中须有半数以上发起人在中国境内有固定住所。股份有限公司的股本总额应等于其所发行股票总数与每股面值的乘积。股份有限公司的股本总额是企业生存和发展的基础，也是其对债务承担责任的底线。

（1）公司设立方式

股份有限公司的设立，有发起设立和募集设立两种方式。

1）发起设立

公司的全部股份由发起人认购，不向发起人之外的其他任何人募集股份。其优点在于股本筹集费用很低，仅发生一些股权证印刷费之类的小额费用。

2）募集设立

公司股份除了由发起人认购一部分外，还可用向其他法人、自然人发行股票的方式募集，此种方式需要聘请券商发行股票。我国《公司法》规定，"以募集设立方式设立股份有限公司的，发起人认购的股份不得少于公司股份总数的百分之三十五"。由于募集过程中，从投资者认购股份到实际缴纳股款，需要完成大量工作并发生较多费用。

（2）股票的种类

股票是一种股权凭证，是股份有限公司签发给股东的出资证明，也是股东享有权利并承担责任的书面证明。

股份公司的股票，按照股东享有权利和承担责任的不同，可分为普通股和优先股两种。

1）普通股

普通股是股票中最基本、最普遍、最重要的形式。按照有关规定，股份有限公司通过发行股票筹资的，所发行的股票中，必须拥有一定数量的普通股。当股份有限公司只发行一种股票时，这种股票即为普通股。

普通股股东享有的权利如下：①投票表决权，即普通股股东享有参与股份有限公司的重大经营决策权和财务决策权；②盈余分配权，即普通股股东有权按其持股比例参与对股份有限公司所实现的税后盈余分配的权利；③优先认股权，即普通股股东享有优先认购股份有限公司增资时新增发行股票的权利；④剩余财产要求权，即在股份有限公司清算时，普通股股东享有按其持股比例分配公司全部财产在偿还完全部债务及优先股股东的投资后的剩余财产。

2）优先股

优先股，是相对于普通股而言的，是指优先于普通股股东分配公司的盈余和剩余财产的股份。其性质介于公司债券和普通股之间。相比普通股，优先股具有如下特征：①在公司分派股利时优先于普通股，且按事先约定的股利率或固定股利优先分得股利。②在公司清算时，如果在偿还完全部债务后还有剩余财产的，首先对优先股股东分配剩余财产，在按优先股股东原始出资额偿还完优先股股东后还有剩余财产的，才将剩余财产在全部普通股股东之间按其持股比例进行分配；若剩余财产不足以偿还全部优先股股本的，则按优先股股东持股比例在各优先股股东之间进行分配。③优先股股东通常不享有公司公积金的权益，包括资本公积金和盈余公积金。优先股股东享有的公司的净资产，以优先股股份的面值为限。④优先股股东在股东大会通常没有投票表决权，也就是说优先股股东不享有公司的经营和财务决策权。

（3）股票的发行价格

根据我国《公司法》的相关规定，股票可以按面值平价发行，也可以超过面值溢价发行，但不允许低于面值折价发行。

（4）科目设置

股份有限公司，通过设置"股本"科目，对股本的增减变化进行核算。该科目是所有者权益科目，贷方记所发行股票的面值，借方记按法定程序减少股票的面值，期末余额在贷方，反映公司实际发行在外股票的面值。该科目按所发行股票的种类及股东姓名设置明细分类科目进行明细分类核算。

（5）账务处理

股份有限公司在发行股票筹集资本时，按所发行股票的面值贷记"股本"科目，按实际收到的股票发行款借记"银行存款"科目，按两者的差额贷记或借记"资本公积"科目；股份有限公司在按照法定程序减少股本时，按所减少股票的面值借记"股本"科目，按实际支付款项贷记"银行存款"科目，按两者的差额借记"资本公积"科目。

【例9-3】安龙建设工程股份有限公司采用募集设立方式，总股本100亿元，拟全部发行普通股，每股面值1元。发起人认购60%，其余40%委托某券商代理发行。由券商代理发行的40亿普通股，每股发行价10元，并按发行收入的4%支付发行佣金。扣除发行佣金后的股款已全部收妥存行。相关账务处理如下，单位为万元：

借：银行存款　　　　　　　　　　　　　　3 840 000
　　贷：股本　　　　　　　　　　　　　　　　400 000
　　　　资本公积　　　　　　　　　　　　　3 440 000

【例9-4】黑龙建设工程股份有限公司为扩大经营，拟增发新股普通股10亿股，每股面值1元，平价发行，另按发行收入的4%向券商支付发行佣金。扣除发行佣金后的股款已收妥存行。相关账务处理如下，单位为万元：

借：银行存款　　　　　　　　　　　　　　96 000
　　资本公积　　　　　　　　　　　　　　　4 000
　　贷：股本　　　　　　　　　　　　　　　100 000

【例 9-5】凤凰建设工程股份有限公司，根据公司经营需要，经董事会决议，拟从二级市场上回购发行在外的普通股 10 亿股，并立即注销以减资。该公司所发行的普通股每股面值 1 元，回购价 15 元，回购手续费 2%。相关账务处理如下，单位为万元：

借：股本　　　　　　　　　　　　　　　　　100 000
　　资本公积　　　　　　　　　　　　　　 1 430 000
　贷：银行存款　　　　　　　　　　　　　 1 530 000

9.2.3　资本公积

1. 资本公积的概念

资本公积，是指由投资者投入但不构成实收资本（或股本）的那部分资本，跟实收资本一样，是所有者权益的重要组成部分。

资本公积的形成来源是资本溢价。在有限责任公司，资本溢价是指投资者在缴付认缴出资额时，其实际投入资本超过其按投资合同或协议约定应缴出资额的那部分超额出资。而在股份有限公司，资本溢价则是公司在发行股票时，股票发行价格超过股票面值的那部分差额，因而又称股票溢价或股本溢价。

2. 资本公积的用途

企业的资本公积是一种资本准备金，主要用于转增资本，即企业未来扩大经营时，在办理增资手续后，可用资本公积转增资本，按原有股东持股比例或出资比例发放新股或增加每股面值。

3. 资本公积核算的会计科目

为了反映和监督资本公积的形成和使用情况，企业需要设置"资本公积"科目。该科目贷方登记企业实际收到投资者投入资本超过注册资本的那部分超额出资（资本溢价），借方登记企业用资本公积转增注册资本而引起的资本公积减少的金额，期末余额在贷方，反映企业实际结存的资本公积。该科目按"资本溢价"或"股本溢价"设置明细科目进行明细分类核算。

4. 资本公积核算账务处理

（1）有限责任公司资本公积核算的账务处理

1）资本公积的形成

有限责任公司收到投资者的投资时，按实际收到的现金或非现金资产的价值，借记"银行存款""原材料""无形资产""固定资产"等科目；按其在合同或协议中约定的出资额（在资本总额中所占的份额），贷记"实收资本"科目；按两者的差额，贷记"资本公积"科目。

【例 9-6】某工程建设有限责任公司于 2014 年 7 月 1 日注册成立，公司章程约定资本金总额为 10 亿元人民币，由甲、乙、丙三方投资人共同出资设立，各自的出资比例为 5：3：2。以下均不考虑增值税。

①截至2014年7月31日，甲、乙、丙三方投资人按公司董事会要求溢价20%出资并全部投资到位。其中，甲投入写字楼一栋，作价6 000万元，施工机械一批，作价4 000万元，土地一块，作价20 000万元，现金30 000万元；乙投入专利权一项，作价5 000万元，原材料一批，作价15 000万元，现金16 000万元；丙投入现金24 000万元。根据上述资料，作相关会计分录如下，单位为万元：

收到甲投资时：

借：固定资产 10 000
　　无形资产——土地使用权 20 000
　　银行存款 30 000
　　贷：实收资本——甲 50 000
　　　　资本公积——资本溢价 10 000

收到乙投资时：

借：无形资产——专利权 5 000
　　原材料 15 000
　　银行存款 16 000
　　贷：实收资本——乙 30 000
　　　　资本公积——资本溢价 6 000

收到丙投资时：

借：银行存款 24000
　　贷：实收资本——丙 20 000
　　　　资本公积——资本溢价 4 000

②截至2018年12月31日，该公司累计净资产达到20亿元人民币。为扩大经营，经公司董事会决议，拟将资本金增加到15亿元人民币，并吸收丁投资者加盟。经协商确定，同意丁投资者以现金出资5亿元人民币，从而占增资后公司全部资本金的20%。丁投资者的出资已全部收到并存行。相关账务处理如下：

丁投资者的出资中，实收资本为15×20%=3亿元，资本公积为5-3=2亿元。根据上述计算结果，作如下会计分录，单位为万元：

借：银行存款 50 000
　　贷：实收资本——丁 30 000
　　　　资本公积——资本溢价 20 000

2）资本公积的使用

按规定以资本公积转增注册资本时，应借记"资本公积"科目，贷记"实收资本"科目，并编制如下会计分录：

借：资本公积
　　贷：实收资本

按规定报经批准减少注册资本时,应借记"实收资本"科目,贷记"银行存款"等科目,并编制如下会计分录:

借:实收资本
　　资本公积
　贷:银行存款

【例9-7】某有限责任公司因业务发展需要,经批准,拟用资本公积金5 000万元转增资本金。作如下会计分录,单位为万元:

借:资本公积　　　　　　　　　　　　　　　　　5 000
　贷:实收资本　　　　　　　　　　　　　　　　　5 000

(2)股份有限公司资本公积核算的账务处理

1)资本公积的形成

股份有限公司发行股票筹措资本时,按实际收到的货币资金借记"银行存款"科目,按实际收到的非货币性资产的合同或协议价值,或评估价值借记"原材料""固定资产""无形资产"等科目,按所发行股票的面值贷记"股本"科目,超过面值部分的金额,贷记"资本公积"科目。并编制如下会计分录:

借:银行存款
　　原材料
　　固定资产
　　应交税费——应交增值税(进行税额)
　　无形资产
　贷:股本
　　　资本公积

2)资本公积的使用

股份有限公司按规定以资本公积转增注册资本时,应借记"资本公积"科目,贷记"股本"科目,并编制如下会计分录:

借:资本公积
　贷:股本

按规定报经批准以回购发行在外股份减少注册资本时,应借记"股本"科目和"资本公积"科目,贷记"银行存款"等科目,并编制如下会计分录:

借:股本
　　资本公积
　贷:银行存款

【例9-8】某上市公司增发普通股10 000万股,每股面值1元,每股发行价10元,发行费率3%,发行款已收妥存行,并以办妥股权登记手续。作如下会计分录,单位为万元:

借：银行存款	97 000
贷：股本	10 000
资本公积	87 000

【例9-9】某上市公司，因公司发展需要，经批准，将50 000万元资本公积转增普通股50 000万股，每股面值1元。作如下会计分录，单位为万元：

借：资本公积	50 000
贷：股本	50 000

9.3 留存收益

9.3.1 留存收益的涵义

1. 留存收益的概念

留存收益，又称留存利润，是指企业按照规定从实现的净利润中按照一定比例提取的盈余公积，以及未分配完留待以后继续分配的未分配利润，在性质上与投入资本一样，属于企业的所有者权益。

2. 留存收益的内容

企业从事生产经营活动，总是希望不断发展壮大，以获得更多的利润。企业所有者权益的增加，主要有以下两个途径：一是由投资者投入，二是由经营活动赚取的利润留存。投资者投入企业的资本作为投入资本，通过企业的生产经营活动，不仅要保持原有投资的完整，而且还要寻求原有投资的不断增值，即实现利润。企业所实现的利润总额扣除按照国家税法规定应上缴的企业所得税后的净额，称为税后利润或净利润。税后利润需要按照国家法律法规、协议、合同、公司章程等的有关规定进行分配。在对税后利润进行分配时，首先按国家法律制度规定提取法定盈余公积，然后再向优先股股东分派股利，再次根据公司董事会决议提取任意盈余公积，最后才是向普通股股东分派股利。企业的税后利润扣除上述分配后剩下的净利润称为未分配利润。企业以提取法定盈余公积、任意盈余公积和未分配利润的形式形成企业的内部积累。

（1）盈余公积

1）盈余公积的形成来源

盈余公积，是企业按照相关规定从税后利润中提取的各种积累资金。企业提取盈余公积的主要目的在于限制过度分派股利，即向投资者表明，企业所实现的税后利润是为了满足企业将来扩大生产经营规模、弥补将来企业可能发生的经营亏损等的需要，不能以股利形式全部分派给投资者，而是以提取盈余公积的形式强制性的将税后利润的一部分作为企业的积累资金，以备日后之需。盈余公积往往具有指定的用途。

盈余公积，根据其提取的依据不同，可分为法定盈余公积和任意盈余公积两种。

①法定盈余公积。我国《公司法》规定，股份制企业应当按照税后净利的10%提取

法定盈余公积，计提的法定盈余公积累计达到注册资本的50%时，可以不再提取。对于非股份制企业，也可以按照超过净利润的10%提取法定盈余公积。

②任意盈余公积。任意盈余公积，是指向优先股股东支付股利后，按照公司章程规定或股东大会决议自行决定按税后利润的一定比例提取的盈余公积。

法定盈余公积和任意盈余公积的区别在于提取的依据不同：法定盈余公积是以国家法律或行政法规为依据提取，而任意盈余公积则是以公司章程规定或公司股东大会决议为依据提取。前者的提取带有强制性，而后者的提取则带有自愿性。

2）盈余公积的用途

盈余公积是企业专门用于维持和发展企业生产经营的准备金。其用途主要是：

①弥补亏损。按照我国现行税法规定，企业发生的年度经营亏损，可在其后延续5年内用税前利润弥补，即在亏损未弥补完之前，可以不缴纳企业所得税。从第6年起，企业亏损只能用税后利润弥补，即先缴纳企业所得税，然后再弥补亏损。如果税后利润都不足以弥补企业亏损，则可以用企业所提取的盈余公积来弥补。用盈余公积弥补亏损，应由公司董事会作出决议，并提交股东大会表决通过，或由类似权力机构批准后方可进行。

②转增资本。当企业扩大经营规模需要增资时，可以将盈余公积转增资本。但是，用盈余公积转增资本时，必须经投资人同意或股东大会批准，并办理相应的增资手续，按照原投资人持股比例予以转增。用盈余公积转增资本后，留存的盈余公积不得低于转增前公司资本金的25%。

③分派现金股利。一般来说，若企业当年未实现盈利，原则上不得分派现金股利。但是，在特殊情况下，就算企业当年亏损，为了维持企业形象、稳定投资者信心，公司经股东大会批准，可以用盈余公积向投资者分派股利。但是，用盈余公积分派股利，需要符合以下条件：一是用盈余公积弥补完企业亏损后，盈余公积仍有结余；二是用盈余公积分派股利，其股利率不得超过股票面值的6%；三是分派股利后，结余的盈余公积不得低于资本金的25%；四是企业可供分配的利润不足以按不超过股票面值的6%分派股利，可以用盈余公积补足到6%，但分配股利后结余的盈余公积仍然不得低于资本金的25%。

（2）未分配利润

未分配利润，是指公司等待分配或留待以后年度继续分配的结存利润。从数量上来说，等于企业期初结存的未分配利润（或为弥补的亏损）加上本期所实现的利润总额扣除缴纳企业所得税后的净利润，再减去提取的各种盈余公积和向投资者分配利润后的余额，即为历年累积的未分配利润（或未弥补的亏损）。未分配利润有两层含义：一是这部分累积利润未分配给投资者，留待以后年度继续分配；二是这部分累积利润未指定用途，可以用于以后年度扩大生产经营活动，也可用于以后年度弥补亏损，还可用于以后年度向投资者分派利润。相对于所有者权益的其他构成内容来说，未分配利润在使用上具有更大的灵活性和自主性。

9.3.2 留存收益的核算

1. 盈余公积的核算

（1）科目设置

企业为了反映和监督盈余公积的增减变动及结存情况，应设置"盈余公积"科目。该科目是所有者权益科目，贷方登记企业按规定从净利润中提取的法定盈余公积和任意盈余公积，借方登记企业用于弥补亏损、转增资本、分派股利或利润而减少的盈余公积，期末余额在贷方，反映企业实际提取但尚未使用而结余的盈余公积。本科目应设"法定盈余公积"和"任意盈余公积"两个明细科目，分别反映法定盈余公积和任意盈余公积的增减变动及结余情况。

（2）账务处理

1）提取盈余公积

企业按规定从净利润中提取盈余公积，应作如下会计分录：

借：利润分配——提取法定盈余公积
　　　　　　——提取任意盈余公积
　贷：盈余公积——法定盈余公积
　　　　　　——任意盈余公积

【例9-10】红龙工程建设股份有限公司2019年度实现税后净利40 000万元，按10%提取法定盈余公积，并根据董事会决议按15%提取任意盈余公积。应作如下会计分录，单位为万元：

借：利润分配——提取法定盈余公积　　　　　4 000
　　　　　　——提取任意盈余公积　　　　　6 000
　贷：盈余公积——法定盈余公积　　　　　　4 000
　　　　　　——任意盈余公积　　　　　　　6 000

2）盈余公积的使用

企业按规定用盈余公积弥补亏损时，应借记"盈余公积"科目，贷记"利润分配——其他转入"科目；用盈余公积转增资本时，应借记"盈余公积"科目，贷记"实收资本"或"股本"科目；用盈余公积分派现金股利或利润时，应借记"盈余公积"科目，贷记"应付股利"科目。

【例9-11】鸿雁工程建设股份有限公司，经股东大会批准，用法定盈余公积2 000万元弥补当年亏损。相关会计分录如下，单位为万元：

借：盈余公积——法定盈余公积　　　　　　　2 000
　贷：利润分配——其他转入　　　　　　　　2 000

【例9-12】邦德工程建设有限责任公司，经股东大会批准，将法定盈余公积10亿元转增资本。相关会计分录如下，单位为万元：

借：盈余公积——法定盈余公积　　　　　　100 000

  贷：实收资本   100 000

【例 9-13】尼龙工程建设股份有限公司，经董事会决议，用任意盈余公积 50 000 万元分派现金股利。相关会计分录如下，单位为万元：

  借：盈余公积——任意盈余公积   50 000
    贷：应付股利   50 000

2. 未分配利润的核算

未分配利润，是企业未分配完留待以后年度继续分配的结存利润，同样属于所有者权益的构成内容。在企业会计核算中，为了反映和监督未分配利润的增减变动及结存情况，应设置"利润分配——未分配利润"科目。该科目贷方登记会计年度末从"本年利润"科目借方转入的本会计年度企业累计实现的净盈利，以及用盈余公积弥补的亏损；该科目借方登记会计年度末从"本年利润"科目贷方转入的本会计年度企业累计发生的净亏损，以及从"利润分配——提取法定盈余公积""利润分配——提取任意盈余公积""利润分配——应付股利"等科目的贷方转入本会计年度利润分配的数额；若年末余额在贷方，反映历年累积未分配利润，若年末余额在借方，反映历年累积未弥补亏损。

【例 9-14】长江建设工程股份有限公司年初未分配利润 165 000 万元，本年度实现税后净利润 100 000 万元，经股东大会批准的本年度利润分配方案：本年度提取法定盈余公积 10 000 万元，提取任意盈余公积 10 000 万元，向普通股股东分派现金股利 40 000 万元。相关账务处理如下，单位为万元：

①结转本年度实现的税后净利润
  借：本年利润   100 000
    贷：利润分配——未分配利润   100 000
②股东大会批准的年度利润分配方案
  借：利润分配——提取法定盈余公积   10 000
      ——提取任意盈余公积   10 000
    贷：盈余公积——法定盈余公积   10 000
        ——任意盈余公积   10 000
  借：利润分配——应付股利   40 000
    贷：应付股利   40 000
③结转本年利润分配
  借：利润分配——未分配利润   60 000
    贷：利润分配——提取法定盈余公积   10 000
       ——提取任意盈余公积   10 000
       ——应付股利   40 000

经过上述账务处理后，该公司年末未分配利润为：

    165 000+100 000−10 000−10 000−40 000=205 000 万元

本章知识点

1. 所有者权益的涵义

所有者权益,是指企业资产扣除负债后由所有者享有的剩余权益。所有者权益也被称为净资产,即资产减去负债后的余额,其是体现在净资产中的权益,是所有者对净资产的要求权。所有者权益按其形成来源不同,可分为投入资本和留存收益两大部分。

2. 投入资本

投入资本,是指投资者按照有关规定向企业投入的资本,一般情况下企业无需偿还,可以长期周转使用。投资者在投入资本时,可以用货币出资,也可以用实物、知识产权、土地使用权等可以用货币估价并可依法转让的非货币性财产作价出资,但不得以劳务、信用、自然人姓名、商誉、特许经营权或设定担保的财产等作价出资。投入资本包括实收资本(股份公司叫股本)和资本公积两部分。

3. 实收资本

实收资本,是投资者投入企业构成注册资本组成部分的那部分资本,在股份有限公司又称为股本,就是投资者投入企业的"本钱"。实收资本的计量分为以货币资金出资的计价和以非货币资产出资的计价。为了反映和监督企业实收资本的增减变动及结存情况,企业应设置"实收资本"科目。对于股份有限公司,通过设置"股本"科目,对股本的增减变化进行核算。

4. 资本公积

资本公积则是投资者实际投入企业资本中超过注册资本的那部分资本,在有限责任公司称为资本溢价,在股份有限公司称为股票溢价。

企业的资本公积是一种资本准备金,主要用于转增资本,即企业未来扩大经营时,在办理增资手续后,可用资本公积转增资本,按原有股东持股比例或出资比例发放新股或增加每股面值。为了反映和监督资本公积的形成和使用情况,企业需要设置"资本公积"科目。

5. 留存收益

留存收益,又称留存利润,是指企业按照规定从实现的净利润中按照一定比例提取的盈余公积,以及未分配完留待以后继续分配的未分配利润,在性质上与投入资本一样,属于企业的所有者权益。企业以提取法定盈余公积、任意盈余公积和未分配利润的形式形成企业的内部积累。

6. 盈余公积

盈余公积,是企业按照相关规定从税后利润中提取的各种积累资金。盈余公积根据其提取的依据不同,可分为法定盈余公积和任意盈余公积两种。盈余公积的用途有弥补亏损、转增资本、分派现金股利。企业为了反映和监督盈余公积金的增减变动及结存情况,应设置"盈余公积"科目,并设"法定盈余公积"和"任意盈余公积"两个明细科目。

7. 未分配利润

未分配利润，是指公司等待分配或留待以后年度继续分配的结存利润。从数量上来说，等于企业期初结存的未分配利润（或为弥补的亏损）加上本期所实现的利润总额扣除缴纳企业所得税后的净利润，再减去提取的各种盈余公积和向投资者分配利润后的余额，即为历年累积的未分配利润（或未弥补的亏损）。为了反映和监督未分配利润的增减变动及结存情况，应设置"利润分配——未分配利润"科目。

思考题

1. 不同企业的所有者权益有什么不同？
2. 企业应当怎样对所有者权益进行确认和计量？
3. 企业的留存收益是怎么形成的？
4. 企业的留存收益的主要用途是什么？
5. 盈余公积的提取和使用应注意哪些问题？
6. 股份有限公司利润分配的程序和内容是什么？

实务题

1. 2020年3月1日，某有限责任公司收到A公司投入资本8 000万元，其中房屋建筑物两栋作价2 000万元，土地一块作价3 000万元，机械设备一批作价1 500万元和现金1 500万元。按投资协议，A公司在公司资本金中拥有份额为6 000万元。要求：编制相关会计分录。

2. 某股份有限公司2020年4月15日，公开增发普通股10 000万股，每股面值1元，每股发行价10元，发行税费及佣金率为3%。发行款已收妥存行，并已办理股权登记。要求：编制相关会计分录。

3. 因公司发展需要，2020年4月1日，经董事会决议，某有限责任公司以资本公积5 000万元转增资本。要求：编制相关会计分录。

4. 某上市公司2019年度实现税后净利10亿元，经董事会决议，分别按税后利润的10%、10%提取法定盈余公积和任意盈余公积，并向投资者分派现金股利3亿元。要求：编制相关会计分录。

5. 某上市公司因公司业务发展需要，经董事会决议并经股东大会表决通过，拟用法定盈余公积8 000万元、任意盈余公积6 000万元转增普通股2 000万股，每股面值1元。要求：编制相关会计分录。

第10章 工程成本

【学习目标】

理解成本、费用的涵义及构成内容；理解工程成本、施工生产费用的涵义及构成内容；理解工程成本、费用核算的一般原则和程序；熟悉工程成本、费用核算的科目设置；掌握施工生产费用的归集和分配；掌握已完工程成本和竣工工程成本的计算和结转；理解工程成本、施工生产费用核算的账务处理。

【重要术语】

成本　费用　工程成本　施工生产费用　已完工程成本　竣工工程成本　未完施工成本　期间费用　管理费用　销售费用　财务费用

10.1 成本费用的含义和分类

10.1.1 成本费用的含义

1. 费用的含义

（1）费用的概念

费用，是指在工程建设及经营活动中发生的、会导致所有者权益减少的、与向所有者分配利润无关的经济利益的总流出。

费用有广义和狭义之分。广义的费用，泛指企业生产经营活动中的各种耗费，包括生产费用和期间费用；狭义的费用，是指为销售商品、提供劳务等日常活动而发生的经济利益流出，即期间费用。

费用的发生，会导致资产的减少或负债的增加，最终导致净资产的减少。

（2）费用的特征

建筑施工企业的费用，具有如下特征：

1）费用是日常经营活动中发生的经济利益的总流出；

2）费用的发生会导致所有者权益的减少；

3）费用的发生与向所有者分配利润无关。

2. 成本的含义

成本，有广义和狭义之分。广义的成本，是指企业为达到某一特定目的所放弃的全部资源或付出的全部代价。狭义的成本，通常是指产品成本，即为生产一定种类和数量的产品所发生的全部生产费用。

一般来说，成本是指为了达到特定目的所失去或放弃的资源。这里所说的"资源"，不仅包括作为生产资料和生活资料的天然资源，还包括经过人类加工的物质资源以及人力资源。"特定目的"是指需要对成本进行单独测量的任何活动，也就是成本对象，例如，一件产品、一项设计、一项服务、一个客户、一种商标、一个部门或一项工作计划。"失去"是指资源被消耗，例如，材料消耗、设备消耗、人工消耗等。"放弃"是指自愿交给其他企业或个人，例如用货币支付加工费等。

（1）成本的概念

在商品经济条件下，成本是一个价值范畴，是商品价值的重要组成部分。马克思的劳动理论、剩余价值理论和再生产理论为社会主义企业成本奠定了理论基础。根据马克思政治经济学原理可知，商品价值（W）的构成可表述为：$W=C+V+M$。其中：$C+V$ 表示生产成本，C 表示商品价值中物化劳动耗费价值，V 表示劳动者为自己劳动所创造的价值，M 表示劳动者为社会劳动所创造的价值

上式表明了商品生产成本与商品价值的关系。由此可见，成本是商品价值的重要组成部分，是为制造或获取某产品在其生产（制造）过程中所发生的人力、物力和财力的耗费，其实质在于以货币表现的社会再生产过程中为生产加工产品所发生的物化劳动的转移价值和活劳动中必要劳动所创造价值的价值构成。

从成本的经济内容上看，成本虽然是商品价值的重要组成部分，但二者在价值构成和货币度量上存在显著不同。在构成上，商品价值 $=C+V+M$，而成本仅仅是其中的 $C+V$；在价值度量上，商品价值取决于生产该商品所消耗的社会必要劳动耗费，而成本取决于生产该商品所消耗的个别劳动耗费。成本的经济内容实际上反映了企业生产产品的个别劳动耗费与商品交换价值的社会必要劳动耗费之间矛盾和对立统一的转化关系，体现了成本的个别性。

（2）成本的作用

成本的经济实质决定了成本在经济管理工作中具有十分重要的作用。主要体现在：

1）成本是补偿生产耗费的尺度；

2）成本是综合反映企业工作质量的重要指标；

3）成本是制定产品价格的基础；

4）成本是企业进行决策的重要依据。

10.1.2 成本费用的分类

企业经营过程中的耗费是多种多样的，为了科学地进行成本管理与控制、正确地确

认和计量费用、正确计算产品成本、应当对种类繁多的费用进行科学合理的分类。费用可以按不同的标准分类，其中，最基本的是按费用的经济内容和经济用途分类。

1. 按经济内容分类

工程建设活动过程，既是工程产品的形成过程，也是各种物化劳动（劳动手段和劳动对象）和活劳动的耗费过程。因而，工程建设及经营过程中所发生的各种费用按经济内容（经济性质）分类，可以划分为以下三类：劳动手段方面的费用、劳动对象方面的费用和活劳动方面的费用。这三类费用可以称为费用的三大要素。为了具体反映各费用要素的构成和水平，还应在此基础上将其进一步划分为以下具体的费用要素。所谓费用要素，就是指费用按经济内容分类的构成要素。具体包括：

（1）外购材料，是指项目投资主体为进行工程建设及经营活动而耗用的一切从外部购入的各种原材料（包括主要材料、辅助材料、结构件、机械配件等）、周转材料（包括挡板、模版、脚手架、达不到固定资产标准的工具用具等）等。

（2）外购燃料，是指项目投资主体为进行工程项目建设及经营活动而耗用的一切从企业外部购入的各种固体、气体和液体燃料。

（3）外购动力，是指工程项目投资主体为进行工程建设及经营活动而耗用的一切从企业外部购入的水、电、风、汽等各种动力。

（4）职工薪酬，是指工程项目投资主体为进行工程建设及经营活动而发生的各种职工薪酬。按照我国现行劳动工资制度规定，职工薪酬主要包括以下几个方面的内容：

1）工资。主要包括以下内容：

①基本工资，是指员工从事劳动应得到的基本劳动报酬。

②奖金，是指职工因生产原因得到的各种奖金，包括综合奖，如月度奖、季度奖、年度奖、单项奖、生产节约奖、劳动竞赛奖等。

③津贴，是指因在特殊劳动环境和劳动条件下从事劳动可能给员工造成身心上的伤害而给予的一种补偿。如高温作业津贴、高空作业津贴、高寒地区作业津贴、井下作业津贴等。

④补贴，是指因物价上涨可能造成员工生活质量下降而给予的一种补偿。如交通补贴、粮食补贴、肉食补贴等。

⑤加班加点工资，是指员工在法定工作时间以外的时间从事劳动应得到的劳动报酬。按现行劳动工资制度相关规定，在法定工作日延长工作时点按法定基本工资小时工资的150%支付；在双休日加班按法定工作时间基本工资的200%支付；在法定节假日加班按法定工作时间基本工资的300%支付。

⑥特殊情况下支付的工资，是指员工在因各种原因请假期间应得到的劳动报酬。具体包括：因病请假期间，若不超过6个月，即短病假，根据连续工龄长短，按基本工资的60%~100%支付，连续请假超过6个月，即长病假，无论连续工龄长短，一律按基本工资的60%支付；在工伤假、探亲假、产假、婚丧假期间，按基本工资全额发放；因私

原因请假期间，工资一律不予发放。

2）福利费。支付给职工的各种货币性和非货币性福利。主要包括以下几项：

①职工福利费，是指按工资总额的14%从成本费用中提取的，专用于职工个人的福利，如职工生活困难补助、职工医疗补助等。

②工会经费，是指按工资总额的2%从管理费用中提取的，专用于职工工会活动的经费。

③职工教育经费，是指按工资总额的2.5%从管理费用中提取的，专用于职工教育培训的经费。

④"五险一金"，其中，"五险"是指医疗保险费、养老保险费、失业保险费、工伤保险费和生育保险费；"一金"是指住房公积金。

⑤非货币性福利。

⑥因解除与职工的劳动关系而给予的补偿。

⑦其他与获得职工提供的服务相关的支出。

（5）折旧费，是指工程项目投资主体按照规定的固定资产折旧方法，对用于生产经营的固定资产所提取的折旧费用。

（6）利息支出，是指工程项目投资主体应计入财务费用的借入款项的利息净支出（利息支出减去利息收入后的净额）。

（7）其他支出，是指不属于以上费用要素但应计入产品成本或期间费用的各项费用支出，如差旅费、租赁费、外部加工费、邮电费以及保险费等。

费用按经济内容分类，其作用在于：

（1）可以反映在工程建设一定时期内发生了哪些费用以及数额各是多少，从而据以分析工程建设各个时期各种费用的构成和水平；

（2）反映了企业生产经营中外购材料、外购燃料、职工薪酬的实际支出，从而可以为编制工程材料物资采购计划、在建工程资金计划和劳动工资计划以及其他财务计划提供资料。

（3）反映了工程建设及经营中外购材料、外购燃料的实际支出，从而可以为核定储备资金定额、考核储备资金定额的周转速度提供资料。

但这种分类不能说明各项费用的用途，因而不便于分析考查各种费用的支出是否合理、节约。

2. 按经济用途分类

施工企业在生产活动过程中所发生的费用首先可以分为应计入产品成本、劳务成本的费用和不应计入产品成本、劳务成本的费用两大类。应计入产品成本、劳务成本的费用与产品、劳务的种类、数量相联系，而不论其发生在哪一期间；不应计入工程产品、劳务成本的费用是期间费用，它与工程产品、劳务的种类、数量无关，而与期间的长短相联系，直接计入当期损益。

（1）计入工程产品成本、劳务成本的费用

按其具体用途不同可以进一步划分为若干个具体项目，如工程产品成本、劳务成本的具体构成项目，故又称为成本项目。按现行财务制度和成本核算制度规定，在我国，施工企业工程产品成本的构成项目具体包括以下几种：

1）材料费，是指直接用于工程项目施工生产工艺过程、构成工程项目实体的原料、主要材料、结构件以及有助于工程项目形成的辅助材料等。

2）人工费，是指施工企业从事工程项目建筑安装施工的基本生产工人和辅助生产工人的职工薪酬。

3）机械使用费，是指施工企业工程项目在施工生产过程中使用自有施工机械的使用费和租入施工机械的租金费用，以及施工机械的安装费、拆卸费和进出场费。

4）其他直接费，又称措施费，是指施工企业工程项目在施工生产过程中发生的材料二次搬运费、临时设施摊销费、生产工具用具使用费、检验试验费、工程定位复测费、工程点交费、场地清理费等。

5）间接费用，又称现场经费、施工管理费，是指施工企业项目经理部为准备、组织、管理工程项目施工而发生的间接费用。具体包括：管理人员工资及福利费、劳动保护费、固定资产使用费、物料消耗费、办公费、差旅费、交通费、保险费、工程保修费、工会经费、职工教育经费、业务招待费、税金（房产税、车船使用税、土地使用税、印花税）、劳保统筹费和其他费用。

（2）不应计入产品成本、直接计入当期损益的费用（期间费用）

按照现行财务会计制度规定，施工企业的期间费用不应计入工程项目成本，而是直接在当期损益中列支。主要包括管理费用和财务费用。

1）管理费用，是指企业行政管理部门为组织和管理生产经营活动而发生的各项间接性费用，包括企业的董事会和行政管理部门在企业经营管理中所发生的或者应由企业统一负担的公司经费（包括行政管理部门职工薪酬费用、修理费、机物料消耗、低值易耗品摊销、办公费和差旅费等）、工会经费、社会保险费、劳动保险费、董事会费（包括董事会成员津贴、会议费和差旅费等）、聘请中介机构费、咨询费（含顾问费）、诉讼费、业务招待费、房产税、车船使用税、土地使用税、印花税、技术转让税、矿产资源补偿费、无形资产摊销、职工教育经费、研究与开发费、排污费、存货盘亏或盘盈（不包括应计入营业外支出的存货损失）等。

2）财务费用，是指企业为筹集生产经营所需资金而发生的各项费用，包括利息支出（减利息收入）、汇兑损失（减汇兑收益）以及相关的手续费用等。

费用的这种分类，可以使企业按照费用的经济用途考核各项费用定额或计划的执行情况，分析费用支出是否合理、节约，而且正是在这种分类的基础上，可以使企业按照费用发生的对象进行成本核算。产品成本核算，不仅要分产品计算成本，而且要分成本项目计算成本，要计算各种产品各个成本项目的成本。

3. 按计入成本的方法分类

生产费用按计入成本的方法可以分为直接计入费用和间接计入费用两类。

（1）直接计入费用，是指在产品生产过程中所发生的各项费用中，可以分清为哪种产品所耗用，能够直接计入某种产品成本的费用。如生产单一产品的原材料、生产工人的计件工资等。

（2）间接计入费用，也称分配计入费用，是指在产品生产过程中所发生的各项费用中，不能分清为哪种产品所耗用，不能直接计入某种产品成本，而必须按照一定的标准分配计入有关产品成本的费用。如同时生产多种产品领用的原材料、同时生产多种产品时产品生产工人的计时工资、制造费用等。

费用的这种分类，其目的在于合理地选择费用的分配方法，正确计算产品成本。

4. 其他分类

（1）生产费用按与产品生产工艺过程的关系分类

生产费用按与产品生产工艺过程的关系可以分为直接生产费用和间接生产费用。

1）直接生产费用，是指由生产工艺过程本身引起的、直接用于产品生产的费用。如原材料费用、生产工人工资费用、生产用固定资产折旧费用等。

2）间接生产费用，是指与生产工艺过程没有直接关系，间接用于产品生产的各项费用。如机物料消耗、车间管理人员工资费用等。

费用的这种分类，有助于分清哪些生产费用是直接用于产品生产，哪些费用是间接用于产品生产，有助于寻求节约费用、降低成本的途径和措施。

（2）费用按其与产品产量的关系分类

费用按其与产品产量的关系，可以分为变动费用和固定费用。

1）变动费用，是指费用总额随产品产量的增减变化呈正比例变化的费用，如构成产品实体的原料、主要材料等。

2）固定费用，是指费用总额不会随产品产量增减变化而变化的费用，如按直线折旧法所计提的机器设备的折旧费、管理人员工资等。固定费用在各期的支出水平比较稳定。

费用的这种分类，有助于企业分析成本升降的原因，从而寻求降低成本的途径和措施。

10.2 工程成本核算

建筑施工企业就是从事基本建设建筑安装施工生产活动的基层单位。作为建筑业的重要一环，建筑施工企业与建筑业有着密切的关系。建筑施工企业具有其自身的特点和生产经营业务流程，这也就决定了建筑施工企业财务管理具有其自身特定的内涵。要做好建筑施工企业成本核算，就必须认识建筑施工企业生产经营的基本特点以及其工程产品的基本特点。

10.2.1 工程成本核算概述

1. 工程成本核算的含义

建筑施工企业工程成本核算，是指按照复式记账原理，对建筑施工企业施工生产经营活动过程中所发生的各项施工生产费用进行确认、计量和记录，按照一定的程序进行归集和分配，从而计算已完工程和未完施工成本的一项成本管理工作。

2. 工程成本核算的意义

建筑施工企业工程成本核算是施工企业成本管理的一个重要环节，认真做好工程成本核算工作对于加强工程成本管理、不断降低工程成本以提高企业经济效益具有十分重要的意义。主要表现在以下几个方面：

（1）通过工程成本核算，将建筑施工企业施工生产活动过程中所发生的各项施工生产费用按用途和一定的程序进行归集，并直接计入或分配计入各项工程产品，正确计算出各项工程产品的实际成本，从而为有关各方提供决策所需的工程成本信息。

（2）通过工程成本核算，正确计算出各项工程产品的实际成本，并将其与预算成本进行比较，从而检查预算成本的执行情况。

（3）通过成本核算，可以及时反映施工生产过程中的各种人力、物力和财力的耗费，检查人工费、材料费、机械使用费和其他直接费的耗费情况和间接费用定额的执行情况，从而挖掘节约费用开支、降低工程成本的潜力，节约物化劳动和活劳动耗费，促进经济效益的不断提高。

（4）通过工程成本核算，可以计算企业内部各项目分公司、各项目经理部的经济效益和各项承包工程施工合同的盈亏，从而分清各个单位的成本责任，便于在企业内部实行经济责任制，并便于学先进、找差距，促进增产节约。

（5）通过工程成本核算，可以为各种不同类型的工程项目积累经济技术资料，为修订预算定额、施工定额提供依据。

10.2.2 工程成本核算的要求

为了更好地、及时地组织建筑施工企业工程项目成本核算，更充分地调动各部门、各单位以及全体员工控制成本的积极性，不断提高成本核算和成本控制水平，建筑施工企业在组织工程项目成本核算时，应当遵循以下几个方面的要求。

1. 适应建筑施工企业施工管理组织体制，实行统一领导、分级核算

从组织管理体制上看，大中型建筑施工企业主要包括以下几种类型：公司总部——项目分公司——项目经理部——施工作业队（班组）的四级管理体制；公司总部——工程处——施工作业队（班组）的三级管理体制。实行"公司总部——工程处——施工作业队（班组）的三级管理体制"的建筑施工企业，一般把工程成本计算工作划归到各工程处，公司总部汇总计算整个企业的施工生产成本。

公司总部主要负责：①制定和修订企业的成本核算和成本管理制度；②指导各部门、各单位建立和健全成本核算和成本管理制度；③汇总计算整个企业的施工生产成本；④汇总编制企业施工生产成本报表；⑤企业成本分析与考核。

各工程处负责：①计算本工程处各工程项目施工生产成本；②编制本工程处各工程项目施工生产成本报表；③进行本工程处各工程项目成本分析。

各施工作业队（班组）负责：①计算材料费、人工费等各项工程直接费；②签发工程任务通知单和定额领料单；③开展班组经济核算；④办理设计变更、材料代用等技术经济签证手续；⑤分析工料成本超支或降低的原因。

对于那些远离工程处或规模较大的施工作业队，以及实行项目经理负责制的项目经理部，也可以扩大核算范围，计算工程项目成本。

在实行公司总部、施工作业队两级管理的企业，一般可以在施工作业队计算工程项目成本，公司总部再在施工作业队成本计算结果的基础上汇总计算企业的施工生产成本。如果公司所属各施工作业队专业化程度较高且在同一地区施工的，一个过程项目中各项工作大多是由几个施工作业队分工协作完成的，为了简化各施工作业队之间的转账结算手续，也可以只计算本施工作业队在工商施工生产过程中发生的工程直接费用，然后公司总部再在此基础上综合计算工程成本。

无论由哪一级来计算各工程项目成本，各单位、各部门的会计人员都需要关心并协助施工生产人员做好班组经济核算，记录好工料用量，分析节约或超支的原因，使成本工作以扎实的基础工作为依据。

2. 根据工程承包合同损益核算和施工管理要求，合理确定成本计算对象

建筑施工企业生产经营的主要任务是在建筑市场参加投标，中标以后，与发包单位签订承包工程合同并进行施工生产。为了正确核算各承包工程合同的盈亏，工程成本计算对象的确定应考虑工程承包合同的特点和核算要求，并以工程承包合同中的工程项目为对象。但是，一个工程承包合同往往不仅仅建造一个单项工程，如一栋房屋、一条道路、一座桥梁、一个水坝，有时还建造包括在设计、技术、功能、最终用途等方面密切相关的多个单项工程构成的建设项目，如承建一座包括锅炉房、供水室、冷却塔等几个单项工程构成的供水厂。只有这些单项工程全部建成投入使用，供水厂才能正常运转和供水，将这些单项工程包含在一个工程承包合同中，对于保证建设项目按期完成并投产、考核工程建设整体质量和综合经济效益来说是非常必要的。

但是在实际工作中，对于建筑施工企业来说，如果将上述供水厂项目的各构成单项工程合并作为一个成本计算对象，就不能及时地反映和考核工程建设中的各种物料消耗、人工消耗以及其他消耗和施工成本的超支或降低情况，不利于加强施工管理。因此，在工程成本核算时还必须考虑企业施工管理的要求，以确定工程成本计算对象。

在实际工作中，根据合同损益核算和施工管理的要求，一般应将具有工程预算书的单位工程作为成本计算对象。但是，一个建筑施工企业要承包多个建设项目，每个建设

项目的具体情况往往各具不同：有的工程规模很大、工期很长；有的规模很小、工期很短；有时同一个工地上有若干个结构类型相同的单位工程同时施工、交叉作业，共同耗用施工现场堆放的材料物资。因此，一般要根据与施工图预算相适应的原则，以每一个独立编制施工图预算的单位工程为依据，根据承包工程的规模大小、结构类型、工期长短以及现场施工条件等具体情况，结合企业施工组织的特点和加强成本管理的要求，确定工程成本计算对象。

在实际工作中，工程成本计算对象的确定主要有以下几种情况：

（1）建筑安装工程一般应将每一个具有独立施工预算图的单位工程作为成本计算对象；

（2）若一个单位工程由几个施工单位共同施工完成，各施工单位都应以同一单位工程作为成本计算对象，各自核算自行完成部分的工程施工成本；

（3）对于那些工程规模大、工期长的大型单位工程，可以将其划分为若干个工程部位或形象进度，以工程部位或形象进度作为成本计算对象；

（4）在同一施工地点、由同一施工单位施工建设的结构类型相同、开竣工时间相同或相近的若干个单位工程，可以合并为一个成本计算对象；

（5）对于改、扩建零星工程，可以将其中开竣工时间相近、属于同一建设项目的各个单位工程，合并作为一个成本计算对象；

（6）土石方工程、打桩工程，可以根据实际情况和管理的需要，以一个单位工程为成本计算对象，或将同一施工地点的若干个工程量较小的单项工程合并作为一个成本计算对象；

（7）独立施工的装饰装修工程的成本计算对象，应与相应的建筑安装工程一致；

（8）工业设备安装工程，可按单位工程或专业项目，如按机械设备、管道、通风设备的安装等作为工程成本计算对象；变电所、配电站、锅炉房等可按所、站、房等安装工程作为成本计算对象。

在实际工程成本核算中，工程成本计算对象一经确定，一般在一定时期内保持不变。若根据实际需要，需要变更成本计算对象的，应及时通知企业内部各有关部门、单位，以便统一工程成本计算口径，减少因此而造成的在成本分析和考核上的矛盾。

为了能够集中反映各工程成本计算对象的成本发生情况，财务部门应当为每一个成本计算对象分别设置明细账，账内按成本项目专栏来组织工程成本的明细核算。所有核算所需的原始记录都必须明确其成本计算对象，以便于归集和分配施工生产费用。

3. 严格遵守成本开支范围和开支标准，正确划清各项费用支出的界限

为了正确计算工程项目成本，就必须严格遵守成本开支范围和开支标准，正确划清各种费用支出的界限。建筑施工企业在生产经营过程中发生的费用多种多样，但并不是所有支出都要计入工程项目成本。国家有关部门根据成本的客观经济内容以及企业实行经济核算和加强成本管理的客观要求，对哪些应计入成本、哪些不应计入成本以成本开

支范围和成本开支标准的形式作出了明确规定，并要求企业严格遵守执行。因而，成本开支范围和成本开支标准不仅是一项重要财经纪律，也是建筑施工企业正确组织成本核算、正确计算工程成本的基本要求。因此，严格遵守成本开支范围和成本开支标准的规定是建筑施工企业正确计算工程成本、加强成本管理、促进成本不断降低的重要一环。

成本开支范围和成本开支标准的规定为建筑施工企业计算工程项目成本、控制成本费用开支提供了制度依据。企业遵守执行成本开支范围和成本开支标准的规定的过程，实际上就是对各项成本费用开支进行控制的过程。一个企业如果能够有效杜绝乱挤乱占成本的现象、制止不合理的成本费用开支，就能够有效节约费用、降低成本；反之，如果企业违反规定，乱挤乱占成本、随意铺张浪费，不仅会造成成本信息失真，还会使成本费用失控，造成成本上升、企业盈利下降。

要能够正确计算工程成本，严格遵守执行成本开支范围和开支标准的规定，就必须正确划清各项费用开支的界限。具体内容如下：

（1）正确划清成本开支和专项工程支出的界限；

（2）正确划清成本开支和期间费用的界限；

（3）正确划清成本开支和营业外支出的界限；

（4）正确划清各月份费用开支的界限；

（5）正确划清各个成本计算对象费用开支的界限；

（6）正确划清各个成本项目费用的界限。

10.2.3　工程成本核算的程序

工程成本核算的程序，是指施工企业及其所属各施工单位在进行工程成本核算时，从施工生产费用的发生开始，到计算出并结转完工工程和竣工工程成本应采取的步骤和先后顺序。施工企业对施工生产过程中发生的各项施工生产费用应按其用途和发生地点进行归集，对于能够分清受益对象的成本，直接计入各受益对象；对于不能分清受益对象的，应当采用合理的方法分配计入各受益对象的成本。

1. 会计科目的设置

（1）"工程施工"科目

"工程施工"科目属于成本类科目，用来核算施工企业实际发生的合同成本和合同毛利。实际发生合同成本和合同毛利时，借记本科目，确认的合同亏损贷记本科目。期末余额一般在借方，反映未完施工的合同成本和合同毛利。当工程完工后，本科目与"工程结算"科目对冲后结平。本科目应设置"合同成本""合同毛利"等明细科目进行明细核算。

（2）"合同成本"科目

"合同成本"明细科目核算的是各项工程施工合同发生的实际成本，按现行成本核算制度规定，一般包括人工费、材料费、机械使用费、其他直接费和间接费用等。其中，前四项属于直接成本，一般在实际发生时直接计入有关工程项目成本。间接费用在其发生时,先通过"工程施工——间接费用"科目进行归集,月末再采用一定方法分配计入各有关工程项目成本。

(3)"合同毛利"科目

"合同毛利"明细科目,核算的是各工程施工合同确认的合同毛利。

2. 工程成本核算的基本程序

工程成本核算应按照以下步骤进行:

(1)为建造合同直接发生的施工生产费用,直接计入该成本核算对象的成本,即记入"工程施工——合同成本(×工程)"总分类账及其明细分类账的借方;

(2)为建造合同服务所发生的间接费用,按其发生的地点和用途进行归集汇总,即记入"生产成本——服装生产成本""机械作业""工程施工——合同成本——间接费用"总分类账及其明细分类账的借方;

(3)月末,将"生产成本——辅助生产成本"科目归集汇总的费用,按其用途分配计入各受益对象;

(4)月末,将"机械作业"科目归集汇总的费用,按其用途分配计入各受益对象;

(5)月末,将"工程施工——合同成本——间接费用"科目归集汇总的间接费用,按照一定标准分配计入有关工程成本,即记入"工程施工——合同成本(×工程)"科目;

(6)计算和结转完工工程成本。期末,计算已完工程或竣工工程的实际成本,并将竣工工程的实际成本从"工程施工"科目转出,与"工程结算"科目的余额对冲,尚未竣工工程的实际成本仍然保留在"工程施工"科目,不予结转。

通过上述程序后,将应计入各工程成本核算对象的施工生产费用都已汇集到各个工程成本核算对象的"工程施工"总分类账及其所属各明细账中。资产负债表日,按建造合同的完工进度结转当期合同成本及合同收入;工程竣工后,将"工程施工"科目与"工程结算"科目对冲结平。

工程成本核算的基本程序如图10-1所示。

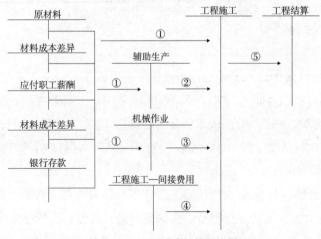

图10-1 工程成本核算程序图

说明：

①将本期发生的各项施工生产费用计入各收益对象的账户；②分配辅助生产费用；③分配机械作业费用；④分配施工间接费用；⑤结转完工工程成本。

10.3 辅助生产费用

10.3.1 辅助生产的性质和种类

1. 辅助生产的含义

辅助生产，是指企业生产经营活动中为企业基本生产单位、行政管理部门以及其他企业内部有关单位或部门服务而进行的产品生产或劳务供应，如供水、维修等。

2. 辅助生产的类型

根据辅助生产所从事的产品生产和劳务供应的不同情况，辅助生产主要包括以下两种类型。

（1）提供产品的辅助生产

提供产品的辅助生产，是指为企业基本生产单位、行政管理部门以及其他企业内部各有关单位或部门服务提供其所需的各种产品，如提供工具、模具、夹具等辅助生产。

这类辅助生产跟基本生产类似，各月末既有完工产品也有在产品，需要将相关生产费用在完工产品与月末在产品之间进行分配，从而计算完工产品成本，其与基本生产产品成本计算原理相同。同时，完工产品要通过仓库收发，其收发计价核算与原材料、库存半成品、库存产成品的收发计价核算原理相同。

（2）提供劳务的辅助生产

提供劳务的辅助生产，是指为企业基本生产单位、行政管理部门以及其他企业内部各有关单位或部门服务提供其所需的各种劳务，如维修、供水、修理等辅助生产。

这类辅助生产月末无完工产品和在产品之分，无需将辅助生产费用在完工产品与月末在产品之间进行分配，当月生产费用合计除以劳务总量即为其单位成本。其他部门需要多少就提供多少，提供多少其他部门就耗用多少，因此，当月所发生的辅助生产费用就需要全部分配给其他受益单位。

本节中辅助生产费用的归集与分配就是这种类型的辅助生产。

10.3.2 辅助生产费用的归集

辅助生产费用的归集是通过"辅助生产成本"科目进行的。"辅助生产成本"科目一般应按辅助生产车间（或部门）及产品或劳务的种类设置明细账，账内专栏的设置分别按以下两种情况进行：

（1）辅助生产车间（或部门）不设置"制造费用明细账"、不单独组织辅助生产车间（或部门）的制造费用明细核算，这时，"辅助生产成本明细账"按费用要素设置专栏，如表 10-1 所示。

（2）辅助生产要单独组织制造费用的明细核算，要设置和登记制造费用明细账，这时，"辅助生产成本明细账"按成本项目设置专栏，如表 10-2 所示。

本书中依据的是（2），也就是说，辅助生产车间（或部门）所发生的制造费用先通过"制造费用"归集，然后月末再从该科目直接或分配转入"辅助生产成本"科目及其所属相关明细账的"制造费用"专栏。

辅助生产完工产品或劳务的成本，经过分配后从"辅助生产成本"科目的贷方转出，期末若有借方余额，则为辅助生产的月末在产品成本。

按费用要素设置的辅助生产成本明细账　　（单位：元）　表 10-1

辅助生产车间（或部门）：　　　　　　年　月

年		凭证		摘要	费用项目					转出	合计
月	日	种类	号数								

按成本项目设置的辅助生产成本明细账　　（单位：元）　表 10-2

辅助生产车间（或部门）：　　　　　　年　月

年		凭证		摘要	直接材料	直接人工	制造费用	转出	合计
月	日	种类	号数						

【例 10-1】某工程建设有限公司根据生产经营的需要，设有供水和维修两个独立核算的辅助生产车间（或部门），辅助生产车间（或部门）设置"制造费用明细账"，组织制造费用明细核算，"辅助生产成本明细账"按成本项目设置专栏。该公司 20×× 年 10 月份各辅助生产车间（或部门）"辅助生产成本明细账"和"制造费用明细账"等相关资料如表 10-3~表 10-6 所示。

辅助生产成本明细账 （单位：元） 表10-3

辅助生产车间（或部门）：供水　　20××年10月

年		凭证		摘要	直接材料	直接人工	制造费用	转出	合计
月	日	种类	号数						

辅助生产成本明细账 （单位：元） 表10-4

辅助生产车间（或部门）：维修　　20××年10月

年		凭证		摘要	直接材料	直接人工	制造费用	转出	合计
月	日	种类	号数						

制造费用明细账 （单位：元） 表10-5

辅助生产车间（或部门）：供水　　20××年10月

年		凭证		摘要	燃料和动力	机物料消耗	职工薪酬	折旧费	劳动保护费	低值易耗品	水费	合计	转出
月	日	种类	号数										

制造费用明细账 （单位：元） 表10-6

辅助生产车间（或部门）：维修　　20××年10月

年		凭证		摘要	燃料和动力	机物料消耗	职工薪酬	折旧费	劳动保护费	低值易耗品	水费	合计	转出
月	日	种类	号数										

续表

年		凭证		摘要	燃料和动力	机物料消耗	职工薪酬	折旧费	劳动保护费	低值易耗品	水费	合计	转出
月	日	种类	号数										

10.3.3 辅助生产费用的分配

在辅助生产费用的分配中,由于辅助生产车间(或部门)所生产的产品和劳务的种类不同,辅助生产费用的转出和费用分配的程序也就有所不同。

在提供产品的辅助生产中,如工具、模具、夹具、修理用备件等,应在产品完工时,随着这些产品的完工入库,相应地将其成本从"辅助生产成本"科目的贷方转入"原材料"或"周转材料"等科目的借方,编制如下会计分录:

借:原材料(或周转材料)
　　贷:辅助生产成本

在提供劳务的辅助生产中,如供水、维修、修理等,对其所发生的辅助生产费用,则需要直接在各受益单位(或部门)之间按照其所耗用数量或其他比例进行分配,从"辅助生产成本"科目的贷方转入"基本生产成本""制造费用""管理费用""销售费用""机械作业""应付职工薪酬"等科目的借方,编制如下会计分录:

借:工程施工——合同成本(×工程)
　　工程施工——间接费用
　　管理费用
　　机械作业
　　应付职工薪酬
　　贷:辅助生产成本

由于辅助生产不仅为基本生产单位等服务提供产品或劳务,同时也为其他辅助生产车间(或部门)提供产品或劳务,因而,就存在一个如何处理辅助生产车间(或部门)之间相互受益的问题。

辅助生产费用分配,通常采用直接分配法、顺序分配法、交互分配法、计划成本分配法和代数分配法等。

1. 直接分配法

直接分配法,是指把辅助生产车间(或部门)所发生的实际费用,直接在除辅助生产车间(或部门)以外的其他各受益单位(或部门)之间进行分配,而不对辅助生产车间(或部门）之间相互提供产品或劳务进行分配的一种辅助生产费用分配方法。其计算公式如下：

某辅助生产费用分配率 = 该辅助生产直接发生费用总额 /（该辅助生产提供的

劳务总量 – 其他辅助生产耗用的劳务总量） （10-1）

某受益对象应分配辅助生产费用 = 该受益单位（或部门）耗用劳务量 ×

辅助生产车间（或部门）费用分配率 （10-2）

【例 10-2】某施工企业有供水和维修两个辅助生产车间（或部门），主要为企业基本生产单位和其他部门提供服务。本月"辅助生产成本明细账"汇总的资料，详见表 10-7。

本月共发生辅助生产费用，供水车间：59 000 元，维修车间：39 000 元。

根据上述资料，编制本月辅助生产费用分配表，详见表 10-8。

供水车间分配率：59 000 ÷（60 000-1 000）=1.00 元 / 度

维修车间分配率：39 000 ÷（1 400-100）=30.00 元 / 工时

×月各辅助生产提供劳务数量表　　　　　表 10-7

受益单位（或部门）		供水（t）	维修（工时）
基本生产单位	工程施工耗用	50 000	
	工程管理耗用	300	200
辅助生产车间（或部门）	供水	—	100
	维修	1 000	
行政管理部门		4 000	300
内部独立核算机械作业部门		700	500
基建部门		3 000	100
职工福利部门		1 000	200
合　计		60 000	1 400

辅助生产费用分配表（直接分配法）　　　　　表 10-8

受益单位（或部门）		供水 （分配率：1.00）		维修 （分配率：30.00）		合计
		受益数量（t）	金额（元）	受益数量（工时）	金额（元）	
基本生产单位	工程施工耗用	50 000	50 000			50 000
	工程管理耗用	300	300	200	6 000	6 300
辅助生产车间（或部门）	供水	—		100	—	
	维修	1 000				
行政管理部门		4 000	4 000	300	9 000	13 000
内部独立核算机械作业部门		700	700	500	15 000	15 700
基建部门		3 000	3 000	100	3 000	6 000
职工福利部门		1 000	1 000	200	6 000	7 000
合　计		60 000	59 000	1 400	39 000	98 000

根据表10-8"辅助生产费用分配表"编制会计分录如下：

借：工程施工——合同成本	50 000
工程施工——合同成本——间接费用	6 300
管理费用	13 000
机械作业	15 700
在建工程	6 000
应付职工薪酬	7 000
贷：辅助生产成本——供水车间	59 000
——维修车间	39 000

采用直接分配法分配辅助生产费用，直接对除辅助生产车间（或部门）以外的其他受益单位（或部门）进行分配，而且只分配一次，计算过程较为简便。但是，由于没有考虑辅助生产车间（或部门）之间相互提供产品或劳务的情况，如果各辅助生产车间（或部门）相互提供产品或劳务存在较大差异时，分配结果往往与实际情况不符，分配结果不准确。因此，直接分配法只适用于各辅助生产车间（或部门）之间相互提供产品或劳务不多或相差不大、不进行费用的交互分配对辅助生产成本和基本生产成本影响不大的情况。

2. 交互分配法

交互分配法，是指在辅助生产费用分配时要考虑各辅助生产车间（或部门）之间相互受益的情况进行交互分配和对外分配两次分配的一种辅助生产费用的分配方法。采用交互分配法分配辅助生产费用分两步进行：

（1）交互分配。根据各辅助生产车间（或部门）直接发生的实际费用和其提供的劳务总量，计算出单位成本（分配率），在各辅助生产车间（或部门）之间进行一次交互分配；

（2）对外分配。将各辅助生产车间（或部门）第一步交互分配后的实际费用（交互分配前该辅助生产直接发生的实际费用，加上第一步交互分配转入的费用，减去第一步交互分配转出的费用），按其所提供的劳务总量扣除各辅助生产车间（或部门）相互耗用的劳务量后计算出单位成本（分配率），再在各辅助生产以外的其他受益单位（或部门）之间进行对外分配。

由于交互分配法在各辅助生产之间只进行一次交互分配，故又称一次交互分配法。

下面举例说明辅助生产费用交互分配法的原理。

【例10-3】沿用前例"直接分配法"的资料，采用交互分配法编制辅助生产费用分配表，详见表10-9。

①交互分配

分配率：

供水：59 000÷60 000=0.9833元/度

维修：39 000÷1 400=27.8571元/工时

分配金额：

辅助生产费用分配表（交互分配法） （单位：元） 表 10-9

受益单位（或部门）			交互分配			对外分配		
			供水	维修	合计	供水	维修	合计
待分配的辅助生产费用			59 000	39 000	98 000	60 802.41	37 197.59	98 000
提供的劳务量			60 000	1 400	—	59 000	1 300	—
费用分配率			0.9833	27.8571	—	1.0305	28.6135	—
基本生产单位	工程施工耗用	耗用数量				50 000		
		分配金额				51 527.91（a）		51 527.91
	工程管理耗用	耗用数量				300	200	
		分配金额				309.15	5 722.7	6 031.85
辅助生产车间（或部门）	供水	耗用数量		100	—			
		分配金额		2 785.71				
	维修	耗用数量	1 000		—			
		分配金额	983.30					
行政管理部门		耗用数量				4 000	300	
		分配金额				4 122	8 584.09（a）	12 706.09
内部独立核算机械作业部门		耗用数量				700	500	
		分配金额				721.35	14 306.75	15 028.1
基建部门		耗用数量				3 000	100	
		分配金额				3 091.5	2 861.35	5 952.85
职工福利部门		耗用数量				1 000	200	
		分配金额				1 030.5	5 722.7	6 753.2

注：（a）表示为使计算结果前后一致的约数。

供水：27.8571×100=2785.71 元

维修：0.9833×1 000=983.30 元

②对外分配

待分配的费用：

供水：59 000+2 785.71-983.3=60 802.41 元

维修：39 000+983.3-2 785.71=37 197.59 元

分配率：

供水：60 802.41÷（60 000-1 000）=1.0305 元/度

维修：37 197.62÷（1 400-100）=28.6135 元/工时

③根据表 10-9 的计算结果，编制会计分录如下：

交互分配：

借：辅助生产成本——供水		2 785.71
——维修		983.30
贷：辅助生产成本——维修		2 785.71
——供水		983.30

对外分配：

借：工程施工——合同成本（×工程）	51 527.91
——合同成本——间接费用	6 031.85
管理费用	12 706.09
机械作业	15 028.10
在建工程	5 952.85
应付职工薪酬	6 753.20
贷：辅助生产成本——维修	37 197.59
——供水	60 802.41

采用交互分配法分配辅助生产费用，由于在各辅助生产之间进行交互分配和对外分配，经过两次分配，计算过程较为复杂，特别是辅助生产车间（或部门）较多的情况下，因此，主要适用于辅助生产车间（或部门）不多的情况。由于交互分配法考虑了各辅助生产车间（或部门）之间相互受益的情况，因而，其计算结果相对而言比较符合实际情况。

3. 顺序分配法

顺序分配法，是指在辅助生产车间（或部门）之间按受益多少将辅助生产车间（或部门）依次排序，受益少而提供劳务多的辅助生产车间（或部门）排在前面，受益多而提供劳务少的辅助生产车间排在后面。在进行费用分配时，排在前面的辅助生产车间（或部门）只向排在后面的辅助生产车间（或部门）进行分配，而排在后面的辅助生产车间（或部门）则不向排在其前面的辅助生产车间（或部门）进行分配的一种辅助生产费用分配方法。

下面举例说明辅助生产费用顺序分配法的原理。

【例10-4】沿用前例的相关资料，采用顺序分配法分配辅助生产费用如下。

根据资料，不难看出，维修车间提供劳务多而受益少，应排列在前面；供水车间提供劳务少而受益多，应排列在后面。依据顺序分配法的原理，编制辅助生产费用分配表，详见表10-10。

根据表10-10编制会计分录如下，并据此登记相关账户：

借：辅助生产——供水	2 785.71
工程施工——合同成本（×工程）	52 360.00
——合同成本——间接费用	5 885.58
管理费用	12 545.93
机械作业	14 661.59

		在建工程			5 927.31		
		应付职工薪酬			6 619.59		
		贷：辅助生产成本——维修			39 000.00		
		——供水			61 785.71		

辅助生产费用分配表（顺序分配法） （单位：元） 表 10-10

受益单位（或部门）			维修车间			供水车间			分配金额合计
			劳务量	待分配费用	分配率	劳务量	待分配费用	分配率	
			1 400	39 000	27.8571	59 000	61 785.71	1.0472	100 785.71
辅助生产车间（或部门）	供水	耗用数量	100						
		分配金额	2 785.71						2 785.71
	维修	耗用数量	—						
		分配金额	—						
基本生产单位	工程施工耗用	耗用数量	—			50 000			
		分配金额	—			52 360			52360
	工程管理耗用	耗用数量	200			300			
		分配金额	5 571.42			314.16			5 885.58
行政管理部门		耗用数量	300			4 000			
		分配金额	8 357.13			4 188.8			12 545.93
内部独立核算机械作业部门		耗用数量	500			700			
		分配金额	13 928.61（a）			733.04			14 661.59
基建部门		耗用数量	100			3 000			
		分配金额	2 785.71			3 141.6			5927.31
职工福利部门		耗用数量	200			1000			
		分配金额	5 571.48			1 048.11（a）			6 619.59
合 计			39 000.00			61 785.71			100 785.71

注：（a）表示为使计算结果前后一致的约数。

采用顺序分配法进行辅助生产费用分配，只需要进行一次分配，其能够在一定程度上简化计算工作量。但是由于提供劳务多的辅助生产车间（或部门）只对提供劳务少的辅助生产车间（或部门）进行分配，而提供劳务少的辅助生产车间（或部门）却不对提供劳务多的辅助生产车间（或部门）进行分配，只是部分考虑了辅助生产车间（或部门）之间相互受益的情况，是一种不完全的交互分配，因而其分配结果不太符合实际情况，其分配结果不够准确。因此,顺序分配法主要适用于各辅助生产车间相互提供产品(或劳务)有明显差异的情况。

4. 代数分配法

代数分配法,是指通过建立多元一次联立方程并求解的方法,计算求得各辅助生产车间(或部门)所提供的产品或劳务的单位成本,进而进行辅助生产费用分配的一种辅助生产费用分配方法。代数分配法的基本原理如下:首先,应根据各辅助生产车间(或部门)之间相互提供产品或劳务的数量建立联立方程,并计算各辅助生产产品或劳务的单位成本;其次,根据各受益单位(包括辅助生产车间和其他除辅助生产车间以外的所有受益单位)和单位成本计算各受益单位应分配的辅助生产费用。

下面举例说明辅助生产费用代数分配法的原理。

【例10-5】沿用前例的资料。设供水车间、维修车间的单位成本分别为 x、y,根据上述资料,建立联立方程如下:

$$\begin{cases} 59\,000+200y=60\,000x \\ 39\,000+1\,000x=1\,400y \end{cases}$$

求解上述联立方程可得:

$$\begin{cases} x=1.0788 \\ y=28.6277 \end{cases}$$

根据上述计算所得供水车间、维修车间的单位成本,编制辅助生产费用分配表,详见表10-11。

根据表10-11编制如下会计分录,并据此登记相关账户:

借:辅助生产——供水	2 862.77
——维修	1 078.80
工程施工——合同成本(×工程)	53 940.00
——合同成本——间接费用	6 049.18
管理费用	12 903.51
机械作业	15 069.01
在建工程	6 099.17
应付职工薪酬	6 804.34
贷:辅助生产成本——维修	40 078.78
——供水	64 728.00

辅助生产费用的代数分配法,由于采用代数建立联立方程并求解计算各辅助生产车间(或部门)的单位成本,并依此进行辅助生产费用的分配,其分配结果最准确。但是,若辅助生产车间(或部门)较多的情况下,未知数较多,求解联立方程的计算工作量就比较大、计算过程比较复杂。因而,这一分配法主要适用于辅助生产车间(或部门)较少或已经成功实现会计电算化的企业。

辅助生产费用分配表（代数分配法）　　（单位：元）　　表 10-11

受益单位（或部门）			供水车间			维修车间			分配金额合计
			劳务量	待分配费用	分配率	劳务量	待分配费用	分配率	
待分配的辅助生产费用			60 000	59 000	1.0788	1 400	39 000	28.6277	98 000
辅助生产车间（或部门）	供水	耗用数量	—			100			
		分配金额	—			2 862.77			2 862.77
	维修	耗用数量	1 000			—			
		分配金额	1 078.8			—			1 078.8
基本生产单位	工程施工耗用	耗用数量	50 000			—			
		分配金额	53 940			—			53 940
	工程管理耗用	耗用数量	300			200			
		分配金额	323.64			5 725.54			6 049.18
行政管理部门		耗用数量	4 000			300			
		分配金额	4 315.2			8 588.31			12 903.51
内部独立核算机械作业部门		耗用数量	700			500			
		分配金额	755.16			14 313.85			15 069.01
基建部门		耗用数量	3 000			100			
		分配金额	3 236.4			2 862.77			6 099.17
职工福利部门		耗用数量	1 000			200			
		分配金额	1 078.8			57 25.54			6 804.34
合计			64 728			40 078.78			104 806.78

5. 计划成本分配法

计划成本分配法，是指按照事先制定好的计划单位成本在各辅助生产车间（或部门）以及其他受益单位之间计算、分配辅助生产费用的一种方法。在这一方法下，首先，按照计划单位成本以及各受益单位（包括辅助生产车间）耗用辅助生产产品或劳务的实际数量进行分配；其次，再将各辅助生产车间（或部门）的实际辅助生产费用（该辅助生产直接发生的实际费用加上按计划成本分配转入的费用）与按计划单位成本（计划总成本）转出的费用之间的差额，也就是辅助生产产品或劳务的成本差异，在除辅助生产车间（或部门）以外的其他各受益对象之间进行分配的方法。若这一成本差异较小，为了简化计算工作，也可以将这一成本差异全部记入"管理费用"科目，而无需在其他各受益对象之间进行分配。

以下举例说明辅助生产费用计划成本分配法的原理。

【例 10-6】沿用前例资料。假设供水车间、维修车间计划单位成本分别为 1.00 元/度、28.00 元/工时。根据计划成本分配法编制辅助生产费用分配表，详见表 10-12。

辅助生产费用分配表（计划成本分配法）（单位：元）　　表 10-12

受益单位（或部门）			供水车间	维修车间	合计
待分配的辅助生产费用			59 000	39 000	98 000
提供劳务总量			60 000	1 400	
计划单位成本			1.00	28.00	
辅助生产车间（或部门）	供水		—	100	
			—	2 800	2 800
	维修		1 000		
			1 000		1 000
基本生产单位	工程施工耗用	耗用数量	50 000		
		分配金额	50 000		50 000
	工程管理耗用	耗用数量	300	200	
		分配金额	300	5 600	5 900
行政管理部门		耗用数量	4 000	300	
		分配金额	4 000	8 400	12 400
内部独立核算机械作业部门		耗用数量	700	500	
		分配金额	700	14 000	14 700
基建部门		耗用数量	3 000	100	
		分配金额	3 000	2 800	5 800
职工福利部门		耗用数量	1000	200	
		分配金额	1 000	5 600	6 600
计划总成本			60 000	39 200	99 200

成本差异：

供水车间：（59 000+2 800）-1.00×60 000=1 800 元

维修车间：（39 000+1 000）-28×1 400=800 元

辅助生产实际成本与计划成本的差异直接计入管理费用，不再对其他受益对象追加分配。

根据表 10-12 编制如下会计分录，并据此登记相关账户：

按计划单位成本分配辅助生产成本：

借：辅助生产——供水　　　　　　　　　　　　2 800
　　　　　　——维修　　　　　　　　　　　　1 000
　　工程施工——合同成本（××工程）　　　　50 000
　　　　　　——合同成本——间接费用　　　　5 900
　　管理费用　　　　　　　　　　　　　　　　12 400
　　机械作业　　　　　　　　　　　　　　　　14 700
　　在建工程　　　　　　　　　　　　　　　　5 800
　　应付职工薪酬　　　　　　　　　　　　　　6 600
　贷：辅助生产成本——维修　　　　　　　　　60 000

　　　　　——供水　　　　　　　　　　　　　　39 200

将辅助生产成本差异全部记入"管理费用"科目，编制会计分录如下：

借：管理费用　　　　　　　　　　　　　　2 600
　　贷：辅助生产成本——供水车间　　　　　1 800
　　　　辅助生产成本——维修车间　　　　　800

采用计划成本分配法分配辅助生产费用，由于各辅助生产车间（或部门）所提供的产品或劳务的计划单位成本是事先已经制定好的，只要有各受益单位耗用各辅助生产车间（或部门）的产品或劳务的数量资料，就可以分配辅助生产费用，从而简化和加速辅助生产费用分配的计算工作；同时，按计划单位成本分配，排除了各辅助生产实际费用的高低对各受益单位成本的影响，便于分析和考核各受益单位的经济责任；此外，还能够反映各辅助生产车间（或部门）提供产品或劳务的实际成本脱离计划成本的差异，分析和考核各辅助生产车间（或部门）计划成本控制的业绩。但是，采用这一分配方法，要求各辅助生产车间（或部门）的计划单位成本要比较准确。

10.4　施工生产费用的归集与分配

前已述及，建筑施工企业工程成本的构成内容包括人工费、材料费、机械使用费、其他直接费和间接费用等。建筑施工企业在工程项目的施工建设过程中所发生的上述各项费用，应当按照费用发生的地点和用途，并按照确定的工程成本核算对象和固定的成本项目进行归集和分配。其中，凡是能够分清为哪一具体成本核算对象所消耗的费用的，应根据有关费用发生的原始凭证或原始凭证汇总表，直接计入该成本核算对象的相应成本项目中；凡是不能分清为哪一具体成本核算对象所消耗，而是为几个成本核算对象所共同消耗的费用的，应当按照适当的分配标准、采用适当的分配方法在各成本核算对象之间进行分配，分配计入各成本核算对象的成本项目中。

10.4.1　材料费的归集与分配

1. 材料费的内容

建筑施工企业施工生产经营活动过程中所需的材料品种、规格繁多，性质和用途又各有不同，而且存放地点分散、收发频繁，库存数量经常发生变动。为了加强对材料的收发管理和正确组织材料的收发核算，必须对材料进行合理分类。

建筑施工企业施工生产中所需用的材料，按其在施工生产中所起的作用不同，可以分为原材料和周转材料两类。

（1）原材料

建筑施工企业的原材料，是指建筑施工的主要材料、结构件、机械配件、其他材料等劳动对象。原材料按其在施工生产经营活动中的作用不同，分为以下几类：

1）主要材料，是指用于工程施工并构成工程实体的各种原材料，包括黑色金属及有色金属材料、木材、硅酸盐材料（即水泥、砖、瓦、石灰、砂、石等）、电器材料、建筑五金、化学油漆材料等。

2）结构件，是指经过吊装、拼砌、安装即能构成房屋、建筑物实体的各种金属、钢筋混凝土和木质的结构物、构件、砌块等。

3）机械配件，是指用于机械设备维护修理的各种零件、配件，如齿轮、阀门、轴承等。

4）其他材料，是指那些在施工生产过程中并不构成工程实体的各种材料，包括燃料、油料、饲料、润滑油、擦布、绳子等辅助材料。有的为施工机械设备所消耗，如润滑油；有的为生产创造条件，如施工现场照明用的电灯、电线等；有的则有助于产品形成，如混凝土搅拌中的添加剂等。

原材料在施工生产过程中都表现为，在一次施工生产过程中使用便改变其实物形态，因而其价值也应一次性转入工程产品成本中去。

（2）周转材料

在建筑施工企业生产经营活动中，除了上述一次性消耗的原材料外，还需要反复周转使用的周转材料。

所谓周转材料，是指在建筑施工企业生产经营活动中能够多次使用、逐渐转移其价值但仍保持原有形态不确认为固定资产的材料，主要包括低值易耗品以及企业的钢模板、木模板、脚手架和其他周转材料等在建筑工程施工中可多次利用使用的材料，如钢架杆、扣件、模板、支架等。

建筑施工企业的周转材料分为在库周转材料和在用周转材料两类。周转材料在施工生产活动中多次使用不改变其实物形态，其价值逐渐分次转移到工程产品成本中去，建筑施工企业应根据具体情况分别采用一次摊销法、分期摊销法、分次摊销法、定额摊销法和五五摊销法等方法确定其应计入工程产品成本、费用中的周转材料和低值易耗品的消耗价值。

1）一次摊销法，是指将周转材料的价值在领用时一次全部计入工程成本、费用。一般适用于那些价值低、易损耗、易腐败的周转材料。

2）分期摊销法，按照周转材料的预计使用期限平均分摊计入成本、费用。

3）分次摊销法，按照周转材料的预计使用次数平均分摊计入成本、费用。

4）定额摊销法，根据实际完成的工程实物量和预算定额规定的周转材料消耗定额计算确认应分摊计入成本、费用的周转材料价值。

5）五五摊销法，将周转材料的价值在领用时摊销一半，在其报废时摊销另外一半。

周转材料摊销的会计处理：

1）如果周转材料数额较大，小企业可以采用分次摊销法进行会计处理，领用时应按照其成本，计入"周转材料"科目（在用）的借方，并同时计入"周转材料"科目（在库）的贷方。

2）小企业按照周转材料的使用次数摊销时，应按照摊销额分别计入"生产成本""管理费用""工程施工"等科目的借方，同时计入"周转材料"科目（摊销）的贷方即可。

3）低值易耗品可以采用一次摊销或五五摊销，会计分录为：

借：销售费用（企业设的销售部门领用的）
　　管理费用（企业管理部门领用的）
　　制造费用（生产管理部门领用的）
　　生产成本（直接用于生产的）
　贷：周转材料——低值易耗品

2. 材料费的归集与分配

建筑施工企业要从事施工生产经营活动，就必须储备一定数量的材料、占用一定数额的资金，了解如何节约使用材料储备资金，及时保证施工生产经营活动所需材料。工程成本中的材料费，是指施工生产过程中所耗用的各种材料费用。这些材料费用从内容上看，主要包括原材料、辅助材料、结构件、机械配件、半成品的成本以及周转材料的摊销及租赁费；从用途上看，有的构成工程实体，如原材料、结构件等，有的有助于产品形成，如混凝土搅拌过程中所使用的凝固剂等辅助材料，有的为劳动工具所消耗，如机械配件、施工机械作业过程中所消耗的各种油料等，有的为施工生产创造条件，如施工现场照明用的电灯、电线、各种清洁用具等。

工程施工直接消耗材料的计量，一般应在材料领用时逐一点数计量，填制领料凭证，直接计入相应受益成本核算对象成本的"材料费"成本项目；集中统一配料和下料的，如油漆、玻璃、木材等，则应在领料凭证上注明"集中配料"字样，月末由材料部门会同领料单位根据配料情况结合材料消耗定额编制"集中配料耗用计算表"，并据以分配计入各相应受益成本核算对象成本的"材料费"成本项目；大堆材料，如砖、瓦、砂、石等，由于在施工过程中连续零星地被消耗，因而，可以根据具体情况，先由材料员或施工作业班组保管（实行集中搅拌的混凝土或砂浆等由搅拌站验收保管），月末进行实地盘点清查，并根据实物盘存制的原理"本月耗用量 = 月初盘存量 + 本月收入量 − 月末盘存量"来计算确定本月实际耗用量，然后再根据各工程成本核算对象本月实际完成的工程实物量和相关材料的消耗定额，编制"本月大堆材料耗用计算表"，并据以分配计入各相应受益成本核算对象成本的"材料费"成本项目。

工程项目施工建设过程中所发生的材料费，应根据有关领料单和领料凭证汇总表编制"本月材料耗用汇总分配表"，据以计算确定各受益成本核算对象应分摊的材料费，并记入"工程施工——合同成本——×工程（材料费）"科目的借方，同时记入"原材料""周转材料"等科目的贷方。对于材料按计划成本计价进行日常核算的企业，为了正确计算各工程项目实际耗用材料费用，在月末时，还应当计算分摊和结转材料成本差异。

为了能够正确计算工程项目成本的材料费用，对于多领未用的材料应办理材料退料手续。具体分为如下两种情况：

（1）如果工程价款采用按月或按季结算办法的，如果多领未用材料下月仍需继续使用，填制一张红字"领料单"，办理假退库手续，即材料实物不退库、账务处理上退库，下月初再填制一张蓝字"领料单"即可；如果多领未用材料不再需要，就填制一张蓝字"退料单"，办理真退库手续，即不仅账务处理上退库，材料实物也要退回材料仓库。

（2）如果工程价款采用竣工后一次结算的，对于竣工后剩余的材料应填制"退料单"，据以办理退料手续。

下面举例说明材料费用的归集与分配。

【例10-7】宏达建筑工程有限公司第二工程处承建一工厂的厂房、仓库、宿舍和办公楼工程项目。工程价款按月结算，合同工期为2016年7月1日~2020年12月31日。该企业材料按计划成本计价核算。

2020年6月份耗用材料情况，详见表10-13。

材料耗用汇总分配表　　　　　　　　　　表10-13

2020年 6月30日

		主要材料					结构件	合计
		钢材	木材	水泥	其他	小计		
成本差异率		4%	5%	3%	6%		3%	
厂房工程	计划成本（万元）	50	10	25	5	90	30	120
	材料成本差异（万元）	2	0.5	0.75	0.3	3.55	0.9	4.45
仓库工程	计划成本（万元）	20	5	10	3	38	13	51
	材料成本差异（万元）	0.8	0.25	0.3	0.18	1.53	0.39	1.92
办公楼工程	计划成本（万元）	30	8	12	5	55	20	75
	材料成本差异（万元）	1.2	0.4	0.36	0.3	2.26	0.6	2.86
宿舍工程	计划成本（万元）	20	6	11	4	41	12	53
	材料成本差异（万元）	0.8	0.3	0.33	0.24	1.67	0.36	2.03
合　计								

根据上表，结转本月实际耗用材料的计划成本及材料成本差异，编制会计分录如下，单位为万元：

①结转已耗用材料的计划成本时：

借：工程施工——合同成本——厂房工程　　　　　　120
　　　　　　　——合同成本——仓库工程　　　　　　51
　　　　　　　——合同成本——办公楼工程　　　　　75
　　　　　　　——合同成本——宿舍工程　　　　　　53
　　贷：原材料——钢材　　　　　　　　　　　　　120
　　　　　　——木材　　　　　　　　　　　　　　29
　　　　　　——水泥　　　　　　　　　　　　　　58

——其他	17
——结构件	75

②结转材料成本差异时:

借:工程施工——合同成本——厂房工程		4.45
——合同成本——仓库工程		1.92
——合同成本——办公楼工程		2.86
——合同成本——宿舍工程		2.03
贷:原材料——钢材		4.80
——木材		1.45
——水泥		1.74
——其他		1.02
——结构件		2.25

10.4.2 人工费的归集与分配

工程成本中的"人工费"项目,其内容包括直接从事建筑安装工程施工生产的施工人员及施工现场从事配料、运料和下料的辅助工人的工资和职工福利费。在建筑安装工程成本核算中,若采取的是计件工资形式,施工生产人员和辅助工人的人工费,可直接根据"工程施工任务单"中的工资额汇总计入各工程项目成本中的"人工费"成本项目,其余诸如津贴、补贴、职工福利费等,可按照计件工资总额的规定百分比计算计入各相应工程项目成本中的"人工费"成本项目;若采取的是计时工资形式,施工生产人员和辅助工人的人工费应根据"工时汇总表"中的各工程项目耗用的施工作业工时总数和该施工单位的平均小时工资率计算。其中,平均小时工资率可按照如下公式计算:

$$平均小时工资率 = \frac{建筑安装工人工资总额 + 建筑安装工人职工福利费总额}{建筑安装工人作业工时总数} \quad (10-3)$$

$$某工程项目应分配的人工费 = 该工程耗用的作业工时总数 \times 平均小时工资率 \quad (10-4)$$

必须指出,在计算平均小时工资率时,可以按照建筑安装工人实际作业工时计算,也可以按照建筑安装工人定额作业工时计算。

【例10-8】远山建筑工程有限公司20××年7月份建筑安装工人计时工资总额为100 000元,职工福利费计提比例为14%,建筑安装工人实际作业工时总数为40 000h,甲工程本月实际作业工时为25 000h。

依据上述资料:

①平均定额小时工资率:100 000×(1+14%)÷40 000=27.5元/h

②甲工程应负担人工费:27.5×25 000=68 750元

根据求得的平均小时工资率和建筑安装工人"工时汇总表"中各工程项目耗用的施

人工费分配表 表 10–14

平均小时工资率：27.5 元　　　　　　　　　　　20××年7月

工程编号名称	施工作业工时数（h）				平均小时工资率（元）	人工费（元）
	泥工	木工	钢筋工	合计		
103 厂房建筑工程				21 000		577 500
104 办公楼建筑工程				12 400		341 000
105 宿舍建筑工程				8 160		224 400
201 厂房水电安装工程				4 000		110 000
合　计				45 560	27.5	1 252 900

记账：　　　　　　　　审核：　　　　　　　　制表：

工作业工时数，编制"人工费分配表"，详见表 10-14。在表中，也可以按成本核算对象分别汇总各类施工人员的施工作业工时数，以便于与按预算定额或施工定额计算的施工作业工时数对照比较，分析各工程项目成本中人工费超降的原因。

10.4.3　机械使用费的归集与分配

1. 机械使用费的构成内容

工程项目成本中的"机械使用费"，是指建筑施工企业在机械化施工中使用各种施工机械而发生的各项费用。随着工程施工机械化程度的不断提高，机械使用费在工程成本中所占的比例也在不断提高。因此，加强对施工机械的核算和管理对提高施工机械的利用程度、加速施工进度、节约利用劳动力和降低工程成本具有十分重要的意义。

在建筑安装工程施工建设活动中，合理组织机械施工对充分利用机械设备、确保重点工程、降低机械使用费起很大作用。

目前，对于建筑施工企业的施工机械，一般采用以下两种管理方法：

（1）一般中小型施工机械，如小型挖掘机、机动翻斗车、混凝土搅拌机、砂浆搅拌机等，由土建施工单位使用并负责管理；

（2）大型施工机械和数量不多的特殊施工机械设备，如大型挖掘机、推土机、压路机、大型吊车、升板滑模设备等，由机械施工单位负责管理。根据各土建施工单位施工生产的需要，由机械施工单位进行施工，或将施工机械租赁给土建施工单位使用，并向土建施工单位结算机械台班费或机械租赁费。

为了便于与预算数对比分析，机械使用费的内容要与机械台班费定额中规定的内容相同。一般包括以下几个方面的内容：

（1）人工费，是指施工机械操作人员的职工薪酬费用。

（2）燃料、动力费，是指施工机械作业过程中所耗用的燃料、动力费。

（3）材料费，是指施工机械作业过程中所耗用的润滑材料、擦拭材料等各种材料费。

（4）折旧费，是指对施工机械按规定计提的折旧费。

（5）修理费，是指对施工机械进行大修理所发生的大修理费摊销和发生的经常性修理费。

（6）租赁费，是指租入施工机械支付的租赁费。

（7）替换工具、部件费，是指施工机械上使用的传动皮带、轮胎、胶皮带、钢丝绳、变压器、开关、电线、电缆等替换工具和部件的摊销费和维修费。

（8）供水装卸费，是指将施工机械运抵施工现场、运离施工现场和在施工现场范围内转移所发生的供水、安装、拆卸及试车等费用。对于小型施工机械，其供水费一般都包括在机械台班费定额内。如果数额不大，可直接计入"机械作业"科目，列入当月工程项目成本；如果数额较大，则分次摊销计入"机械作业"科目，分摊计入各月工程项目成本。对于大型施工机械的供水费（即大型施工机械的场外供水费），由于其数额较大，在预算定额中大都规定单独计算，而不包括在机械台班费定额中。为了使实际成本与预算成本可比，在发生场外供水费时，可先记入"预付账款"科目，在收到发包单位支付的场外供水费时，再从"预付账款"科目一次性转入"机械作业"科目或"工程施工"科目（场外供水费由一个成本核算对象负担时）。

（9）辅助设施费，是指为便于施工机械施工作业而建造、铺设基础、底座、工作台、行走轨道等设施所发生的费用。施工机械的辅助设施费，如果数额较大，也应在发生时先记入"预付账款"科目，然后再按照其在施工现场施工作业的期限，分次或分期摊销记入"机械作业"科目，同时摊销计入各月份的工程成本。

（10）养路费、牌照税，是指为施工供水机械（如铲车等）缴纳的养路费和牌照税等。

（11）间接费用，是指机械施工单位为组织和管理机械施工、保管施工机械所发生的费用，以及停放施工机械的设施的折旧费、维修费等。若为内部独立核算单位，应设置"间接费用明细账"，参照施工单位间接费用明细核算项目组织明细分类核算。

至于施工机械所加工的各种材料，如搅拌混凝土时所耗用的水泥、砂、石等，应计入相应成本核算对象成本的"材料费"成本项目，为施工机械加工材料担任运料、配料和下料的工人的职工薪酬费用，应计入相应成本核算对象成本的"人工费"成本项目。

2. 机械使用费核算的会计科目

机械使用费的核算，是通过设置和登记"机械作业"科目进行的。建筑施工企业在施工生产过程中使用的施工机械既有自有施工机械，也有租入外单位的施工机械，二者的核算方法是不同的。

3. 租入施工机械费用的核算

建筑施工企业因为工程施工生产的需要，从外单位或本企业其他内部独立核算的机械站租入施工机械所支付的租赁费一般可根据租出方开出的"机械租赁费结算账单"所列金额，直接计入有关工程成本核算对象成本的"机械使用费"成本项目。如果所租入施工机械同时为两个或两个以上工程成本核算对象提供机械作业，则施工机械租赁费应由这两个或两个以上的工程成本核算对象共同负担，同时应当根据所支付的施工机械租赁费总额和各个成本核算对象实际使用台班数或定额台班数，分配计入各工程成本核算对象成本的"机械使用费"成本项目。其计算公式如下：

某成本核算对象应负担施工机械租赁费 = 该成本核算对象实际使用台班数

（定额使用台班数）× 平均台班租赁费　　　　　　　　（10-5）

平均台班租赁费 = 实际支付租赁费总额 ÷ 租入机械

实际作业总台班（定额作业总台班）　　　　　　　　　（10-6）

【例10-9】某建筑施工企业因施工作业需要，从一机械租赁站租入一批大型施工机械，本月收到该机械租赁站开出的"机械租赁费结算账单"所列本月应支付机械租赁费100 000元。本月该施工企业机械作业情况，详见表10-15。

租入施工机械作业台班资料表　　　　　　　　表10-15
20××年　月

	甲工程	乙工程	合计
实际作业台班数（台班）	100	150	250

平均台班租赁费：100 000÷250=400元/台班
甲工程应负担机械租赁费：400×100=40 000元
乙工程应负担机械租赁费：400×150=60 000元

4. 自有施工机械使用费的核算

建筑施工企业使用自有施工机械或者供水设备进行机械作业所发生的各项费用，首先应通过"机械作业"科目按照机械类别或每台机械分别归集，月末再根据各个成本核算对象使用自有施工机械作业的情况，计算各成本核算对象应分配的自有施工机械使用费。为了更好地归集自有施工机械作业费用、计算机械作业成本，应在"机械作业"科目下按机械类别或每台机械设置明细账，并按照机械费用构成项目设置专栏，进行明细核算。"机械作业明细账"的格式，详见表10-16。

机械作业明细账　　　　　　　　表10-16

机械名称或类别：混凝土搅拌机

20××年		凭证		摘要	借方					转出
月	日	种类	编号		人工费	燃料及动力费	折旧及修理费	其他	合计	

月末，应将归集的机械作业费用按照一定的方法分配计入各工程成本核算对象成本的"机械使用费"成本项目。常用的分配方法主要有以下三种。

（1）台班分配法

台班分配法，是指按照各工程成本核算对象使用自有施工机械的台班数进行分配的一种方法。其计算公式如下：

某成本核算对象应分配的某种机械使用费 = 该种机械每台班实际成本 ×

该成本核算对象实际使用该种机械台班数　　　　　　（10-7）

$$某种机械台班实际成本 = \frac{该种机械实际发生机械作业费用总额}{该种机械实际作业台班总数} \quad （10-8）$$

台班分配法主要适用于按单台机械或机组进行机械使用费核算的施工机械。

【例 10-10】红星建筑工程有限公司本月份进行甲、乙两个工程项目的施工，使用自有施工机械作业，机械作业费用按照单台施工机械进行核算。本月份实际发生机械作业费用 45 000 元，实际完成机械作业 225 个台班，其中，甲工程实际使用 130 个台班，乙工程实际使用 95 个台班。

该机械台班实际成本：45 000÷225=200 元/台班

甲工程应分配机械使用费：130×200=26 000 元

乙工程应分配机械使用费：95×200=19 000 元

（2）预算分配法

预算分配法，是指按照实际发生的机械作业费用占预算定额规定的机械使用费的比率进行分配的一种方法。其计算公式如下：

$$\frac{实际机械作业费用占预算}{机械作业费用的比率} = \frac{本月实际发生的机械作业费用总额}{各成本核算对象预算机械作业费用总额} \times 100\% \quad （10-9）$$

某成本核算对象应分配机械使用费 = 该成本核算对象预算机械使用费 ×

实际机械作业费用占预算机械作业费用的比率　　　　　　（10-10）

【例 10-11】安达建筑工程有限公司本月份自有施工机械为工程项目施工提供机械作业，共发生机械作业费用 49 500 元，甲工程、乙工程本月份的预算机械作业费用分别为 30 000 元、15 000 元。

本月份机械使用费的分配计算如下：

①实际机械作业费用占预算机械作业费用的比率

49 500÷（30 000+15 000）×100%=110%

②各成本核算对象应分配机械作业费用

甲工程：30 000×110%=33 000 元

乙工程：15 000×110%=16 500 元

预算分配法主要适用于不便于计算机械作业台班、无机械台班和台班单价预算定额的中小型施工机械机械使用费的分配，例如，几个成本核算对象共同使用的混凝土搅拌机机械作业费用的分配。

（3）作业量分配法

作业量分配法，是指以各种施工机械所完成的机械作业量为标准来分配自有施工机械使用费的一种方法。其计算公式如下：

某种施工机械单位作业量实际成本＝$\dfrac{该种施工机械实际发生机械使用费总额}{该种机械实际完成机械作业量总数}$ （10-11）

某受益成本核算对象应分配该种机械使用费 ＝ 该种施工机械单位作业量实际成本 ×
　　　　　　该成本受益对象实际耗用该种施工机械作业量　　　　　（10-12）

【例10-12】安远建筑工程有限公司本月使用自有施工机械为甲、乙两工程项目施工提供机械作业，本月实际发生机械使用费60 000元，实际完成机械作业量10 000单位，其中，甲工程6 000单位，乙工程4 000单位。

按照机械作业量分配自有施工机械使用费如下：

分配率：60 000÷10 000＝6元/单位

甲工程应分配机械使用费：6×6 000＝36 000元

乙工程应分配机械使用费：6×4 000＝24 000元

作业量分配法一般适用于能计算完成作业量的单台或某类机械，如企业供水作业，按供水单价或一个种类汽车提供的吨公里计算作业量。

如果工程施工中同时使用多种不同施工机械进行机械作业，对于所发生的机械使用费，应根据具体情况，同时采用上述三种方法进行分配。下面举例说明同时运用上述三种方法进行不同机械作业费用的分配。

【例10-13】安达曼建筑工程有限公司承建蓝精灵服装制造厂的厂房、办公楼、仓库、职工宿舍等房屋建设工程，本月自有机械作业及作业费资料如下，详见表10-17。

自有机械作业及作业费数据资料表　　　　　　表10-17
20××年　月

工程项目	塔吊	混凝土搅拌机	载重汽车
	作业台班数（台班）	预算机械作业费用（元）	供水作业量（t·km）
厂房工程	100	200 000	5 000
仓库工程	50	100 000	2 000
办公楼工程	80	160 000	4 000
宿舍工程	50	100 000	3 000
合　计	280	560 000	14 000

本月各种机械实际发生机械作业费用如下：塔吊56 000元；混凝土搅拌机672 000元；载重汽车140 000元。

在分配上述机械作业费用时，塔吊作业费用按各工程项目实际耗用台班数比例分配，混凝土搅拌机作业费用按实际机械使用费占预算机械使用费比率分配，载重汽车作业费用按各工程实际耗用作业量比例分配，根据上述资料，编制本月机械使用费分配表，详见表10-18。

塔吊每台成本：56 000÷280＝200元/台班

机械使用费分配表 表 10-18
20××年 月

| 工程项目 | 塔吊 | | 混凝土搅拌机 | | 载重汽车 | | 合计 |
| | 每台班成本：200元 | | 分配率：120% | | 每吨公里成本：10元 | | |
	实际耗用台班（台班）	作业费用（元）	预算机械作业费用（元）	作业费用（元）	供水作业量（t·km）	作业费用（元）	
厂房工程	100	20 000	200 000	240 000	5 000	50 000	310 000
仓库工程	50	10 000	100 000	120 000	2 000	20 000	150 000
办公楼工程	80	16 000	160 000	192 000	4 000	40 000	248 000
宿舍工程	50	10 000	100 000	120 000	3 000	30 000	160 000
合 计	280	56 000	560 000	672 000	14 000	140 000	868 000

混凝土搅拌机分配率：672 000÷560 000×100%=120%

载重汽车每吨公里成本：140 000÷14 000=10元/t·km

根据上述计算结果，编制如下会计分录：

借：工程施工——合同成本（厂房工程）　　　310 000
　　　　　　——合同成本（仓库工程）　　　150 000
　　　　　　——合同成本（办公楼工程）　　248 000
　　　　　　——合同成本（宿舍工程）　　　160 000
　　贷：机械作业——塔吊　　　　　　　　　　56 000
　　　　　　——混凝土搅拌机　　　　　　　672 000
　　　　　　——载重汽车　　　　　　　　　140 000

10.4.4 其他直接费的归集与分配

建筑安装工程施工中发生的其他直接费，是指施工生产过程中发生的材料二次搬运费、临时设施摊销费、生产工具用具使用费、检验试验费、工程定位复测费、工程点交费、场地清理费等。

其他直接费一般能够分清受益成本核算对象，因而，在发生时可根据有关费用结算凭证直接计入相应成本核算对象成本的"其他直接费"成本项目，即借记"工程施工——合同成本（×工程）"科目，贷记"银行存款""周转材料摊销""临时设施摊销"等科目。

【例 10-14】安远建筑工程有限公司第二工程处本月发生的其他直接费用，详见表 10-19。

根据上表资料，编制如下会计分录：

借：工程施工——合同成本（厂房工程）　　　27 000
　　　　　　——合同成本（仓库工程）　　　13 000
　　　　　　——合同成本（办公楼工程）　　20 000
　　　　　　——合同成本（宿舍工程）　　　12 000

贷：周转材料——周转材料摊销　　　　　　　　　　26 000
　　　　银行存款　　　　　　　　　　　　　　　　　　25 000
　　　　临时设施摊销　　　　　　　　　　　　　　　　21 000

第二工程处其他直接费用汇总表　　（单位：元）　　表 10-19

20××年　月

	施工生产用具使用费	检验试验费	场地清理费	临时设施摊销
厂房工程	10 000	5 000	4 000	8 000
仓库工程	5 000	2 000	2 000	4 000
办公楼工程	7 000	4 000	3 000	6 000
宿舍工程	4 000	3 000	2 000	3 000
合　计	26 000	14 000	11 000	21 000

10.4.5　间接费用的归集与分配

1. 间接费用的概念

　　建筑施工企业的间接费用，是指建筑施工企业内部所属各施工单位，如工区、项目经理部、施工作业队等，在工程项目施工生产活动过程中为准备、组织和管理工程项目施工所发生的各项费用。这些费用与施工生产工艺过程没有直接关系，不能直接确认为哪一工程项目所耗用，无法直接计入某一工程成本计算对象的施工生产成本，在成本核算实务中，需要先通过"工程施工——间接费用"科目进行归集，然后再按适当的标准，并采用一定的方法，在各工程对象之间进行分配，分配计入各工程对象的施工生产成本。

2. 间接费用的构成内容

　　为了便于组织间接费用核算、编制间接费用计划、分析研究间接费用升降变动情况及其原因、加强对间接费用的控制，需要按照间接费用的具体构成项目组织间接费用的明细核算。

　　按照现行企业会计制度的规定，结合建筑施工企业间接费用核算和管理的具体要求，间接费用的具体构成项目一般包括下列内容：

　　（1）临时设施摊销费，是指为了保证工程施工生产和管理的顺利进行而建造的各种临时性生产、生活、管理用设施，如临时宿舍、文化福利及公用设施、仓库、办公室、加工厂以及规定范围内道路、水、电管线等临时性设施的摊销费。

　　（2）管理人员薪酬，是指施工生产单位施工生产人员以外的各种管理人员的工资、奖金、福利费等薪酬费用。

　　（3）劳动保护费，是指用于施工生产单位全体员工的劳动保护用品和技术安全设施的购置、摊销和维修费用，员工保健用的解毒剂、营养品、防暑降温饮料、洗涤用品等物品的购置费或补助费，以及工地上员工洗澡、饮用的燃料费等。

　　（4）办公费，是指施工生产单位管理部门办公用的文具、纸张、账表、印刷、邮电、书报、会议、通信、网络、饮水、取暖（包括现场临时宿舍取暖）用煤等费用。

（5）差旅交通费，是指施工生产单位员工因公出差期间的差旅费，包括市外交通费（飞机、汽车、轮船、火车、高铁等）、市内交通费、误餐补助费、住宿费、会务费、职工探亲路费、人力资源招募费、工伤人员外地就医路费、工地转移费，以及施工现场管理使用的交通工具的油料、燃料、养路费、牌照费等。

（6）折旧费，是指施工生产单位管理用和试验用的属于固定资产的房屋建筑物、设备、仪器，以及不实行内部独立核算的辅助生产单位的厂房等的折旧费。

（7）修理费，是指施工生产单位管理用和试验用的属于固定资产的房屋建筑物、设备、仪器，以及不实行内部独立核算的辅助生产单位的厂房等的经常性修理费和大修理费。

（8）工具、用具即器具使用费，是指施工单位管理和试验部门所使用的不属于固定资产的工具、用具及器具、家具和检验、试验、测绘、消防用具等的购置、摊销和维护费用。

（9）保险费，是指施工生产单位管理用财产、车辆的保险费，以及海上、高空、井下作业等特殊工种的安全保险费。

（10）工程维修费，是指工程竣工交付使用后，在规定保修期内的工程维修费。

（11）其他费用，是指除上述各项间接费用以外的其他各项间接费用。如工程排污费等。

间接费用，一般属于相对固定的费用，其费用总额不会随工程施工作业量的增减变动而变动。但是，就单位工程施工作业量而言，则会随工程施工作业量的增减变动而呈反方向变动，即完成的工程施工作业量越多，单位工程施工作业量所要负担的间接费用就越少；反之，完成的工程施工作业量越少，单位工程施工作业量所要负担的间接费用就会越多。因而，要想降低间接费用从而达到降低工程成本，超额完成工程施工作业任务是重要的途径。

3. 间接费用的归集

（1）会计科目

"工程施工——间接费用"科目是一个成本类科目，用来核算工程间接费用的归集与分配。借方反映工程施工建设过程中实际发生的各项间接费用，贷方反映月末按照一定标准和方法分配计入各工程项目成本的间接费用，分配结转后一般无余额。该科目按一般施工单位设明细账，明细账内按间接费用的组成项目设专栏。

"工程施工——间接费用"明细账格式，详见表10-20。

（2）账务处理

借：工程施工——间接费用（×工区、项目经理部）
　　贷：银行存款
　　　　原材料
　　　　应付职工薪酬

间接费用明细账　　　　　　　　　　　表 10-20

年		凭证		摘要	费用构成项目											转出
月	日	种类	号数		临时设施摊销	管理人员薪酬	办公费	差旅交通费	劳动保护费	折旧费	维修费	工具用具使用费	其他	小计		
				本月合计												

　　　　累计折旧

　　　　其他应收款

　　　　库存现金等

4. 间接费用的分配

各施工单位归集的间接费用，需要按照一定的标准在各工程对象之间进行分配。其分配原理如下：首先，将人工费作为分配标准，将间接费用在建筑工程和安装工程这两类工程之间进行分配；其次，以直接费为标准在各建筑工程之间进行分配；并在各安装工程之间按人工费标准进行分配。

间接费用按上述方法进行分配，主要是为了使工程项目实际成本与预算成本在口径上保持一致，便于将工程项目实际成本同其预算成本进行比较，以检查工程成本计划（或预算）的执行情况。

（1）间接费用在建筑工程和安装工程两类工程之间的分配

间接费用在建筑工程和安装工程这两类工程之间进行分配时，一般按这两类工程的人工费比例进行分配。其计算公式如下：

间接费用分配率 = 待分配间接费用合计 ÷ （建筑工程人工费

合计 + 安装工程人工费合计）　　　　　　　　　　（10-13）

建筑工程应分配间接费用 = 间接费用分配率 × 建筑工程人工费合计（10-14）

安装工程应分配间接费用 = 间接费用分配率 × 安装工程人工费合计（10-15）

（2）间接费用在两类工程内部各工程项目之间的分配

1）间接费用在建筑工程内部各工程项目之间的分配

建筑工程内部各工程项目之间按照工程直接费比例分配。其具体计算公式如下：

建筑类工程间接费用分配率＝建筑类工程应分配间接费用数额÷

Σ 各项建筑工程直接工程费 （10-16）

某建筑工程应分配间接费用＝该建筑工程直接工程费×间接费用分配率 （10-17）

2）间接费用在安装工程内部各工程项目之间的分配

间接费用在安装工程内部各工程项目之间按照人工费比例分配。其具体计算公式如下：

安装类工程间接费用分配率＝安装类工程应分配间接费用数额÷

Σ 各项安装工程直接工程费 （10-18）

某安装工程应分配间接费用＝该安装工程直接工程费×间接费用分配率 （10-19）

（3）间接费用分配应用举例

【例10-15】某建筑施工企业第一工程处同时进行甲、乙、丙、丁四个工程项目的施工建设。其中，甲、乙工程为建筑工程，丙、丁工程为安装工程。本月第一工程处共发生间接费用263 076.92元，工程直接费相关数据资料，详见表10-21。

工程直接费构成表　　（单位：元）　　表10-21

项目		工程直接费				合计
		材料费	人工费	机械使用费	其他直接费	
建筑工程	甲工程	400 000	300 000	100 000	50 000	850 000
	乙工程	500 000	350 000	130 000	70 000	1 050 000
	小计	900 000	650 000	230 000	120 000	1 900 000
安装工程	丙工程	130 000	110 000	30 000	20 000	290 000
	丁工程	166 000	140 000	32 000	22 000	360 000
	小计	296 000	250 000	62 000	42 000	650 000
合　计		1 196 000	900 000	292 000	162 000	2 550 000

①在建筑工程和安装工程两类工程之间进行分配

分配率：263 076.92÷（650 000+250 000）≈0.2923元

建筑工程应分配间接费用：0.2923×650 000≈190 000元

安装工程应分配间接费用：0.2923×250 000=73 075元

②在两类工程内部各工程之间进行分配

建筑工程内部：

分配率：190 000÷（850 000+1 050 000）=0.1元

甲工程应分配间接费用：0.1×850 000=85 000元

乙工程应分配间接费用：0.1×1 050 000=105 000元

安装工程内部：

分配率：73 075÷（110 000+140 000）=0.2923元

丙工程应分配间接费用：0.2923×110 000=32 153.00元

丁工程应分配间接费用：0.2923×140 000=40 922 元

根据上述计算结果，编制"间接费用分配表"，详见表10-22。

间接费用分配表　　　（单位：元）　　表10-22

20××年8月

工程项目		工程直接费	人工费	第一步分配		第二步分配	
				分配率	金额	分配率	分配额
建筑工程	甲工程	850 000	300 000				85 000
	乙工程	1 050 000	350 000				105 000
	小计	1 900 000	650 000		190 000	0.10	190 000
安装工程	丙工程	290 000	110 000				32 153
	丁工程	360 000	140 000				40 922
	小计	650 000	250 000		73 075		73 075
合　计		2 550 000	900 000	0.2923	263 075	0.2 923	263 075

根据上表，编制会计分录，并登记"间接费用明细账"和"工程成本明细账"。

借：工程施工——合同成本（甲工程）　　　　　85 000
　　工程施工——合同成本（乙工程）　　　　　105 000
　　工程施工——合同成本（丙工程）　　　　　32 153
　　工程施工——合同成本（丁工程）　　　　　40 922
　贷：工程施工——间接费用　　　　　　　　　263 075

在实际工作中，上述间接费用也可以按照各工程项目间接费用定额比例分配。其计算公式如下：

$$某建筑工程定额间接费用 = 该建筑工程本月实际$$
$$工程直接费 \times 间接费用定额 \quad (10-20)$$

某安装工程定额间接费用 = 该安装工程本月实际人工费 × 间接费用定额　（10-21）

本月间接费用分配率 = 本月实际发生间接费用 ÷ ∑ 各工程定额间接费用　（10-22）

某工程应分配间接费用 = 本月间接费用分配率 × 该工程定额间接费用　（10-23）

【例10-16】某建筑施工企业20××年8月份，共计发生各项间接费用合计44 436元。各在建工程项目8月份实际发生的工程直接费、人工费等相关数据资料，详见表10-23。

各在建项目8月份工程直接费或人工费费用表　　　表10-23

项目	工程直接费（元）	人工费（元）	间接费用定额
103 厂房建筑工程	272 000		6%
104 办公楼建筑工程	222 000		6%
105 宿舍建筑工程	110 000		6%
201 厂房水电安装工程		6 080	100%

①本月各工程定额间接费用

103 厂房建筑工程：272 000×6%=16 320 元

104 办公楼建筑工程：222 000×6%=13 320 元

105 宿舍建筑工程：110 000×6%=6 600 元

201 厂房水电安装工程：6 080×100%=6 080 元

本月间接费用分配率：44 436÷（16 320+13 320+6 600+6 080）=1.05 元

②本月各工程应分配间接费用

103 厂房建筑工程：16 320×1.05=17 136 元

104 办公楼建筑工程：13 320×1.05=13 986 元

105 宿舍建筑工程：6 600×1.05=6 930 元

201 厂房水电安装工程：6 080×1.05=6 384 元

根据上述计算结果，编制"间接费用分配表"，详见表 10-24。

间接费用分配表　　（单位：元）　　表 10-24

20××年8月

待分配间接费用			44 436	
实际间接费用占定额间接费用的比率（分配率）			44 436÷42 320=1.05	
工程项目编号名称	直接费或人工费	间接费用定额（%）	定额间接费用	分配额
甲工程	272 000	6	16 320	17 136
乙工程	222 000	6	13 320	13 986
丙工程	110 000	6	6 600	6 930
丁工程	6 080	100	6 080	6 384
合　计	610 080	—	42 320	44 436

上述间接费用按各工程间接费用定额比例分配，也可以按如下方法进行计算：

首先，计算各工程项目本月定额间接费用，其计算公式如下：

某建筑工程定额间接费用 = 该建筑工程本月实际工程直接费 × 间接费用定额　　（10-24）

某安装工程定额间接费用 = 该安装工程本月实际人工费 × 间接费用定额　　（10-25）

其次，计算各工程项目定额间接费用占本月全部工程定额间接费用的比例，其计算公式如下：

某工程定额间接费用占全部工程定额间接费用的比例 = 该工程定额间接费用 ÷ 全部工程定额间接费用合计　　（10-26）

最后，将本月各工程应分配间接费用与该工程定额间接费用占全部工程定额间接费用的比例相乘。

本月某工程应分配间接费用 = 本月间接费用合计　　（10-27）

【例 10-17】沿用【例 10-16】资料，本月间接费用分配计算如下：

①本月各工程定额间接费用

103 厂房建筑工程：272 000×6%=16 320 元

104 办公楼建筑工程：222 000×6%=13 320 元

105 宿舍建筑工程：110 000×6%=6 600 元

201 厂房水电安装工程：6 080×100%=6 080 元

本月各工程定额间接费用合计：16 320+13 320+6 600+6 080=42 320 元

②本月各工程定额间接费用占全部工程间接费用的比例

103 厂房建筑工程：16 320÷42 320=38.56%

104 办公楼建筑工程：13 320÷42 320=31.47%

105 宿舍建筑工程：6 600÷42 320=15.60%

201 厂房水电安装工程：6 080÷42 320=14.37%

③本月各工程项目应分配间接费用

103 厂房建筑工程：44 436×38.56%=17 136 元

104 办公楼建筑工程：44 436×31.47%=13 986 元

105 宿舍建筑工程：44436×15.60%=6 930 元

201 厂房水电安装工程 =44 436×14.37%=6 384 元

由于上述间接费用按各工程定额间接费用比例分配的两种做法实质上是一种方法，因而其计算结果相同。

根据计算结果，编制"本月间接费用分配表"，详见表 10–24。

根据"本月间接费用分配表"编制如下会计分录，并登记"间接费用明细账"和"工程成本明细账"。

  借：工程施工——合同成本（103 厂房建筑工程） 17 136

    工程施工——合同成本（104 办公楼建筑工程） 13 986

    工程施工——合同成本（105 宿舍建筑工程） 6 930

    工程施工——合同成本（201 厂房水电安装工程） 6 384

   贷：工程施工——间接费用 44 436

10.5 工程成本结算、计算和结转

建筑施工企业项目施工过程中所发生的各项施工生产费用，在完成对各成本计算对象的归集和分配后，应计入各工程对象的施工生产费用，记入"工程施工——合同成本——××工程"科目的借方和相应的成本计算单。为了计算本月已完工程成本，需要将这些施工生产费用在已完工程和月末未完施工之间进行分配。需要注意的是，这里的已完工程既包括已全部竣工、不需再进行任何施工生产活动的工程，即竣工工程，也包括已经完成预算定额所规定的全部工序但尚未竣工的分部分项工程。

工程成本结算一般应与工程价款结算相配合,采用与工程价款结算时间相一致的结算期。

10.5.1 工程成本结算

工程成本结算应当与工程价款结算相适应。因此,如果是工程价款采用按月结算的工程项目,企业应当按月结算其工程项目成本;如果是工程价款采用按形象进度分段结算的工程项目,企业应按照承包合同工程价款的结算进度(即承包合同中约定的各个结算工程部位或工程进度)结算工程项目成本;如果是工程价款采用竣工后一次结算的工程项目,企业应在工程竣工后结算工程项目成本。

10.5.2 已完工程预算成本的计算

建筑施工企业采用按月结算工程项目成本时,应当及时按月计算出已完工程的预算成本和实际成本。

所谓已完工程,是指已经完成承包合同规定的工作内容、符合跟甲方进行已完工程价款结算条件的工程,通常是分部分项工程。分部分项工程是构成建筑工程产品的实体,通过规定的工作内容和计量单位可以确定已完工程的工程实物量、鉴定已完工程的质量,同时可以正确计算工程单位造价。这部分已经完成预算定额规定的工作内容的分部分项工程虽不具有完整的使用价值,也不属于竣工工程,但是由于企业对于这部分分部分项工程无需再进行任何进一步的施工生产活动,也可确定工程实物量和工程质量,故将它作为已完工程,计算其预算成本和预算造价,并向甲方进行工程点交和工程价款结算。

已完工程预算成本,是指根据已完工程的工程实物量、预算单价和定额计算确定的工程项目成本。其基本计算公式如下:

$$本月已完建筑工程预算成本 = \sum(本月已完建筑工程实物量 \times 预算单价) \times (1+间接费用定额) \quad (10-28)$$

$$本月已完安装工程预算成本 = \sum[(本月已完安装工程实物量 \times 预算单价) + (本月已完安装工程预算人工费 \times 间接费用定额)] \quad (10-29)$$

必须注意的是,目前工程预算成本不仅包括工程施工成本的内容,还包括企业总部管理费用和财务费用。因此,计算已完工程、未完施工的预算成本时,需要剔除其中的企业管理费用和财务费用,即根据直接费用预算单价加上按现场经费定额计算的现场经费计算。

在实际工作中,已完工程预算成本通常是由统计部门于月末先行实地测量确定已完工程实物量后,然后再根据预算单价和间接费用定额在"已完工程结算表"中进行计算。对于各项已完工程,都要注明定额编号,以便成本计算人员根据定额编号查阅预算单价中的材料费、人工费等费用单价,算出已完工程的材料费、人工费、机械使用费和其他直接费。

【例 10-18】 某工程项目每平方米预算单价为 100 元，其中材料费 60 元，人工费 30 元，机械费 4 元，其他直接费 6 元，间接费用定额为 10%。本月已完工程实物量为 5 000m²，则该工程项目本月已完工程预算成本计算如下：

$$5\ 000 \times [(60+30+4+6) \times (1+10\%)] = 550\ 000\ 元$$

根据上述计算结果编制已完工程结算表，详见表 10-25。

已完工程结算表 表 10-25

单位工程编号名称：2007 办公楼建筑工程　　　　　　　　　　　　　20××年 11 月

定额编号	工程名称	计量单位	预算单价	已完工程		预算成本工程项目分析			
				数量	预算成本	材料费	人工费	机械使用费	其他直接费

10.5.3 未完施工成本的计算

建筑施工企业在计算和结算已完工程成本时，往往还存在已投入一定资源但还没有完成预算定额规定的工作内容，不符合跟甲方结算已完工程价款的未完施工。因而，在计算已完工程成本时，就需要将实际累计已经发生的各项施工生产费用按照一定的标准、采用一定的方法，在已完工程和未完施工之间进行分配。

要计算已完工程成本，就必须先计算出未完施工的实际成本。可用如下公式表示：

　　已完工程成本 = 累计实际已经发生的施工生产费用 − 未完施工实际成本　　（10-30）

未完施工成本的计算通常由统计人员在"未完施工盘点单"中进行，未完施工盘点单详见表 10-26。

在实际工作中，未完施工实际成本的计算步骤如下：

（1）对未完施工进行实地盘点，确定未完施工工程实物量

一般应由统计人员或测量人员深入施工现场进行实地测量，确定未完施工实物量并确定其施工作业进度（完工程度），在"未完施工盘点单"详细填明未完施工名称、已完工序及数量，并注明定额。

（2）计算折合已完工程实物量

由于预算单价一般是按照单位分部分项工程确定的，因而要计算出未完施工成本，必须先确定未完施工的工程实物量。为此，必须根据各分部分项工程的已完工序内容确

未完施工盘点单　　　　　　　　　　　　　　　　　　　表 10-26

单位工程编号名称：　　　　　　　　　　　　　　　　　　　盘点日期：20××年11月

定额编号	分部分项工程名称	未完工序名称	未完工序	折合未完工程	预算单价	预算成本	预算成本按成本项目分析			
							材料费	人工费	机械使用费	其他直接费

定各工序的折合系数。未完施工实物量折合已完工程实物量，可按如下公式计算：

$$未完施工折合已完工程实物量 = 未完施工实物量 \times 折合系数 \quad (10-31)$$

【例 10-19】 耀华工程有限公司 6 月 30 日对一在建项目进行实地盘点，未完施工实物量为 1 000m²，折合系数为 50%。则该未完施工折合已完工程实物量为：

$$1000 \times 50\% = 500 m^2$$

（3）计算未完施工成本

未完施工成本的计算方法主要有以下几种：

1）未完施工成本按预算成本计算。即，计算出未完施工的预算成本，以预算成本代替其实际成本，然后，用施工生产费用合计减去未完施工的预算成本，就计算出已完工程的实际成本。采用这种方法，主要是为了简化成本计算工作。但如果未完施工数量较多，会影响已完工程实际成本计算结果的准确性。因而，这一方法主要适用于未完施工数量较少的情况。其计算公式如下：

$$未完建筑工程预算成本 = \Sigma (未完建筑工程折合已完工程$$
$$实物量 \times 预算单价) \times (1+ 间接费用定额) \quad (10-32)$$

$$未完安装工程预算成本 = \Sigma [(未完建筑工程折合已完工程实物量 \times 预算单价) +$$
$$(未完建筑工程折合已完工程实物量 \times 预算人工费单价 \times 间接费用定额)] (10-33)$$

【例 10-20】 耀华工程有限公司截至 6 月 30 日，一在建建筑工程未完施工实物量为 4 000m²，折合系数为 60%，预算单价为 500 元，间接费用定额为 10%；一在建安装工程未完施工实物量为 2 000m²，折合系数为 50%，预算单价为 200 元，其中预算人工单价为 80 元，间接费用定额为 20%。则该公司 6 月份未完施工成本计算如下：

①未完建筑工程

未完施工折合已完工程实物量：$4\,000 \times 60\% = 2\,400 m^2$

未完施工成本 $= 2\,400 \times 500 \times (1+10\%) = 1\,320\,000$ 元

②未完安装工程

未完施工折合已完工程实物量：$2\,000 \times 50\% = 1\,000 m^2$

未完施工成本：$1\,000 \times 200 + 1\,000 \times 80 \times (1+20\%) = 296\,000$ 元

如果月末未完施工相差不大，为了简化工作，也可以在季末对未完施工进行盘点。在这种情况下，每季度前两个月的未完施工成本均按季初未完施工成本计算。

2）将累计实际发生的施工生产费用按照已完工程实物量和未完施工约当工程量比例在已完工程和未完施工之间进行分配。这种方法主要适用于未完施工实物量较多、占全部施工工程量比重较大且各月之间未完工程实物量相差较大的情况。

$$未完施工约当工程量 = 未完施工实物量 \times 折合系数 \quad (10-34)$$

$$某成本项目分配率 = 该成本项目费用合计 \div$$
$$(已完工程实物量 + 未完施工约当工程量) \quad (10-35)$$

$$未完施工成本 = \Sigma(未完施工约当工程量 \times 各成本项目分配率) \quad (10-36)$$

【例 10-21】耀华工程有限公司 20××年 8 月份一在建建筑工程月末已完工程为 $8\,000 m^2$，月末实地盘点未完施工实物量为 $2\,000 m^2$，施工进度为 50%。其他相关施工生产费用数据资料，详见表 10-27。

施工生产费用汇总表　　（单位：元）　　表 10-27

20××年 8 月

项目	材料费	人工费	机械使用费	其他直接费	间接费用	合计
月初未完施工成本	200 000	140 000	30 000	20 000	40 000	430 000
本月施工生产费用	880 000	670 000	150 000	115 000	185 000	2 000 000
合　计	1 080 000	810 000	180 000	135 000	225 000	2 430 000

未完施工约当工程量：$2\,000 \times 50\% = 1\,000 m^2$

各成本项目分配率：

材料费：$1\,080\,000 \div (8\,000 + 1000) = 120$ 元

人工费：$810\,000 \div (8\,000 + 1\,000) = 90$ 元

机械使用费：$180\,000 \div (8\,000 + 1\,000) = 20$ 元

其他直接费：$135\,000 \div (8\,000 + 1\,000) = 15$ 元

间接费用：$225\,000 \div (8\,000 + 1\,000) = 25$ 元

本月未完施工成本：$1\,000 \times (120+90+20+15+25) = 270\,000$ 元

本月已完施工成本：$8\,000 \times (120+90+20+15+25) = 2\,160\,000$ 元

实际工作中，上述计算是通过编制工程项目成本计算单进行的，详见表 10-28。

在采用这种计算方法时，本月工程实际成本必须按照分部分项工程分别计算，即以分部分项工程为成本计算对象，因为不同分部分项工程的工程实物量是不能简单相加计算的。

工程项目成本计算单　　　（单位：元）　　表 10-28

工程编号名称：
完工数量：
未完施工数量：　　　　　　　　　20××年8月　　　　　　　　　施工进度：50%

项目	材料费	人工费	机械使用费	其他直接费	间接费用	合计
月初未完施工成本	200 000	140 000	30 000	20 000	40 000	430 000
本月施工生产费用	880 000	670 000	150 000	115 000	185 000	2 000 000
合　计	1 080 000	810 000	180 000	135 000	225 000	2 430 000
已完工程数量						8 000
未完施工数量						2 000
未完施工约当工程量						1 000
费用分配率	120	90	20	15	25	270
未完施工成本	120 000	90 000	20 000	15 000	25 000	270 000
已完工程成本	960 000	720 000	160 000	120 000	200 000	2 160 000

（4）计算本月已完工程实际成本和本月施工工程预算成本

根据前述本月未完施工预算成本、本月施工生产费用以及月初未完施工成本，就可以计算出本月已完工程实际成本和预算成本。

$$\text{本月已完工程实际成本} = \text{月初未完施工成本} +$$
$$\text{本月施工生产费用} - \text{月末未完施工成本} \quad (10\text{-}37)$$
$$\text{本月已完工程预算成本} = \text{月初未完施工预算成本} +$$
$$\text{本月施工工程预算成本} - \text{月末未完施工预算成本} \quad (10\text{-}38)$$

10.5.4　分段工程成本结算和竣工工程成本决算

1. 分段工程成本结算

建筑施工企业如果对工程价款采用分段结算办法，就需要分段结算工程成本。这样，就应按照合同约定，在合同规定的各个工程部位完工以后，编制"已完工程结算表"，并对未完成合同规定的工程部位进行实地盘点，编制"未完施工盘点单"，计算未完施工成本。分段工程成本结算中，"已完工程成本结算表"和"未完施工盘点单"的格式和编制方法与前述"已完工程成本结算表"和"未完施工盘点单"的格式和编制方法相同，不同的是应当按工程部位（或形象进度）进行编制。当然，部位工程成本仍然是由分部分项工程成本汇总计算求得的。

2. 单位工程竣工成本决算

单位工程竣工时，要及时办理竣工成本决算。为了反映施工生产活动的经济效益、查明施工活动盈亏，除了正确计算工程实际成本外，还要配合预算部门检查工程造价是否完整。在正确计算竣工工程成本时，要检查建设单位供料、维修、供水和加工铁件等是否全部入账，现场剩余材料是否及时办理退料或转移手续，工程成本的记录是否完整正确，有无将属于专项工程的支出计入工程成本等。

根据统计制度和财务制度有关工程竣工验收、交付生产的规定，工程必须按照设计规定的内容全部完成才能算竣工、才能办理竣工成本决算。但有时全部工程已经基本完成、具备了使用条件，只因个别工程缺乏材料、设备，短期内不能解决而影响到收尾工程进行的，这时，可以在工程收尾以前就作为"竣工"处理。对于个别由于特殊原因而不能及时施工的收尾工程，应同时具备：①经发包单位同意并已办理竣工决算；②施工单位已提出收尾工程清单，附有计算依据；③收尾工程费用不超过收尾工程预算成本；④经主管部门审查和财政部门批准等四项基本条件，施工单位方可将其费用预提计入工程成本，计入"工程施工"科目的借方和相关科目的贷方。

在检查工程预算造价是否完整时，要配合预算部门按实际完成工程实物量和有关记录，检查是否存在预算漏项和计算错误。在施工中随着工程情况的变化，工程设计图纸往往需要作必要的修改，这就容易发生预算漏项和计算错误。为了正确计算工程价款，保证企业合理的工程价款收入，对于漏项和错算费用，如井底抽水费用、钢板桩租赁费用、大型机械场外供水费用、建筑物加层外脚手架费用、水塔烟囱等构筑物增加外脚手架费用、材料差价、安装设备和材料超距驳运费、高层建筑垂直供水及功效补贴费用、远征工程增加费（是指施工企业派出施工力量离开城市或基地到远郊区、山区及偏僻地区承担工程任务而需要增加的费用，包括需增加职工的差旅费、探亲路费、生活用车费和施工机械、工具、用具、周转材料的运杂费等）等，要按照规定定额和取费标准及时办理经济签证手续，调整预算造价，以便于发包单位计算工程价款。但必须正确处理与发包单位之间的关系，不能为了多增加收入和超额完成降低工程成本任务而使用一些不合理的经济签证，从而增加发包单位的投资。

在正确计算竣工工程的实际成本和预算造价的基础上，要及时办理单位工程竣工成本决算。因为单位工程是编制工程预算、结算工程价款的对象。为了反映工程预算的执行情况，分析工程成本的超降原因，并为同类工程积累成本资料，就有必要在各个单位工程竣工时对成本资料进行总结，以评价各个单位的施工管理水平、分析成本超降的主要原因，并分析施工管理中存在的问题，及时采取有效措施、加强施工管理，争取不断降低工程成本。为了做好竣工工程的成本决算，会计人员在施工过程中要经常深入工地现场，协助各施工作业班组做好工料记录、积累成本分析资料，如材料消耗定额的执行情况、代用材料的使用情况、工时的节约或超支情况、降低成本措施的经济效益等。单位工程竣工成本决算表的格式，详见表10-29。

"单位工程竣工成本决算表"中各有关项目的填列：

（1）"预算成本"，根据施工图预算分析填入，也可以根据各月份有关该项工程"已完工程结算表"中的预算成本，按照成本项目分别加总填入。

（2）"实际成本"，根据"工程施工成本明细分类账"的记录填入。

为了反映单位工程的全部成本，对于有分包单位参与的工程项目，还需要在补充资

单位工程竣工成本决算表　　　　　　　　　　　　　　　　表 10-29

建设单位：　　　　　　　　　　　　　　　　20××年　月　日
工程编号名称：　　　　　　　　　　　　　建筑面积：
工程结构：　　　　　　　　　　　　　　　工程造价：
开工日期：　　　　　　　　　　　　　　　竣工日期：
层数：　　　　　　　　　　　　　　　　　楼高：

项目	预算成本（元）	实际成本（元）	降低额（元）	降低率（%）
直接成本 　材料费 　人工费 　机械使用费 　其他直接费				
直接费小计				
间接费用				
工程成本合计				
补充资料 　单位成本				

制表：

料中反映分包工程成本，以便计算竣工工程的总成本和单位造价。

对于将几个单位工程合并为一个成本计算对象的，可将几个单位工程合并办理竣工成本决算，但必须按各个单位工程的预算成本或预算造价的比例，计算各个单位工程的实际成本。其计算公式如下：

$$某单位工程实际成本 = 某成本计算对象实际总成本 \times \frac{该单位工程预算成本（或预算造价）}{某成本计算对象预算总成本（或预算总造价）} \quad (10-39)$$

【例 10-22】某施工单位承建发包单位的幼儿园、宿舍、食堂三个单位工程，由于结构相同，并在同一工地上同时施工，很难将各个单位工程的用料分开，因此在成本计算时，将它们合并为一个成本计算对象。竣工后结算其实际总成本为 855 万元。三个单位工程的预算总成本为 900 万元，其中幼儿园为 150 万元，宿舍为 500 万元，食堂为 250 万元。

依据上述资料，计算各单位工程的实际成本如下：

$$幼儿园工程的实际成本：855 \times \frac{150}{900} = 142.5 万元$$

$$宿舍工程的实际成本：855 \times \frac{500}{900} = 475 万元$$

$$食堂工程的实际成本：855 \times \frac{250}{900} = 237.5 万元$$

在编制单位工程竣工成本决算时，有关人员会从不同结构、不同用途的单位工程中选择一些具有代表性的工程进行总结分析,并编制"工、料、机械台班用量比较表",其格式详见表 10-30,以便于分析工程成本超降的原因、积累工程成本方面的历史资料。

工、料、机械台班用量比较表　　　　　表 10-30

工程编号名称:

项目	单位	预算用量	施工定额用量	实际用量	实际较预算节、超(±)	实际较施工定额节、超(±)

制表:　　　　　　　　　　　　　　　　　　　　编制时间:

10.6　期间费用

期间费用,是指企业当期发生的、不能计入建筑工程产品成本、应全部直接计入当期损益的各项费用。期间费用包括管理费用、销售费用和财务费用。由于建筑施工企业生产经营活动的特殊性(只有采购和施工生产环节,没有销售环节),其期间费用一般只包括管理费用和财务费用两项,因而可不设置"销售费用"科目,如果发生有关销售费用,可在"管理费用"科目中核算。

10.6.1　管理费用的核算

1. 管理费用的内容

管理费用,是指建筑施工企业行政管理部门为组织和管理经营活动而发生的各项费用。按照现行财务会计制度规定,管理费用主要包括公司经费、工会经费、职工教育经费、劳动保险费、失业保险费、董事会费、咨询费、审计费、诉讼费、排污费、绿化费、土地使用费、土地损失补偿费、技术转让费、研究与开发费、无形资产摊销、开办费、业务招待费、存货盘亏及毁损(减盘盈),以及其他管理费用等。

(1)公司经费

公司经费,是指公司总部的行政经费,包括公司总部管理人员薪酬、差旅费、办公费、折旧费、修理费、机物料消耗、周转材料摊销,以及其他公司经费。

(2)工会经费

工会经费,是指按企业职工工资总额的 2% 提取并拨交给工会专门用于工会活动的专项经费。

（3）职工教育经费

职工教育经费，是指按企业职工工资总额的 2.5% 提取的职工教育经费。

（4）劳动保险费

劳动保险费，是指支付给离退休人员的工资、补贴、医药费、活动经费以及为职工支付的丧葬费、抚恤金等。

（5）失业保险费

失业保险费，是指企业按照国家规定缴纳的失业保险基金。失业保险费的提取有助于加强企业职工的社会保障。

（6）董事会费

董事会费，是指企业董事会或最高权力机构及其成员履行职权而发生的各项费用，包括成员津贴、会议费和差旅费等。

（7）咨询费

咨询费，是指企业向有关咨询机构进行科学技术、生产经营管理咨询等所支付的费用，包括聘请技术顾问、经济顾问、法律顾问等支付的费用。

（8）审计费

审计费，是指企业聘请会计事务所等中介机构进行审计、验资、资产评估等发生的各项费用，不包括企业内部审计部门发生的费用。

（9）诉讼费

诉讼费，是指企业因向法院起诉或应诉而发生的各项费用。

（10）排污费

排污费，是指企业按环保部门的规定缴纳的排污费用。

（11）绿化费

绿化费，是指企业对本企业区域内进行绿化而发生的各项零星绿化费用。

（12）土地使用费

土地使用费，是指企业按规定缴纳的土地使用费。

（13）土地损失补偿费

土地损失补偿费，是指企业在生产经营过程中破坏其他单位使用的国有土地或者国家不征用的集体所有土地，除负责土地复垦外，还应当向遭受损失的单位支付的土地损失补偿费。土地损失补偿费分为耕地的损失补偿费、林地的损失补偿费和其他土地的损失补偿费。

（14）技术转让费

技术转让费，是指企业使用非专利技术而支付的费用。

（15）研究与开发费

研究与开发费，是指企业自行研究开发新产品、新技术、新工艺过程中研究阶段发生的支出，以及开发阶段发生的不符合资本化条件的各项支出。其主要包括新产品设计费、工艺规程制定费、设备调试费、原材料和半成品试验费、技术图书资料费、未纳入国家计划的中间试验费、研究人员薪酬、研究设备的折旧、与产品试制及新技术研究有关的其他经费、委托其他单位进行的科研试制的费用，以及试制失败的损失等。

（16）无形资产摊销

无形资产摊销，是指企业分期摊销的无形资产价值，包括专利权、商标权、著作权、土地使用权、非专利技术等的摊销价值。若某项无形资产用于工程施工或其他生产活动，则其摊销价值计入工程成本或其他资产的成本。

（17）开办费

开办费，是指在企业自批准筹建之日起，至开始生产、经营（包括试生产、试营业）之日止的整个筹建期间内所发生的各项费用支出。其包括筹建期间人员薪酬、办公费、培训费、差旅费、印刷费、注册登记费，以及不计入固定资产和无形资产购建成本的汇兑损益和利息支出。

（18）业务招待费

业务招待费，是指企业为业务经营的合理需要而支付的招待费用。按所得税实施条例，企业在计算当年应缴纳企业所得税时，企业发生的与生产经营活动有关的业务招待费按照其发生额的60%，但最高不超过当年销售（营业）收入0.5%的管理费用，从当年税前利润中扣除。

（19）存货盘亏及毁损（减盘盈）

存货盘亏或盘盈，是指企业在施工生产过程中因管理不善等原因所造成的存货盘亏、毁损和报废损失在扣除过失人或保险公司赔偿款和残料价值后的净损失。若发生盘盈，则冲减管理费用。由于自然灾害、意外事故等原因所造成的存货非常损失，应计入营业外支出，不包括在本项目内。

（20）其他管理费用

其他管理费用，是指企业发生的除上述各项费用之外的应列入管理费用的其他各项支出。

2. 科目设置

管理费用的核算，是通过设置和登记"管理费用"科目进行的。该科目属于损益类科目，其借方登记本期实际发生的各项管理费用，贷方登记期末转入"本年利润"科目借方的管理费用，期末结转后应无余额。本科目应按照管理费用各构成项目设置明细分类科目，进行管理费用的明细分类核算。

3. 账务处理

当企业发生各项管理费用时，借记"管理费用"科目，贷记"库存现金""银行存款""原材料""应付职工薪酬""累计折旧""累计摊销""长期待摊费用""周转材料"等科目；会计期末，将"管理费用"科目的余额全部结转"本年利润"科目时，借记"本年利润"科目，贷记"管理费用"科目。

下面举例说明建筑施工企业管理费用的核算。

【例10-23】安远建筑工程有限公司本月实际发生的各项管理费用如下：

①召开董事会，发生费用支出 5 000 元，以现金付讫。

借：管理费用——董事会费　　　　　　　　　　　　　5 000
　　贷：库存现金　　　　　　　　　　　　　　　　　　　5 000

②公司员工小李出差归来，报销差旅费 5 135 元，已转账付讫。

借：管理费用——差旅费　　　　　　　　　　　　　　5 135
　　贷：银行存款　　　　　　　　　　　　　　　　　　　5 135

③转账支付会计事务所审计费用 250 000 元。

借：管理费用——审计费　　　　　　　　　　　　　250 000
　　贷：银行存款　　　　　　　　　　　　　　　　　250 000

④转账支付会计事务所财务咨询费 300 000 元。

借：管理费用——咨询费　　　　　　　　　　　　　300 000
　　贷：银行存款　　　　　　　　　　　　　　　　　300 000

⑤转账支付业务招待费 100 000 元。

借：管理费用——业务招待费　　　　　　　　　　　100 000
　　贷：银行存款　　　　　　　　　　　　　　　　　100 000

⑥本月应付公司员工工资总额 1 000 000 元，分别按 2%、2.5% 计提工会经费和职工教育经费。

借：管理费用——工会经费　　　　　　　　　　　　 20 000
　　　　　　　——职工教育经费　　　　　　　　　　25 000
　　贷：应付职工薪酬——福利费　　　　　　　　　　45 000

⑦计提行政管理部门本月固定资产折旧 450 000 元。

借：管理费用——折旧费　　　　　　　　　　　　　450 000
　　贷：累计折旧　　　　　　　　　　　　　　　　　450 000

⑧按规定本月应支付排污费 50 000 元、绿化费 70 000 元，已转账付讫。

借：管理费用——排污费　　　　　　　　　　　　　 50 000
　　　　　　　——绿化费　　　　　　　　　　　　　 70 000
　　贷：银行存款　　　　　　　　　　　　　　　　　120 000

⑨月末，结转"管理费用"科目余额 2 370 000 元。

借：本年利润　　　　　　　　　　　　　　　　　2 370 000
　　贷：管理费用　　　　　　　　　　　　　　　　2 370 000

10.6.2　财务费用的核算

1. 财务费用的内容

建筑施工企业的财务费用，是指建筑施工企业为筹集生产经营所需资金而发生的各项费用。按照现行财务会计制度规定，财务费用的内容主要包括经营期间所发生的借款利息净支出（利息支出减去利息收入）、汇兑净损失（汇兑损失减去汇兑收益）、金融机构手续费，以及企业为筹集经营所需资金而发生的其他财务费用。

（1）利息支出

利息支出，是指建筑施工企业在施工生产经营过程中因向银行或其他金融机构借款或发行债券等而发生的利息支出（不包括应予资本化的利息支出）减去银行存款利息收入后的净额，主要包括短期借款利息、长期借款利息、应付票据利息、票据贴现利息、应付债券利息等。企业因购建固定资产、无形资产而发生的应予资本化的利息净支出，不包括在本项目内。

（2）汇兑损失

汇兑损失，是指企业在施工生产经营活动中因向银行或其他金融机构借入外币借款或发行外币债券，在外币债务存续期间，由于汇率变动而发生的折合为记账本位币的汇兑损失减去汇兑收益后的净额，以及因业务需要进行货币兑换而发生的由于兑换汇率和记账汇率不同所产生的汇兑损失减去汇兑收益后的净额。企业因购建固定资产、无形资产而发生的应予资本化的汇兑净损失，不包括在本项目内。

（3）金融机构手续费

金融机构手续费，是指企业在施工生产经营过程中因筹集资金和办理各种结算业务等而支付给银行或其他金融机构的各种手续费，包括企业发行债券所支付的手续费（应予资本化的除外）、开出汇票的银行手续费、调剂外汇手续费等。但企业发行股票所支付的手续费不包括在内。

（4）其他财务费用

其他财务费用，是指企业除以上各项之外因筹资等而发生的其他费用，如企业以融资租赁方式租入固定资产所发生的融资租赁费、企业发生的现金折扣或收到的现金折扣等。

2. 科目设置

财务费用的核算，是通过设置和登记"财务费用"科目进行的，并在该科目中按照费用项目设置明细分类科目，进行财务费用的明细分类核算。该科目借方登记企业本期实际发生的各项财务费用，贷方登记企业本期应冲减财务费用的利息收入和汇兑收益，期末，应将"财务费用"科目的借方余额全部结转到"本年利润"科目的贷方，期末结转后，"财务费用"科目无余额。

3. 账务处理

下面举例说明建筑施工企业财务费用的核算。

【例10-24】安远建筑工程有限公司本月实际发生的各项财务费用如下：

①接开户银行通知，已从公司基本存款户中扣收本月银行结算业务手续费8 000元。

借：财务费用——金融机构手续费　　　　　8 000
　　贷：银行存款　　　　　　　　　　　　　　　　8 000

②接开户银行通知，已从公司基本存款户中扣收本月应付短期借款利息60 000元。

借：财务费用——利息净支出　　　　　　　　　　　　60 000
　　贷：银行存款　　　　　　　　　　　　　　　　　　　60 000

③接开户银行通知，本月活期存款利息收入 10 000 元，已存入公司基本存款户。

借：银行存款　　　　　　　　　　　　　　　　　　　10 000
　　贷：财务费用——利息净支出　　　　　　　　　　　　10 000

④月末调整外币（美元）长期借款账户因汇率上涨而产生的汇兑净损失 230 000 元。

借：财务费用——汇兑净损失　　　　　　　　　　　　230 000
　　贷：长期借款——美元户　　　　　　　　　　　　　230 000

⑤月末，结转"财务费用"科目余额 456 000 元。

借：本年利润　　　　　　　　　　　　　　　　　　　456 000
　　贷：财务费用　　　　　　　　　　　　　　　　　　456 000

本章知识点

1. 费用

费用，是指在工程建设及经营活动中发生的、会导致所有者权益减少的、与向所有者分配利润无关的经济利益的总流出。费用有广义和狭义之分。广义的费用，泛指企业生产经营活动中的各种耗费，包括生产费用和期间费用；狭义的费用，是指为销售商品、提供劳务等日常活动而发生的经济利益流出，即期间费用。

2. 成本

成本，有广义和狭义之分。广义的成本，是指企业为达到某一特定目的所放弃的全部资源或付出的全部代价。狭义的成本，通常是指产品成本，即为生产一定种类和数量的产品所发生的全部生产费用。

3. 建筑施工企业成本核算

建筑施工企业工程成本核算，是指按照复式记账原理，对建筑施工企业施工生产经营活动过程中所发生的各项施工生产费用进行确认、计量和记录，按照一定的程序进行归集和分配，从而计算已完工程和未完施工成本的一项成本管理工作。

4. 辅助生产

辅助生产，是指企业生产经营活动中为企业基本生产单位、行政管理部门以及其他企业内部有关单位或部门服务而进行的产品生产或劳务供应，如供水、维修等。根据辅助生产所从事的产品生产和劳务供应的不同情况，辅助生产主要包括以下两种类型：提供产品的辅助生产和提供劳务的辅助生产。

5. 其他直接费

其他直接费，是指施工生产过程中所发生的材料二次搬运费、临时设施摊销费、生产工具用具使用费、检验试验费、工程定位符侧费、工程点交费、场地清理费等。其他直接费一般能够分清受益成本核算对象，因而，在发生时可直接根据有关费用结算凭证直接计入相应成本核算对象成本的"其他直接费"成本项目，即借记"工程施工——合同成本（×工程）"科目，贷记"银行存款""周转材料摊销""临时设施摊销"等科目。

6. 间接费用

建筑施工企业的间接费用，是指建筑施工企业内部所属各施工单位，如工区、项目经理部、施工作业队等，在工程项目施工生产活动过程中为准备、组织和管理工程项目施工所发生的各项费用。这些费用与施工生产工艺过程没有直接关系，不能直接确认为哪一工程项目所耗用，无法直接计入某一工程成本计算对象的施工生产成本，在成本核算实务中，需要先通过"工程施工——间接费用"科目进行归集，然后再按适当的标准，并采用一定的方法，在各工程对象之间进行分配，分配计入各工程对象的施工生产成本。

7. 工程成本结算

工程成本结算应当与工程价款结算相适应。因此，如果是工程价款采用按月结算的工程项目，企业应当按月结算其工程项目成本；如果是工程价款采用按形象进度分段结算的工程项目，企业应按照承包合同工程价款的结算进度（即承包合同中约定的各个结算工程部位或工程进度）结算工程项目成本；如果是工程价款采用竣工后一次结算的工程项目，企业应在工程竣工后结算工程项目成本。

8. 已完工程

已完工程，是指已经完成承包合同规定的工作内容、符合跟甲方进行已完工程价款结算条件的工程，通常是分部分项工程。分部分项工程是构成建筑工程产品的实体，通过规定的工作内容和计量单位可以确定已完工程的工程实物量、鉴定已完工程的质量，同时可以正确计算工程单位造价。这部分已经完成预算定额规定的工作内容的分部分项工程，虽不具有完整的使用价值，也不属于竣工工程，但是由于企业对于这部分分部分项工程无需再进行任何进一步的施工生产活动，也可确定工程实物量和工程质量，故可将它作为已完工程，计算其预算成本和预算造价，并向甲方进行工程点交和工程价款结算。

9. 已完工程预算成本

已完工程预算成本，是指根据已完工程的工程实物量、预算单价和定额计算确定的工程项目成本。

10. 期间费用

期间费用，是指企业当期发生的、不能计入建筑工程产品成本、应全部直接计入当期损益的各项费用。期间费用包括管理费用、销售费用和财务费用。由于建筑施工企业生产经营活动的特殊性（只有采购和施工生产环节，没有销售环节），其期间费用一般只包括管理费用和财务费用两项，因而可不设置"销售费用"科目，如果发生有关销售费用，可在"管理费用"科目中核算。

11. 管理费用

管理费用，是指建筑施工企业行政管理部门为组织和管理经营活动而发生的各项费用。按照现行财务会计制度规定，管理费用主要包括公司经费、工会经费、职工教育经费、劳动保险费、失业保险费、董事会费、咨询费、审计费、诉讼费、排污费、绿化费、土地使用费、土地损失补偿费、技术转让费、研究与开发费、无形资产摊销、开办费、业务招待费、存货盘亏及毁损（减盘盈），以及其他管理费用等。

12. 财务费用

财务费用，是指建筑施工企业为筹集生产经营所需资金而发生的各项费用。按照现行财务会计制度规定，财务费用的内容主要包括经营期间所发生的借款利息净支出（利息支出减去利息收入）、汇兑净损失（汇兑损失减去汇兑收益）、金融机构手续费，以及企业为筹集经营所需资金而发生的其他财务费用。

思考题

1. 成本与费用的联系和区别是什么？
2. 为什么要进行成本费用的核算？
3. 如何确定工程成本核算对象？
3. 工程成本核算的要求是什么？
4. 工程成本核算的程序是什么？
5. 工程成本核算中如何分配间接费用？
6. 如何进行辅助生产的归集与分配？
7. 如何计算和结转已完工程和竣工工程成本？
8. 施工企业的期间费用有哪些？应如何进行核算？
9. 工程项目成本构成项目有哪些？其特点分别是什么？
10. 在工程成本核算中，如何进行要素费用的归集与分配？

实务题

1. 某建筑工程有限公司在 2020 年 4 月同时有甲、乙、丙、丁四个在建项目。各项目在 4 月份的各项施工生产费用详见表 10-31。

其中，甲、乙为建筑工程，丙、丁为安装工程。本月共发生间接费用 250 000 元。

各项目工程直接费　　　（单位：元）　　　表 10-31

2020 年 4 月

	甲	乙	丙	丁	合计
人工费	200 000	500 000	100 000	250 000	1 050 000
材料费	300 000	800 000	180 000	150 000	1 430 000
机械使用费	50 000	140 000	30 000	80 000	300 000
其他直接费	30 000	60 000	20 000	40 000	150 000
工程直接费合计	580 000	1 500 000	330 000	520 000	2 930 000

要求：将间接费用在各工程项目之间进行分配。

2. 某建筑工程有限公司本月同时进行甲、乙、丙三个项目的施工建设。本月内部独立核算机械作业单位同时在为三个工程项目提供机械作业，共发生机械作业费 540 000 元。其他数据资料详见表 10-32。

各项目作业台班量（单位：台班） 表 10-32

	甲	乙	丙
定额作业台班	200	300	400
实际作业台班	190	290	410

要求：分别按定额作业台班和实际作业台班分配机械使用费。

3. 某建筑工程有限公司 2020 年 4 月 30 日，对本月投入的 A 工程进行实地盘点，未完施工为 1 000 m^2，施工进度为 40%，已完工程为 3 600 m^2。A 工程为建筑工程，预算单价为 2 000 元/m^2，间接费用定额为 8%。本月实际发生各项施工费用详见表 10-33。

本月实际发生各项施工费用（单位：元） 表 10-33

成本项目	材料费	人工费	机械使用费	其他直接费	合计
金额	4 200 000	3 100 000	1 200 000	500 000	9 000 000

要求：月末未完施工分别按预算成本和实际成本计算，并计算确定本月已完工程实际成本。

4. 某建筑工程有限公司本月发生如下经济业务：

（1）乙工程施工领用主要材料共计计划成本 500 000 元，材料成本差异率为 5%；

（2）项目经理部一般消耗领用辅助材料共计计划成本 20 000 元，材料成本差异率为 6%；

（3）本月甲项目部应付职工薪酬 200 000 元。其中 A 项目施工生产人员 90 000 元，B 项目施工生产人员 80 000 元，项目部管理与服务人员 30 000 元；

（4）转账支付甲项目部安全防护物品购置费 2 000 元；

（5）本月公司行政管理部门应付职工薪酬 50 000 元；

（6）转账支付办公用品购置费 5 000 元；

（7）接工商银行通知，应付生产周转借款利息 20 000 元。

要求：根据上述经济业务计算直接成本、间接成本和期间费用。

第11章 收入与利润

【学习目标】

理解收入、利润、利润分配的涵义；理解收入、利润、利润分配的确认和计量；掌握收入、利润、利润分配核算的会计科目；熟练掌握收入、利润、利润分配核算的账务处理。

【重要术语】

收入　利润　利润分配　营业收入　营业成本　建造合同　合同收入　合同成本　所得税费用

11.1 收入概述

11.1.1 收入的概念与特点

1. 收入的概念

收入有广义和狭义之分。广义的收入，是指企业在其经营活动与非经营活动中所获得的能够导致企业净资产增加的所得，包括营业收入、投资收益和营业外收入。狭义的收入，是指企业在其经营活动中所取得的营业收入。我国《企业会计准则第14号——收入》（财会〔2006〕3号）对收入的定义为："收入，是指企业在日常活动中形成的、会导致所有者权益增加的、与所有者投入资本无关的经济利益的总流入。"我国企业会计实务中的收入是指狭义的收入，即营业收入。

2. 收入的特征

收入具有如下特征：

（1）收入是在企业日常经营活动中实现的，而不是在偶然发生的交易或事项中实现的。如建筑施工企业通过承包工程、材料销售、产品销售、机械作业、运输作业等获得的收入。有些交易或事项也能够给企业带来经济利益的流入，但不属于企业的日常经营活动，其产生的经济利益流入不是企业的收入，而是企业的利得。如出售固定资产，因为企业持有固定资产是为了使用而不是出售，将固定资产出售不是企业经营的目标，不属于企业的日常经营活动，因而出售固定资产取得的收益不作为企业的收入，而是作为企业的利得。

在我国企业会计实务中，通常将其作为营业外收入。

（2）收入的实现会导致企业的资产增加或负债减少。企业收入的实现能够导致企业的资产增加，如工程承包收入的实现；如立即收到甲方支付的工程款，导致企业银行存款的增加；如得到甲方审核签证承诺在未来某一时间结算工程价款，导致企业应收账款的增加；如收到甲方签发并承兑的商业汇票，导致企业应收票据的增加。收入的实现也可能导致企业的负债减少，如在工程价款结算中，原已向甲方预收工程进度款，则工程结算价款收入实现冲减原已预收进度款，从而导致企业负债减少；或者也可能导致企业资产增加同时负债减少，如某工程企业与甲方结算本月已完工程价款100万元，月初已向甲方预收进度款40万元。

（3）收入的实现必然导致企业所有者权益的增加。前已述及，收入的实现能导致资产的增加或负债的减少，或者两者兼而有之，根据"资产–负债=所有者权益"这一等式可知，在其他条件不变的情况下，收入的实现必然会导致企业所有者权益的增加。

（4）收入只包括本企业经济利益的流入，不包括为第三方或客户代收的款项。如企业代国家政府收取的增值税销项税额等。代收的款项，一方面增加企业的资产，另一方面同时以相等的金额增加企业的负债，因而不会导致企业所有者权益的增加，也不属于企业的经济利益，因而不能作为本企业的收入。

（5）收入与所有者投入资本无关。经济利益的流入，包括收入（营业收入和利得），也就是说收入只是经济利益流入的一部分。所有者投入资本，是指在公司初建时期收到的投资款或者中途有人入股。企业收到投资款时是有经济利益流入的，也增加所有者权益，但其不是经营活动形成的，而且不是日常活动形成的，简单地说就是不像交易活动那么频繁。

11.1.2 收入的分类

按照不同的分类标准，收入可以有不同的分类。

1. 按照企业从事日常活动的性质分类

按照企业从事日常活动的性质，可以将收入分为销售商品收入、提供劳务收入、让渡资产使用权收入、建造合同收入等。

（1）销售商品收入，是指企业通过销售商品实现的收入。

（2）提供劳务收入，是指企业通过提供劳务实现的收入。

（3）让渡资产使用权收入，是指企业通过让渡资产使用权实现的收入。

（4）建造合同收入，是指企业承担建造合同所形成的收入。

2. 按照企业从事日常获得在企业的重要性分类

按照企业从事日常获得在企业的重要性，可以将收入分为主营业务收入和其他业务收入。

（1）主营业务收入，也称基本业务收入，是指承包商为完成其经营目标从事的经常性活动所实现的收入，可以根据其营业执照上所注明的主营业务范围来确定。主营业务收入具有每笔业务金额一般较大、经常发生、在企业总收入中所占比重较高的特点。承包商主要是从事建筑安装工程施工的企业，因此承包商的主营业务收入是建造合同收入。

（2）其他业务收入，也称附营业务收入，是指承包商为完成其经营目标从事的经常性活动相关的活动所实现的收入。其他业务收入具有每笔业务金额一般较小、不经常发生、在企业总收入中所占比重较低的特点。承包商主要是从事建筑安装工程施工的企业，因此承包商的其他业务收入具体包括产品销售收入、材料销售收入、机械作业收入、让渡资产使用权（租赁）收入等。

11.1.3 收入核算的要求

1. 收入的确认

只有同时满足以下条件，才能确认为收入：

（1）与商品所有权相关的主要风险和报酬已经转移给购买方；

（2）企业既没有保留通常与所有权相联系的继续管理权，也没有对已售出的商品实施有效控制；

（3）收入的金额能够可靠地计量；

（4）相关的经济利益很可能流入企业；

（5）相关的已发生的或将发生的成本能够可靠地计量。

2. 收入核算的基本要求

收入核算的基本要求如下：

（1）承包商应正确区分收益、收入和利得的界限；

（2）承包商应正确地确认和计量收入；

（3）承包商应及时结转与收入相关的成本；

（4）承包商应正确计算收入和相关成本、税费。

11.2 建造合同收入

工程建设的主要业务活动，是指通过事先与买方（发包商）签订不可撤销建造合同，并按建造合同要求进行施工生产、为发包商提供满足合同要求的工程产品，据此实现其主营业务收入。因此，承包商的主营业务收入又称建造合同收入，相应地，承包商按建造合同来确认其收入。按现行财务制度规定，应采用完工百分比法来确认其工程结算价款收入。

11.2.1 建造合同的特征及其分类

建造合同，是指承包商为建造一项资产或者与设计、技术、功能、最终用途等密切相关的数项资产而订立的合同。其中,资产是指房屋、道路、桥梁、水坝等建筑物以及船舶、飞机、大型机械设备等。所建造的资产从其功能和最终用途来看，可以分为两类：一类是建成后就可以投入使用和单独发挥作用的单项工程，如房屋、道路、桥梁等；另一类是与设计、技术、功能和最终用途等密切相关的由数项资产构成的建设项目，只有当这些资产全部建成投入使用时，才能整体发挥效益。如承建一个发电厂，该项目由锅炉房、发电室、冷却塔等几个单项工程构成，只有各个单项工程全部建成投入使用时，发电厂才能正常运转和发电。

1. 建造合同的特征

建造合同属于经济合同范畴，但它又不同于一般的物资采购合同和劳务供应合同，而有其自身的特征，主要表现在：

（1）先有买主（即客户），后有标底（即资产）。建造资产的造价在签订合同时已经确定。

（2）资产的建设周期长，一般要跨越一个会计年度，有的长达数年。承包商为了及时反映各年度的经营成果和财务状况，一般情况下，不能等到合同工程完工时才确认收入和费用，而应按照权责发生制的要求、遵循配比原则，在合同实施过程中，按照一定的方法，合理地确认各年的收入和费用。

（3）所建造资产体积大、造价高。

（4）建造合同一般为不可撤销合同。

2. 建造合同的分类

建设工程施工合同的主要功能是承发包双方利益的分配和风险的分担，招标人或建设单位可以通过选择适宜的合同类型和设定合同条款从而最大限度地将风险转移给各承包商，同时最大限度地降低自己的风险。建设工程合同根据合同计价方式的不同，一般可以分为三大类型：总价合同、单价合同、成本加酬金合同。

（1）总价合同

所谓总价合同，是指在合同中确定一个完成项目的总价，承包单位据此完成项目内容的合同。它是以图纸和工程说明书为依据，由承包商与发包商经过商定作出的。

总价合同按其是否可以调值又分为以下两种形式：固定总价合同和可调总价合同。

1）固定总价合同

固定总价合同的价格计算是以图纸、规范、规则、合同约定为基础，承发包双方就承包项目协商一个固定总价，由承包方一笔包死，不能变化。采用这种合同，合同总价只有在设计和工程范围有所变更（即业主要求变更原定的承包内容）的情况下才能随之作出相应的变更。采用这种合同，业主风险较小，可清楚把握与控制工程造价、防止超支，易于业主投资控制。采用这种合同承包商的风险较大，因而承包商要在投标时对一切的费用上升因素作出充分估计，并包括在投标报价中。因为承包商将要为许多不可预见的因素付出代价，所以承包商往往会加大不可预见费用，致使这种合同一般报价较高。固定总价合同主要适用于以下情况：①工期较短（一般不超过1年）；②对最终要求非常明确；③工程规模小、技术简单的中小型建设项目；④设计深度已经达到施工图阶段要求，合同履行中不会出现较大的变更。

2）可调总价合同

可调总价合同,也是一种"总价"合同,也是以图纸及规定、规范为基础,但它是按照"时价"进行计算的,是一种相对固定的价格。与固定总价合同的区别在于,在合同执行过程中,由于通货膨胀而使使用的工料成本增加,可对合同总价进行相应地"调值"。"调值"的含义是,合同总价未发生变化,只是增加调值条款。

这种合同对合同实施过程中出现的风险作了分摊,发包方承担了通货膨胀这一不可预见费用因素的风险,而承包商只承担了实施中实物工程量、成本和工期等因素的风险。因此,这种合同适用于工程内容和技术经济指标规定很明确的项目,由于合同中列明调值条款,所以工期在1年以上的项目较适合采用这种合同形式。

（2）单价合同

当准备发包的工程项目的内容和设计指标一时不能明确时或是工程量可能出入较大时,宜采用单价合同。这样在不能精确地确定计算工程量的情况下,可以避免凭运气而使发包方或承包方任何一方承担过大风险。采用单价合同对发包方而言可提前招标,计算程序比较简单,但发包方的风险在于竣工前不能掌握工程总造价;对承包商而言,风险较小,但利润较低。

单价合同可以分为估计工程量单价合同、纯单价合同、单价与包干混合合同。

1）估计工程量单价合同

估计工程量单价合同是以工程量表和工程量单价表为基础和依据来计算合同价格的。通常是由发包商委托工程咨询机构提出工程量清单、列出分部分项工程量,由承包商以此为基础填报单价。最后工程的结算价应按实际完成工程量计算,用合同中的分部分项工程单价乘以实际工程量得出工程结算总价。采用这种合同时,要求实际完成的工程量与估计工程量不能有实质性的变化,否则应调整单价。工程量多大范围的变更才算是实质性的变化,不同合同条文对此有不同的规定,需要承发包双方通过合同约定。采用这种合同时,工程量是统一计算出来的,承包方只需要经过复核并填上适当的单价即可,承担风险较小;发包方也只需审核单价是否合理即可,双方都比较方便,目前国际上采用较多。我国推行的工程量清单计价方式改革后也会有越来越多的项目采用此合同。

2）纯单价合同

招标文件中仅给出各项工程内的工作内容一览表、工程范围和必要说明,而不提供工程量。投标人只需报出各项目的单价即可,实施过程中按实际完成工程量结算。采用这种合同时,发包方只需要向承包方给出发包工程的有关分部分项工程以及工程范围,不对工程量作任何规定。工程量按实际完成数量进行结算,发包方必须对工程量的单位划分作出明确的规定,以使各承包方能够合理地定价。

3）单价与包干混合合同

单价与包干混合合同是总价与单价合同的一种结合形式。对内容简单、工程量准确部分,采用总价合同方式承包;对技术复杂、工程量为估算部分采用单价合同方式承包。但应注意,在合同内必须详细注明两种计价方式所限定的工作范围。

(3)成本加酬金合同

成本加酬金合同,又称成本加成合同,是指将工程项目的实际投资划分为直接成本费和承包商完成工作后应得酬金两部分。实施过程中发生的直接工程费由业主实报实销,另按合同约定的方式支付给承包商相应的报酬,即以合同允许或其他方式议定的成本为基础,加上该成本的一定比例或定额费用确定工程价款的建造合同。

成本加酬金合同的主要形式包括固定百分比酬金合同、成本加固定金额酬金合同、成本加奖罚合同、最高限额成本加固定最大酬金合同等。

11.2.2 建造合同收入与合同成本的内容

建造合同收入,即是工程建设的工程结算收入。根据现行财务制度的规定,工程结算收入包括合同初始收入和追加收入两部分。具体来说,建造合同收入包括合同收入和合同成本两部分内容。

1. 合同收入

(1)合同中规定的初始收入

合同中规定的初始收入,是指承包方与发包方在双方签订的合同中最初商定的合同总金额,它构成了合同收入的基本内容。

(2)合同追加收入

合同追加收入,是指因合同变更、索赔、奖励等形成的收入。

因合同变更、索赔、奖励等形成的收入,并不构成承发包双方在签订合同时已在合同中商定的合同总金额,其是在执行合同过程中由于合同变更、索赔、奖励等原因而形成的追加收入。承包方不能随意确认这部分收入,只有在符合规定时这部分收入才能构成合同总收入。

1)合同变更收入

合同变更,是指发包方改变合同规定的作业内容而提出的调整。合同变更收入,是指因合同变更而增加的收入,发包方应当在能够认可因变更而增加的收入,并且收入能够可靠地计量时,才能对因变更而形成的收入予以确认。

2)合同索赔收入

索赔收入,是指因发包方或第三方的原因造成的、由承包方向发包方或第三方收取的、用以补偿不包括在合同造价中的成本的款项。承包方只有在预计对方能够同意这项索赔款(根据谈判情况判断),并且对方同意接受的金额能够可靠地计量时,才能对因索赔而形成的收入予以确认。

3)合同奖励收入

奖励收入,是指工程达到或超过规定的标准时,发包方同意支付给承包方的额外款项。

承包方应当根据目前的合同完成情况，判断工程进度和工程质量能够达到或超过既定标准，并且奖励金额能够可靠地计量时，才能对因奖励而形成的收入予以确认。

2. 合同成本

承包方的建造合同成本应当包括从合同签订之日开始至合同完成为止所发生的、与执行合同有关的直接费用和间接费用。

直接费用，是指承包方为完成合同所发生的、可以直接计入合同成本核算对象的各项费用支出，具体包括工程施工过程中耗用的人工费、材料费、机械使用费和其他直接费。间接费用，是指承包方为完成合同所发生的、不宜直接归属于合同成本核算对象而应分配计入有关合同成本核算对象的各项费用支出，包括承包方下属的工区、施工队和项目经理部为组织和管理施工生产活动所发生的费用。

11.2.3 建造合同收入与合同成本的确认和计量

1. 建造合同收入与建造合同成本（费用）确认和计量的原则

建造合同收入与建造合同成本（费用）的确认和计量，首先应判断建造合同的结果能否可靠地估计，然后再根据具体情况进行处理。

（1）建造合同的结果能够可靠地估计时，建造合同收入与建造合同成本（费用）确认和计量的原则

如果建造合同的结果能够可靠地估计，承包方应当根据完工百分比法在资产负债表日确认建造合同收入和建造合同费用。由于建造合同分为固定造价合同和成本加成合同两种类型。不同类型的建造合同，判断其结果能否可靠地估计的前提条件也是不同的。

1）固定造价合同的结果能够可靠地估计应具备的条件

固定造价合同的结果能够可靠地估计，应同时具备以下条件：

①合同总收入能够可靠地估计；

②与合同相关的经济利益能够流入企业；

③在资产负债表日，合同完工进度和为完成合同尚需发生的成本能够可靠地确定；

④为完成合同已经发生的合同成本能够清楚地区分和可靠地计量，以便使实际合同成本能够与以前的预计合同成本相比较。

2）成本加成合同的结果能够可靠地估计应具备的条件

成本加成合同的结果能够可靠地估计，应同时具备以下条件：

①合同相关的经济利益能够流入企业；

②实际发生的合同成本能够清楚地区分并且能够可靠地计量。

承包方当期完成的建造合同，应将实际合同总收入减去以前会计年度累计已确认的合同收入后的余额作为当期收入，同时将累计实际发生的合同成本减去以前会计年度累计已确认的合同费用后的余额作为当期费用。

（2）建造合同的结果不能可靠地估计时，建造合同收入与建造合同成本（费用）确认和计量的原则

如果建造合同的结果不能可靠地估计，则不能采用完工百分比法确认和计量合同收入和合同费用，而应当区别以下情况进行处理：

1）合同成本能够收回的，合同收入根据能够收回的实际合同成本加以确认，合同成本在其发生的当期作为费用。

【例 11-1】某建筑公司与客户签订了一份总金额为 100 万元的建造合同。第 1 年度实际发生工程成本 50 万元，双方均能履行合同规定的义务，但建筑公司在年末对该项工程的完工进度无法可靠地确定。

①虽然不能采用完工百分比法确认收入，但由于客户能履行合同，当年发生的成本均能收回，所以该建筑公司可将当年发生的成本金额同时确认为当年的合同收入和合同费用，当年不确认利润。

②若当年只与客户办理价款结算 30 万元，其余款项可能收不回来。此时，该建筑公司只能将 30 万元确认为当年的合同收入，50 万元则确认为合同费用。

2）合同成本不能收回的，应当在发生时立即作为费用，不确认收入。

在一个会计年度内完成的建造合同，应当在完成时确认合同收入和合同费用。如果合同预计总成本超过合同预计总收入时，应当将预计损失立即作为当期费用。

（3）合同预计损失的处理

承包方正在建造的资产，类似于工业制造企业的在产品，性质上属于承包方的存货，期末同样应进行减值测试。如果建造合同的预计总成本超过合同总收入，则形成合同预计损失，应当提取损失准备，并确认为当期费用。合同完工时，将已提取的损失准备冲减合同费用。

【例 11-2】某承包商签订了一份总金额为 270 万元的固定造价合同，最初预计合同总成本为 240 万元。第 1 年实际发生合同成本 180 万元，年末预计为完成合同尚需发生成本 120 万元，该合同的结果能可靠地估计。

则该承包商第 1 年年末：

①完工百分比：180÷（180+120）×100%=60%

②应确认合同收入：240×60%=144 万元

③应确认合同费用：（180+120）×60%=180 万元

④应确认合同毛利：144−180=−36 万元

⑤预计合同损失：[（180+120）−240]×（1−60%）=−24 万元

2. 建造合同按完工百分比法进行确认与计量

完工百分比法，是根据合同完工进度确认合同收入和合同费用的方法。运用这种方法确认合同收入和合同费用，能够为财务报表使用者提供有关合同进度及本期业绩的有用信息，并能够体现权责发生制原则的实质。

承包方应用完工百分比法,首先应确定建造合同的完工进度,计算为完工百分比;然后再根据完工百分比计量和确认当期的合同收入和合同费用。

(1)确定建造合同的完工进度

承包方确定建造合同完工进度的方法主要有以下几种:

1)根据累计实际发生的合同成本占合同预计总成本的比例确定合同完工进度。该方法是确定建造合同完工进度最常用的方法之一。其计算公式如下:

$$合同完工进度 = 累计实际发生的合同成本 \div 合同预计总成本 \times 100\% \quad (11-1)$$

其中,

$$合同预计总成本 = 累计实际发生的合同成本 + 完成合同尚需发生的成本 \quad (11-2)$$

【例11-3】某承包商签订了一项合同总金额5 000万元的建造合同,合同工期2年。第1年实际发生合同成本1 300万元,年末预计为完成合同尚需发生成本2 900万元;第2年实际发生合同成本2 000万元,年末预计为完成合同尚需发生成本800万元。计算合同完工进度如下:

第1年合同完工进度:1 300÷(1 300+2 900)×100%=30.95%

第2年合同完工进度:(1 300+2 000)÷(1 300+2 000+800)×100%=80.49%

采用累计实际发生的合同成本占合同预计总成本的比例确定合同完工进度时,累计实际发生的合同成本实际上是形成工程形象进度的工程实体和工作量所耗用的直接费用和间接费用,不包括与合同未来活动相关的合同成本(如施工中尚未安装、使用或耗用的材料成本)以及在分包工程的工作量完成之前预付给分包单位的款项。

2)根据已完成的合同工作量占合同预计总工作量的比例来确定合同完工进度。该方法适用于合同工作量容易确定的建造合同,如道路工程、土石方工程、砌筑工程等。其计算公式如下:

$$合同完工进度 = 已经完成的合同工作量 \div 合同预计总工作量 \times 100\% \quad (11-3)$$

【例11-4】某承包商签订了一项修建500km公路的建造合同,合同总金额为60 000万元,合同工期为2年。第1年修建了180km,第2年修建了270km。其合同完工进度计算如下:

第1年合同完工进度:180÷500×100%=36%

第2年合同完工进度:(180+270)÷500×100%=90%

3)实地测量已完合同进度。该方法是在无法根据上述两种方法确定合同完工进度时而采用的一种特殊的技术测量方法。适用于一些特殊的建造合同,如水下施工工程等。需要强调的是,这种技术测量并不是由承包方自行随意测定,而是由专业测量人员在现场进行科学测量确定。

(2)根据完工百分比确认合同收入和合同费用

承包方根据完工百分比计量和确认当期合同收入和合同费用:首先确认当期的合同收入,然后确认当期的合同毛利,最后确认当期的合同费用。其计算公式如下:

$$当期确认的合同收入 = 合同总收入 \times 合同完工进度 -$$
$$以前会计年度累计已确认的合同收入 \tag{11-4}$$
$$当期确认的合同毛利 =（合同总收入 - 合同预计总成本）\times$$
$$合同完工进度 - 以前会计年度累计已确认的合同毛利 \tag{11-5}$$
$$当期确认的合同费用 = 当期确认的合同收入 - 当期确认的$$
$$合同毛利 - 以前会计年度预计损失准备 \tag{11-6}$$

【例 11-5】某承包商签订了一项合同总金额为 10 000 万元的固定造价合同。合同工期为 3 年（2015.4.1–2018.3.31）。假定经计算，2015 年合同完工进度为 30%，2016 年为 60%，2017 年为 90%。经测定，2015~2017 年合同预计总成本为 8 500 万元，2018 年 3 月 31 日项目如期完工，累计实际发生合同成本为 8 300 万元。则该承包商各期应确认合同收入、合同毛利、合同费用计算如下：

① 2015 年合同收入、合同成本和合同毛利的确认：

合同收入：10 000 × 30%–0=3 000 万元

合同费用：8 500 × 30%–0=2 550 万元

合同毛利：3 000–2 550=450 万元

② 2016 年合同收入、合同成本和合同毛利的确认：

合同收入：10 000 × 60%–3 000=3 000 万元

合同费用：8 500 × 60%–2 550=2 550 万元

合同毛利：3 000–2550=450 万元

③ 2017 年合同收入、合同成本和合同毛利的确认：

合同收入：10 000 × 90%–3 000–3 000=3 000 万元

合同费用：8 500 × 90%–2 550–2 550=2 550 万元

合同毛利：3 000–2 550=450 万元

④ 2018 年合同收入、合同成本和合同毛利的确认：

合同收入：10 000 × 100%–3 000–3 000–3 000=1 000 万元

合同费用：8 300 × 100%–2 550–2 550–2 550=650 万元

合同毛利：1 000–650=350 万元

11.2.4 建造合同收入与合同成本的核算

1. 科目设置

为了反映和监督建造合同收入、合同费用及相关税费的计算和确定情况，建筑施工企业应设置以下科目进行核算。

（1）"主营业务收入"科目

本科目属于损益类科目，用来反映和监督建筑施工企业当期确认的合同收入及期末结转本年利润情况。该科目贷方登记当期确认的合同收入，借方登记期末转入"本年利润"

科目的合同收入，期末结转后本科目应无余额。

（2）"主营业务成本"科目

本科目属于损益类科目，用来反映和监督建筑施工企业当期确认的合同费用。该科目借方登记当期确认的合同费用，贷方登记期末转入"本年利润"科目的合同费用，期末结转后该科目应无余额。

（3）"营业税金及附加"科目

本科目属于损益类科目，用来反映和监督建筑施工企业当期实现主营业务收入和其他业务收入应负担的城市维护建设税和教育费附加。该科目借方登记当期确认应缴纳的城市维护建设税和教育费附加，贷方登记期末结转"本年利润"科目的营业税金及附加，期末结转后本科目应无余额。

（4）"工程结算"科目

本科目核算企业（建造承包方）根据建造合同约定向业主办理结算的累计金额。本科目应当按照建造合同进行明细核算。企业向业主办理工程价款结算时，按应结算的金额，借记"应收账款"等科目，贷记本科目。合同完工时，将本科目余额与相关工程施工合同的"工程施工"科目对冲，借记本科目，贷记"工程施工"科目。本科目期末贷方余额，反映企业尚未完工建造合同已办理结算的累计金额。

（5）"工程施工——合同毛利"科目

本科目核算各项工程施工合同确认的合同毛利。按规定确认工程合同收入、费用时，借记"主营业务成本"科目，贷记"主营业务收入"科目，按其差额借记或贷记本（合同毛利）科目。合同完工结清"工程施工"和"工程结算"科目时，借记"工程结算"科目，贷记本科目。本科目期末借方余额，反映尚未完工工程施工合同成本和合同毛利。

2. 建造合同收入与合同费用的账务处理

（1）合同结果能够可靠地估计

【例11-6】某建筑公司签订了一项总价6 000万元（不含税价，增值税税率10%）的建造合同，工期为2年（2018.1.1-2019.12.31），该建造合同的结果能够可靠地估计。在资产负债表日按完工百分比法确认合同收入和合同费用。相关数据资料详见表11-1。

2018年相关账务处理如下，单位为万元：

建造合同相关数据资料（单位：万元）　　　　　　　　　表11-1

项目	2018年度	2019年度	合计
合同总价			6 000
实际发生成本	2 400	2 600	5 000
估计至完工时尚需发生成本	2 400		
已结算工程价款	2 800	3 200	6 000
实际收到工程价款	2 700	3 300	6 000

①开出账单,结算已完工程价款:

借:应收账款——应收工程款 2 800
　　贷:工程结算 2 800

②收到工程价款:

借:银行存款 2 700
　　贷:应收账款——应收工程款 2 700

③确认和计量当年的合同收入和合同费用:

合同完成进度:2 400/(2 400+2 400)×100%=50%

当年应确认合同收入:6 000×50%-0=3 000 万元

当年应确认增值税销项税额:3 000×10%=300 万元

当年应确认合同费用:(2 400+2 400)×50%-0=2 400 万元

当年应确认合同毛利:3 000-2 400=600 万元

根据上述计算结果,编制会计分录如下:

借:主营业务成本 2 400
　　工程施工——合同毛利 600
　　贷:主营业务收入 3 000
借:应收账款——应收工程款 300
　　贷:应交税费——应交增值税(销项税额) 300

2019 年相关账务处理如下,单位为万元:

①开出账单,结算已完工程价款:

借:应收账款——应收工程款 3 200
　　贷:工程结算 3 200

②收到工程价款:

借:银行存款 3 300
　　贷:应收账款——应收工程款 3 300

③确认和计量当年的合同收入和合同费用:

合同完成进度:(2 400+2 600)/(2 400+2 600)×100%=100%

当年应确认合同收入:6 000×100%-3 000=3 000 万元

当年应确认增值税销项税额:3 000×10%=300 万元

当年应确认合同费用:(2 400+2 600)×100%-2 400=2 600 万元

当年应确认合同毛利:3 000-2 600=400 万元

根据上述计算结果,编制会计分录如下:

借:主营业务成本 2 600
　　工程施工——合同毛利 400
　　贷:主营业务收入 3 000

借：应收账款——应收工程款　　　　　　　　　　　　300
　　贷：应交税费——应交增值税（销项税额）　　　　　　300

④合同完工时，结清"工程施工"和"工程结算"科目：

借：工程结算　　　　　　　　　　　　　　　　　　6 000
　　贷：工程施工——合同成本　　　　　　　　　　　5 000
　　　　　　　　——合同毛利　　　　　　　　　　　1 000

（2）合同结果不能可靠地估计

【例11-7】某建筑公司与一客户签订了一项总价为300万元的建造合同，跨年度施工。第1年实际发生成本100万元，双方均能履行合同规定的义务。但在年末时，该建筑公司对该项工程的完工进度无法可靠估计，但客户能够履行合同，且当年发生的成本均能够收回。

在这种情况下，该建筑公司不能采用完工百分比法确认收入，应将当年发生的成本金额同时确认为当年的合同收入和合同费用，当年不确认利润。应编制如下会计分录，单位为万元：

借：主营业务成本　　　　　　　　　　　　　　　　100
　　贷：主营业务收入　　　　　　　　　　　　　　　100

如果当年该建筑公司与客户只办理了工程价款结算60万元，由于客户出现财务困难，其余款项可能无法收回。在这种情况下，该建筑公司只能将60万元确认为当年的合同收入，将100万元确认为当年的合同费用。应编制如下会计分录，单位为万元：

借：主营业务成本　　　　　　　　　　　　　　　　100
　　贷：主营业务收入　　　　　　　　　　　　　　　60
　　　　工程施工——合同毛利　　　　　　　　　　　40

（3）建造合同预计损失的处理

为了反映和监督建造合同预计损失的计提情况，建筑施工企业应设置"存货跌价准备——合同预计损失准备"科目。该科目从性质上属于资产类科目，从用途上属于备抵调整科目，用来反映和监督工程施工合同预计损失准备。该科目贷方登记在建合同计提损失准备；借方登记合同完工时转销的合同预计损失准备；期末贷方余额，反映尚未完工建造合同已计提的损失准备。本科目应按施工合同设置明细科目，进行明细核算。

【例11-8】某建筑施工企业与一客户签订了一项施工合同，合同总价为400万元，最初预计总成本为350万元。第1年实际发生成本210万元，预计完成合同尚需发生成本210万元，合同结果能够可靠地估计。

则该建筑施工企业第1年的会计处理如下：

第1年合同完工进度：210/（210+210）×100%=50%

第1年应确认合同收入：400×50%-0=200万元

第1年应确认合同费用：（210+210）×50%-0=210万元

第1年应确认合同毛利：200-210=-10万元

第 1 年预计合同损失：[（210+210）–400]×（1–50%）=10 万元

根据上述计算结果，应编制如下会计分录，单位为万元：

借：主营业务成本　　　　　　　　　　　　　　　210
　　贷：主营业务收入　　　　　　　　　　　　　　200
　　　　工程施工——合同毛利　　　　　　　　　　10

同时：

借：资产减值损失　　　　　　　　　　　　　　　10
　　贷：存货跌价准备——合同预计损失准备　　　　10

在合同完工确认合同收入、合同费用时，应转销合同预计损失准备，并编制如下会计分录：

借：存货跌价准备——合同预计损失准备　　　　　10
　　贷：主营业务成本　　　　　　　　　　　　　　10

11.3 其他业务收入

11.3.1 其他业务收入的内容

建筑施工企业除了承包工程施工业务外，还有诸如产品销售、材料销售、提供机械作业、无形资产转让、固定资产出租等业务，这就是建筑施工企业的其他经营业务。

建筑施工企业的其他业务收入，是指除建筑工程施工外因开展其他业务活动而获得的收入。主要包括：

（1）产品销售收入，是指建筑施工企业或其所属内部独立核算的工业企业，将其生产的各种产品销售给外单位或本企业其他内部独立核算单位所取得的收入。

（2）材料销售收入，是指建筑施工企业或其所属内部独立核算的材料供应单位，对外单位或本企业其他内部独立核算单位销售材料所取得的收入。

（3）机械作业收入，是指建筑施工企业或其所属内部独立核算的机械站、运输队等，对外单位或本企业其他内部独立核算单位提供机械作业、运输作业所取得的收入。

（4）固定资产出租收入，是指建筑施工企业将其多余闲置的固定资产出租给其他单位所取得的租金收入。

（5）无形资产出租收入，是指建筑施工企业将其无形资产出租给其他单位所取得的租金收入。

（6）其他收入，是指建筑施工企业取得的除上述收入以外的其他各项收入。

11.3.2 其他业务收入的确认

建筑施工企业的其他业务收入，应于收入实现时及时确认入账。

1. 商品销售收入的确认

建筑施工企业的商品销售收入,包括产品销售收入、材料销售收入。建筑施工企业销售商品,必须同时满足以下条件,才能确认为收入实现:

(1)企业已将商品所有权上的主要风险和报酬转移给购买方。如果一项商品所发生的任何损失均不需要企业承担(如商品贬值、损坏、报废等),带来的经济利益(如商品升值)也不归企业所有,则意味着该商品所有权上的风险和报酬已经转移出该企业。

(2)企业既没有保留与所有权相联系的继续管理权,也没有对已售出的商品实施有效控制。如果企业对售出的商品保留了与所有权无关的管理权,则不受本条件的限制。

(3)与交易相关的经济利益很可能流入企业。企业在销售商品时,如果预计收回价款的可能性不大,即使收入确认的其他条件均已具备,也不应当确认收入。

(4)相关的收入和相关的已发生或将发生的成本能够可靠地计量。企业在销售商品时,售价通常已经确定,但销售过程中由于某种不确定性因素,也可能出现售价变动的情况,在新的售价未确定前不应确定收入。根据收入与费用配比原则,与同一项销售有关的收入和成本应在同一会计期间予以确认。因此,如果成本不能可靠计量,即使其他条件均已满足,也不能确认收入。

以上四个条件,如果任何一个条件不具备,即使货款已收到,也不能确认收入。

2. 提供劳务收入的确认

建筑施工企业对外提供的机械作业收入、运输作业收入属于提供劳务取得的收入,应分别下列情况予以确认:

(1)在同一会计年度内开始并完成的劳务,应在劳务完成时确认收入,确认的金额为合同或协议总金额,确认的方法可以参照商品销售收入的确认原则。

(2)如果劳务的开始和完成分属不同的会计年度,且在资产负债表日能够对该项交易的结果作出可靠估计的,应按完工百分比法确认收入。

提供劳务的交易能够可靠地估计,必须满足以下条件:

(1)合同总收入和总成本能够可靠地计量。合同总收入一般根据双方签订或协议注明的交易总额确定。合同总成本包括至资产负债表日止已经发生的成本和完成劳务将要发生的成本。

(2)与交易相关的经济利益很可能流入企业。企业可以从接受劳务方的信誉、以往的经验,以及双方就结算方式和期限达成的协议等方面进行判断。

(3)劳务的完成程度能够可靠地确定。劳务的完成程度可以采用已完工作的测量、已提供的劳务量占应提供劳务总量的比例、已经发生成本占估计总成本的比例等方法来确定。

在采用完工百分比法确定收入时，确认收入和相关费用的计算公式如下：

$$\text{本年度应确认的劳务收入} = \text{劳务总收入} \times \text{本年末止劳务完成程度} - \text{以前年度累计已确认劳务收入} \qquad (11-7)$$

$$\text{本年度应确认的劳务成本} = \text{劳务总成本} \times \text{本年末止劳务完成程度} - \text{以前年度累计已确认劳务成本} \qquad (11-8)$$

企业在资产负债表日如不能可靠地估计所提供劳务的交易结果，则不能按完工百分比法确认收入。其处理办法与建造合同相同。

3. 让渡资产使用权产生的收入的确认

建筑施工企业的固定资产及无形资产出租收入，属于让渡资产使用权取得的收入，应遵照以下原则进行确认：

（1）与交易相关的经济利益很可能流入企业。

（2）收入的金额能够可靠地计量。

企业应当根据收入的性质，按照收入确认的原则，合理地确认和计量各项收入。

在建筑施工企业会计实务中，一般按下列方式确认收入实现：

（1）商品销售收入，应在发出商品，同时收讫价款或取得索取价款的凭证时，确认为收入的实现。

（2）机械作业收入，应在提供机械作业、运输作业，同时收讫价款或取得索取价款的凭证时，确认为收入的实现。

（3）周转材料、商品、固定资产、无形资产出租收入，应按企业与承租方签订的合同或协议规定的承租方付租日期和金额，确认为租金收入实现。若合同或协议规定的付租日期已到而承租方仍未付租，仍应视为租金收入实现，并按规定应收租金确认租金收入。

11.3.3　其他业务收支核算的科目

为了反映和监督建筑施工企业其他业务收入的实现情况及与其相关的其他业务支出的发生情况，应设置"其他业务收入"和"其他业务成本"科目。

1. "其他业务收入"科目

该科目属于损益类科目，用来反映和监督建筑施工企业除主营业务收入以外的各种其他业务收入的实现情况。该科目贷方登记企业实现的各种其他业务收入；借方登记期末转入"本年利润"科目贷方的其他业务收入，结转后应无余额。本科目应按其他业务种类设置"产品销售收入""机械作业收入""运输作业收入""材料销售收入""无形资产转让收入""固定资产出租收入"等明细科目，进行明细分类核算。

2. "其他业务成本"科目

该科目属于损益类科目，用来反映和监督建筑施工企业除主营业务成本、营业税金及附加以外的各种其他业务支出的发生情况。该科目借方登记企业发生的各种其他业务支出；贷方登记期末转入"本年利润"科目借方的其他业务成本，结转后应无余额。本科目应按其他业务种类设置"产品销售""机械作业""运输作业""材料销售""无形资产转让""固定资产出租"等明细科目，进行明细分类核算。

11.3.4 其他业务收支核算的账务处理

1. 其他业务收入的核算

建筑施工企业实现的其他业务收入，应在实际收到价款或取得索取价款凭证时，借记"银行存款"或"应收账款"科目，贷记"其他业务收入"科目和"应交税费——应交增值税（销项税额）"科目。编制如下会计分录：

借：银行存款（或应收账款）
　　贷：其他业务收入
　　　　应交税费——应交增值税（销项税额）

【例 11-9】2018 年 10 月 20 日，某开发公司销售项目剩余木用原材料，价款 100 000 元未收。编制如下会计分录：

借：应收账款　　　　　　　　　　　　　　　100 000
　　贷：其他业务收入　　　　　　　　　　　　100 000

【例 11-10】某公司向东海公司提供技术咨询，获得咨询收入 100 万元，已转账收讫。编制如下会计分录：

借：应收账款　　　　　　　　　　　　　　　1 000 000
　　贷：其他业务收入　　　　　　　　　　　　1 000 000

【例 11-11】2018 年 4 月 1 日，某公司将闲置不用的机械设备出租给云华公司使用，约定月租金 100 000 元，现转账收讫本月份租金。编制如下会计分录：

借：应收账款　　　　　　　　　　　　　　　100 000
　　贷：其他业务收入　　　　　　　　　　　　100 000

2. 其他业务成本的核算

建筑施工企业的其他业务成本，是指为获得其他业务收入过程中所发生的各项成本费用和税金。其他业务成本，应通过设置和登记"其他业务成本"科目，并按其他业务类型设置"物业管理支出""材料销售支出""无形资产转让支出""固定资产出租支出"等二级科目进行核算。

根据其他业务收入应与其相关的成本、费用配比的原则，企业在将各月份实现的其他业务收入确认入账时，应同时将与其相关的其他业务成本、费用和营业税金及附加确认入账。

在其他业务成本确认入账时，应借记"其他业务成本"科目，贷记"银行存款""原材料""应交税费"等科目。具体账务处理如下：

（1）物业管理支出

借：其他业务成本——物业管理支出

贷：原材料
　　　　　应付职工薪酬
　　　　　银行存款等
（2）材料销售支出
　　借：其他业务成本——材料销售支出
　　　贷：原材料
（3）无形资产转让支出
　　借：其他业务成本——无形资产转让支出
　　　贷：应付职工薪酬、银行存款等（派出技术服务人员的费用等）
　　　　　累计摊销（无形资产出租）
（4）固定资产出租支出
　　借：其他业务成本——固定资产出租支出
　　　贷：累计折旧
（5）应交营业税金及附加
　　借：其他业务成本——营业税金及附加
　　　贷：应交税费——应交城市维护建设税
　　　　　　　　——应交教育费附加
　　　　　　　　——应交地方教育费附加

【例11-12】某公司本月销售剩余材料的成本为90 000元，出租机械设备应提折旧为60 000元，应付技术咨询人员薪酬为200 000元，转账支付其他费用300 000元。编制如下会计分录：

借：其他业务成本	650 000
贷：原材料	90 000
累计折旧	60 000
应付职工薪酬	200 000
银行存款	300 000

11.4 利润

11.4.1 利润总额的组成

建筑施工企业的利润，是企业在一定会计期间的经营成果。企业的利润总额集中反映了企业经济活动各个方面的效益，是衡量企业经营管理水平和经济效益的重要综合指标。企业利润通常是多个工程项目之和，反映的是总体情况。

建筑施工企业的利润总额由营业利润、营业外收支净额两部分组成。其计算公式如下：

利润总额 = 营业利润 + 营业外收入 − 营业外支出　　　　　（11-9）

1. 营业利润

营业利润，是指建筑施工企业在一定时期内从事生产经营活动所实现的利润，是企业利润总额的主要来源。其计算公式如下：

$$营业利润 = 营业收入 - 营业成本 - 营业税金及附加 - 销售费用 - 管理费用 - 财务费用 - 资产减值损失 + 公允价值变动收益（-公允价值变动损失）+ 投资收益（-投资损失） \quad (11-10)$$

其中，营业收入，是指企业经营业务所确认的收入总额，包括主营业务收入和其他业务收入；营业成本，是指企业经营业务所发生的实际成本总额，包括主营业务成本和其他业务成本；资产减值损失，是指企业计提各项资产减值准备所形成的损失；公允价值变动收益（或损失），是指企业交易性金融资产等公允价值变动所形成的应计入当期损益的收益（或损失）；投资收益（或损失），是指企业以各种方式对外投资所取得的收益（或发生的损失）。

2. 营业外收入与营业外支出

营业外收入，是指企业发生的与其日常经营活动无直接关系的各种利得。营业外支出，是指企业所发生的与其日常经营活动无直接关系的各种损失。营业外收支净额，是指营业外收入与营业外支出的差额。

营业外收入并不是由于企业经营资金耗费所产生的，一般不需要企业付出代价，是一种纯收入，不可能也不需要与有关费用进行配比，是直接计入当期利润的利得。营业外收入主要包括以下各项：非流动资产处置利得、非货币性资产交换利得、债务重组利得、罚没利得、政府补助利得、捐赠利得、现金盘盈利得、确实无法支付而按规定程序报经批准后转作营业外收入的应付款项等。营业外支出主要包括以下各项：非流动资产处置损失、非货币性资产交换损失、债务重组损失、公益性捐赠支出、罚没支出、非常损失、盘亏损失等。

3. 净利润

净利润，又称税后利润、税后净利，是指企业的利润总额减去企业的所得税费用后的差额。所得税费用，是指企业确认的应从当期利润总额中扣除的所得税费用。其计算公式如下：

$$净利润 = 利润总额 - 所得税费用 \quad (11-11)$$

11.4.2 利润形成的账务处理

1. 科目设置

建筑施工企业利润形成的核算，应设置"本年利润""营业外收入""营业外支出"等科目。

（1）"本年利润"科目

本科目是一个所有者权益类科目，反映和监督企业利润的形成情况。贷方登记会计期末从各收入科目转入的本期各种收入和利得;借方登记会计期末从各成本、费用、税费及损失科目转入的本期各种成本、费用、税费及损失;若期末余额在贷方,反映企业当期实现的净利润,若期末余额在借方,反映企业当期发生的净亏损。年终时,应将该科目的贷方余额结转到"利润分配——未分配利润"科目的贷方,若为借方余额,则应结转到"利润分配——未分配利润"科目的借方,年终结账后,"本年利润"科目无余额。

(2)"营业外收入"科目

本科目属于损益类科目,反映和监督企业的各项营业外收入的取得和结转情况。该科目贷方登记企业取得的各项营业外收入,借方登记期末结转"本年利润"科目的本期营业外收入,期末结转后本科目无余额。

(3)"营业外支出"科目

本科目属于损益类科目,反映和监督企业的各项营业外支出的发生和结转情况。该科目借方登记企业发生的各项营业外支出,贷方登记期末结转"本年利润"科目的本期营业外支出,期末结转后本科目无余额。

2. 营业外收支核算的账务处理

(1)营业外收入核算的账务处理

1)营业外收入实现时,编制如下会计分录:

借:银行存款、固定资产清理等

 贷:营业外收入

2)期末(月末)结转本年利润,编制如下会计分录:

借:营业外收入

 贷:本年利润

【例11-13】2018年4月5日,某公司收到承包商因工期延误所支付的违约金100万元,已存行。编制如下会计分录,单位为万元:

借:银行存款   100

 贷:营业外收入   100

【例11-14】某公司经批准,将其所欠的确实无法偿付的一笔购货款20万元予以核销。编制如下会计分录,单位为万元:

借:应付账款   20

 贷:营业外收入   20

(2)营业外支出核算的账务处理

1)营业外支出发生时,编制如下会计分录:

借:营业外支出

 贷:银行存款、固定资产清理等

2)期末(月末)结转本年利润,编制如下会计分录:

借:本年利润

贷：营业外支出

【例11-15】2018年7月10日,某公司因为开发管理不当对所在地水源造成污染,被环保部门处以罚款100万元,已转账支付。编制如下会计分录,单位为万元:

　　借：营业外支出　　　　　　　　　　　　　　100
　　　贷：银行存款　　　　　　　　　　　　　　100

【例11-16】某公司经董事会决议,向希望工程捐赠现金200万元,已转账支付。编制如下会计分录,单位为万元:

　　借：营业外支出　　　　　　　　　　　　　　200
　　　贷：银行存款　　　　　　　　　　　　　　200

3. 本年利润核算的账务处理

企业的本年利润核算,应编制如下会计分录:

(1) 期末结转所有收入

　　借：主营业务收入
　　　　其他业务收入
　　　　公允价值变动损益（收益）
　　　　投资收益（净收益）
　　　　营业外收入
　　　贷：本年利润

(2) 期末结转所有费用、成本

　　借：本年利润
　　　贷：主营业务成本
　　　　　其他业务成本
　　　　　营业税金及附加
　　　　　管理费用
　　　　　销售费用
　　　　　财务费用
　　　　　资产减值损失
　　　　　公允价值变动损益（损失）
　　　　　投资收益（净损失）
　　　　　营业外支出
　　　　　所得税费用

【例11-17】某建筑施工企业20×8年12月末各损益类科目的余额情况详见表11-2。该企业采用账结法核算本年利润。其账务处理如下:

①月末,将各损益类科目的贷方余额转入"本年利润"科目的贷方。编制会计分录如下,单位为万元:

各损益类科目余额情况表（单位：万元）　　　　　　表 11-2

会计科目	借方余额	贷方余额
主营业务收入		8 000
主营业务成本	6 000	
营业税金及附加	300	
其他业务收入		1 000
其他业务成本	600	
管理费用	500	
财务费用	200	
资产减值损失	150	
公允价值变动损益		350
投资收益		750
营业外收入		100
营业外支出	250	

借：主营业务收入　　　　　　　　　　　　　　　　8 000
　　其他业务收入　　　　　　　　　　　　　　　　1 000
　　公允价值变动损益　　　　　　　　　　　　　　　350
　　投资收益　　　　　　　　　　　　　　　　　　　750
　　营业外收入　　　　　　　　　　　　　　　　　　100
　贷：本年利润　　　　　　　　　　　　　　　　　10 200

②将各损益类科目的借方余额转入"本年利润"科目的借方。编制会计分录如下，单位为万元：

借：本年利润　　　　　　　　　　　　　　　　　　8 000
　贷：主营业务成本　　　　　　　　　　　　　　　6 000
　　　营业税金及附加　　　　　　　　　　　　　　　300
　　　其他业务成本　　　　　　　　　　　　　　　　600
　　　管理费用　　　　　　　　　　　　　　　　　　500
　　　财务费用　　　　　　　　　　　　　　　　　　200
　　　资产减值损失　　　　　　　　　　　　　　　　150
　　　营业外支出　　　　　　　　　　　　　　　　　250

③假设"本年利润"科目年终结账前为贷方余额 30 000 万元，应将其转入"利润分配——未分配利润"科目的贷方。编制会计分录如下，单位为万元：

借：本年利润　　　　　　　　　　　　　　　　　 30 000
　贷：利润分配——未分配利润　　　　　　　　　　30 000

若"本年利润"科目年终结账前为借方余额，则应将其转入"本年利润"科目的借方。

编制会计分录如下,单位为万元:

借:利润分配——未分配利润 30 000
  贷:本年利润 30 000

11.4.3 建筑施工企业所得税的核算

1. 企业所得税概述

按照《中华人民共和国企业所得税法》的规定,企业所实现的经营所得和其他所得应及时计算并缴纳企业所得税。

(1)企业所得税的征税对象

企业所得税的征税对象,是指企业的生产经营所得、其他所得和清算所得。建筑施工企业的所得包括销售货物所得、转让财产所得、股息红利所得、利息所得、租金所得、特许权使用费所得、接收捐赠所得和其他所得。

(2)企业所得税的税率

我国现行企业所得税的基本税率为25%。同时在《中华人民共和国企业所得税法》中设定了低税率和优惠税率。非居民企业在中国境内未设立机构、场所的,或者虽设立机构、场所但取得的所得与其所设机构、场所没有实际联系的,应当就其来源于中国境内的所得缴纳企业所得税,适用税率为20%。符合条件的小型微利企业,适用税率为20%;国家需要重点扶持的高新技术企业,适用税率为15%。

(3)企业所得税的计税依据

企业所得税的计税依据是企业的应纳税所得额(应税所得)。但是,应税所得与会计利润不同。应税所得又称应纳税所得额,是根据《中华人民共和国企业所得税法》规定所确认的收入总额减去准予扣除项目金额(即准予扣除的成本、费用、税金和损失支出)后的差额。会计利润是根据《企业会计准则》和《企业会计制度》规定所确认的收入减去成本费用后的差额。

企业的应纳税所得额,是企业每一纳税年度的收入总额减除不征税收入、免税收入、各项扣除及允许弥补的以前年度亏损后的余额。其计算公式如下:

$$应纳税所得额 = 收入总额 - 不征税收入 - 免税收入 - 各项扣除 - 以前年度亏损 \quad (11-12)$$

2. 企业所得税应纳税额的计算

(1)应纳税所得额

企业所实现的利润总额要扣除应依法缴纳的企业所得税后,才能作为利润分配的依据。企业所得税的计税依据是一定时期内企业的应纳税所得额。应纳所得税要根据企业当年所实现的应纳税所得额和规定的所得税税率计算确定。因此,在计算应纳所得税额之前,首先应确定企业当年的应纳税所得额(简称应税所得、应税利润)。企业应纳税所得额的计算方法有两种:一是直接法,二是间接法。直接法的计算公式如式(11-12)所示。

间接法的计算公式概括为：

应纳税所得额 = 利润总额 + 纳税调增项目 − 纳税调减项目 − 弥补以前年度亏损　　　　　　　　　（11-13）

企业应纳税所得额的计算应遵循权责发生制原则，即属于当期的收入与费用，无论款项是否在当期收付，均作为当期的收入和费用；不属于当期的收入和费用，即使款项已在当期收付，均不作为当期的收入和费用。应纳税所得额的计算准确与否，直接关系到国家财政收入和企业的税收负担，并且同企业成本、费用核算关系密切。因此，《企业所得税法》对应纳税所得额的计算作出了明确规定。

（2）利润总额

利润总额又称会计利润、税前利润，是依据现行《企业会计准则——基本准则》和《企业会计制度》规定所计算出来的企业利润总额。

（3）纳税调增项目

纳税调增项目，是指在计算利润总额时按现行《企业会计准则——基本准则》和《企业会计制度》规定可以扣除的成本、费用、损失的支出，而按照税法规定在计算应纳税所得额时不允许作为成本、费用、损失扣除的支出项目，这些项目在计算应纳税所得额时必须作适当调整，增加应纳税所得额。目前，这些项目主要包括：

1）在经营期间向非金融机构借款，利息支出超过按照金融机构同类、同期贷款利率计算的部分；

2）职工工资性支出超过在财政部规定的范围内，由省、自治区、直辖市人民政府规定的计税工资性支出标准的部分；

3）业务招待费支出超出财务制度规定限额的部分；

4）公益、救济性捐赠支出超出允许扣除标准的部分；

5）非公益、救济性支出和赞助支出；

6）股权投资采用权益法核算时，会计核算按持股比例确认的投资收益超过当年实际收到的股利或联营利润的部分；

7）税法规定不能从应纳税所得额中扣除的其他支出。

（4）纳税调减项目

纳税调减项目，又称税前扣除项目，是指按照税法规定在计算应纳税所得额时允许从应纳税所得额中扣除的项目。目前，这些项目主要有：

1）国债利息收入；

2）投资收益中从其他单位分得的利润中其他单位已纳税部分。

（5）弥补以前年度亏损

根据税法和现行企业财务会计制度的有关规定，企业发生的年度亏损，可以用下一年度的税前利润弥补，下一年度税前利润不足以弥补的亏损，可以在5年内由税前利润延续弥补，延续5年税前利润都未能弥补的亏损，只能由缴纳企业所得税后的税后利润弥补。企业作为自主经营、自负盈亏的生产经营实体，其盈利必须是在原有资本保全基础上的价值增值。因此，企业发生的年度亏损应当用以后年度所获利润来弥补。这样，企业亏损的弥补就有两个渠道：税前利润弥补和税后利润弥补。如果企业的税前利润不足以弥补亏损，就会减少企业当年的应纳税所得额。

企业当年所实现的利润总额（会计利润）按上述内容进行调整后，即为企业当年的应纳税所得额。当年应纳税所得额乘以适用所得税税率，便可以计算出当年应纳所得税额。其计算公式如下：

$$应纳所得税额 = 应纳税所得额 \times 所得税税率 \quad (11-14)$$

3. 企业所得税核算的资产负债表债务法

（1）基本原理

现行《企业会计制度》规定，企业所得税的核算应采用资产负债表债务法。

在计算递延所得税时，企业应于每年年末根据资产负债表的各资产、负债项目和所得税法规的规定，计算确定递延所得税负债、递延所得税资产及当年所得税费用，其具体计算步骤如下：

1）计算资产或负债各项目账面价值与计税基础的差异，并确认差异的性质，即是应税暂时性差异还是可抵扣暂时性差异。

2）计算期末递延所得税负债或资产余额。其计算公式如下：

$$期末递延所得税负债 = 应税暂时性差异 \times 所得税税率 \quad (11-15)$$

$$期末递延所得税资产 = 可抵扣暂时性差异 \times 所得税税率 \quad (11-16)$$

3）计算本期递延所得税负债或资产调整额。其计算公式如下：

$$本期递延所得税负债调整额 = 递延所得税负债期末余额 - 递延所得税负债期初余额 \quad (11-17)$$

$$本期递延所得税资产调整额 = 递延所得税资产期末余额 - 递延所得税资产期初余额 \quad (11-18)$$

4）计算本期应交所得税。其计算公式如下：

$$应交所得税 = （会计利润 \pm 纳税调整额）\times 所得税税率 \quad (11-19)$$

5）计算本期所得税费用。其计算公式如下：

$$\begin{aligned}所得税费用 &= 本期应交所得税 \pm 本期所得税负债调整额 \pm 本期所得税资产调整额 \\ &= 本期应交所得税 + （所得税负债期末余额 - 所得税负债期初余额）+ \\ &\quad （所得税资产期末余额 - 所得税资产期初余额）\end{aligned} \quad (11-20)$$

值得注意的是，资产负债表债务法的特点即当税率或税基变动时，要按预期税率对"递延所得税负债"和"递延所得税资产"科目的余额进行调整，即对企业期末资产或负债的调整。

（2）科目设置

1）"所得税费用"科目

该科目是损益类科目，借方登记当期确认所得税费用，贷方登记期末结转"本年利润"

科目的当期所得税费用，该科目期末结转后无余额。

2）"应交税费——应交企业所得税"科目

该科目是负债类科目，贷方登记当期应缴纳企业所得税，借方登记预交或缴纳企业所得税；期末余额若在贷方，表示应交未交的企业所得税，若期末余额在借方则表示多交的企业所得税。

3）"递延所得税资产"科目

该科目核算可抵扣暂时性差异对所得税产生的影响。借方登记当期应确认可抵扣暂时性差异对所得税的影响金额，贷方登记当期应转回可抵扣暂时性差异对所得税的影响。期末余额一般在借方，反映尚未转回的可抵扣暂时性差异对所得税的影响金额。

4）"递延所得税负债"科目

该科目核算应纳税暂时性差异对所得税的影响及其转回。贷方登记应确认的应纳税暂时性差异对所得税的影响金额，借方登记以后转回的应纳税暂时性差异对所得税的影响金额；期末余额一般在贷方，反映尚未转回的应纳税暂时性差异对所得税的影响金额。

（3）账务处理

企业发生的所得税和递延所得税除企业合并和与直接计入权益的交易或事项相关的以外，都应计入当期损益。其会计处理为：按本期应交所得税加本期递延所得税负债增加额减本期递延所得税资产增加额，借记"所得税费用"科目；按本期递延所得税资产增加额，借记"递延所得税资产"科目，按本期递延所得税负债增加额，贷记"递延所得税负债"科目；按本期应交所得税，贷记"应交税费——应交所得税"科目。

【例11-18】某公司于2013年12月25日以银行存款购入一套不需要安装的数控机床，价值105万元，使用寿命5年，预计净残值5万元，企业采用双倍余额递减法计提折旧，按税法规定应按平均年限法计提折旧。该企业2014年至2018年各年税前利润分别为78万元、87万元、108万元、86.5万元、86.5万元，所得税税率25%。2015年12月31日复核该机床可收回金额为30万元，重新预计净残值仍为5万元，使用寿命不变，假设不考虑其他税费。要求列出机床取得时的会计分录，计算各期所得税和递延所得税并编制会计分录。

①购置机床时：

借：固定资产——机床　　　　　　　　　　　　　　1 050 000
　　贷：银行存款　　　　　　　　　　　　　　　　　　1 050 000

②计提各年折旧、资产减值和所得税等时：

A. 2014年各种计提及会计分录：

税法规定年折旧额：（105-5）÷5=20万元

会计折旧：105×40%＝42万元

借：制造费用　　　　　　　　　　　　　　　　　　420 000
　　贷：累计折旧　　　　　　　　　　　　　　　　　　420 000

应交所得税 =（会计利润 + 多提折旧）× 所得税税率
　　　　　=（78+22）× 25% =25 万元

机床账面价值：105−42=63 万元

机床计税基础：105−20=85 万元

年末递延所得税资产：（85−63）× 25% =5.5 万元

借：所得税费用　　　　　　　　　　　　　　195 000
　　递延所得税资产　　　　　　　　　　　　 55 000
　　贷：应交税费——应交所得税　　　　　　　250 000

B. 2015 年各项计提及会计分录：

会计折旧：（105−42）× 40% =25.2 万元

借：制造费用　　　　　　　　　　　　　　　252 000
　　贷：累计折旧　　　　　　　　　　　　　　252 000

2015 年 12 月 31 日测试机床的减值额：（105−42−25.2）−30=7.8 万元

借：资产减值损失　　　　　　　　　　　　　 78 000
　　贷：固定资产减值准备　　　　　　　　　　 78 000

应交所得税 =（会计利润 + 多提折旧 + 计提减值）× 所得税税率
　　　　　=（87+5.2+7.8）× 25% =25 万元

机床账面价值：105−（42+25.2+7.8）=30 万元

机床计提基础：105−20 × 2=65 万元

年末递延所得税资产：（65−30）× 25% =8.75 万元

本年调整递延所得税资产：8.75−5.5=3.25 万元

本年所得税费用：25−3.25=21.75 万元

借：所得税费用　　　　　　　　　　　　　　217 500
　　递延所得税资产　　　　　　　　　　　　 32 500
　　贷：应交税费——应交所得税　　　　　　　250 000

C. 2016 年各项计提及会计分录：

会计折旧：30 × 40% =12 万元

借：制造费用　　　　　　　　　　　　　　　120 000
　　贷：累计折旧　　　　　　　　　　　　　　120 000

应交所得税 =（会计利润 − 少提折旧）× 所得税税率
　　　　　=（108−8）× 25% = 25 万元

机床账面价值：105−（42+25.2+7.8+12）=18 万元

机床计税基础：105−20 × 3=45 万元

年末递延所得税资产：（45−18）× 25% =6.75 万元

本年应调整递延所得税资产：6.75−8.75=−2 万元

本年所得税费用：25+2=27 万元

借：所得税费用　　　　　　　　　　　　　　　270 000
　　贷：应交税费——应交所得税　　　　　　　250 000
　　　　递延所得税资产　　　　　　　　　　　 20 000

D. 2017 年各项计提及会计分录：

会计折旧：（30-12-5）×50% =6.5 万元

借：制造费用　　　　　　　　　　　　　　　　 65 000
　　贷：累计折旧　　　　　　　　　　　　　　 65 000

应交所得税 =（会计利润 – 少提折旧）× 所得税税率
　　　　　　=（86.5-13.5）×25% = 18.25 万元

机床账面价值：105-（42+25.2+7.8+12+6.5）=11.5 万元

机床计税基础：105-20×4=25 万元

年末递延所得税资产：（25-11.5）×25% =3.375 万元

本年应调整递延所得税资产：3.375-6.75=-3.375 万元

本年所得税费用：18.25+3.375=21.625 万元

借：所得税费用　　　　　　　　　　　　　　　216 250
　　贷：应交税费——应交所得税　　　　　　　182 500
　　　　递延所得税资产　　　　　　　　　　　 33 750

E. 2018 年各项计提及会计分录：

会计折旧：（30-12-5）×50% =6.5 万元

借：制造费用　　　　　　　　　　　　　　　　 65 000
　　贷：累计折旧　　　　　　　　　　　　　　 65 000

应交所得税 =（86.5-13.5）×25% =18.25 万元

机床账面价值：105-（42+25.2+7.8+12+6.5+6.5）=5 万元

机床计税基础：105-20×5=5 万元

年末递延所得税资产：（5-5）×25% =0

本年应调整递延所得税资产：0-3.375=-3.375 万元

本年所得税费用：18.25+3.375=21.625 万元

会计分录同 2017 年。

11.5　利润分配

11.5.1　企业利润分配的内容

利润分配，是指对企业实现的净利润，按规定在企业、职工与投资者之间的分配，必须兼顾有关各方的利益。

企业发生的年度亏损,可以用下一年度的税前利润弥补;下一年度税前利润不足以弥补的,可以在延续 5 年内弥补;5 年内不足以弥补的,用税后利润弥补。因而,企业实现的年度利润,要先用来弥补以前 5 年内发生的亏损,然后据此计算应纳税所得额。这里所说的亏损,是指经主管税务机关对企业财务报表中反映的亏损按税法规定核实调整后的金额。企业实现的利润在缴纳企业所得税后,分别以下情况进行分配。

1. 非股份制企业利润分配的顺序

非股份制企业,是指除股份有限公司之外的所有其他各种组织形式和所有制形式的企业,包括有限责任公司。根据现行法律法规的规定,企业缴纳所得税后的利润,除国家另有规定外,按下列顺序分配:

(1) 弥补被没收的各种财务损失,弥补支付各项税收的滞纳金和罚款的损失。对企业因违反法规而被没收的财物损失,以及因违反税收法规政策被税务机关所处罚的滞纳金和罚款,必须用企业的税后利润支付,而不能在税前列支。这样是为了使国家利益免遭损失。

(2) 弥补延续 5 年用税前利润都不能弥补的经营性亏损。企业以前年度的亏损,如果不能在延续 5 年内用税前利润弥补的,则只能用税后利润弥补,这是为了体现企业作为自主经营、自负盈亏的经营实体所必须承担的经济责任。以前年度亏损未弥补完之前,企业不得提取盈余公积金,也不得向投资者分派利润。

(3) 提取法定盈余公积。根据现行财务制度规定,在扣除前两项后还有剩余利润的,就得按扣除前述两项后的利润的 10% 提取法定盈余公积。当累积的法定盈余公积达到注册资本的 50% 时,可以不再提取。法定盈余公积可以用于弥补亏损或转增资本金,但是转增资本金后所结余的法定盈余公积不得低于转增前注册资本的 25%。

(4) 向投资者分派利润。企业在按规定提取完上述法定盈余公积金和公益金之后,加上以前年度的未分配利润,就是可供投资者分配的利润,就可以根据需要向投资者分派利润。对于实行利润上缴办法的国有建筑施工企业,按规定应上缴国家财政。

在进行完上述利润分配后,剩余的利润加上年末未分配利润,就是公司年末未分配留待以后年度继续分配的利润,称为年末未分配利润。其计算公式如下:

$$年末未分配利润 = 年初未分配利润 + 净利润 - 提取的法定盈余公积 - \\ 提取的公益金 - 向投资者分派利润 \quad (11-21)$$

2. 股份有限公司利润分配的顺序

股份有限公司利润分配的顺序,与上述一般企业略有不同。其区别在于提取法定盈余公积后,应当按下列顺序分配:

(1) 支付优先股股利。如果公司发行有优先股,则应在提取法定盈余公积金和公益金之后,向优先股股东支付优先股股利。

(2) 提取任意盈余公积。对于股份有限公司来说,在分配完优先股股利之后,应提取任意盈余公积。在没有支付优先股股利之前不能提取任意盈余公积,任意盈余公积是否提取以及提取多少，根据公司章程或股东大会决议由企业自行决定。提取任意盈余公积是为了控制和调节向普通股股东分派的利润水平以及各年度之间利润分派的波动幅度，而向普通股股东分派利润施加约束的手段。

（3）支付普通股股利。在没有提取任意盈余公积之前，不得向普通股股东分派股利。至于向普通股股东分派多少股利，由公司根据公司章程或股东大会决议决定。

在进行完上述利润分配后，剩余的利润加上年初未分配利润，就是公司年末未分配留待以后年度继续分配的利润，称为年末未分配利润。其计算公式如下：

年末未分配利润 = 年初未分配利润 + 净利润 − 提取的法定盈余公积 − 提取的公益金 − 支付的优先股股利 − 提取的任意盈余公积 − 支付的普通股股利 　　（11−22）

需要注意的是，企业当年无利润时，不得向投资者分派利润。其中，股份有限公司当年无利润，原则上不分派股利。但为了维护公司股票的信誉，避免股票价格大幅度波动，在用盈余公积弥补亏损后，经股东大会特别决议，可以按照不超过股票面值6%的比率用盈余公积分派股利。在分派股利后，企业的法定盈余公积不得少于转增前资本金的25%。

11.5.2　利润分配的核算

1. 科目设置

为了反映和监督企业利润的分配情况，建筑施工企业应设置"利润分配"科目，该科目属于所有者权益类科目，用来反映和监督企业利润的分配（或亏损的弥补）和历年利润分配（或亏损弥补）后的结存余额。该科目贷方登记年末从"本年利润"科目借方转入的当年净盈利及用盈余公积弥补的亏损；借方登记年末从"本年利润"科目贷方转入的当年净亏损、提取盈余公积及分派股利；期末余额若在贷方，表示年终未分配利润，期末余额若在借方，表示年末尚未弥补亏损。本科目应设置以下明细科目："提取法定盈余公积""提取任意盈余公积""应付股利或利润""转作股本的股利""盈余公积补亏""未分配利润"。

2. 账务处理

（1）年度终了，将"本年利润"科目余额结转至"利润分配——未分配利润"科目

1）若为净盈利：

借：本年利润

　　贷：利润分配——未分配利润

2）若为净亏损：

借：利润分配——未分配利润

　　贷：本年利润

（2）用盈余公积弥补亏损

借：盈余公积

贷：利润分配——盈余公积补亏
（3）按规定提取法定盈余公积、任意盈余公积
借：利润分配——提取法定盈余公积
　　贷：盈余公积——法定盈余公积
借：利润分配—提取任意盈余公积
　　贷：盈余公积——任意盈余公积
（4）向投资者分配现金股利或利润
借：利润分配——应付现金股利或利润
　　贷：应付股利（或应付利润）
（5）经股东大会或类似权力机构批准分派股票股利
借：利润分配——转作股本的股利
　　贷：实收资本（或股本）

（6）年度终了，企业将"利润分配"除"利润分配——未分配利润"明细科目外的其他明细科目的余额全部转入"利润分配——未分配利润"明细科目，结转后，除"利润分配——未分配利润"明细科目外，"利润分配"科目的其他明细科目应无余额。

【例11-19】某建筑工程股份有限公司2018年度"利润分配——未分配利润"年初贷方余额为135亿元，当年实现净盈利100亿元。分别按10%、15%提取法定盈余公积和任意盈余公积，并向投资者分派现金股利30亿元。编制会计分录如下，单位为亿元：

①将净盈利结转"利润分配"科目：

借：本年利润　　　　　　　　　　　　　　　　100
　　贷：利润分配——未分配利润　　　　　　　　　100

②提取法定盈余公积和任意盈余公积：

借：利润分配——提取法定盈余公积　　　　　　10
　　　　　　——提取任意盈余公积　　　　　　15
　　贷：盈余公积——法定盈余公积　　　　　　　10
　　　　　　　　——任意盈余公积　　　　　　　15

③向投资者分派现金股利：

借：利润分配——应付现金股利　　　　　　　　30
　　贷：应付股利　　　　　　　　　　　　　　　30

④将"利润分配"科目其他明细科目的余额转入"利润分配——未分配利润"明细科目。

借：利润分配——未分配利润　　　　　　　　　55
　　贷：利润分配——提取法定盈余公积　　　　　10
　　　　　　　　——提取任意盈余公积　　　　　15
　　　　　　　　——应付现金股利　　　　　　　30

11.5.3 以前年度损益调整的核算

1. 以前年度损益调整的内容

以前年度损益调整，是指企业本年度发生的调整以前年度损益的事项。从引起以前年度损益调整的原因来看，主要包括以下两种情况：

（1）以前年度发生了会计差错，如计算错误、选用会计科目不当、编制会计分录有误等；

（2）以前年度采用了不恰当的会计方法，如按照《企业会计准则》，企业应当采用权责发生制，但却采用了收付实现制来对收入和费用进行了确认，于本年度查出。

2. 以前年度损益调整事项的处理

对于以前年度损益调整事项，按照现行规定，应作如下处理：

（1）不再调整以前年度的账目，通过"以前年度损益调整"科目，归集所有需要调整以前年度损益的事项，以及相关所得税的调整，并将其余额转入"利润分配——未分配利润"科目。

（2）不再调整以前年度财务报表，仅调整本年度财务报表相关项目的年初数或上年实际数。但企业在年度资产负债表日至财务会计报告批准报出日之间发生的调整报告年度损益的事项，应当调整报告年度财务报表相关项目的数字。

3. 科目设置

建筑施工企业应设置"以前年度损益调整"科目，以反映和监督企业本年度发生的调整以前年度损益的事项。企业在年度资产负债表日至财务会计报告批准报出日之间发生的调整报告年度损益的事项，以及本年度发生的以前年度重大会计差错的调整，也在本科目反映。该科目贷方登记调整增加以前年度利润或调整减少以前年度亏损；该科目借方登记调整减少以前年度利润或调整增加以前年度亏损；期末将该科目余额转入"利润分配——未分配利润"科目。

4. 账务处理举例

【例 11-20】某建筑施工企业 2018 年 6 月发现上年 12 月中旬将购入一辆小轿车的 500 000 元误作管理费用处理，该企业所得税率为 25%。发现后调整如下：

①调整增加固定资产时：

借：固定资产　　　　　　　　　　　　　　500 000
　　贷：以前年度损益调整　　　　　　　　　　500 000

②调整增加应交所得税时：

借：以前年度损益调整　　　　　　　　　　125 000
　　贷：应交税费——应交所得税　　　　　　　125 000

③结转未分配利润时：

借：以前年度损益调整　　　　　　　　　　375 000
　　贷：利润分配——未分配利润　　　　　　　375 000

本章知识点

1. 收入的概念

收入有广义和狭义之分。广义的收入，是指企业在其经营活动与非经营活动中所获得的能够导致企业净资产增加的所得，包括营业收入、投资收入和营业外收入。狭义的收入，是指企业在其经营活动中所取得的营业收入。我国《企业会计准则第14号——收入》（财会〔2006〕3号）对收入的定义为："收入，是指企业在日常活动中形成的、会导致所有者权益增加的、与所有者投入资本无关的经济利益的总流入。"我国企业会计实务中的收入是指狭义的收入，即营业收入。

2. 收入的特征

收入具有如下特征：①收入是在企业日常经营活动中实现的，而不是在偶然发生的交易或事项中实现的；②收入的实现会导致企业的资产增加或负债减少；③收入的实现必然导致企业所有者权益的增加；④收入只包括本企业经济利益的流入，不包括为第三方或客户代收的款项；⑤收入与所有者投入资本无关。

3. 建造合同收入

建造合同收入，是指工程建设的工程结算收入。根据现行财务制度的规定，工程结算收入包括合同初始收入和追加收入两部分。

4. 建造合同成本

承包方建造合同成本应当包括从合同签订之日开始至合同完成时为止所发生的与执行合同有关的直接费用和间接费用。

直接费用是指承包方为完成合同所发生的、可以直接计入合同成本核算对象的各项费用支出，具体包括工程施工过程中耗用的人工费、材料费、机械使用费和其他直接费。间接费用是承包方为完成合同所发生的、不宜直接归属于合同成本核算对象而应分配计入有关合同成本核算对象的各项费用支出，包括承包方下属的工区、施工队和项目经理部为组织和管理施工生产活动所发生的费用。

5. 其他业务收入

建筑施工企业的其他业务收入，是指除建筑工程施工外因开展其他业务活动而获得的收入，包括建筑施工企业产品销售、材料销售、提供机械作业、无形资产转让、固定资产出租业务所获得的收入。

6. 利润

建筑施工企业的利润，是企业在一定会计期间的经营成果。企业的利润总额集中反映了企业经济活动各个方面的效益，是衡量企业经营管理水平和经济效益的重要综合指标。建筑施工企业的利润总额由营业利润、营业外收支净额两部分组成。

7. 营业外收入与营业外支出

营业外收入，是指企业发生的与其日常经营活动无直接关系的各种利得。营业外支出，是指企业所发生的与其日常经营活动无直接关系的各种损失。营业外收支净额，是指营业外收入与营业外支出的差额。

8. 净利润与所得税费用

净利润，又称税后利润、税后净利，是指企业的利润总额减去企业的所得税费用后的差额。所得税费用，是指企业确认的应从当期利润总额中扣除的所得税费用。

思考题

1. 什么是广义的收入和狭义的收入？
2. 建筑施工企业的收入应如何进行确认和计量？
3. 建造合同收入包括哪些内容？
4. 建造合同收入与合同成本的确认与计量应遵循哪些原则？
5. 建筑施工企业的其他业务收支包括哪些内容？应如何确认？
6. 什么是营业外收支？包括哪些内容？
7. 如何确定企业所得税的应纳税所得额？应纳税所得额与利润总额之间的差异是如何形成的？
8. 股份制施工企业税后利润分配的程序和内容是什么？
9. 什么是以前年度损益调整？
10. 主营业务和其他业务如何区分？

实务题

1. 某建筑工程有限公司发生如下经济业务，要求：编制相关会计分录。

（1）出售某项目竣工后剩余材料，售价 50 000 元，增值税 6 500 元，材料已发出，款项已转账收讫，并已开出增值税专用发票。

（2）对外提供机械作业，并收到对方转账支付的款项，并已开出增值税专用发票，价款 100 000 元，增值税 9 000 元。

（3）因为施工违章作业，被环保部门处以罚款 20 000 元，已转账支付。

（4）预交本季度企业所得税 1 000 万元，已转账付讫。

（5）向发包商预收本月工程进度款 100 万元，已转账收讫。

（6）经董事会决议，通过民政局向灾区捐赠现金 100 万元，已转账付讫。

（7）经研究决定，提取法定盈余公积 2 000 万元，提取任意盈余公积 2 000 万元，向股东分派现金股利 4 000 万元。

（8）经年终汇算，本年度实际应缴纳所得税 5 000 万元，全年实际已预交企业所得税 4 000 万元。

2. 某工程建设有限公司承接金阳房地产公司一普通高层住宅小区的施工建设任务。合同总价 20 000 万元，合同工期 2.5 年，预计合同总成本 16 000 万元。第 1 年实际发生合同成本 3 000 万元，预计完成合同尚需发生合同成本 12 000 万元；第 2 年实际发生合同成本 7 000 万元，预计完成合同尚需发生合同成本 8 000 万元；第 3 年实际发生合同成本 9 000 万元。要求：按完工百分比法对建造合同进行确认和计量，并作出 3 年的账务处理。

3. 某工程建设有限公司 2019 年度实现利润总额 20 000 万元，无需弥补以前年度亏损。公司所得税税率为 25%。其他相关数据资料如下：

（1）国债利息收入 200 万元；

（2）从联营单位分得利润 1 500 万元，联营单位企业所得税税率为 25%；

（3）全年计税职工薪酬 4 000 万元，实际发放职工薪酬 6 000 万元；

（4）全年支付各种滞纳金和罚款共计 200 万元；

（5）全年共发生业务招待费 1 000 万元，全年营业收入总额为 100 000 万元。

要求：计算该公司 2019 年度实际应缴纳企业所得税，并编制相关会计分录。

4. 某工程建设有限公司 2019 年 12 月 31 日年终结账前各损益类科目余额如表 11-3 所示。

损益类科目余额表 （单位：万元） 表 11-3

科目名称	12月31日余额	全年累计发生额
主营业务收入	8 000	120 000
主营业务成本	5 000	80 000
营业税金及附加	400	6 000
其他业务收入	1 000	20 000
其他业务成本	600	10 000
管理费用	700	8 000
财务费用	300	4 000
资产减值损失	500	2 000
公允价值变动损益	900	3 000
投资收益	300	4 000
营业外收入	100	500
营业外支出	200	800
所得税费用	400	5 000

要求：

（1）计算 2019 年 12 月份该公司的营业利润、利润总额和净利润，并结转本年利润。

（2）分别按税后净利的 10%、10% 计提法定盈余公积和任意盈余公积，并向股东分派现金股利 3 000 万元。计算年末未分配利润，并编制利润分配的相关会计分录。

第 12 章 财务报告

【学习目标】

理解财务报告的概念及作用,掌握财务报告的构成;了解财务报表的分类,掌握财务报表的列报基础;理解资产负债表的涵义及作用,掌握资产负债表的格式、结构,熟练掌握资产负债表的编制方法;理解利润表的涵义及作用,掌握利润表的格式、结构,熟练掌握利润表的编制方法;理解现金流量的概念及构成内容,理解现金流量表的涵义及作用,掌握现金流量表的格式及结构,熟练掌握现金流量表的编制方法。

【重要术语】

财务报告 附注 财务报表 资产负债表 利润表 现金流量表 现金流量 现金及现金等价物 所有者权益变动表

12.1 财务报告概述

12.1.1 财务报告的涵义

1. 财务报告的概念

财务报告,在我国习惯被称为财务会计报告,是指向财务会计报告使用者提供与企业财务状况、经营成果和现金流量等有关会计信息,反映企业管理层受托责任履行情况的书面报告。

财务会计报告,是指单位会计部门根据经过审核的会计账簿记录和有关资料,编制并对外提供的反映单位某一特定日期财务状况和某一会计期间经营成果、现金流量及所有者权益等会计信息的总结性书面文件。

日常会计核算资料虽然能够对企业经常发生的各种开发经营活动进行考核,但比较分散。为了能够全面分析和检查资金、成本和利润情况,使企业经营管理者、投资者、贷款银行、财政机关、税务部门和经济管理部门能够全面地掌握财务状况、经营成果和现金流量,就需要定期把日常核算资料加以系统地综合和整理,定期编制财务报告。

2. 财务报告的作用

（1）财务报告是管理层了解资金、成本、利润、税款的上交和国家政策法规执行情况，了解其所承担的所有者交付的受托经营管理责任履行情况，并进行经营决策与计划，从而进一步加强和改善经营管理、提高经济效益的主要依据。

（2）财务报告是投资者进行投资决策和金融机构进行贷款决策的信息来源。

（3）财务报告是财税部门检查监督企业财经纪律遵守情况和经济管理部门加强宏观调控的主要依据。

12.1.2 财务报告的构成

财务报告，包括财务报表及其附注和其他应当在财务报告中披露的相关信息和资料，详见图12-1。其中，财务报表是财务报告的核心内容。

1. 财务报表

（1）财务报表的概念

财务报表，是指以日常会计核算资料，即会计账簿记录和有关核算资料为依据，按照规定的报表格式，全面地、系统地反映建筑施工企业财务状况、经营成果和现金流量的报告文件。按照现行《企业会计准则》和《企业会计制度》规定，建筑施工企业的财务报表应当包括资产负债表、利润表、现金流量表和所有者权益变动表以及附注。

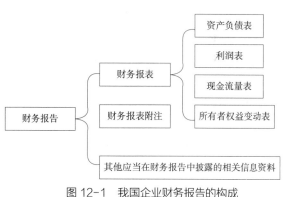

图12-1 我国企业财务报告的构成

（2）财务报表的分类

1）按照财务报表所反映的内容分类

财务报表按其所反映的内容，可以分为财务状况报表、经营成果报表和现金流量报表。反映财务状况的报表，是指反映企业某一特定时点财务状况构成情况的报表（如资产负债表）和反映某一时期内所有者权益增减变动情况的报表（如所有者权益变动表）。反映经营成果的报表，是指反映某一时期内企业经营成果的形成过程及其结果的报表（如利润表）。反映现金流量的报表，是指反映企业一定时期内现金流入、现金流出和现金净流量以及构成的财务报表（如现金流量表）。

2）按照财务报表的指标性质分类

财务报表按其所反映的指标性质，可以分为静态财务报表和动态财务报表。静态财务报表，是指反映某一特定时点资产、负债、所有者权益构成情况的财务报表。动态财务报表，是指反映一定时期内资金耗费和资金回收情况的财务报表。

3）按照财务报表的编制期间分类

财务报表按其编制期间不同，可以分为年度财务报表和中期财务报表。年度财务报表，是指以一个完整会计年度的报告期间为基础编制的财务报表，所有财务报表以及附注都要按年度编制，因而，年度财务报表要求的种类和揭示的信息最为完整、齐全，以便能全面地反映全年的财务状况、经营成果和现金流量情况，年度财务报表包括资产负债表、利润表、现金流量表、所有者权益变动表以及附注。中期财务报表，是指以短于一个完整会计年度的报告期间为基础编制的财务报表，包括月度报表（月报）、季度报表（季报）和半年度报表（半年报）。中期财务报表至少应包括资产负债表、利润表、现金流量表以及附注。中期财务报表的内容和格式与年度财务报表一致。

4）按照财务报表的编报主体分类

财务报表按其编报主体不同，可以分为个别财务报表和合并财务报表。个别财务报表，是指由企业在自身日常会计核算资料的基础上对账簿记录进行加工而编制的反映本企业财务状况、经营成果和现金流量情况的财务报表。合并财务报表，是指以由母公司和各级子公司组成的企业集团为会计主体，以母公司和各级子公司的个别财务报表为基础，由母公司编制的反映整个企业集团财务状况、经营成果和现金流量情况的财务报表。

5）按照财务报表的编制单位分类

财务报表按其编制单位不同，可以分为单位财务报表和汇总财务报表。单位财务报表，是指由企业内部的各个没有法人主体资格的独立核算单位（分公司、部门、分支机构等）编制的反映本单位财务状况、经营成果和现金流量情况的财务报表。汇总财务报表，是指由企业总部在各单位财务报表的基础上，汇总编制的反映本企业财务状况、经营成果和现金流量情况的财务报表。

2. 财务报表附注

财务报表附注，是对资产负债表、利润表、现金流量表和所有者权益变动表等报表中列示项目的文字描述，以及对未能在这些报表中列示项目的说明等。

3. 其他应当在财务报告中披露的相关信息和资料

除了财务报表及附注披露的内容外，财务报告还包括其他应当在财务报告中披露的相关信息和资料，如财务情况说明书。财务情况说明书，是对建筑施工企业一定期间的经济业务活动进行分析总结的文字报告。它是在财务报表的基础上，对建筑施工企业财务状况、经营成果、资金周转等情况及其发展前景所作的总括说明。如对企业生产经营的基本情况、资金增减变化和周转情况等影响建筑施工企业财务状况、经营成果和现金流量状况等的重大事项作出的说明。

12.1.3 财务报表列报

所谓财务报表的列报，是指交易或事项在财务报表中的列示和在附注中的披露。为了实现财务报表编制目的，保证会计信息质量，最大限度地满足信息使用者的信息需求，财务报表的列报必须遵循以下基本要求。

1. 关于列报基础

建筑施工企业应当以持续经营为基础,根据实际发生的交易和事项,按照《企业会计准则——基本准则》和其他各项企业会计准则的规定进行确认和计量,在此基础上编制财务报表。企业不能以附注披露代替确认和计量。以持续经营为基础编制财务报表不再合理的,企业应当采用其他基础编制财务报表,并在附注中披露这一事实。

在编制财务报表过程中,企业管理层应当在充分考虑市场经营风险、企业盈利能力、偿债能力、财务弹性以及企业改变经营政策的意向等因素的基础上,对企业的持续经营能力进行评价。如果对企业的持续经营能力产生重大怀疑,应当在附注中披露导致对企业持续经营能力产生重大怀疑的影响因素。企业正式决定或被迫在当期或将在下一个会计期间进行清算或停止营业的,表明其处于非持续经营状态,应当采用其他基础编制财务报表,并在附注中申明,披露未以持续经营为基础的原因和财务报表的编制基础。

2. 关于列报的一致性

财务报表项目的列报应当在各个会计期间保持一致,不得随意变更,但下列情况除外:

(1)《企业会计准则》要求改变财务报表项目的列报;

(2)企业经营业务的性质发生重大变化后,变更财务报表项目能够提供更可靠、更相关的会计信息。

3. 关于重要性和项目列报

企业在编制财务报表时,应当考虑报表项目的重要性。性质或功能不同的项目,应当在财务报表中单独列报,不具有重要性的项目除外。性质或功能类似的项目,其所属类别具有重要性的,应当按其类别在财务报表中单独列报。

重要性,是指财务报表某项目的省略或错报会影响报表信息使用者据此作出正确决策,该项目即为具有重要性。重要性应当根据企业所处环境,从项目的性质和金额大小两个方面进行判断。

4. 关于报表项目金额间的相互抵销

财务报表中的资产项目和负债项目的金额、收入项目和费用项目的金额不得相互抵销,其他企业会计准则另有规定的除外。

(1)金融资产和金融负债相互抵销后的净额在资产负债表内的列示条件

如果金融资产和金融负债同时满足下列条件,应当以相互抵销后的净额在资产负债表内列示:

1)建筑施工企业具有抵销已确认金额的法定权利,且这种法定权利现在是可执行的。抵销的法定权利,主要是指债务人根据相关合同或规定,可以用其欠债权人的金额抵销应收同一债权人债权的权利;

2)企业计划以净额结算,或同时变现该金融资产和清偿该金融负债。

(2)不属于抵销,可以净额列示的情况

下列两种情况为不属于抵销,可以净额列示的情况:

1）资产项目按扣除累计折旧、累计摊销和减值准备后的净额列示，不属于抵销。对资产计提折旧、摊销和减值准备，表明资产的价值已经发生减损，按扣除累计折旧、累计摊销和减值准备后的净额列示，能够反映资产实际给企业带来的未来经济利益，不属于抵销。

2）非日常活动产生的损益，以收入扣减费用后的净额列示，不属于抵销。非日常活动的发生具有偶然性，不是企业的经常性活动，以及与经常性活动相关的其他活动。非日常活动产生的损益，以收入扣减费用后的净额列示，更有利于财务报表信息使用者作出正确的经济决策，不属于抵销。

5. 关于比较信息的列报

当期财务报表的列报，至少应当提供所有列报项目与上一可比会计期间的比较数据，以及与理解当期财务报表相关的说明，其他企业会计准则另有规定的除外。

财务报表项目的列报发生变更的，应当对上期比较数据按照当期的列报要求进行调整，并在附注中披露调整的原因和性质，以及调整的各项目金额。对上期比较数据进行调整不切实可行的，应当在附注中披露不能调整的原因。不切实可行，是指企业在作出所有合理努力后仍然无法采用某项规定。

6. 关于报表表首的列报

企业应当在财务报表的显著位置披露下列各项：

（1）编报企业的名称；

（2）资产负债表日或财务报表涵盖的会计期间；

（3）人民币的金额单位；

（4）财务报表是合并财务报表的，应当予以标明。

7. 关于报表的报告期间

企业至少应当按年编制财务报表。年度财务报表涵盖的期间短于1年的，应当披露年度财务报表的涵盖期间，以及短于1年的原因。

8. 关于报表项目的增加列报

现行企业会计准则规定的在财务报表中列报的项目，应当单独列报；其他会计准则规定的单独列报的项目，应当增加单独列报项目。

12.2 资产负债表

12.2.1 资产负债表的内涵与作用

1. 资产负债表的内涵

资产负债表是反映企业在某一特定日期（如月末、季末、年末）全部资产、负债和所有者权益（股东权益）情况的财务报表，它表明企业在某一特定日期所拥有或控制的经济资源、所承担的现有义务和所有者对净资产的要求权。它是一张揭示企业在一定时点财务状况及其构成情况的静态报表，具体格式见表 12-1。资产负债表利用会计平衡原则，将合乎会计原则的资产、负债、股东权益交易科目分为"资产"和"负债及股东权益"两大类，在经过编制记账凭证、登记账簿、试算平衡、账项调整和账项结转等会计程序后，以特定日期的静态企业情况为基准，浓缩成一张报表。其报表功用除了企业内部除错、明确经营方向、防止弊端外，还可让所有阅读者在最短时间内了解企业的经营状况。

2. 资产负债表的作用

资产负债表的作用，主要表现在以下几个方面：

（1）提供某一特定日期企业的资产总额及其构成与分布情况，能够帮助报表使用者了解企业所拥有或控制的各种经济资源以及这些资源的分布与结构，进而为衡量企业经营规模大小、分析企业的生产经营能力及抵御风险的能力提供重要的信息资料；

（2）反映某一特定日期企业的负债总额及其构成与分布情况，表明企业未来需要用于偿还债务的资产或劳务总量；

（3）反映某一特定日期企业所有者权益的构成情况，表明所有者在企业资产中享有的经济利益；

（4）提供进行财务分析所需的基本资料。企业的财务状况由财务实力和变现能力构成。企业资产总额的多少，在很大程度上决定了企业经济实力和财务实力的强弱。将流动资产与流动负债对比，可以反映企业短期债务的偿还能力；企业拥有的货币资金数量及资产变现速度的快慢，决定了企业的支付能力；将负债与所有者权益对比，可以反映企业资本结构的变动及其财务状况的发展趋势；将资产负债表与利润表联系起来，可以评价企业的资产营运能力、资产营运效率、资产增值能力和盈利能力等。概括来说，通过对资产负债表的对比和分析，可以了解企业的财务实力、偿债能力和支付能力，也可以预测企业未来的盈利能力和财务状况的变动趋势。

12.2.2 资产负债表的结构与格式

资产负债表的结构，主要有报告式和账户式两种。按照我国现行《企业会计准则》的规定，资产负债表采用账户式结构。

1. 报告式资产负债表

报告式资产负债表，又称垂直式资产负债表，是上下结构，上半部列示资产，下半部列示负债和所有者权益。各项目具体排列形式又分为两种：一是按"资产 = 负债 + 所有者权益"的原理排列；二是按"资产 - 负债 = 所有者权益"的原理排列。其格式详见表 12-1。

2. 账户式资产负债表

根据我国现行财务报表列报准则的规定，资产负债表采用账户式格式。账户式资产负债表，是左右结构，左方按流动性从强到弱列示资产各项目，反映全部资产的分布及存在形态；右方按偿还期限从短到长列示负债各项目及所有者权益各项目。账户式资产负债表各项目是按"资产 = 负债 + 所有者权益"的原理排列，其格式详见表 12-2。

简易报告式（垂直式）资产负债表（会企 01 表）　　　　表 12-1

编制单位：　　　　　　　　　　　　　年　月　日　　　　　　　　　　　　单位：

项目	年初数	期末数
资产		
流动资产		
非流动资产		
资产总计		
负债		
流动负债		
非流动负债		
负债总计		
所有者权益		
实收资本		
资本公积		
留存收益		
使用者权益合计		

12.2.3　资产负债表的填列方法

前已述及，资产负债表是一张静态报表，反映企业在某一特定时点即会计期末（月末、季末、半年末、年末）全部资产、负债及所有者权益的数额，因而资产负债表主要是根据同一时点有关账户的余额填列。通常，资产负债表的各项目均需填列"年初余额"和"期末余额"两栏。

1. "年初余额"栏内各项目的填列

资产负债表的"年初余额"栏内各项目的数字，应根据上年末资产负债表的"期末余额"栏内各相应项目所列的数字填列。上年决算报告经审查需要修改的，应填列经修改后的上年年末资产负债表所列的期末余额。

2. "期末余额"栏内各项目的填列

（1）根据一个或几个总账科目的余额填列

1）根据总账账户余额直接填列

①交易性金融资产（初级时叫以公允价值计量且其变动计入当期损益的金融资产）；

②短期借款。

2）根据总账账户余额计算填列

$$\text{"货币资金"项目} = \text{库存现金} + \text{银行存款} + \text{其他货币资金} \qquad (12\text{-}1)$$

（2）根据明细账户余额计算填列

$$\text{"应付账款"项目} = \text{两付明细贷余（应付账款} + \text{预付账款的贷方余额）} \qquad (12\text{-}2)$$

$$\text{"预收款项"项目} = \text{两收明细贷余（应收账款} + \text{预收账款的贷方余额）} \qquad (12\text{-}3)$$

账户式资产负债表（会企 01 表）　　　　　表 12-2

编制单位：　　　　　　　　　　　　　　年 月 日　　　　　　　　　　　　　　单位：

资产	期末余额	年初余额	负债和所有者权益（或股东权益）	期末余额	年初余额
流动资产：			流动负债：		
货币资金			短期借款		
交易性金融资产			交易性金融负债		
应收票据			应付票据		
应收账款			应付账款		
预付款项			预收款项		
应收利息			应付职工薪酬		
应收股利			应交税费		
其他应收款			应付利息		
存货			应付股利		
1 年内到期的非流动资产			其他应付款		
其他流动资产			1 年内到期的非流动负债		
流动资产合计			其他流动负债		
非流动资产：			流动负债合计		
可供出售金融资产			非流动负债：		
持有至到期投资			长期借款		
长期应收款			应付债券		
长期股权投资			长期应付款		
投资性房地产			专项应付款		
固定资产			预计负债		
在建工程			递延所得税负债		
工程物资			其他非流动负债		
固定资产清理			非流动负债合计		
生产性生物资产			负债合计		
油气资产			所有者权益（或股东权益）：		
无形资产			实收资本（或股本）		
开发支出			资本公积		
商誉			减：库存股		
长期待摊费用			盈余公积		
递延所得税资产			未分配利润		
其他非流动资产			所有者权益（或股东权益）合计		
非流动资产合计					
资产总计			负债和所有者权益（或股东权益）总计		

（3）根据总账账户和明细账户余额分析计算填列

"长期借款"项目 = "长期借款"总账账户余额 – 明细账户中

1 年内到期的长期借款　　　　　　　　　　　　　　（12-4）

1 年内到期的长期借款转入 1 年内到期的非流动负债。

（4）根据有关科目余额减去其备抵科目余额后的净额填列

"固定资产"项目 = 固定资产 – 累计折旧（贷方余额）–

固定资产减值准备（贷方余额）　　　　　　　　　（12-5）

"无形资产"项目 = 无形资产 – 累计摊销（贷方余额）–

无形资产减值准备（贷方余额）　　　　　　　　　（12-6）

（5）综合运用上述填列方法分析填列

"存货"项目（从业阶段不考虑材料成本差异）= 原材料 + 在途物资

（或材料采购）+ 周转材料 + 生产成本（在产品）+ 库存商品 +

发出商品 – "存货跌价准备"（贷方余额）　　　　　（12-7）

"应收账款"项目 = （应收账款 + 预收账款）明细借余 – 坏账准备　（12-8）

"预付款项"项目 = （应付账款 + 预付账款）明细借余 – 坏账准备　（12-9）

资产负债表"期末余额"栏各项目的填列方法，详见表 12-3。

12.3　利润表

12.3.1　利润表的涵义

1. 利润表的概念

利润表又称损益表，是反映企业在一定会计期间（如月度、季度、半年度或年度）生产经营成果的财务报表，如表 12-4 所示。企业在一定会计期间的经营成果既可能表现为盈利，也可能表现为亏损，因此，利润表也被称为损益表。它全面揭示了企业在某一特定时期实现的各种收入，发生的各种费用、成本或支出，以及企业实现的利润或发生的亏损情况。利润表是根据"收入 – 费用 = 利润"的基本关系来编制的，其具体内容取决于收入、费用、利润等会计要素及其内容，利润表项目是收入、费用和利润要素内容的具体体现。从反映企业经营资金运动的角度看，它是一种反映企业经营资金动态表现的报表，主要提供有关企业经营成果方面的信息，属于动态会计报表。

2. 利润表的作用

利润表的作用主要表现在以下几个方面：

（1）可据以解释、评价和预测企业的经营成果和获利能力；

（2）可据以解释、评价和预测企业的偿债能力；

（3）企业管理人员可据以作出经营决策；

（4）可据以评价和考核管理人员的绩效。

资产负债表的内容和填列方法 表 12-3

项目	内容	填列方法
货币资金	企业的库存现金、银行存款和其他货币资金的合计数	根据"库存现金""银行存款""其他货币资金"科目期末余额的合计数填列
交易性金融资产	企业以交易为目的持有的股票投资、债券投资、基金投资、权证投资等金融投资的期末价值	根据"交易性金融资产"科目的期末余额填列。有1年内到期的委托贷款的企业,其本金和利息减去已计提的减值准备后的净额,也应根据"委托贷款"科目期末余额在本项目反映
应收票据	企业收到的未到期收款、也未向银行贴现的商业承兑汇票和银行承兑汇票的期末价值	根据"应收票据"科目期末余额填列。已向银行贴现和已背书转让的应收票据不包括在本项目内
应收账款	企业因销售商品、产品或提供劳务等,应向购买单位或接受单位收取款项的实际价值	根据"应收账款"和"预收账款"科目所属明细科目的期末借方余额合计数,减去"坏账准备"科目中有关应收账款计提的坏账准备余额后的金额填列
预付款项	预付给承包单位和供应单位的款项	根据"应付账款"和"预付账款"科目所属明细科目的期末借方余额合计数填列
应收利息	企业应提取的债券投资等的利息	根据"应收利息"科目的期末余额填列
应收股利	企业应收取的现金股利和应收取其他单位分配利润的期末价值	根据"应收股利"科目的期末余额填列
其他应收款	企业对其他单位或个人的应收或暂付款项的实际价值	根据"其他应收款"科目的期末余额,减去"坏账准备"科目中有关其他应收款计提的坏账准备的期末余额填列
存货	企业期末在库、在途和在加工中的各项存货的可变现净值,包括各种原材料、商品、在产品、半成品、发出商品、包装物、低值易耗品和委托代销商品等的期末价值	根据"在途物资(材料采购)""原材料""低值易耗品""库存商品""周转材料""委托加工物资""委托代销商品""生产成本"和"劳务成本"等科目的期末余额合计,减去"受托代销商品款""存货跌价准备"科目期末余额后的金额填列。材料采用计划成本核算的企业,应按加或减去材料成本差异后的金额填列
1年内到期的非流动资产	在企业非流动资产项目中1年内到期的金额,包括1年内到期的"持有至到期投资"、1年内摊销的"长期待摊费用"和1年内可收回的"长期应收款"	根据相关科目的期末余额之和分析计算后填列
其他流动资产	企业除以上流动资产项目外的其他流动资产的期末价值	根据有关账户的期末余额填列。其他流动资产价值较大的,应在财务报表附注中披露其内容和金额
可供出售金融资产	企业持有的可供出售金融资产,包括划分为可供出售的股票投资、债券投资等金融资产期末的公允价值	根据"可供出售金融资产"科目期末借方余额减去"可供出售金融资产减值准备"科目期末贷方余额后填列
持有至到期投资	企业持有至到期投资的摊余成本	根据"持有至到期投资"科目期末借方余额减去1年内到期的投资部分和"持有至到期投资减值准备"科目期末贷方余额后的净额填列
长期股权投资	企业持有的对子公司、联营企业和合营企业的长期股权投资的实际价值	根据"长期股权投资"科目的期末借方余额减去"长期股权投资减值准备"科目期末贷方余额后填列
固定资产	企业固定资产的净值	根据"固定资产"科目期末借方余额减去"累计折旧"和"固定资产减值准备"科目期末贷方余额后填列。融资租入固定资产的净值也包括在内

续表

项目	内容	填列方法
在建工程	企业尚未达到预定可使用状态的在建工程价值	根据"在建工程"科目期末余额减去"在建工程减值准备"科目期末余额后填列
工程物资	企业为在建工程准备的各种物资的实际成本	根据"工程物资"科目期末余额减去"工程物资减值准备"科目期末余额后填列
固定资产清理	企业因出售、毁损、报废等原因转入清理但尚未清理完毕的固定资产的账面价值,以及在固定资产清理过程中发生的清理费用和变价收入等各项金额的差额	根据"固定资产清理"科目的期末借方余额填列,如"固定资产清理"科目期末为贷方余额,以"-"填列
无形资产	企业持有的各项无形资产的净值	根据"无形资产"科目期末借方余额减去"累计摊销"和"无形资产减值准备"科目期末贷方余额后填列
研发支出	企业在开发无形资产过程中发生的、尚未形成无形资产成本的支出	根据"研发支出"科目中所属的"资本化支出"明细科目期末余额后填列
商誉	企业商业誉的价值	根据"商誉"科目期末余额减去相应减值准备后填列
长期待摊费用	小企业尚未摊销的摊销期限在1年以上(不含1年)的各项费用	根据"长期待摊费用"科目的期末余额减去将于1年内(含1年)摊销的数额后的金额填列
递延所得税资产	企业因可抵扣暂时性差异形成的递延所得税资产的期末价值	根据"递延所得税资产"科目的期末余额填列
其他非流动资产	企业除以上资产以外的其他非流动资产的期末价值	根据有关科目的期末余额填列
短期借款	企业借入尚未归还的1年期以下(含1年)的借款的期末价值	根据"短期借款"科目的期末贷方余额填列
交易性金融负债	企业发行短期债券等所形成的交易性金融负债的公允价值	根据"交易性金融负债"科目的期末余额填列
应付票据	企业为了抵付货款等而开出并承兑的、尚未到期付款的应付票据,包括银行承兑汇票和商业承兑汇票	应根据"应付票据"科目的期末贷方余额填列
应付账款	企业购买原材料、商品和接受劳务供应等而应付给供应单位的款项的期末价值	根据"应付账款"和"预付账款"科目所属各明细科目的期末贷方余额合计填列
预收款项	企业按合同规定预收的款项的期末价值	根据"预收账款"和"应收账款"科目所属各明细科目的期末贷方余额合计填列
应交税费	企业期末未交、多交或未抵扣的各种税金	根据"应交税费"科目的期末贷方余额填列,如"应交税费"科目期末为借方余额,以"-"填列
应付职工薪酬	企业应付未付的工资和社会保险费等职工薪酬的期末余额	根据"应付职工薪酬"科目的期末贷方余额填列,如"应付职工薪酬"科目期末为借方余额,以"-"填列
应付利息	企业应付未付的各种利息的期末余额	本项目根据"应付利息"科目的期末余额填列
应付股利	企业尚未支付的现金股利或利润	根据"应付股利"科目的期末余额填列。不包括企业分派的股票股利
其他应付款	企业所有应付和暂收其他单位和个人的款项	根据"其他应付款"科目的期末余额填列

续表

项目	内容	填列方法
1年内到期的非流动负债	企业各种非流动负债在1年之内到期的金额，包括1年内到期的长期借款、长期应付款和应付债券、预计负债	根据上述账户分析计算后填列
其他非流动负债	企业除以上流动负债以外的其他负债	根据有关科目的期末余额填列
长期借款	企业借入尚未归还的1年期以上（不含1年）的各期借款的期末价值	根据"长期借款"科目的期末余额减去1年内到期部分的金额填列
应付债券	企业尚未偿还的长期债券摊余价值	根据"应付债券"科目期末贷方余额减去1年内到期部分的金额填列
长期应付款	企业除长期借款、应付债券以外的各种长期应付款的期末价值	根据"长期应付款"科目的期末余额减去"未确认融资费用"科目期末余额和1年内到期部分的长期应付款后填列
专项应付款	企业取得政府作为企业所有者投入的具有专项或特定用途的款项的期末价值	根据"专项应付款"科目的期末余额填列
预计负债	企业计提的各种预计负债的期末余额	根据"预计负债"科目期末贷方余额填列
递延所得税负债	企业根据应纳税暂时性差异确认的递延所得税负债的期末余额	根据"递延所得税负债"科目的期末贷方余额填列
其他非流动负债	企业除长期借款、应付债券等负债以外的其他非流动负债的期末余额	根据有关科目的期末余额填列
实收资本或股本	企业各投资者实际投入的资本总额	根据有关科目的期末余额填列
资本公积	企业资本公积的期末余额	根据"资本公积"科目的期末贷方余额填列
盈余公积	企业盈余公积的期末余额	根据"盈余公积"科目的期末贷方余额填列
未分配利润	企业期末尚未分配的利润或尚未弥补的亏损	根据"本年利润"科目和"利润分配"科目的期末余额计算填列，如为未弥补的亏损，在本项目内以"-"填列

3. 利润表的局限性

利润表存在一定的局限性，主要表现在以下几个方面：

（1）它不包括有益于企业发展和财务状况的许多信息；

（2）损益数值经常受到所用会计方法的影响；

（3）损益计量会受到估计的影响。

12.3.2 利润表的结构与格式

1. 利润表的结构

利润表的结构，由表首部分(表头)、报表主体部分(表身)和补充资料(表尾)组成。其中，报表主体部分是利润表的主体和核心。

（1）表首部分

表首部分应列明报表名称、报表种类及编号、编表单位名称、编制时间和金额计量单位。

(2)报表主体部分

报表主体部分,反映利润的形成过程和结果。

(3)补充资料部分

补充资料部分,为补充说明。

2. 利润表的格式

按照主体部分内容及各项目的列示方式不同,利润表的格式主要有两种:多步式和单步式。我国现行会计制度规定,企业利润表应采用多步式利润表。

(1)多步式利润表

多步式利润表,通过对当期的收入、费用按其性质加以归类,按照利润形成的主要环节列示一些中间性利润指标,分步计算当期净损益。多步式利润表的优点在于,能够直观反映企业净损益的形成过程,以及营业收益与非营业收益对净损益的影响,便于发现企业经营管理的薄弱环节。多步式利润表的格式,详见表12-4。

(2)单步式利润表

单步式利润表,将本期所有收入和所有费用列示在一起,再将收入总计减去费用总计,一步计算出当期净损益。单步式利润表的优点在于简单、易于理解,不必区分费用、支出和收入配比及其先后顺序;其缺点是不能直接提供管理层所需要的某些有价值的信息资料。单步式利润表的格式,详见表12-5。

12.3.3 利润表的编制方法

1. 编制步骤

(1)以营业收入减去营业成本、营业税金及附加、销售费用、管理费用、财务费用、资产减值损失,加上公允价值变动收益(减去公允价值变动损失)和投资净收益(减去投资净损失),计算出营业利润;

(2)以营业利润为基础,加上营业外收入,减去营业外支出,计算出净利润(或净亏损);

(3)以利润总额为基础,减去所得税费用,计算出净利润(或净亏损)。

(4)每股收益信息。对于已上市的企业,还应在利润表计算列示每股收益信息,计算公式如下:

$$\text{基本每股收益} = \text{净利润(或净亏损)} \div \text{加权平均发行在外的普通股股数} \quad (12\text{-}10)$$

其中,

$$\text{加权平均发行在外的普通股股数} = \Sigma\, \text{发行在外的普通股股数} \times \text{发行在外时间(月数)} \quad (12\text{-}11)$$

$$\text{稀释每股收益} = \text{净利润(或净亏损)} \div (\text{发行在外的普通股股数} + \text{潜在普通股股数}) \quad (12\text{-}12)$$

多步式利润表（会企 02 表）　　　　　表 12-4

编制单位：　　　　　　　　　　　　　　年　月　　　　　　　　　　　　单位：

项目	本期金额	上期金额
一、营业收入		
减：营业成本		
营业税金及附加		
销售费用		
管理费用		
财务费用		
资产减值损失		
加：公允价值变动收益（损失以"－"填列）		
投资收益（损失以"－"填列）		
其中：对联营企业和合营企业的投资收益		
二、营业利润（亏损以"－"填列）		
加：营业外收入		
减：营业外支出		
其中：非流动资产处置损失		
三、利润总额（亏损总额以"－"填列）		
减：所得税费用		
四、净利润（净亏损以"－"填列）		
五、其他综合收益的税后净额		
（一）以后不能重新分类为损益的其他综合收益		
（二）以后将重新分类为损益的其他综合收益		
六、综合收益总额		
七、每股收益		
（一）基本每股收益		
（二）稀释每股收益		

2. 填列方法

（1）"上期金额"栏的填列方法

利润表中"上期金额"栏内的各项数字，应根据上年该期利润表的"本期金额"栏所列相应项目的数字填列。如果上年该期利润表各项目的名称与内容同本期不一致，应对上年该期利润表各个项目的名称和数字按本期的规定进行调整，填入利润表相应项目的"上期金额"栏内。

（2）"本期金额"栏的填列方法

"本期金额"栏内各项目的数字，除"基本每股收益"和"稀释每股收益"项目外，应当按照相关科目的发生额分析计算填列。"本期金额"栏内各项目的内容和填列方法，详见表 12-6。

单步式利润表（会企 02 表）　　　　　　　表 12-5

编制单位：　　　　　　　　　　　　年　月　　　　　　　　　　单位：

项目	本期金额	上期金额
一、收入		
主营业务收入		
其他业务收入		
公允价值变动收益（损失以"－"填列）		
投资收益（损失以"－"填列）		
营业外收入		
收入合计		
二、成本与费用		
主营业务成本		
其他业务成本		
营业税金及附加		
销售费用		
管理费用		
财务费用		
资产减值损失		
营业外支出		
所得税费用		
成本与费用合计		
三、净利润（净亏损以"－"填列）		

12.4　现金流量表

12.4.1　现金流量表的内涵

现金流量表是反映一定时期内（如月度、季度或年度）企业经营活动、投资活动和筹资活动对其现金及现金等价物所产生影响的财务报表，见表 12-7。这份报告显示资产负债表及损益表如何影响现金和现金等价物，以及根据公司的经营，从投资和融资角度作出分析。作为一个分析工具，现金流量表的主要作用是决定公司的短期生存能力，特别是缴付账单的能力。

现金流量表是反映一家公司在一定时期现金流入和现金流出动态状况的报表，其组成内容与资产负债表和损益表一致。通过现金流量表，可以概括反映经营活动、投资活动和筹资活动对企业现金流入流出的影响，为企业的实现利润、财务状况及财务管理评价提供更好的基础。

利润表"本期金额"栏各项目的内容和填列方法　　　　　表 12-6

项目	内容	填列方法
营业收入	企业转让、销售、结算和出租开发产品等经营业务取得的收入总额	根据"主营业务收入""其他业务收入"科目的发生额分析填列
营业成本	企业转让、销售、结算和出租开发产品等经营业务的实际成本	根据"主营业务成本""其他业务成本"科目的发生额分析填列
营业税金及附加	企业转让、销售、结算和出租开发产品等经营业务应负担的土地增值税、城市维护建设税、教育费附加、地方教育费附加等	根据"营业税金及附加"科目的发生额分析填列
销售费用	企业转让、销售、结算和出租开发产品等经营业务过程中发生的各项销售费用	根据"销售费用"科目的发生额分析填列
管理费用	企业发生的各项管理费用	根据"管理费用"科目的发生额分析填列
财务费用	企业发生的各项财务费用	根据"财务费用"科目的发生额分析填列
资产减值损失	企业各项资产产生的减值损失	根据"资产减值损失"科目的发生额分析填列
公允价值变动损益	企业应计入当期损益的资产或负债的公允价值变动损益	根据"公允价值变动损益"科目的发生额分析填列,若为净损失,则以"-"填列
投资收益	企业对外投资所取得的收益,包括股利、债券投资的利息收入、对外投资分得的利润以及收回投资时发生的净收益或净损失	根据"投资收益"科目的发生额分析填列,若为净损失,则以"-"填列
营业外收入	经营业务以外的收入	根据"营业外收入"科目的发生额分析填列
营业外支出	经营业务以外的支出	根据"营业外支出"科目的发生额分析填列
利润总额	企业实现的利润总额或亏损总额	若为亏损,以"-"表示
所得税费用	企业年度内按照利润总额和所得税法规定的所得税率计算的应缴纳所得税	根据"所得税费用"科目的发生额分析填列
净利润	企业本年度内扣除所得税费用后的净利润	根据"利润总额"项目数额减去"所得税费用"项目数额后的余额填列,若为亏损,应以"-"表示
其他综合收益的税后净额	企业根据其他企业会计准则规定未在当期损益中确认的各项利得和损失扣除所得税影响后的净额的合计数	根据"其他综合收益"科目及其所属有关明细科目的本期发生额分析填列
综合收益总额	企业在某一期间除与所有者或以其所有者身份进行的交易或事项之外的其他交易或事项引起的所有者权益变动	根据净利润和其他综合收益的税后净额的合计金额填列

12.4.2 现金流量表的作用

现金流量表的作用主要表现在：
（1）有利于分析、评价和预测企业未来产生现金流量的能力；
（2）有利于对企业的财务状况作出合理的评价；
（3）有利于分析和评价企业经济活动的有效性。

对现金流量表进行分析的意义在于了解企业本期及以前各期现金的流入、流出和结余情况，评价企业当前及未来的偿债能力和支付能力，科学预测企业未来的财务状况，从而为其科学决策提供充分、有效的依据。具体分析内容包括以下几方面。

（1）企业现金的来源渠道

企业的现金来源主要有三个渠道：经营活动现金流入、投资活动现金流入和筹资活动现金流入。企业不可能长期依靠投资活动现金流入和筹资活动现金流入维持和发展。良好的经营活动现金流入能增强企业的盈利能力、满足长短期负债的偿还需要，使企业保持良好的财务状况。此外企业的发展也不能仅依赖外部筹资实现，厚实的内部积累才是企业发展的基础。企业的经营活动现金流入一旦出现异常，其账面利润再高，财务状况依然令人怀疑。

（2）企业现金使用的主要方向

在公司正常的经营活动中，现金流出的各期变化幅度通常不会太大，如出现较大变动，则需要进一步寻找原因。投资活动现金流出一般是购建固定资产或对外投资引起的，此时就要视企业经营者决策正确与否而定。筹资活动的现金流出主要为偿还到期债务和支付现金股利。债务的偿还意味着企业未来用于满足偿付的现金将减少，财务风险随之降低。但如果短期内，筹资活动现金流出占总现金流出比重太大，也可能引起资金周转困难。

（3）企业实现的会计利润与经营活动产生的现金净流量之间的对比

通过了解投资收益和筹资费用的会计利润与经营活动现金流量之间的对比，可以揭示有关会计利润信息质量的好坏。经营活动产生的现金净流量大于或等于该项利润，说明企业经营活动的现金回收率高、收益较好。但是在市场竞争日益激烈的今天，保持一定的商业信用也是企业生存发展的必要条件，因而该差额也不是越大越好。但如果经营活动现金净流量小于该项利润，则在判断企业的获利能力和偿债能力时必须慎重，需结合其他因素深入分析。

12.4.3 现金流量表的编制基础

现金流量表，以现金及现金等价物为基础编制，将现金流量划分为经营活动现金流量、投资活动现金流量和筹资活动现金流量，按照收付实现制的原则编制，并将权责发生制下的盈利信息调整为收付实现制下的现金流量信息。

1. 现金

现金，是指企业库存现金以及可以随时支取的存款。不能用于随时支付的存款不属于现金。现金主要包括库存现金、银行存款和其他货币资金三类。

（1）库存现金

库存现金，是指企业持有的可随时用于支付的现金，与"库存现金"科目的核算内容一致。

（2）银行存款

银行存款，是指企业存放在金融机构、可随时用于支付的存款，与"银行存款"科目的核算内容基本一致，但不包括不能随时用于支付的存款，如不能随时支取的定期存款等不应作为现金，提前通知金融机构便可支取的定期存款应包括在现金范围内。

（3）其他货币资金

其他货币资金，是指企业存放在开户银行以外的其他金融机构的各种存款，包括外埠存款、银行汇票存款、银行本票存款、信用卡存款、信用卡保证金存款、存出投资款等，与"其他货币资金"科目的核算内容一致。

2. 现金等价物

现金等价物，是指企业持有的期限短、流动性强、易于转换为已知金额的现金、价值变动风险很小的投资。其中，"期限短"一般是从购买日起 3 个月内到期。例如，可在证券市场上流通的 3 个月内到期的短期债券等。

现金等价物虽然不是现金，但其支付能力与现金的差别不大，可视为现金。判断一项投资是否属于现金等价物，应具备如下四个条件：①期限短；②流动性强；③易于转换为已知金额的现金；④价值变动风险很小。

12.4.4 现金流量表的内容与结构

1. 现金流量表的内容

现金流量可分为经营活动产生的现金流量、投资活动产生的现金流量和筹资活动产生的现金流量三类。

（1）经营活动产生的现金流量

经营活动，主要包括销售商品房、转让土地、提供劳务、出租房屋、发包工程、征用和批租土地、购买设备和材料、接受劳务和缴纳税款等。

企业经营活动产生的现金流入主要包括：①销售商品、转让土地、提供劳务收到的现金；②收到的税款返还；③收到的其他与经营活动有关的现金等。

企业经营活动产生的现金流出主要包括：①发包工程、征用和批租土地、购买商品、接受劳务支付的现金；②支付给职工以及为职工支付的现金；③支付的营业税金；④支付的其他与经营活动有关的现金等。

通过现金流量表中反映的经营活动产生的现金流入和现金流出，可以说明企业经营活动对现金流入和现金流出净额的影响程度。

（2）投资活动产生的现金流量

投资活动，主要包括非流动资产的开发建设和不包括在现金等价物范围内的投资及其处置活动。

企业投资活动产生的现金流入主要包括：①收回投资收到的现金；②取得投资收益收到的现金；③处置固定资产、无形资产和其他非流动资产收到的现金净额；④收到的其他与投资活动有关的现金等。

企业投资活动产生的现金流出主要包括：①开发和建设固定资产、无形资产和其他非流动资产支付的现金；②投资支付的现金；③支付的其他与投资活动有关的现金等。

通过现金流量表中反映的投资活动产生的现金流入和现金流出，可以分析企业通过投资活动获取现金流量的能力，以及投资活动产生的现金流量对企业现金流量净额的影响程度。

（3）筹资活动产生的现金流量

筹资活动，是指企业导致其资本及债务规模和构成发生变化的活动。

2. 现金流量表的结构与格式

企业现金流量表的结构与格式，详见表12-7。

12.4.5　现金流量表的填列方法

企业填列现金流量表时，列报经营活动现金流量的方法有两种：一是直接法，二是间接法。这两种方法通常也称为编制现金流量表的方法。

直接法，是按现金流入和现金流出的主要类别直接反映企业经营活动产生的现金流量，如销售商品、提供劳务收到的现金，购买商品、接受劳务支付的现金等，就是按现金流入和现金流出的类别直接反映的。在直接法下，一般是以利润表中的营业收入为起算点，调节与经营活动有关项目的增减变动，然后计算出经营活动产生的现金流量。

间接法，是以净利润为起算点，调整不涉及现金的收入、费用、营业外收支等有关项目，剔除投资活动、筹资活动对现金流量的影响，据此计算出经营活动产生的现金流量。由于净利润是按照权责发生原则确定的，且包括了与投资活动和筹资活动相关的收益和费用，将净利润调节为经营活动的现金流量，实际上就是将按权责发生原则确定的净利润调整为现金净流入，并剔除投资活动和筹资活动对现金流量的影响。

采用直接法编制现金流量表，便于分析企业经营活动产生现金流量的来源和用途、预测企业现金流量的未来前景。采用间接法编制现金流量表，便于将净利润与经营活动产生的现金流量净额进行比较，理解净利润与经营活动产生的现金流量存在差异的原因，从现金流量的角度分析企业净利润的质量。因此，现金流量表准则规定企业应当采用直接法编制现金流量表，同时要求在附注中提供以净利润为基础调节为经营活动现金流量的信息。

现金流量表（会企 03 表）

表 12-7

编制单位：　　　　　　　　　　　　　年　月　日　　　　　　　　　　　　　单位：

项目	行次	金额
一、经营活动产生的现金流量：	1	
销售商品、提供劳务收到的现金	2	
收到的税费返还	3	
收到的其他与经营活动有关的现金	4	
现金流入小计	5	
购买商品、接受劳务支付的现金	6	
支付给职工以及为职工支付的现金	7	
支付的各项税费	8	
支付的其他与经营活动有关的现金	9	
现金流出小计	10	
经营活动产生的现金流量净额	11	
二、投资活动产生的现金流量：	12	
收回投资所收到的现金	13	
其中：出售子公司所收到的现金	14	
取得投资收益所收到的现金	15	
处置固定资产、无形资产和其他长期资产收回的现金净额	16	
收到的其他与投资活动有关的现金	17	
现金流入小计	18	
购建固定资产、无形资产和其他长期资产所支付的现金	19	
投资所支付的现金	20	
其中：购买子公司所支付的现金	21	
支付的其他与投资活动有关的现金	22	
现金流出小计	23	
投资活动产生的现金流量净额	24	
三、筹资活动产生的现金流量：	25	
吸收投资所收到的现金	26	
借款所收到的现金	27	
收到的其他与筹资活动有关的现金	28	
现金流入小计	29	
偿还债务所支付的现金	30	
分配股利、利润或偿付利息所支付的现金	31	
支付的其他与筹资活动有关的现金	32	
现金流出小计	33	
筹资活动产生的现金流量净额	34	

续表

项目	行次	金额
四、汇率变动对现金的影响	35	
五、现金及现金等价物净增加额	36	
补充资料：	37	
1. 将净利润调节为经营活动的现金流量	38	
净利润	39	
加：少数股东权益	40	
减：未确认的投资损失	41	
加：计提的资产减值准备	42	
固定资产折旧	43	
无形资产摊销	44	
长期待摊费用摊销	45	
待摊费用的减少（减：增加）	46	
预提费用的增加（减：减少）	47	
处置固定资产、无形资产和其他长期资产的损失（减：收益）	48	
固定资产报废损失	49	
财务费用	50	
投资损失（减：收益）	51	
递延税款贷项（减：借项）	52	
存货的减少（减：增加）	53	
经营性应收项目的减少（减：增加）	54	
经营性应付项目的增加（减：减少）	55	
其他	56	
经营活动产生的现金流量净额	57	
2. 不涉及现金收支的投资和筹资活动：	58	
债务转为资本	59	
1年内到期的可转换公司债券	60	
融资租入固定资产	61	
其他	62	
3. 现金及现金等价物净增加情况：	63	
现金的期末余额	64	
减：现金的期初余额	65	
加：现金等价物的期末余额	66	
减：现金等价物的期初余额	67	
现金及现金等价物净增加额	68	

1. 采用直接法编制现金流量表

(1) 经营活动产生的现金流量

经营活动，是指企业除投资活动和筹资活动以外的所有交易和事项。各类企业由于行业特点不同，对经营活动的认定也存在一定的差异。

在我国，企业经营活动产生的现金流量应当采用直接法填列。直接法根据现金收入和现金支出的主要类别列示经营活动的现金流量。

(2) 投资活动产生的现金流量

投资活动，是指企业长期资产的购建和不包括在现金等价物范围内的投资及其处置活动。长期资产，是指固定资产、无形资产、在建工程、其他资产等持有期限在1年或一个营业周期以上的资产。这里所讲的投资活动，既包括实物资产投资，也包括金融资产投资。不同企业由于行业特点不同，对投资活动的认定也存在一定的差异。

(3) 筹资活动产生的现金流量

筹资活动，是指导致企业资本及债务规模和构成发生变化的活动。这里所说的资本，既包括实收资本（股本），也包括资本溢价（股本溢价）。这里所说的债务，指对外举债，包括向银行借款、发行债券以及偿还债务等。通常情况下，应付账款、应付票据等商业应付款等属于经营活动，不属于筹资活动。

此外，对于企业日常活动之外特殊的、不经常发生的特殊项目，如自然灾害损失、保险赔款、捐赠等，应当归并到相关类别中，并单独反映。

(4) 汇率变动对现金及现金等价物的影响

编制现金流量表时，应当将企业外币现金流量以及境外子公司的现金流量折算成记账本位币。外币现金流量以及境外子公司的现金流量，应当采用现金流量发生日的即期汇率或按照系统合理的方法确定的、与现金流量发生日即期汇率近似的汇率折算。汇率变动对现金的影响额应当作为调节项目，在现金流量表中单独列报。

汇率变动对现金的影响，是指企业外币现金流量及境外子公司的现金流量折算成记账本位币时，所采用的是现金流量发生日的汇率或按照系统合理的方法确定的、与现金流量发生日即期汇率近似的汇率；而现金流量表中"现金及现金等价物净增加额"项目的外币现金净增加额是按资产负债表日的即期汇率折算的，这两者的差额即为汇率变动对现金的影响。

在编制现金流量表时，对当期发生的外币业务，也可不必逐笔计算汇率变动对现金的影响，可以将现金流量表补充资料中"现金及现金等价物净增加额"的数额与现金流量表中"经营活动产生的现金流量净额""投资活动产生的现金流量净额""筹资活动产生的现金流量净额"三项之和比较，其差额即为"汇率变动对现金的影响额"。

2. 现金流量表补充资料披露的信息及其填列

除现金流量表反映的信息外，企业还应在附注中披露将净利润调节为经营活动现金流量、不涉及现金收支的重大投资和筹资活动、现金及现金等价物净变动情况等信息。

（1）将净利润调节为经营活动现金流量

现金流量表采用直接法反映经营活动产生的现金流量，同时企业还应采用间接法反映经营活动产生的现金流量。

（2）不涉及现金收支的重大投资和筹资活动

不涉及现金收支的重大投资和筹资活动，反映企业一定期间内影响资产或负债但不形成该期现金收支的所有投资和筹资活动的信息。

（3）现金和现金等价物的构成

企业应当在附注中披露与现金和现金等价物有关的下列信息：

1）现金和现金等价物的构成及其在资产负债表中的相应金额；

2）企业持有但不能由母公司或集团内其他子公司使用的大额现金和现金等价物金额。企业持有现金和现金等价物余额但不能被集团使用的情形多种多样，例如，国外经营的子公司，由于受当地外汇管制或其他立法的限制，其持有的现金和现金等价物不能由母公司或其他子公司正常使用。

3. 现金流量表的内容和填列方法

企业现金流量表的内容和填列方法，详见表12-8。

企业将净利润调节为经营活动的现金流量的内容和方法，详见表12-9。

现金流量表的内容和填列方法　　　　　　　　　　表12-8

项目		内容	填列方法
经营活动产生的现金流量	销售商品、提供劳务收到的现金	反映企业销售商品、提供劳务实际收到的现金（含销售收入和应向购买者收取的增值税额）。它包括本期销售商品、提供劳务收到的现金，以及前期销售和前期提供劳务本期收到的现金和本期预收的账款减去本期退回本期销售的商品和前期销售本期退回的商品支付的现金。企业销售材料和代购代销业务收到的现金也在本项目反映	根据"现金""银行存款""应收账款""应收票据""预收账款""主营业务收入""其他业务收入"等科目的记录分析填列 一般地说，销售商品、提供劳务收到的现金可通过下列公式计算： 销售商品、提供劳务收到的现金＝主营业务收入＋其他业务收入＋（应收账款期初余额－应收账款期末余额）＋（应收票据期初余额－应收票据期末余额）＋（预收账款期末余额－预收账款期初余额）＋当期收回前期核销的坏账－以非现金资产抵偿债务而减少的应收账款和应收票据－当期核销的坏账
	收到的税费返还	反映企业收到返还的各种税费，如收到的增值税、消费税、营业税、所得税、教育费附加返还等	根据"现金""银行存款""主营业务税金及附加""补贴收入""应收补贴款"等科目的记录分析填列
	收到的其他与经营活动有关的现金	反映企业除了上述各项目外，收到的其他与经营活动有关的现金流入，如罚款收入、流动资产损失中由个人赔偿的现金收入等，其他现金流入如价值较大，应单列项目反映	根据"现金""银行存款""营业外收入"等科目的记录分析填列

续表

项目		内容	填列方法
经营活动产生的现金流量	购买商品、接受劳务支付的现金	反映企业购买材料、商品、接受劳务实际支付的现金，包括本期购入材料、商品、接受劳务支付的现金（包括增值税进项税额），以及本期支付前期购入商品、接受劳务的未付款项和本期的预付款项。本期发生的购货退回收到的现金应从本项目内减去	根据"现金""银行存款""应付账款""应付票据""主营业务成本"等科目的记录分析填列。一般地税、购买商品、接受劳务支付的现金可通过下列公式计算： 购买商品、接受劳务支付的现金 = 主营业务成本 + 其他业务支出 –（存货期初余额 – 存货期末余额）+（应付账款期初余额 – 应付账款期末余额）+（应付票据期初余额 – 应付票据期末余额）+（预付账款期末余额 – 预付账款期初余额）– 以非现金资产抵偿债务而减少的应付账款和应付票据 – 当期实际发生的制造费用（不包括消耗的物料）– 主营业务成本及其他业务支出中支付给职工以及为职工支付的现金
	支付给职工以及为职工支付的现金	反映企业实际支付给职工，以及为职工支付的现金，包括本期实际支付给职工的工资、奖金、各种津贴和补贴等，以及为职工支付的其他费用。不包括支付给离退休人员的各项费用和支付给在建工程人员的工资等。企业支付给离退休人员的费用（包括支付的统筹退休金以及未参加统筹的退休人员的费用），在"支付的其他与经营活动有关的现金"项目中反映；支付的在建工程人员的工资，在"购建固定资产、无形资产和其他长期资产所支付的现金"项目反映。企业为职工支付的养老、失业等社会保险基金、补充养老保险、住房公积金、支付给职工的住房困难补助，以及企业支付给职工或为职工支付的其他福利费用等，应按职工的工作性质和服务对象，分别在本项目和"购建固定资产、无形资产和其他长期资产所支付的现金"项目反映	根据"应付工资""现金""银行存款"等科目的记录分析填列
	支付的各项税费	反映企业按规定支付的各种税费，包括本期发生并支付的税费，以及本期支付以前各期发生的税费和预交的税金，如支付的教育费附加、矿产资源补偿费、印花税、房产税、土地增值税、车船使用税、预交的营业税等。不包括计入固定资产价值、实际支付的耕地占用税等。也不包括本期退回的增值税、所得税，它们应在"收到的税费返还"项目反映	根据"应交税金""现金""银行存款"等科目的记录分析填列
	支付的其他与经营活动有关的现金	反映企业除了上述各项目外，支付的其他与经营活动有关的现金流出，如罚款支出、支付的差旅费、业务招待费现金支出、支付的保险费等，其他现金流出如价值较大，应单列项目反映	根据有关科目的记录分析填列

续表

项目		内容	填列方法
投资活动产生的现金流量	收回投资所收到的现金	反映企业出售、转让或到期收回除现金等价物以外的短期投资、长期股权投资而收到的现金，以及收回长期债权投资本金而收到的现金。不包括长期债权投资收回的利息，以及收回的非现金资产	根据"短期投资""长期股权投资""长期债权投资""现金""银行存款"等科目的记录分析填列
	其中：出售子公司所收到的现金		
	取得投资收益所收到的现金	反映企业因股权性投资和债权性投资而取得的现金股利、利息，以及从子公司、联营企业和合营企业分回利润收到的现金，但不包括股票股利	根据"现金""银行存款""投资收益"等科目的记录分析填列
	处置固定资产、无形资产和其他长期资产收回的现金净额	反映企业处置固定资产、无形资产和其他长期资产所取得的现金减去为处置这些资产而支付的有关费用后的净额。由于自然灾害所造成的固定资产等长期资产损失而收到的保险赔偿收入也在本项目反映	根据"固定资产清理""现金""银行存款"等科目的记录分析填列
	收到的其他与投资活动有关的现金	反映企业除了上述各项目外，收到的其他与投资活动有关的现金流入，其他现金流入如价值较大，应单列项目反映	根据有关科目的记录分析填列
	购建固定资产、无形资产和其他长期资产所支付的现金	反映企业购买、建造固定资产，取得无形资产和其他长期资产所支付的现金，不包括为购建固定资产而发生的借款利息资本化的部分，以及融资租入固定资产支付的租赁费。借款利息和融资租入固定资产支付的租赁费，在筹资活动产生的现金流量中反映	根据"固定资产""在建工程""无形资产""现金""银行存款"等科目的记录分析填列
	投资所支付的现金	反映企业进行权益性投资和债权性投资支付的现金，包括企业取得的除现金等价物以外的短期股票投资、短期债券投资、长期股权投资、长期债权投资支付的现金以及支付的佣金、手续费等附加费用。企业购买股票和债券时，实际支付的价款中包含的已宣告但尚未领取的现金股利或已到付息期但尚未领取的债券的利息，应在投资活动的"支付的其他与投资活动有关的现金"项目反映；收回购买股票和债券时支付的已宣告但尚未领取的现金股利或已到付息期但尚未领取的债券的利息时，在投资活动的"收到的其他与投资活动有关的现金"项目反映	根据"长期股权投资""长期债权投资""短期投资""现金""银行存款"等科目的记录分析填列

续表

项目		内容	填列方法
投资活动产生的现金流量	其中：购买子公司所支付的现金		
	支付的其他与投资活动有关的现金	反映企业除了上述各项目外，支付的其他与投资活动有关的现金流出，其他现金流出如价值较大，应单列项目反映	根据有关科目的记录分析填列
筹资活动产生的现金流量	吸收投资所收到的现金	反映企业收到的投资者投入的现金，包括以发行股票、债券等方式筹集的资金实际收到的款项净额（发行收入减去支付的佣金等发行费用后的净额）。以发行股票、债券等方式筹集资金而由企业直接支付的审计、咨询等费用，在"支付的其他与筹资活动有关的现金"项目反映，不从本项目内减去	根据"实收资本（或股本）""现金""银行存款"等科目的记录分析填列
	借款所收到的现金	反映企业举借各种短期、长期借款所收到的现金	根据"短期借款""长期借款""现金""银行存款"等科目的记录分析填列
	收到的其他与筹资活动有关的现金	反映企业除了上述各项目外，收到的其他与筹资活动有关的现金流入，如接受现金捐赠等，其他现金流入如价值较大，应单列项目反映	根据有关科目的记录分析填列
	偿还债务所支付的现金	反映企业以现金偿还债务的本金，包括偿还金融企业的借款本金、偿还债券本金等。企业偿还的借款利息、债券利息，在"分配股利、利润或偿付利息所支付的现金"项目反映，不包括在本项目内	根据"短期借款""长期借款""现金""银行存款"等科目的记录分析填列
	分配股利、利润或偿付利息所支付的现金	反映企业实际支付的现金股利，支付给其他投资单位的利润以及支付的借款利息、债券利息等	根据"应付股利""财务费用""长期借款""现金""银行存款"等科目的记录分析填列
	支付的其他与筹资活动有关的现金	反映企业除了上述各项目外，支付的其他与筹资活动有关的现金流出，如捐赠现金支出、融资租入固定资产支付的租赁费等，其他现金流出如价值较大，应单列项目反映	根据有关科目的记录分析填列
	汇率变动对现金的影响	反映企业外币现金流量及境外子公司的现金流量折算为人民币时，所采用的现金流量发生日的汇率或平均汇率折算的人民币金额与"现金及现金等价物净增加额"中外币现金净增加额按期末汇率折算的人民币金额之间的差额	

将净利润调节为经营活动的现金流量的内容和方法　　　　　表 12-9

计提的资产减值准备	反映企业计提的各项资产的减值准备	根据"管理费用""投资收益""营业外支出"等科目的记录分析填列
固定资产折旧	反映企业本期累计提取的折旧	根据"累计折旧"科目的贷方发生额分析填列
无形资产摊销和长期待摊费用摊销	分别反映企业本期累计摊入成本费用的无形资产的价值和长期待摊费用	根据"无形资产""长期待摊费用"科目的贷方发生额分析填列
待摊费用减少（减：增加）	反映企业本期待摊费用的减少	根据资产负债表"待摊费用"项目的期初、期末余额的差额填列；期末数大于期初数的差额，以"-"填列
预提费用增加（减：减少）	反映企业本期预提费用的增加	根据资产负债表"预提费用"项目的期初、期末余额的差额填列；期末数小于期初数的差额，以"-"填列
处置固定资产、无形资产和其他长期资产的损失（减：收益）	反映企业本期由于处置固定资产、无形资产和其他长期资产而发生的净损失	根据"营业外收入""营业外支出""其他业务收入""其他业务支出"科目所属有关明细科目的记录分析填列；如为净收益，以"-"填列
固定资产报废损失	反映企业本期固定资产盘亏（减：盘盈）后的净损失	根据"营业外支出""营业外收入"科目所属有关明细科目中固定资产盘亏损失减去固定资产盘盈收益后的差额填列
财务费用	反映企业本期发生的应属于投资活动或筹资活动的财务费用	根据"财务费用"科目的本期借方发生额分析填列；如为收益，以"-"填列
投资损失（减：收益）	反映企业本期投资所发生的损失减去收益后的净损失	根据利润表"投资收益"项目的数字填列；如为投资收益，以"-"填列
递延税款贷项（减：借项）	反映企业本期递延税款的净增加或净减少	根据资产负债表"递延税款借项""递延税款贷项"项目的期初、期末余额的差额填列。"递延税款借项"的期末数小于期初数的差额，以及"递延税款贷项"的期末数大于期初数的差额，以正数填列；"递延税款借项"的期末数大于期初数的差额，以及"递延税款贷项"的期末数小于期初数的差额，以"-"填列
存货的减少（减：增加）	反映企业本期存货的减少（减：增加）	根据资产负债表"存货"项目的期初、期末余额的差额填列；期末数大于期初数的差额，以"-"填列
经营性应收项目的减少（减：增加）	反映企业本期经营性应收项目（包括应收账款、应收票据和其他应收款中与经营活动有关的部分及应收的增值税销项税额等）的减少（减：增加）	
经营性应付项目的增加（减：减少）	反映企业本期经营性应付项目（包括应付账款、应付票据、应付福利费、应交税金、其他应付款中与经营活动有关的部分以及应付的增值税进项税额等）的增加（减：减少）	
债务转为资本	反映企业本期转为资本的债务金额	
1年内到期的可转换公司债券	反映企业1年内到期的可转换公司债券的本息	
融资租入固定资产	反映企业本期融资租入固定资产计入"长期应付款"科目的金额	

12.5 所有者权益（或股东权益）变动表

所有者权益变动表是反映公司本期（年度或中期）内截至期末所有者权益变动情况的财务报表，详见表12-10。所有者权益变动表应当全面反映一定时期内所有者权益变动的情况。主要包括：

（1）所有者权益总量的增减变动；
（2）所有者权益增减变动的重要结构性信息；
（3）直接计入所有者权益的利得和损失。

所有者权益变动表的主要作用在于：通过所有者权益变动表，既可以为报表使用者提供所有者权益总量增减变动的信息，也可以为其提供所有者权益增减变动的结构性信息，特别是能够让报表使用者理解所有者权益增减变动的根源。

12.6 附注与财务情况说明书

12.6.1 附注

财务报表附注应当按照如下顺序披露有关内容：

（1）企业的基本情况
1）企业注册地、组织形式和总部地址；
2）企业的业务性质和主要经营活动，如企业所处的行业、所提供的主要产品或服务、客户的性质、销售策略、监管环境的性质等；
3）母公司以及集团最终母公司的名称；
4）财务报告的批准报出者和批准报出日。
（2）财务报表的编制基础
（3）遵循《企业会计准则》的声明
（4）重要会计政策和会计估计

根据财务报表列报准则的规定，企业应当披露采用的重要会计政策和会计估计，不重要的会计政策和会计估计可以不披露。

1）重要会计政策的说明

由于企业经济业务的复杂性和多样化，某些经济业务可以有多种会计处理方法，也即存在不止一种可供选择的会计政策。说明会计政策时还需要披露下列两项内容：

①财务报表项目的计量基础；
②会计政策的确定依据，主要是指企业在运用会计政策过程中所作的对报表中确认的项目金额最具影响的判断。

所有者权益变动表（会企04表） 表12-10

编制单位： 年度 单位：

项目	本年金额						上年金额					
	实收资本（或股本）	资本公积	减：库存股	盈余公积	未分配利润	所有者权益合计	实收资本（或股本）	资本公积	减：库存股	盈余公积	未分配利润	所有者权益合计
一、上年年末余额												
加：会计政策变更												
前期差错更正												
二、本年年初余额												
三、本年增减变动金额（减少以"-"填列）												
（一）净利润												
（二）其他综合收益												
1.可供出售金融资产公允价值变动净额												
2.权益法下被投资单位其他所有者权益变动的影响												
3.与计入所有者权益项目相关的所得税影响												
4.其他												
上述（一）和（二）小计												
（三）所有者投入和减少资本												
1.所有者投入资本												
2.股份支付计入所有者权益的金额												
3.其他												
（四）利润分配												
1.提取盈余公积												
2.对所有者（或股东）的分配												
3.其他												
（五）所有者权益内部结转												
1.资本公积转增资本（或股本）												
2.盈余公积转增资本（或股本）												
3.盈余公积弥补亏损												
4.其他												
四、本年年末余额												

2）重要会计估计的说明

（5）会计政策和会计估计变更以及差错更正的说明

（6）报表重要项目的说明

（7）其他需要说明的重要事项

这主要包括或有和承诺事项、资产负债表日后非调整事项、关联方关系及其交易等，具体的披露要求须遵循相关准则的规定。

12.6.2 财务情况说明书

财务情况说明书是对单位一定会计期间内财务、成本等情况进行分析总结的书面文字报告，也是财务会计报告的重要组成部分。财务报告说明书全面提供公司、企业和其他单位生产经营、业务活动的情况，分析总结经营业绩和存在的问题及不足，是企业财务会计报告使用者，特别是单位负责人和国家宏观管理部门了解和考核各单位生产经营和业务活动开展情况的重要资料。

一般公司、企业的财务情况说明书应当包含以下内容：

（1）公司、企业生产经营状况；

（2）利润实现和利润分配情况；

（3）资金增减和资金周转情况；

（4）税金缴纳情况；

（5）各种财产物资变动情况；

（6）其他需要说明的事项。

本章知识点

1. 财务报告的概念

财务报告，在我国习惯被称为财务会计报告，是指向财务会计报告使用者提供与企业财务状况、经营成果和现金流量等有关会计信息，反映企业管理层受托责任履行情况的书面报告。

财务会计报告，是指单位会计部门根据经过审核的会计账簿记录和有关资料，编制并对外提供的反映单位某一特定日期财务状况和某一会计期间经营成果、现金流量及所有者权益等会计信息的总结性书面文件。

2. 财务报表的概念

财务报表，是指以日常会计核算资料，即会计账簿记录和有关核算资料为依据，按照规定的报表格式，全面地、系统地反映建筑施工企业财务状况、经营成果和现金流量的报告文件。按照现行企业会计准则和企业会计制度规定，建筑施工企业的财务报表应当包括资产负债表、利润表、现金流量表和所有者权益变动表以及附注。

3. 资产负债表

资产负债表是反映企业在某一特定日期（如月末、季末、年末）全部资产、负债和所有者权益（股东权益）情况的财务报表，它表明企业在某一特定日期所拥有或控制的经济资源、所承担的现有义务和所有者对净资产的要求权。它是一张揭示企业在一定时点财务状况及其构成情况的静态报表。

4. 账户式资产负债表

根据我国现行财务报表列报准则的规定，资产负债表采用账户式格式。账户式资产负债表，是左右结构，左方按流动性从强到弱列示资产各项目，反映全部资产的分布及存在形态；右方按偿还期限从短到长列示负债各项目及所有者权益各项目。账户式资产负债表各项目是按"资产＝负债＋所有者权益"的原理排列。

5. 利润表

利润表，又称损益表，是反映企业在一定会计期间（如月度、季度、半年度或年度）生产经营成果的财务报表。企业在一定会计期间的经营成果既可能表现为盈利，也可能表现为亏损，因此，利润表也被称为损益表。它全面揭示了企业在某一特定时期实现的各种收入、发生的各种费用、成本或支出，以及企业实现的利润或发生的亏损情况。

6. 多步式利润表

多步式利润表，通过对当期的收入、费用按其性质加以归类，按照利润形成的主要环节列示一些中间性利润指标，分步计算当期净损益。多步式利润表的优点在于，能够直观反映企业净损益的形成过程，以及营业收益与非营业收益对净损益的影响，便于发现企业经营管理的薄弱环节。

7. 现金流量表

现金流量表是反映一定时期内（如月度、季度或年度）企业经营活动、投资活动和筹资活动对其现金及现金等价物所产生影响的财务报表。这份报告显示资产负债表及损益表如何影响现金和现金等价物，以及根据公司的经营，从投资和融资角度作出分析。作为一个分析工具，现金流量表的主要作用是决定公司的短期生存能力，特别是缴付账单的能力。

现金流量表是反映一家公司在一定时期现金流入和现金流出动态状况的报表，其组成内容与资产负债表和损益表一致。通过现金流量表，可以概括反映经营活动、投资活动和筹资活动对企业现金流入流出的影响，为企业的实现利润、财务状况及财务管理评价提供更好的基础。

8. 现金

现金，是指企业库存现金以及可以随时支取的存款。不能用于随时支付的存款不属于现金。现金主要包括：①库存现金，是指企业持有的可随时用于支付的现金，与"库存现金"科目的核算内容一致；②银行存款，是指企业存放在金融机构、可随时用于支付的存款，与"银行存款"科目的核算内容基本一致，但不包括不能随时用于支付的存款，如不能随时支取的定期存款等不应作为现金，提前通知金融机构便可支取的定期存款应包括在现金范围内；③其他货币资金，是指企业存放在开户银行以外的其他金融机构的各种存款，包括外埠存款、银行汇票存款、银行本票存款、信用卡存款、信用证保证金存款、存出投资款等，与"其他货币资金"科目的核算内容一致。

9. 现金等价物

现金等价物，是指企业持有的期限短、流动性强、易于转换为已知金额的现金、价值变动风险很小的投资。其中，"期限短"一般是从购买日起3个月内到期。例如，可在证券市场上流通的3个月内到期的短期债券等。

现金等价物虽然不是现金，但其支付能力与现金的差别不大，可视为现金。判断一项投资是否属于现金等价物，应具备如下四个条件：①期限短；②流动性强；③易于转换为已知金额的现金；④价值变动风险很小。

10. 现金流量表的内容

现金流量可分为经营活动产生的现金流量、投资活动产生的现金流量和筹资活动产生的现金流量三类。

通过现金流量表中反映的经营活动产生的现金流入和现金流出，可以说明企业经营活动对现金流入和现金流出净额的影响程度；通过现金流量表中反映的投资活动产生的现金流入和现金流出，可以分析企业通过投资活动获取现金流量的能力，以及投资活动产生的现金流量对企业现金流量净额的影响程度。

思考题

1. 资产负债表能够为财务信息需要者提供哪些信息？
2. 阅读利润表应着重注意哪些问题？
3. 为什么现金流量信息更为重要？
4. 资产负债表各项目期末数应如何填列？
5. 在编制现金流量表时为什么要列示不涉及现金流量的重大理财活动？
6. 造成净利润和经营活动现金净流量差异的原因是什么？
7. 多步式利润表的优点是什么？
8. 我国现行财务报告披露的基本要求是什么？

附件

建筑施工与房地产企业会计科目表

序号	编号	一级	二级	三级
一、资产类				
1	1001	库存现金	人民币美元港元等	按照币种设置明细科目"美元、加拿大元、港元等"
2	1002	银行存款	人民币美元港元等	按照开户银行和其他金融机构、存款种类等,分别设置"银行存款日记账"
3	1012	其他货币资金	外埠存款、银行汇票存款、银行本票存款、信用卡存款、信用证保证金存款、存出投资款	按银行或单位设置等明细科目
4	1101	交易性金融资产	成本 公允价值变动	按照交易性金融资产的类别和品种,分别按"成本""公允价值变动"进行明细核算
5	1121	应收票据	商业承兑汇票 银行承兑汇票	按照开出、承兑商业汇票的单位进行明细核算
6	1122	应收账款	应收工程款 应收销货款	按照发包单位(或建设单位、业主)及债务人进行明细核算
7	1123	预付账款	预付工程款 预付备料款 预付购货款	按照分包单位及供应单位等进行明细核算
8	1131	应收股利	现金股利 股票股利	按照被投资单位进行明细核算
9	1132	应收利息		按照借款人或被投资单位进行明细核算
10	1221	其他应收款	租包装物租金 赔款 罚款 垫付职工款 存出保证金 差旅费	按照单位(或个人)进行明细核算
11	1225	内部往来		按照内部核算单位(分公司、项目管理部等)进行明细核算
12	1226	备用金		按照内部单位(或个人)进行明细核算
13	1231	坏账准备		按照应收账款的类别进行明细核算
14	1401	材料采购	材料名称	按照工程项目及材料的保管地点(仓库)、材料的类别、品种和规格等进行明细核算

续表

序号	编号	一级	二级	三级
15	1402	在途物资	材料名称	按照工程项目及供应单位进行明细核算
16	1403	原材料	主要材料 结构件 机械零件及配件 其他材料	按照工程项目及材料的保管地点（仓库）、材料的类别、品种和规格等进行明细核算
17	1404	材料成本差异		按照材料类别进行明细核算
18	1405	库存商品		按照购货单位及商品类别和品种进行明细核算
19	1408	委托加工物资		按加工合同、受托加工单位以及加工物资的品种等进行明细核算
20	1411	周转材料	在库周转材料 在用周转材料 周转材料摊销	按照周转材料的种类（如低值易耗品、包装物以及钢模板、木模板、脚手架等），同时还应分别按"库存""摊销"进行明细核算
21	1471	存货跌价准备		按照存货项目和类别进行明细核算
22	1501	持有至到期投资		按照持有至到期投资的类别和品种，分别按"投资成本""溢折价""应计利息"进行明细核算
23	1502	持有至到期投资减值准备		按照持有至到期投资类别和品种进行明细核算
24	1503	可供出售金融资产		按照可供出售金融资产类别或品种进行明细核算
25	1511	长期股权投资	投资成本 损益调整 权益其他变动	按照被投资单位进行明细核算。长期股权投资核算采用权益法进行明细核算
26	1512	长期股权投资减值准备		按照被投资单位进行明细核算
27	1521	投资性房地产		按照投资性房地产类别和项目进行明细核算，采取公允价值计量的，还应分别按"成本"和"公允价值变动"进行明细核算
28	1522	投资性房地产累计折旧	成本	按照投资性房地产（房屋）类别和项目进行明细核算
29	1523	投资性房地产累计摊销		成本模式下按照投资性房地产（土地）类别和项目进行明细核算
30	1524	投资性房地产减值准备		按照投资性房地产类别和项目进行明细核算
31	1531	长期应收款		按照承租人或购货单位（接受劳务单位）等进行明细核算
32	1532	未实现融资收益		按照未实现融资收益项目进行明细核算
33	1601	固定资产	生产用固定资产 非生产用固定资产 未用固定资产 出租固定资产 不需用固定资产 融资租赁固定资产	按照固定资产类别或名称进行明细核算

续表

序号	编号	一级	二级	三级
34	1602	累计折旧		按照固定资产类别或名称进行明细核算
35	1603	固定资产减值准备		按照固定资产类别或名称进行明细核算
36	1604	在建工程	建筑工程 安装工程 在安装设备 待摊支出	按照核算企业自有工程的实际成本以及单项工程进行明细核算
37	1605	工程物资	接收甲方供应材料	按照设备、材料类别及品名等进行明细核算
38	1606	固定资产清理		按照被清理的固定资产项目进行明细核算
39	1607	在建工程减值准备		按照在建工程的项目进行明细核算
40	1608	工程物资减值准备		按照设备、材料类别及品名等进行明细核算
41	1616	临时设施	办公室、仓库、供电、供水、供气等	按照工程项目、分公司等进行明细核算
42	1617	临时设施摊销		按照工程项目、分公司等进行明细核算
43	1618	固定资产清理	临时设施清理	按照工程项目、分公司等进行明细核算
44	1619	临时设施减值准备		按照工程项目、分公司等进行明细核算
45	1701	无形资产	专利权、商标权、著作权、土地使用权等	按照无形资产项目进行明细核算
46	1702	累计摊销		按照无形资产项目进行明细核算
47	1703	无形资产减值准备		按照无形资产项目进行明细核算
48	1711	商誉		按照商誉的项目进行明细核算
49	1712	商誉减值准备		按照商誉的项目进行明细核算
50	1801	长期待摊费用		按照费用项目（如自有固定资产的改建支出、租入固定资产的改建支出、固定资产大修理支出、其他）进行明细核算
51	1811	递延所得税资产		按照可抵扣暂时性差异等项目进行明细核算，根据税法规定可用以后年度税前利润弥补的亏损产生的所得税资产也在本科目核算
52	1901	待处理财产损溢		按盘盈、盘亏的资产种类和项目进行明细核算
二、负债				
53	2001	短期借款	按银行名称	按照借款种类和贷款人进行明细核算
54	2101	交易性金融负债	本金 公允价值变动	按照交易性金融负债类别进行明细核算
55	2201	应付票据	商业承兑汇票 银行承兑汇票	按照债权人进行明细核算
56	2202	应付账款	应付工程款 应付材料款 应付购货款	按照工程项目，分别按不同的债权人（如供应单位、分包单位等）进行明细核算
57	2203	预收账款	预收工程款 预收材料款 预收销货款	按照工程项目、发包单位（或建设单位、业主）进行明细核算

续表

序号	编号	一级	二级	三级
58	2211	应付职工薪酬	工资薪金 职工福利费 社会保险费 住房公积金 工会经费 职工教育经费 解除职工劳动关系补偿	按照单位、项目部进行明细核算
59	2221	应交税费	增值税、消费税、营业税、所得税、资源税、土地增值税、城市维护建设税、房产税、土地使用税、车船使用税、教育费附加、矿产资源补偿费	按照应交税费的单位进行明细核算。企业代扣代缴的个人所得税也通过本科目核算。企业不需要预计应缴数所缴纳的税金，如印花税、耕地占用税等，不在本科目核算
60	2231	应付利息	债券名称	按照存款人或债权人进行明细核算
61	2232	应付股利	股票名称	按照投资者进行明细核算
62	2241	其他应付款		按照工程项目，分别按其他应付款的项目和对方单位（或个人）进行明细核算
63	2801	预计负债		按照预计负债项目进行明细核算，如对外提供担保、未决诉讼、产品质量保证、重组义务以及固定资产和矿区权益弃置义务等
64	2401	递延收益		按照政府补助的种类进行明细核算
65	2501	长期借款	本金 溢折价 交易费用	按照贷款单位和贷款种类进行明细核算
66	2502	应付债券	面值 损益调整 溢折价 应计利息 交易费用 可转换公司债券	按照单位名称进行明细核算
67	2701	长期应付款	长期应付款的种类	按照债权人进行明细核算
68	2702	未确认融资费用		按照未确认融资费用项目进行明细核算
69	2711	专项应付款		按照拨入资本性投资项目的种类进行明细核算
70	2901	递延所得税负债		按照应纳税暂时性差异项目进行明细核算
三、共同类				
71	3101	衍生工具		按照衍生金融工具类别，分别按"成本""公允价值变动"进行明细核算
72	3201	套期工具		按照套期工具类别进行明细核算

续表

序号	编号	一级	二级	三级
73	3202	被套期项目		按照套期项目类别进行明细核算
四、所有者权益类				
74	4001	实收资本	国家投资 法人投资 个人投资 外商投资	按照投资者进行明细核算
75	4002	资本公积	资本溢价 其他资本公积	
76	4101	盈余公积	法定盈余公积 任意盈余公积	
77	4103	本年利润		
78	4104	利润分配	提取法定盈余公积 提取任意盈余公积 应付现金股利 转作股本的股利 盈余公积补亏 未分配利润	企业（外商投资）还应分别按"提取储备基金""提取企业发展基金""提取职工奖励及福利基金"进行明细核算
79	4201	库存股		
五、成本类				
80		生产成本	基本生产成本 辅助生产成本	通用科目
81		制造费用	工资、办公经费、差旅费、折旧费、水电费等	通用科目
82	5101	施工间接费用		按照工程项目，分别按费用项目（职工薪酬、折旧修理费、差旅交通费、办公费、水电费、劳动保护费、工具用具使用费、固定资产使用费、其他费用）进行明细核算
83	5201	劳务成本		按照提供劳务种类进行明细核算
84	5301	研发支出		按照研究开发项目，分别按"费用化支出""资本化支出"进行明细核算
85	5401	工程施工	合同成本（材料费、人工费、机械使用费、其他直接费等成本项目） 间接费用 合同毛利	人工费下设工资、奖金等；材料费下设材料名称；机械使用费下设成本项目；其他直接费下设费用内容等
86	5402	工程结算		可按建造合同进行明细核算
87	5403	机械作业	人工费、燃料及动力费、折旧及修理费、其他直接费用、间接费用	可按成本核算对象进行明细核算
六、损益类				
88	6001	主营业务收入	建筑工程结算收入 道路工程结算收入	按照主营业务的种类（工程结算收入）进行明细核算

续表

序号	编号	一级	二级	三级
89	6051	其他业务收入	出租固定资产 出租无形资产 出租包装物 商品、销售材料	按照产品名称、种类进行明细核算
90	6101	公允价值变动损益		按照交易性金融资产、交易性金融负债、投资性房地产等进行明细核算
91	6111	投资收益	按股票、债券等设置	按照投资项目单位进行明细核算
92	6301	营业外收入	处置非流动资产利得 非货币性资产交换利得 债务重组利得 罚没利得 政府补助利得	按照确实无法支付而按规定程序经批准后转作营业外收入的应付款项等进行明细核算
93	6401	主营业务成本	某工程项目	按照主营业务的种类进行明细核算
94	6402	其他业务成本	材料销售成本 商品销售成本	按照其他业务成本种类进行明细核算，如销售材料的成本、出租固定资产的累计折旧、出租无形资产的累计摊销、出租包装物的成本或摊销额、采用成本模式计量的投资性房地产的累计折旧或累计摊销等
95	6403	税金及附加	营业税、城市维护建设税 教育费附加	
96	6601	销售费用	保险费、包装费、展览费和广告费、商品维修费、预计产品质量保证损失、运输费、装卸费等	分别按费用项目进行明细核算，如为销售本企业商品而专设的销售机构（含销售网点、售后服务网点等）的职工薪酬、业务费、折旧费等经营费用
97	6602	管理费用	公司经费（包括行政管理部门职工薪酬、修理费、物料消耗、低值易耗品摊销、办公费和差旅费等）、董事会费（包括董事会成员津贴、会议费和差旅费等）、聘请中介机构费、咨询费（含顾问费）、诉讼费、业务招待费、房产税、车船使用税、土地使用税、印花税、技术转让费、矿产资源补偿费、研究费用、排污费等	按照费用项目进行明细核算，如企业董事会和行政管理部门在企业的经营管理中发生的或者应由企业统一负担的费用
98	6603	财务费用	利息支出 汇兑差额 手续费 现金折扣	

续表

序号	编号	一级	二级	三级
99		信用减值准备	计提坏账准备 计提长期股权投资减值准备 计提持有至到期投资减值准备	核算金融资产
100	6701	资产减值损失	存货跌价准备、固定资产减值准备、在建工程——减值准备、工程物资——减值准备、生产性生物资产——减值准备、无形资产减值准备、商誉——减值准备、贷款损失准备、抵债资产——跌价准备、损余物资——跌价准备	核算资产
101	6711	营业外支出	处置非流动资产损失 非货币性资产交换损失 债务重组损失 罚款支出 捐赠支出 非常损失	
102	6801	所得税费用	当期所得税费用 递延所得税费用	按照单位进行明细核算
103	6901	以前年度损益调整		

参考文献

[1] 李桂君,孙震等.建筑施工企业会计核算操作指引[M].北京：中国建筑工业出版社，2018.

[2] 财政部会计资格评价中心.初级会计实务[M].北京：经济科学出版社，2018.

[3] 中国注册会计师协会.会计[M].北京：中国财政经济出版社，2019.

[4] 企业会计准则编审委员会.企业会计准则案例讲解：2014年版[M].上海：立信会计出版社，2014.

[5] 丁元霖.施工企业会计（第2版）[M].北京：清华大学出版社，2018.

[6] 财政部，税务总局，海关总署.关于深化增值税改革有关政策的公告[EB/OL].[2019-03-20].http://www.chinatax.gov.cn/n810341/n810755/c4160283/content.html.